现代传播学精品教材

新闻评论学

XINWEN PINGLUNXUE

杨新敏 著

第4版

苏州大学出版社
Soochow University Press

图书在版编目(CIP)数据

新闻评论学 / 杨新敏著. —4版. —苏州：苏州大学出版社，2013.5(2025.7重印)
现代传播学精品教材
ISBN 978-7-5672-0475-1

Ⅰ. ①新… Ⅱ. ①杨… Ⅲ. ①评论性新闻－高等学校－教材 Ⅳ. ①G210

中国版本图书馆CIP数据核字(2013)第091135号

现代传播学精品教材

新闻评论学 第4版

著　　者　杨新敏
责任编辑　史创新
装帧设计　刘　俊
出版发行　苏州大学出版社
地　　址　苏州市十梓街1号
邮　　编　215006
电　　话　0512-67481020　67258875(传真)
网　　址　http://www.sudapress.com
印　　刷　镇江文苑制版印刷有限责任公司
开　　本　787 mm×960 mm　1/16　印张20.25　字数374千
版　　次　2013年5月第4版
　　　　　2025年7月第6次印刷
书　　号　ISBN 978-7-5672-0475-1
定　　价　58.00元

前 言

1997年，苏州大学中文系（新闻传播系）为了教学的需要，组织编写了“现代新闻学与传播学丛书”。考虑到教材多层次的适用性，我们一方面根据全日制普通高等学校新闻传播专业教学大纲的要求进行编写，另一方面有条理、清晰地编排知识点，尽量让读者“无师自通”，从而方便自学者使用。教材出版后，不仅在江苏省普通高校全日制专业和自考专业中使用，而且得到了江苏省以外的许多高等学校的认可，国内一些高校甚至将它指定为新闻传播学专业考研的参考书。这套教材受到了普遍好评，16年来除增补的两种外已修订重版3次。

新闻传播学是与社会的发展紧密相连且实用性很强的学科。随着中国新闻传播事业的快速发展、改革开放力度的不断加大以及新媒体技术的突飞猛进，新闻传播学的知识在不断更新，学科也在不断完善。为了避免教材内容的“老化”和理论建设与社会发展相脱离的现象，我们决定再一次对丛书进行大规模的修订，并重新命名为“现代传播学精品教材”。本次修订主要根据以下原则进行：

- 尽量吸收国内外新闻传播学的新成果，结合新媒体技术的发展，引领学生了解学科发展的最新动态。
- 保持原教材便于自学的特点，厘清概念，指出知识点。
- 进一步强调教材的系统性，做到内容充实，资料丰富。
- 根据实际需要和本学科的发展，对内容和结构适当加以增删。

在初版教材的前言中我们曾说:“学科的发展是无止境的,教材的编写也只是阶段性成果,我们希望听到各方面的意见,在以后的修改中使之更加完善。”在新版丛书出版之时,我们仍坚持这样的愿望,让我们的教材在逐步完善的过程中更具有时代的特性和社会的适应性。

本丛书适用于全日制普通高校新闻传播学专业学生、新闻传播学专业自考学员以及新闻传播系统从业人员。

伴随着科学技术的高速发展,创新是这一学科永恒的主题,因此,关注这一学科理论与实践的发展将是我们长期的课题。同时,我们也期待着专家和同行的批评指正,以便我们在再次修订时补正。

“现代传播学精品教材”编委会

目 录

Contents

第一章 本体界定

第一节 学科框架 / 2
第二节 新闻评论本体 / 4
第三节 新闻评论与其他文体 / 35

第二章 新闻评论史

第一节 新闻评论产生的前提 / 52
第二节 中国新闻评论史 / 55
第三节 外国新闻评论简史 / 72

第三章 创作主体论

第一节 创作主体分类 / 86
第二节 评论者的修养 / 94

第四章 创作论(上)

第一节 新闻评论的选题 / 104
第二节 新闻评论的立论 / 116
第三节 新闻评论的标题 / 125

第五章 创作论(中)
第一节 新闻评论的论证 / 134
第二节 新闻评论的驳论 / 152

第六章 创作论(下)
第一节 新闻评论的结构 / 162
第二节 新闻评论的语言 / 176

第七章 报纸新闻评论
第一节 报纸新闻评论的特点及要求 / 186
第二节 报纸新闻评论文体分类方法论 / 193
第三节 代表编辑部的评论 / 195
第四节 不代表编辑部的评论 / 208

第八章 广播新闻评论
第一节 广播的传播特点 / 218
第二节 广播新闻评论的特点及要求 / 221
第三节 广播新闻评论的特殊形式 / 227

第九章 电视新闻评论
第一节 电视的特点及其对新闻评论的影响 / 242
第二节 电视新闻评论的特点及要求 / 252
第三节 电视新闻评论的模式 / 262

第十章 网络及其他媒体新闻评论
第一节 网络的传播特点 / 272
第二节 网络新闻评论 / 276
第三节 其他传媒新闻评论 / 293

第十一章
接受及策划论
第一节 接受主体 / 296
第二节 传播环境 / 298
第三节 新闻评论策划 / 303

主要参考书目 / 312

第一章 本体界定

1

内容提要：

1. 新闻评论学是有关新闻评论现象及其规律的科学。

2. 新闻评论是对新闻事实所进行的评论。

3. 新闻评论的特点：以新闻事实为依托；时效性；思想性；论理性；大众性。

4. 新闻评论的地位与功能：新闻评论是公民言论自由权利的实现方式；新闻评论是新闻媒体在竞争中制胜的两种主要方法之一；新闻评论是大众传播媒体的旗帜、灵魂、眼睛；新闻评论可以直接介入舆论，创造舆论，影响舆论；新闻评论是公众参政、议政的重要民主渠道。

5. 新闻评论与其他文体的区别：新闻评论既与其他评论不同，也与媒介批评、深度报道、学术论文等不同。

第一节 学科框架

一、什么是新闻评论学

新闻评论学在我国是一门年轻的学科。新中国成立前,零星地有些新闻评论研究[1],1981年,台湾联合报社出版了王民的《新闻评论写作》,一直到1987年左右,大陆才出现了一批新闻评论学著作[2]。由于当时面对的首要问题是新闻评论怎样写,或者说怎样写出来才像一篇新闻评论的问题,所以那个时候的新闻评论学研究的视角非常单一,即什么是新闻评论,如何写作新闻评论。再者,当时新闻评论的主要载体是报纸,广播新闻评论主要是读报纸,人们认为电视的特性是图像性,而评论是抽象的,不适合在电视上广泛使用。所以只需突出如何写的问题。这样,新闻评论学实际上就变成了新闻评论写作学。例如,有人这样为这门学科下定义:"新闻评论学是新闻学的一个组成部分。它是研究新闻评论的运用和写作规律的科学。"[3]

事实上,新闻评论学与新闻评论写作学不是同等概念,正如文学学不同于文学写作学一样。新闻评论学研究的范围要广泛得多,有关新闻评论的各种现象、各个方面,新闻评论的过程、规律,都在它研究的视野之内。所以,若下一个比较宽泛的定义,我们可以这样说:新闻评论学是有关新闻评论现象及其规律的科学。

当然,这是个高度抽象、概括的定义,但它是进入思维的一个具体的逻辑起点。下面让我们看看这门学科具体研究哪些方面。

二、新闻评论学的研究对象

新闻评论学首先面对的是新闻评论本体,即首先要认识什么是新闻评论,找到新闻评论不同于其相邻学科的自身的独特规定性,划定它在整个新闻学中的

---

〔1〕 1933年,郭步陶出版《编辑与评论》,为中国编辑与评论方面第一本专著,后还写过一本《时事评论作法》。1947年,程仲文出版过一本《新闻评论学》。

〔2〕 1985年复旦大学出版社出版《新闻评论学》,著者丁法章。1987年中国人民大学出版社出版了秦珪、胡文龙所著的同名教材。1988年人民日报出版社出版范荣康的同名教材。

〔3〕 秦珪,胡文龙.新闻评论学.北京:中国人民大学出版社,1987:1.

具体位置，认清它所独具的功能。只有这样，我们才能具体去运用它。比如，创作者只有了解了什么是新闻评论，才知道什么时候该运用它，怎样运用它，靠它发挥什么作用；媒体只有认识了它，才能分辨哪些来稿是新闻评论，哪些来稿则不是，哪些新闻评论是高质量的，哪些则是无价值或价值不大的，以避免把新闻作品当作新闻评论发表在评论专栏的事情发生；接受主体只有明了新闻评论本体，才能真正接受其信息，并对它加以评论。

新闻评论学是新闻评论实践的理论总结，因而，要研究新闻评论现象及其规律，就需要了解新闻评论的发展历史。新闻评论产生和发展的条件、历史演变的轨迹，为新闻评论理论的建构提供了历史依据，同时也构成新闻评论理论的一个重要组成部分。

新闻评论活动过程中的第一个环节是创作主体。它要研究新闻评论的创作主体是谁，这个创作主体与文学创作主体等有何不同，有哪些特点，怎样才能胜任这一主体，需要具备哪些知识修养、思想政治修养和业务素养。

第二个环节是创作对象，即主体所评论的究竟是什么。

主体要将对象进行爬梳、整理，深入思考，从而揭示出对象的意义，提出自己的看法，并把自己的分析、评论物化为受众可以理解的信号，所以，再下来的一个环节便是创作论。它要探讨如何选题、立意、结构、论证，如何物化为信号等问题。

信号需要借助传播媒介到达接受主体那里，所以，还要研究在不同媒体中传播信号的特殊规定。新闻评论主要通过大众传播媒介传播，传统的大众传播媒介主要有报纸、广播、电视三种，如今，网络媒体成为一种与三大大众传媒相抗衡的媒体出现在我们的生活中。

不同媒介的特殊规定性，使它们各自形成了自己的一些评论文体或模式。对那些模式的掌握，可以使我们创作时有规范可循，同时也启发我们创造新的模式。

接受主体通过对信号的翻译将之转换为信息，所以，还要研究在大众传播中环境因素对信号的干扰，信号到达受众时因这些干扰而产生的变形，研究传播时机与社会效果、信息的反馈。在这个基础上进行一些新闻评论策划。

我们可以将这些内容列成下表：

新闻评论学
1. 本体论：定义、特点、地位、作用等。
2. 新闻评论史：产生和发展的条件、历史演变轨迹。
3. 创作主体论：人格化的主体和个人主体。
对主体的要求：知识、思想、政治、业务。
4. 对象论：具有新闻意义的事件。
与体育评论、政治评论、经济评论、文艺评论对象的异同。
5. 创作论：选题、立意、结构、论证、语言。
6. 媒体论：报纸、广播、电视、网络;各自的评论模式。
7. 接受及策划论：环境的暗示性、接受主体的接受特点、双向沟通;策划。

第二节　新闻评论本体

一、什么是新闻评论

新闻评论是对新闻事实所进行的评论。

所谓“新闻事实”,是指那些对接受主体而言有价值的事件,或者说,就是具有新闻价值的事件。

对新闻事实的认识,既不能无限扩大化,也不能认识狭隘化。

新闻事实与所谓的重大问题是不同的。

有的教材把新闻事实和重大问题作为新闻评论的两个对象,如“新闻评论,是媒体编辑部或作者对最新发生的有价值的新闻事件和有普遍意义的紧迫问题发议论、讲道理,有着鲜明针对性和引导性的一种新闻文体,是现代新闻传播工具经常采用的社论、评论、评论员文章、短评、编者按、专栏评论和述评等的总称,属于论说文的范畴”〔1〕。这确实为人们写评论提供了方便,有时候我们似乎就是直接谈问题,而不是谈事件的。但严格地讲,“问题”属于选题范畴,而不是“对象”范畴。新闻评论的对象是新闻事实,问题则是从对象中发掘出来的选题。

比如《人民日报》2006年6月28日报道李金华的审计报告:

27日下午,受国务院委托,审计署审计长李金华向十届全国人大常委会第二十二次会议作关于2005年度中央预算执行的审计工作报告——

〔1〕 丁法章.新闻评论教程.上海:复旦大学出版社,2002:15.

中央预算执行情况总体较好

李金华在关于2005年度中央预算执行的审计工作报告中说,从审计结果看,2005年中央预算执行情况总体较好。主要表现在以下几个方面:国民经济持续快速发展,保证了中央财政收入稳定增长;严格控制预算支出,合理分配使用超收节支资金;合理配置财政资源,促进了各项社会事业发展;加大转移支付力度,促进了区域经济协调发展;坚持依法行政,圆满完成十届全国人大三次会议批准的中央预算;等等。

投资管理存在七大问题

李金华说,审计发现中央政府投资管理中存在的主要问题有7个方面:

——至2005年年底,尚有国债资金234.54亿元没有安排下达或投入使用,占当年可安排国债投资的20.1%。

——对354.4亿元中央预算内投资,发展改革委年初下达计划267.37亿元,实际落实到项目242.72亿元,占当年中央预算内投资的68%,未达到“有预算二次分配权的单位年初下达预算要达到当年预算75%以上”的要求。

——在“淮北大堤除险加固工程”等5个项目的可行性研究报告、“淮河干流上中游河道整治及堤防加固工程”等5个项目的初步设计尚未得到批复的情况下,发展改革委下达中央预算内投资计划10.9亿元,不符合国家关于基本建设程序的规定。

——2005年10月,发展改革委在下达煤矿安全改造项目投资计划时,对财政部已拨付关闭破产补助38.33亿元的10个资源枯竭型关闭破产煤矿,安排安全改造资金2 741万元。对政策性关闭破产煤矿,不应再安排安全改造资金。

——部分补助地方投资项目还存在额度较小,不利于更好地发挥中央政府投资效益的问题。审计抽查122.52亿元的10项国债投资计划,共安排13 488个项目,其中100万元以下的项目11 479个,占总数的85.1%。

——部分专项投资存在内容交叉,资金多头审批安排的现象。2005年,发展改革委、交通部分别使用“中央预算内投资”“国债投资”“车购税”和“以工代赈”等资金263.3亿元,安排“县际和农村公路改造”“通达工程”“乡村公路”等6项专项投资,这些专项均涉及农村公路建设,内容相近,资金多头下达。

——去年中央预算执行审计中曾发现,发展改革委到2004年年底才下达“优质粮产业工程”“动物防疫体系工程”当年国债投资计划。从今年审计情况看,这一问题仍未得到解决。

补助地方支出存在三大问题

李金华说,与上年相比,2005年中央财力性转移支付和专项转移支付都有较大增长，且财力性转移支付的增幅高于专项转移支付增幅，财力性转移支付占到对地方转移支付的一半以上。审计调查发现的主要问题是：

——地方财政对中央税收返还和补助收入预算编报不完整。按照预算法的规定，省级政府应将中央财政对该地区的税收返还和补助收入全部编入本级预算。但据对20个省(区、市)的审计调查，2005年，这些省(区、市)本级预算共编报中央税收返还和补助收入3 444.27亿元，仅为中央实际补助7 733.65亿元的44.5%。

——部分专项转移支付项目设置交叉重复，分配制度不够完善，资金投向较为分散。目前参与中央转移支付资金分配的部门多达37个。据不完全统计，2005年中央财政分配的239项专项转移支付项目中，有41项存在内容交叉重复的问题，涉及资金156.37亿元；有65项没有管理办法或管理办法未公开，涉及资金705.89亿元，占专项转移支付资金总额的20%。

——2005年，15个中央部门在部门预算中共安排中央补助地方支出383.69亿元。这种由中央主管部门对口下达补助地方资金的做法，打乱了正常的预算管理级次和资金分配渠道，造成中央财政本级预算支出和补助地方预算支出不真实，不利于地方政府的管理和人大的监督。

建议增强预算的刚性约束

针对本次中央预算执行审计发现的问题，为进一步加强财政管理，李金华的报告中提出以下意见：

——改进中央补助地方支出预算编报方式，清理整合专项转移支付项目。目前中央补助地方支出已占中央财政总支出的57%，占地方财政支出的45%。要尽快细化中央补助地方支出预算，编制分地区、分项目的详细预算，并督促地方财政完整地编报本级预算。

——进一步深化部门预算改革，增强预算的刚性约束。各部门要围绕“十一五”规划战略目标，通过制定科学的发展规划和年度计划，建立和完善滚动项目库，切实细化部门预算；财政部要在试点的基础上尽快建立科学合理的支出标准和预算定额，增强预算分配和执行的透明度；要加大中央部门的预算执行责任，实行必要的问责制和项目预算绩效评价制度，强化预算约束，提高预算执行效果。

——健全中央政府性投资管理制度。要根据投资体制改革的要求和实际需要，尽快研究规范各专项投资管理办法，尽可能做到资金分配标准公开透明，项目安排程序规范。

(记者：王比学　宋　伟)

把这条新闻作为我们的评论对象,你怎么评呢?《燕赵都市报》2006 年 6 月 29 日发表的曹林的评论注意到这次报告与前几次相比点名少了,认为这是一种过度理性:

审计署审计长李金华日前向十届全国人大常委会第二十二次会议作了《关于 2005 年度中央预算执行的审计工作报告》。与往年报告相比,今年审计报告谈存在的问题少了,点单位名字少了。

审计署有关负责人表示,审计工作报告之所以没有过多列举具体案例,也没有像以往点出单位的名字,主要有两点考虑:一是在审计结果公告制度已然建立并不断完善的情况下,审计查出的重要案例主要都通过公告形式向社会公布。二是审计工作报告揭露问题的篇幅有限,不可能把审计查出的所有重要案例一一列举,这就可能带来曝光是否公允的问题。(新华社 6 月 28 日电)

李金华称审计"要从揭露问题重点向制度建设倾斜",这种转变中所包含的理性诉求完全可以被理解,毕竟,整肃政府财经秩序,最终还得依赖完善的财经制度,仅有揭丑的审计报告是浅薄和不成熟的,"揭露制度漏洞"是一种更理性、更触及本质、剔骨见肉的审计——但是,"重点揭露制度漏洞"是否就意味着要放弃原有的"揭露违规部门",放弃对问题部委的公开点名,两者互相排斥吗?为什么不能同时并存?公众想知道财政渗水的制度漏洞在哪里,也有权利知道是哪些部门违法违规使用了公共财政。

审计报告不点名,这是一种让公众失望的过度理性。

…………

作者评的对象是新闻,但抓的是其中显现出来的问题。作者的整篇评论都集中于这一问题来谈。那么,从这则报道中还能看到其他问题吗?当然,有的人从这一报告鲜明地看到了李金华的民本审计观,有的则看到了从违规审计向绩效审计的转变。那么,李金华在报告中还指出了投资管理的七大问题和补助地方支出存在的三大问题,我们能不能就李金华说的这十个问题中的一个来评论呢?答案是肯定的。那是不是就说明新闻评论确实存在两个对象,除了新闻,还有重大问题呢?不是。因为李金华所指出的这十大问题本身已经作为一则新闻报道出来了,也就是说,他所说的十大问题此时是新闻,是新闻当然可以作为评论的对象。这时候,就是评论的对象和评论的选题重叠了。

我们经常看到一些社论似乎就是直接面对问题发言的,这又该怎么看呢?有的社论是以某个文件或讲话为对象来评论的,这个文件或讲话的发表已经构成了新闻,而文件或讲话所指的问题当然是被报道出来的新闻。所以,这里也是对象与选题重叠了。有的社论不是直接以文件或讲话中所指出的问题作选题，而是谈那个文件或讲话本身存在的问题，那就可以明显地区分开对象和选题了。还有的社论不是基于文件或讲话，而是直接说现在普遍存在什么什么问题，那实际上是评论作者同时担任了新闻报道的任务。

徐宝璜先生在其1919年著的我国第一部新闻学专著《新闻学》(原名《新闻学纲要》)中说:“社论须以当日或昨日本报所登之新闻为材料而讨论之，此理甚明。”[1]以新闻为材料，而不是以问题为材料，可见新闻评论的对象是新闻，不是问题。台湾报人林大椿也说:“新闻为事实的客观记载，评论为基于事实而发表的意见。”[2]

我们在这里就这一区别不断饶舌，有什么意义呢?

第一，明确问题才能集中笔力，使评论始终围绕一个中心。有的人写评论时，就是不善于从新闻事件中找问题，而是对事件的每一个细节都发表一下意见，一篇文章读下来，让人不知所云。就李金华的报告来说，他说了那么多内容，提出了那么多问题，如果我们挨着一句话一句话地评论，别人就实在弄不清我们想说什么了。曹林集中于一个问题，意见就谈得很明确。

第二，基于事实，而不是基于问题，是新闻评论与科学论文的一个大区别。新闻事实是现实生活中客观发生过的具有新闻价值的事实，是新闻评论的对象，而所谓重大问题则是新闻评论的选题，是人们从新闻事实中发现的论题。新闻评论必须以新闻事实为依托，必须是对新闻事实的评论，如果仅仅是面对重大问题发言，就可能超出新闻评论的范围。中国社会科学规划办公室每年都会挑选出一些关系国际民生的大问题，请全国的专家进行研究，但那些研究论文和论著都不是新闻评论。

新闻事实包括所有当下存在的事实，不能仅仅理解为具备了五个W的具体事件。它可能是有具体情节的一则事件(比如苏州动物园的老虎在某时产下多少虎仔)，也可能是某个人在某个场合所说的话(比如黄健翔在解说世界杯时所说的某些话就被人们到处抨击)，还可能是社会中所出现的某种现象(比如哈日、哈韩)，有时某个重大问题也可能具有了新闻价值而被加以报道，这时，这个重大问题也成了新闻事实。

新闻评论是对有新闻价值的事实的评论。它从新闻事实中发现问题，结合事实分析问题，得出自己的结论，试图说服接受者对新闻事实形成与评论者相似

---

〔1〕 转引自赵振宇.现代新闻评论.武汉:武汉大学出版社,2005:22.

〔2〕 转引自丁法章.新闻评论教程.上海:复旦大学出版社,2002:15.

的看法，这样的分析、评判就称为新闻评论。

新闻评论和新闻事实的报道是相辅相成的，构成新闻工作“摆事实、讲道理”的全过程。新闻报道以摆事实为主，评论以讲道理为主。俗话说，有“理”没“事”难接受，有“事”没“理”看不透，两者结合，缺一不可。

当然，新闻报道也难免具有倾向性，既然是对新闻的报道，就有个报道者存在，而报道者的立场、观点、政治倾向便决定了他从什么角度去报道这个事件，决定了他在报道事件中的取舍，还决定了他会注意到哪些事实，忽略哪些事实。再者，报道中所使用的语言都难免带有或褒或贬或中性的情感色彩（报纸新闻），所运用的语调都透露着报道者或悲或喜或怒的情感态度（广播）。如毛泽东主席逝世时的消息报道，语调就万分悲痛，而中国运动员在奥运会上取得优异成绩的报道则语调欢快而激动。如果是电视新闻报道，还有个图像语言情感色彩的传达问题。图像的构图、色彩，光线的照射方向、强弱，对人物特殊表情的捕捉，无不表露出报道者的主观评价。如对克林顿丑闻的报道，镜头就特别捕捉了他在记者面前的尴尬表情。另外，报纸、广播还存在着特殊的报道语言，如报纸的版面设计，新闻条目的排列顺序，字体、字号的选用（有的甚至运用套红等色彩手段），这些无不带有强烈的倾向性。这些还是比较客观的报道，它用事实和事实本身的逻辑来表达思想观点。这种思想观点是“无形的意见”，含而不露。还有的报道，借了新闻人物之口来表达自己的意图，把人物当作报道者意见的传声筒。但无论如何，新闻报道总是以摆事实为主，告知新闻事实是其主要任务。

新闻评论却不是这样。它是直接面对新闻事实发言，对新闻事实进行分析，表明评论者的鲜明的态度和明确的观点，它以讲道理为主，是对新闻事实的论说。它离不开新闻事实。离开新闻事实，新闻评论就失掉了评论的对象，变成了一般的评论，而不再是新闻评论。反过来说，它又不能满足于对事件的叙述。叙述事件只是为评论找靶子，如果大众对事件本身已很清楚，或评论是附在新闻报道之后的，甚至可以略去对事件的叙述，直接拎出问题，展开评论。此时，评论并没有离开新闻事实，只是省略了新闻事实而已。新闻评论的主要任务是论，是新闻工作者直接站出来对新闻事实进行评说。相当多的新闻评论都是先把新闻中与自己的评论相关的事实简要交代一下，并告知消息来源，然后做出评论。例如红网 2022 年 7 月 27 日的一则署名王红峰的评论《给狗患拴上“法规绳”》。评论一开头先叙述新闻事实：

这两年，有宠物救助志愿者发现，救助点的流浪猫狗数量增加了，其中不少是被主人弃养的。近日，多名业内人士指出，弃养宠物行为不但不道德，而且会给社会增添负担,比如宠物被弃养后可能会传播疾病、影响交通、扰民伤民、污染环境等。建议加强相关立法,加大处罚力度,同时发挥社会自治组织的作用,让公众参与社会监督,守护宠物生命安全。(《中国新闻网》7月25日)

事件的叙述,为作者的评论树立了靶子。接下来,作者展开评论:

近年来,我国兴起了养宠物热,其中最为流行的恐怕就是养犬了。在日常生活中,我们时常能感觉到犬只扰民的存在。

养犬需要讲公德,严自律。作为人类的朋友,犬只是无辜的,需要提醒和规劝的是少数缺乏社会公德的犬主人。不让犬只扰乱他人的生活、威胁他人的安康、影响公共的环境等,应是起码的公德。况且,狂犬病是世界上病死率最高的疾病之一,死亡率几乎为100%。全球每年有5万多人死于狂犬病。中国的发病例数排世界第二。无论从防疫和卫生,还是安全考虑,养犬必须去挂牌登记,给狗注射狂犬疫苗;出门遛狗,必须拴住犬只。很可能,你眼里的"宝贝狗",在他人眼中就是"恶犬""夺命犬"。

近些年,不少的城市以不同的形式制定了养犬的规定。如建立烈性犬只禁养制度、犬只登记制度、免疫登记制度等,也都大体包括了养犬涉及的公共安全、公共卫生以及公共秩序如何保障和实现。如2017年3月,山东济南推出了"养犬计分制"。根据政策要求,济南市民在养狗过程中,有扰民等违规行为,犬主的养犬登记证就会被扣分,总分12分,全部扣完后,犬主需要"补考"文明养犬相关法规,合格后才能取回犬只和养犬登记证。

《民法典》第1249条规定:"遗弃、逃逸的动物在遗弃、逃逸期间造成他人损害的,由动物原饲养人或者管理人承担侵权责任。"济南市公安局推出的"养犬计分制",既可以照顾到城市居民养犬的权利,也能通过对"扰民"等行为的举报,对养狗人进行义务上的约束,更能对违法遗弃、让宠物无家可归的养狗人进行法律追究,从而促进犬只与犬主、犬只与社区居民和谐相处。笔者认为:各地可以向山东济南等地学习,用法治管住犬主人,引导市民文明守法养犬,方能善养有益、邻里和谐。

这样,有新闻,有评论,文章就成为一篇成分齐全的典型的新闻评论。

还需要强调的是新闻评论与评论者之间的关系。这个定义隐含着一个创作主体——"评论者",即对新闻加以评论的人。我们说新闻评论是对新闻事实所进行的评论,指的是评论者对新闻事实的评论。审定一篇文章究竟是一则报道还是一则评论,关键要看创作者是在评论新闻事实还是在报道新闻事实。这个问题说起来简单,但事实上许多人甚至是媒体人都没有分清。

比如大洋网2001 年4 月5 日的文章《拉美华侨华人谴责美国霸权主义行径》:

大洋网讯 美国军用侦察机撞毁中国军用飞机的严重事件在拉美一些国家的华侨华人中引起强烈反响,他们纷纷谴责美国的侵略行为,支持中国政府在此事件中采取的严正立场。

巴西华人文化交流协会主席周径华表示,中国近年来国内形势稳定,经济发展很快,美国对此感到不快,千方百计进行破坏,利用各种机会进行反华活动,这次又派侦察机对中国进行间谍活动,并撞毁中国军用飞机。他说,听到这个消息后,他感到极其愤慨,所有华侨华人都坚决谴责这种侵略行径,并支持中国政府捍卫国家主权的正确立场。

据新华社(报道),里约热内卢华人联谊会创始人、旅居巴西40 多年的老华侨季福仁说,美国一直在世界上制造麻烦,这次又对中国进行挑衅和侮辱,这种行为是完全错误的,理应向中国道歉。

里约热内卢中国和平统一促进会会长雷滨说,美国间谍飞机侵犯中国主权的行为,充分暴露了美国军事扩张和霸权主义的野心,中国飞机进行监视是捍卫中国主权,是正义行动,美国应对撞机事件道歉。

哥伦比亚首都波哥大华侨联谊会主席徐铭添4 日对新华社记者表示,他对美国军用侦察机撞毁中国飞机感到非常愤慨,布什政府必须向中国政府和人民公开道歉,因为这是严重违反国际法的事件。

哥华人作家协会主席程锡铭说:“我国失踪的飞行员尚没有下落、生死未卜,美国不但不道歉,反而提出了种种无理要求,实在太气愤了! 中国人民不能容忍这种霸权主义的行径! 我们强烈要求美国保证今后不再发生类似事件。”

旅哥华人研究会会长陈桂明说,美国这一行径是对中国人民的蔑视和挑衅,充分暴露了其军事强权、妄图称霸世界的野心。如美国当局不顾中美两国关系倒退的危险,不顾东亚和平局面被破坏的威胁,一意孤行,那么终将搬起石头砸自己的脚。

这篇文章中,评论的比重很大,有6 个人发表了评论,他们评论的对象也是新闻事实:美国军用侦察机撞毁中国军用飞机的严重事件。这样的文章算是新闻评论还是消息报道呢? 答案是,它仍然是消息报道。其实文章的抬头“大洋网讯”已经告诉了我们,它的文体是消息报道。“讯”者,通讯、报道也。文章第一段先总括报道,说撞机事件在华侨华人中引起强烈反响,然后具体告知人们华人华侨都有哪些反响。那6 个人的意见都是记者当作需要人们了解的信息报道出来的。就是说,他们对新闻事实的意见也成为新闻事实了。

报纸新闻评论与消息报道的区分还比较容易,对广播电视节目进行区分就更难一些。不过,我们仍然可以以此原则加以区分。比如记者或主持人就某一事件采访专家,由专家对事件进行评论,这样的节目就是报道,主持人直接站出来对事件进行评议,就构成了新闻评论。比较困难的是对几人谈形式的节目的认定。这里有两种情况。一是两个或两个以上的主持人分角色以对话的方式对新闻加以评说,它还是新闻评论,只不过是分出几个角色来而已。二是主持人以评论员的身份出现,与请来的专家一起就新闻事实发表看法。它实际上是多主体的新闻评论。在这里,主持人不是担负报道专家意见的职责,他与专家们都是直接站出来发言的。他们各自的议论形成了一种观点的交锋与交流,在交锋与交流中实现了对新闻事实的多角度透视。

二、新闻评论的特点

由新闻评论的定义,我们可以推论出新闻评论以下几个鲜明的特点来。

(一)以新闻事实为依托

新闻评论是对于新闻事实的评论,失去新闻事实,新闻评论也就失去了存在的前提,不以新闻事实为依托的评论就变成了其他评论。有些评论确实是针对重大问题的,但它没有新闻事实作依托,不能算作新闻评论。比如梁启超先生的文章大都是针对关系一些重大的问题,有的甚至是针对关系一个国家兴亡存废的大问题而发的,并且多是发表在报刊这种大众传媒上的,但他的着眼点不在新闻事实,而是要利用报刊去呼吁维新变法。所以,严格说来,他的大多数文章是政论,却不是新闻评论。比如《中国积弱溯源论》《论进步》,看题目就不是新闻评论,因为前者的主旨是谈中国怎么逐渐走向贫弱的,后者则是谈社会发展的。再如《论公德》。作者在文中首先指出为什么要论公德:因为“我国民所最缺者,公德其一端也”。然后界定什么是公德:“公德者何?人群之所以为群,国家之所以为国,赖此德焉以成立者也。”作者强调了公德的重要性:“知有公德,而新道德出焉,而新民出焉。”最后,还论及了国民公德缺乏的原因:旧有的封建伦理道德“偏于私德,而公德殆阙如”。[1]可以说,有关公德问题的方方面面,作者几乎都论到了,作为一篇论文无疑是很优秀的,但它根本不是对新闻的评论。梁启

[1] 梁启超.论公德.新民丛报,1902-03-10(3).

超先生在中国报刊史上有着重要地位,但这并不是因为他的文章都是典范的新闻评论,而是因为他是中国历史上的一代思想精英,是“时务文体”(报章文体)的开创者。面对的是新闻事实,是新闻评论区别于其他评论的鲜明特点。

有的人为了区别新闻评论与其他评论,直接说新闻评论具有新闻性,这是不对的。这种说法在有效区分新闻评论与其他评论的同时,又容易使人们把新闻评论和新闻报道混同。实际上,他们所说的新闻性就是指新闻评论的对象是新闻事实。不过,因为它的对象是新闻事实,就说它具有新闻性,这是不恰当的。我们从来没听人讲过体育评论具有体育性,经济评论具有经济性,文学评论具有文学性。文学性是文学作品的属性,而不是文学评论的属性。当我们阅读一篇文学作品的时候,我们会为它情节的生动、人物塑造的形象、语言的传神所吸引,认为这篇作品的文学性很强,但如果你评价一篇文学评论文章,说它生动形象,语言优美,文学性很强,作者可能会认为你不懂文学评论或者认为你在骂他。文学评论是对文学现象和文学作品的理性评判,是讲道理的文章。有的文学评论文章可能读起来并不是那么令人愉悦的,甚至是比较枯燥难懂的,但由于它看问题比较敏锐深刻,讲道理逻辑性很强,具有很强的说服力,所以它是好文章。

我们说新闻性时,一般指的是新闻本身的特性。新闻性起码包括了真实性、新鲜性、客观性、时效性等特性。在新闻评论中,我们当然要求新闻评论的对象——新闻事实要真实,如果你所评论的事件本身是捏造的或是与事实有出入,评论也就成了空中楼阁,成了无的放矢。但是,这里要明确的责任是,事实的真实与否是新闻报道的问题,而不是新闻评论的问题。我们也要求新闻具有新鲜性,要求事件必须是新近发生的,或者虽不是新近发生但别人从未报道过的。但新鲜性仍然主要是新闻报道者的问题。例如,一个记者报道了一则真实性不足、新鲜性不够的事件,而评论者迅速给这则报道加了个评论,此时我们只能说问题出在记者身上,不能说出在评论者身上。

人民网 2001 年 11 月 15 日正好发表了一则对记者报道的真实性问题的评论,我们不妨来看一看:

人民时评:雾里看新闻

张 峰

笔者是一个业余杂文作者,平时喜欢写点激扬的文字,不时地有豆腐块的文章见诸报端。可是写着写着,我却慢慢地不敢再轻易动笔了。因为,对一件新闻事件今天这家单位这样报道,明天甚至当天另一家新闻单位就可能另样报道,真让人有点找不到北了。

前一段时间,有报载文《"舞女"当法官　流氓提院长》,说是陕西富平县一位在社会上浪荡多年的"舞女"竟然凭借社会关系摇身一变当上了法官,堂而皇之地办起了案子。而另一位被群众称为"作风败坏"的经济庭副庭长,不仅没被查处,反而被提升为副院长。

读完这则消息,一时来了灵感,一挥而就地写了篇《披着猫衣的鼠》,心想这不是"鼠猫"联盟了,而是"鼠"堂而皇之地穿上猫衣,混进"猫"的队伍的事了。正义之箭若是被这样的人控制了,还有什么黑白可言?因为当时工作比较忙,加之总觉得文章尚须完善,写完以后,便存在电脑里了。谁知过了几天,网上又载文说是有记者赴陕西采访,当事人矢口否认此事,倾家荡产也要打官司要回清白,并辩白:哪有人会在自家门口做小姐?

一想也是这个理。心里暗自庆幸自己写的那篇稿子没有寄出去,否则要是被编辑编发了,岂不是诬陷了好人。而这时报上接二连三地刊登了舞女当法官的评论,我心里暗笑,这些作者真是孤陋寡闻了,不看看报纸再评论,只知其一,不知其二。

孰料,近日上网,一个题目让我大吃一惊,《舞女法官真相查明　被清出司法队伍》,细细读来,原来陕西富平县法院用人中的不正之风被记者披露之后,引起了中央和陕西省有关领导的重视,派人一查果有其事,现在有关责任人已被处理。"舞女的故事"终于水落石出,一颗悬着的心终于落了下来。

然而,像我这样喜欢读新闻的人毕竟是少数,看完新闻后喜欢追踪结果的人也不是很多。我想一定有很多没有时间读报的人看了其中一篇文章后会被弄得一头雾水。一些媒体不经详细的采访就急于报道,抢新闻。今天这样说,明天那样说;反过来,倒过去;折腾来,倒腾去;反过来炒,正过来炒。媒体是有新闻可发了,可是老百姓却像是雾里看花了。片面报道,道听途说的假新闻,弄得我经常对新闻的真实性产生怀疑。是不是真有其事?是不是还有下文?思量来,思量去,我常常不敢动笔了,等再动笔时,却又过了时评的时效了。

"舞女的故事"是真还是假,像这样一个业余杂文作者,他怎么能知道?所以,他后来看看另一则报道说不是那么回事,就把稿子压了下来。这样做其实没有必要。事实上,作者在这里所举的例子本身与假新闻不相干,因为记者也只是报道了当事人的陈述。如果当事人确实是那样陈述的,那么这则报道就是真的。不管报道是真是假,它都与评论者无涉。假如"舞女的故事"是假新闻,难道那么多评论者就要跟着记者去坐被告席了吗?评论者只对自己的观点和论证过程负责,不对新闻的真实性负责。核实新闻的真实性,是记者的任务,抓取新鲜的事件也是记者的任务。评论者没有时间、没有责任也没有办法去对新闻再进一步核实。他将视报道出来的新闻为已经证明是真实的新闻。当然,如果一则新闻并未见诸报道,是评论者将它加以陈述,然后做出评论,此时,核实新闻真实性的责任当然在评论者。但是,这是评论者作为一个记者的责任,或者说,是他所兼的记者的身份的要求,而不是作为评论者身份的要求。我们在谈论评论者时,当然不能把这一责任交给他。

如果硬要说新闻评论具有真实性,那么,它所具有的真实性只是评论者意见的真诚性,即评论者说的是自己内心所想的,而不是心中一套,文章中一套,说些违心话。但这样的真实性与新闻的真实性根本不相干。

至于说客观性,若要加到新闻评论头上,那就更荒唐了。

所谓新闻的客观性,指的是报道要身处事外,要冷静,不能把想象当成事实,不能以主观判断来代替客观事实,不能以情感抒发来代替对事实的报告。报道所做的工作就是告知人们发生了什么,任何添油加醋的陈述都可能造成对事实的歪曲。比如说一个人去世了,如果你仅看到这一事实,那就说"某某某去世了",他的去世也许是悲伤所致,也许是急病所致,如果经过医生检验,确实是生病死的,你可以报道说"经医生检验,某某某因病死亡",但如果没有证据,你不能凭着自己的猜测就说"某某某因病死亡",你更不能说"某某某为人那么好,却突然病故了,老天真是太不公平了",为什么?因为它不是在报道事实,而是在抒发感情,散文可以这样写,消息不能这么报道。李良荣先生说:"报道是对可以查证的事实的客观叙述。"〔1〕强调报道的事实一要可查证,二要客观叙述。"新闻既然是新近发生的事实的报道,那么,它就应该尽可能多地向人们提供可以查证的事实,也不妨作些分析,但尽可能避免下判断,更不要以判断来代替事实。"〔2〕

但新闻评论发表的就是主观的意见,如果要客观化,就没有新闻评论了。

康拉德·芬克在其《冲击力:新闻评论写作教程》一书的第一部分的开头就这样写道:

学习新闻评论写作,首要之事就是认清一样东西,是它决定了你如何理解新闻工作者究竟是怎么回事这一问题。

它是你在新闻学课程学习中得来的:记者必须身处事件之外,必须客观,必须保持冷静。对吧?

〔1〕 李良荣.新闻学概论.上海:复旦大学出版社,2001:24.
〔2〕 李良荣.新闻学概论.上海:复旦大学出版社,2001:26.

噢,这是那时——在采访报道课或新闻写作课上——而不是现在所要求的。当时(注:这里可能是个翻译错误,似应为“现在”)你必须从客观性写作转入主观性写作,你必须在写作中注入你的观点和你的情感,而不是消除它们。[1]

当然,我们平时也说某人对事件的评论不够客观,但此时的语义是指此人的评论不够中肯、太偏激、不全面等意思,而不是说他不该表露自己的意见。

既然新闻评论不具有新闻性至关重要的构件——真实性和客观性,我们当然不能说新闻评论具有新闻性。

新闻事实只是新闻评论的对象,并不是评论的目的,它的重点是由新闻所申说的问题和表达的观点。评论对象具有新闻性,评论本身却不具有新闻性,因而,我们说新闻评论以事实为依托,不说新闻评论具有新闻性。

与此相关,有人认为新闻评论属于新闻文体,这种看法也值得商榷。前文提到李良荣先生的说法,“报道是对可以查证的事实的客观叙述”,这里的报道就是新闻的意思,就是说新闻文体是一种客观叙述的文体,而评论却是一种主观议论的文体,显然两者不属于同一文体。若作文体分类,只能把新闻评论归入议论文体。强调这一点很重要,因为人们学习新闻写作,头脑中不断地被灌输以“真实”“客观”这些概念,常常不自觉地以新闻的写作方式来写评论。赵振宇先生在他所著《现代新闻评论》一书中曾附了一则学生习作,那篇习作通篇都是客观介绍别人的观点,如“《中国青年报》昨天发表文章说”“该报指出”“文章进一步分析说”“文章认为”“它强调”“它指出”等[2],为什么会出现这样的问题?答案是,这个学生把新闻评论文体和新闻文体混淆了。我们可以将新闻评论归入新闻学科,但新闻评论不是新闻文体,两者不能混淆。

(二)时效性

时效性是新闻报道和新闻评论所共有的,因为若不对新闻及时加以评论,时过境迁,就变成了旧闻评论。旧报馆有句话,叫作“看完大样写社论”。现在,我们的许多媒体常常是发了一篇新闻之后,在后面直接配上一篇评论。就是某一媒体对于别的媒体所发的新闻的评论也是快速跟进。前面所举的曹林对李金华报告的评论就是紧随报告在第二天即发表的。

随着新闻媒体的进步,交通、通信器材的不断改进,新闻评论的时效性越来越强,即时性新闻评论得到了大发展。随着我国广播电视事业的发展进步,现在

---

〔1〕[美]康拉德·芬克.冲击力:新闻评论写作教程.柳珊,顾振凯,郝瑞,译.北京:新华出版社,2002:1.
〔2〕赵振宇.现代新闻评论.武汉:武汉大学出版社,2005:466.

许多电视台的新闻栏目都配备了评论员，有什么重要新闻，随时做出自己的评论，从而将新闻评论的时效性压缩到“当下性”。

报纸新闻评论的时效性一直是比较差的，但随着时评的勃兴，现在报纸上的新闻评论也越来越注意时效性。过去媒体常常把评论作者的稿子压着不看，十天半月后就不能用了，白白耗费作者的心血。评论作者若把一篇稿子先投到一处等上十多天，没消息再改投别处，就没人用了。为使自己的文字能够在时效期内发表，评论作者往往一稿多投。在这种压力下，媒体编辑不得不有稿赶快审，及时用。现在的报纸评论时效期一般只有三天，即新闻报道发表的当天，作者立刻构思写作，写好当天投出，第二天编辑审稿，第三天见报。

新闻评论的时效性与新闻报道的时效性是不同的。新闻报道的时效性指的是记者要把新闻及时地加以报道，而新闻评论的时效性指的却是新闻报道与新闻评论之间的时差要小。两者的时差越小，新闻评论的时效性越强。如果记者报道得很真实，很新鲜及时，但评论却很长一段时间后才出来，那么问题就在评论者身上。一篇新闻评论，如果不注重时效性，发表出来已成为对旧闻的评论，就起不到它应有的作用，失去了新闻评论的意义。事实上，随着科学技术的飞速发展，新闻评论与新闻报道之间的时差已经变得越来越小，甚至在电视新闻评论中，往往是一边报道一边评论，许多时候，评论的“及时性”变成了“即时性”，同步评论在新闻评论中所占有的百分比越来越大。

即便是新闻评论与新闻报道之间的时差问题，也不仅仅是评论者的问题，时差的大小与媒介的特性、与编辑的过程都紧密相连。比如，互联网上的新闻评论时效性就要强得多，因为互联网具有即时互动性。再如，一篇新闻评论投到报社后，可能因为编辑的疏忽、送审过程的漫长、积稿太多等原因而使其时效性弱化。有的新闻评论作者就因为新闻评论是易碎品，怕媒体编辑部处理稿件太慢，所以只好一稿多投。

新闻评论的特点要求作者创作要快、媒体处理要快，否则就成了明日黄花。

（三）思想性

新闻评论是评论者对新闻事实的见识。或者我们把“见”与“识”拆开来，新闻报道是“见”，新闻评论是“识”。有“见”才有“识”，所以，新闻评论也要“见”，要发现新闻事实，但有“见”不一定就会有“识”，只有深入思考才能有所识。评论者不是单纯的新闻记录者，不能满足于对新闻事实的准确记录，不能浮在事件的表层，而要透过新闻现象，洞察现象背后的本质的方面。

例如 2015 年 9 月 14 日《新华日报》署名翟慎良的评论《重视改革的“慢变

量”》(第二十六届中国新闻奖三等奖):

重视改革的“慢变量”

改革关键之年,如何做出关键作为?这无疑是一道沉甸甸的考题。最近,省委全面深化改革领导小组接连召开两次会议。从深化省管企业负责人薪酬制度改革,到科协所属学会承接政府转移职能试点……紧锣密鼓推出的一项项改革举措,让我们看到了省级层面全力推进改革的决心和行动。

船到中流,不进则退。当改革进入深水区,开始啃硬骨头,“进”的动力何在?此时此刻,面对改革的复杂性、艰巨性,一方面,我们必须增强改革的责任感、使命感,一如既往地加速推进改革;另一方面,我们必须重视改革的“慢变量”,更加协调系统地推进改革。

导致事物变化的因素,有“快变量”,也有“慢变量”。比如海浪的起伏波动,其“快变量”是今天海上有没有风。但决定海浪的真正原因是月亮,有了月亮才有潮汐现象。月亮,就是海浪的“慢变量”。

改革也有“快变量”和“慢变量”之分。改革的“快变量”,是那些直接的、见效快的改革方面。而“慢变量”,则是那些深层次的,需要一个培育和成长过程的改革方面。比如,企业改革,进行股份制改造是“快变量”,它可以让企业一夜间“改头换面”。而建立现代企业制度则是“慢变量”,需假以时日企业才会因此真正“脱胎换骨”。再比如户籍制度改革,统一城乡户口是“快变量”,而农民市民化则是“慢变量”。改革中,或许一纸通知就可以实现城乡户口的统一,但农民成为市民却是个缓慢的过程。

全面深化改革,我们需要在“快变量”上大有作为,更需要在“慢变量”上大显身手。事实上,改革成效好不好,很大程度上恰恰是由“慢变量”确定的。而且,“快变量”的改革,最终也离不开“慢变量”改革的支撑。必须看到,容易的、体制外的、增量的、局部的改革,到如今已基本完成。向“全面”与“深化”发力,需要我们更多地在“慢变量”的改革上着力,使改革真正取得整体性成效。

重视改革“慢变量”,首先要明晰快与慢的辩证。改革,既是为当前计,更是为长远谋。忽视“慢变量”,只看眼前,只重速度,往往会欲速而不达,甚至留下后遗症。比如城镇化改革,有些地方急躁冒进,出现“农民被上楼”现象,所谓新城镇也成为“半拉子工程”。而重视“慢变量”,就要在城镇化改革中,一步步填平城乡之间的公共服务鸿沟,解决城乡户口之间的“含金量”差距。唯此,城镇化改革才能快速而又稳妥地推进。

现实中，这种“慢变量”的改革，是看不见的“潜绩”，是更难啃的“骨头”。作为改革决策者，必须增强改革定力，保持改革韧劲，不仅努力让百姓尽快享受“改革红利”，也要尽力给百姓留下“未来收益”；不仅要有“吃力不讨好”的心理准备，还要有“功成不必在我”的气度和胸襟。

重视改革“慢变量”，还要明晰此与彼的辩证。改革是一项复杂的系统工程，牵一发而动全身。改革变量之间，此慢与彼快，彼慢与此快，常常互为表里，相互交织。加快推进改革，必须避免快慢失衡、顾此失彼，解决好改革措施的衔接配套，处理好改革产生的利益冲突。

从这个意义上来说，民众的广泛参与、社会各方的协同配合，就是全面深化改革最重要的“慢变量”。只有重视了这个“慢变量”，改革才能协调各方利益，汇聚各界力量，形成“砖连砖成墙，瓦连瓦成房”的局面。反之，一切改革皆如“壁里安柱”，既不稳固，也不会长久！

在人们普遍关注“弯道超车”，急于求成的时候，上文逆向思考，提出了独特的见解，强调要“重视改革的‘慢变量’”。文章提出要明晰快与慢、此与彼的辩证关系，在发展中求平衡，对处于急躁与虚浮状态的人们，无疑是一剂醒脑药。

人们说：“新闻评论是传媒的灵魂。”确实，有没有评论者的观点在，是区分消息和新闻评论的一个关键。消息一般是忌讳发布者站出来说三道四的，而新闻评论却就是要对新闻事实说三道四。“灵魂”是相对于“肉身”而言的，肉身就是新闻报道，但传媒对社会上发生的林林总总的事件有没有什么高见？有高见，别人就佩服你，你就是人们的意见领袖；如果没有什么高见，甚至有的是陈腐的人云亦云之见，别人就会离你而去。或者换句话说，“灵魂”指的就是思想见识。

有人说，新闻评论的一大特点是政治性，这话有一定道理，因为新闻评论的主导性功能之一就是进行政治讨论。但是，新闻评论又不仅仅是政论。新闻评论作为意识形态中的特殊部分，它带有强烈的政治倾向性，代表着一定阶级、阶层或民族、集团的利益。新闻评论工作者时时刻刻要讲政治，要注意自己的新闻评论对社会可能产生的正负面影响，要具有强烈的社会责任感，注意维护人民的利益。但是，这并不意味着新闻评论就是政治性评论，仅仅是就国家的方针政策或当前具体的政治活动做出评论，而是只要是有价值的新闻事实都可以做出评论。党报和市级以上电台、电视台作为党的喉舌，作为各级党组织和政府联系群众的桥梁，要宣传党的各项方针政策，解释政府的法律法令，积极反映群众的政治要求，政治性要更强一些，但即便是作为党和政府喉舌的舆论工具，也会发表一些政治性较弱,甚至看不出有政治性的新闻评论。如《人民日报》2006年6月20日的一则体育新闻评论《别拿“紧张”说事》:

意大利球员长年征战意甲和欧冠联赛,久经沙场,却因为精神过度紧张而没能打好与美国队的比赛。日本足球向来以体力充沛、奔跑积极著称,却因为体能不支而表现欠佳。在足球场上,有这样一种怪现象:越是自恃什么,什么东西平时最好用,关键时刻越是在那方面出岔子。

作为教练员,平日里都会调教球员演练几套拿手戏,专等关键时刻赖以实现目标。这些招法的成功率足以让教练员深信不疑,很有点法宝的意思。到了比赛中,偏偏是最拿手的好戏演砸了,最可信赖的环节出了故障,真能把人急死。不过,多个心眼细想想,意大利队主帅里皮将比赛没有取胜的原因归结为球员太紧张,这样的解释是否说得通?是否符合场上的实情?有没有可疑之处或转移注意力之嫌?一说奇迹,总是让人想到那些平时不起眼,比赛时突然让人眼亮的情形,可是我们往往忽略了有另类的奇迹发生。历来踢球中规中矩的球员吃红牌,历来跑不死的球员腿如灌铅,历来弹无虚发的球员踢飞了点球。凡此种种,许多定式并不都在脚下,仅仅停留于心理和自我感觉而已。精细人一旦丢东西,准是贵重之物,又不愿请人帮忙寻找,怕的是没面子,倒不如平时丢三落四的“马大哈”不容易有太大损失。笔者以为意大利队的紧张是有原因的,球队的结构、风格乃至软肋所在,里皮先生再清楚不过,光拿“紧张”说事,后面的比赛还怎么踢?

这样的新闻评论看不出有什么政治性。党报《人民日报》的新闻评论尚且难以用“政治性”来概括,其他一些媒体就更难以这样削足适履了。现今的一些专业性媒体、商业娱乐性媒体中,更是大量地出现了非政治性评论。当然,商业娱乐性媒体、专业性媒体中的新闻评论工作者也要讲政治,也要注意政策界限,在坚持四项基本原则的前提下,在党纪国法和社会主义精神文明的规范内发言。他们也要积极地为推进社会进步、国家安定做出贡献,但要每篇新闻评论都带上明显的政治性却有点苛求。事实上,有一部分新闻评论属于政论,还有一部分则不属于政论。同样,有的政论属于新闻评论,有的政论则不属于新闻评论。新闻评论和政论属于有交叉的两个概念。现今的新闻评论已经开始把目光投向了现实生活的各个领域,如财经走势、证券风潮、影视动态、体坛风云、家教天地、追星族、婚外恋、保健经等,有什么样的新闻焦点,就有与之相随的新闻评论,几乎无所不评,无所不论。这些令人眼花缭乱的新闻评论,很难用政治性加以全面概括,但思想性却是明摆着的。政治性较强的新闻评论,具有政治思想性(政治小仅仅有思想层面，还有行动层面——人们常说政治行为、政治生活，而不说思想行为、思想生活——而新闻评论中的政治是属于思想层面的，所以，说“政治思想”要比说“政治”更准确一些），经济性较强的新闻评论具有经济思想性，这些都可用思想性来概括。正是因为有了思想性的存在，新闻事实与新闻评论才得以分开，新闻评论才可以说是“灵魂”，才真正具有了“深度”。

历史的转变在产生着新思想的同时，也在产生着新的评论。从新闻评论发展的历史来看，思想解放是新闻评论解放的前提。越是变革剧烈的年代，越需要新闻评论的积极参与。当今，人们的金钱观、时间观、风险观、效益观、开放观等都处在剧变中，所以新闻评论的用武之地也越来越大。无疑，思想性是新闻评论的一大特点。

还有人说，新闻评论不仅具有思想性，而且具有情感性。确实，新闻评论不排斥情感因素，有时情理交融还会产生更好的效果。在这一点上，它区别于科学研究，区别于学术论文。情感是科学家进行科学研究的动力因素之一，但科学家绝不能因为自己的情感好恶而影响科学研究的客观逻辑和结论。评论家允许在新闻评论作品中融入自己的情感，不过，情感是附着于思想之上的，他可以回避情感，却不能回避观点；他可以笔锋常带感情，却不能因之而淹没观点及对观点的理性论证。在纪念世界反法西斯战争60周年期间，郭松民于2004年7月9日发表在《新民晚报》的《感恩老兵》（获得第十五届中国新闻奖一等奖）就是一篇情理交融的评论：

湛蓝的大海，金黄色的沙滩，在法兰西六月的晨风中，一队身着军服的耄耋老人蹒跚着走来。清朗的阳光打在他们脸上，他们胸前的勋章熠熠生辉。

军乐队奏响了迎宾曲，礼炮轰鸣，年轻的军官和士兵们庄严地抬起右臂——老人们知道这是在向他们致敬！女王站起来了，总统站起来了，总理、首相和部长们站起来了，来自世界各地的不同年龄、不同肤色、不同性别的民众也站起来了，并且用不同的语言欢呼——老人们知道这是在向他们致敬！

这是在诺曼底——这些耄耋老人都是60年前在这里登陆的老兵。他们的很多战友长眠在这里，他们自己也曾经准备把血洒在奥马哈海滩上。今天他们之所以故地重游，就是为了接受欢呼，享受荣耀。希拉克总统在一个礼宾官的陪同下，再次向他们授予了法兰西共和国荣誉军团骑士勋章，然后致辞说，法国和欧洲对他们永远感激！

老兵此时此刻都在想些什么？我不得而知。曾经拍摄了以诺曼底登陆为背景的影片《拯救大兵瑞恩》的好莱坞大导演史蒂文·斯皮尔伯格，在纪念仪式后引用父亲当年的一句话形容这些健在老兵的心境:"我们不怕死亡,我们怕被遗忘。"如果真是这样的话,老兵们可以放心了,他们不仅没有被遗忘,在这一刻还成了全世界注目的中心。60年前的"D-day",当他们在枪林弹雨中冲上滩头的时候,可能没有想过会有今天,但有了今天,他们当年的牺牲,便全都得到了补偿。

诺曼底的庆典也吸引了万里之外的中国人的目光,有的媒体开始寻找参加过登陆作战的中国人。这条消息让我的心里产生了一种难以言说的复杂感觉:在诺曼底战斗过的中国人固然值得给予最大的关注,但那些在我们自己的国土上和日寇拼过刺刀的老兵,是不是也应该受到我们同样的关注呢?那些在卢沟桥、平型关、台儿庄以及在八年漫长的战争中,所有在正面战场和敌后战场浴血奋战过的老兵,他们都在哪里呢?我们是不是也应该选一个适当的日子,比如"7·7卢沟桥事变纪念日""8·15日本投降纪念日"或者"9·3抗战胜利纪念日",让他们胸前挂满勋章,接受我们的欢呼和敬意,然后庄严地告诉他们:中国和亚洲对他们永远感激!

一个知道感恩的民族才是有前途的。老兵们已经不多了,而且还在不停地凋零。抗战爆发时20岁的老兵,今年就应该是87岁高龄了;抗战胜利时20岁的老兵,今年也应该是79岁高龄了。一位接受了"荣誉军团骑士勋章"的美国老兵霍斯勒说:"我感到付出的一切都很值得!"明年是抗战胜利60周年,我希望我们也能看到一个隆重的庆典,能够听到有人对他们说"我们永远感激",能够在经历了这一切之后,听到他们欣慰地说:"我感到付出的一切都很值得!"——如果我们错过了这个时刻,我们可能就再也没有机会了!

作者拟的标题就用了"感恩"这个情感色彩非常强的词,在叙述事件的过程中,也极尽描写之能事,通过"湛蓝""金黄""清朗""熠熠生辉""庄严"等极富主观情感色彩的词语来表达自己对老兵难以压抑的崇敬和感激之情。作品还用"女王站起来了,总统站起来了,总理、首相和部长们也站起来了"等排比句一步步地加强情感。斯皮尔伯格父亲的话"我们不怕死亡,我们怕被遗忘",是句多么让人揪心的话,而在中国,我们还记得那些为国家做出巨大贡献的老兵吗?他们正在一个个亡故,再不向他们表达感恩之情,我们可能就再也没有机会了。就这则评论的题材及作者要表达的意思来说,不带感情是不可能的,"不要忘记那些老兵们,要抓紧向他们表达我们的感恩之情,否则就将留下永久的遗憾"这样的观点采取情理交融的方式来表达也是最好的手段。无疑,这是一篇非常散文化的新闻评论,但它之所以不是一般的散文,而是新闻评论,就因为其观点的鲜明与论证的有力。

（四）论理性

新闻评论不但要亮出评论者对于新闻事实的看法，而且要通过摆事实、讲道理，用道理去支撑自己的看法，从而说服别人，影响舆论。若少了讲道理的环节，仅仅是亮出观点，做出判断，就无法保证评论的有效性，无法真正切实地去影响舆论对于某一新闻事实的看法，无法使接受者对新闻评论者的观点心悦诚服。新闻评论必须靠讲道理使人折服。比如2001年12月25日《中国青年报》署名金陵客的评论《论“差师”》：

“差师”这个词，是我杜撰的。本来，报刊上只有“差生”这个词，我看了每每不顺眼，觉得这是对学生人格的一种侮辱。俗话说，没有不合格的孩子，只有不合格的父母。老师们看着自己的学生被人说成“差生”，为什么不想想这个道理？12月18日《南京晨报》报道，南京江东中学初二(1)班7名同学因为上课说话，被学校“隔离教育”2个多月，或者关在面包房里，或者窝在会议室里，就是不准回班级上课，致使学生学习退步，身心俱伤。看到这条消息，联想到报纸上一连串有关报道，“差师”这个词不禁一下子就从心里冒出来。“差师”确实差。像上面这所学校，采取如此手段对待学生，这种老师充其量只能说是“隔离专家”。还有比这更差的。比如12月19日《服务导报》报道，广州黄埔区国光私立小学2名三年级学生因为没有完成家庭作业，被老师体罚——用刀子割手指。11月27日《金陵晚报》报道，安徽淮南矿业集团新庄孜矿第三小学六年级9名同学，被老师一起叫到讲台上，当着全班同学的面，“用刀把脸皮刮得薄一点”。这种老师，充其量只能说是“用刀专家”。又比如11月26日《三联生活周刊》刊登的读者来信说，渭南市一个老师甘炯宏因为学生在小测验中没有答出一个问题，除了骂学生“笨得跟猪一样”而外，还给了学生8个耳光；韩城大朋中学一个姓徐的老师因为学生没有带劳动工具，先用铁锹将学生打得左臂骨折，然后一拳打在学生鼻梁上，还不解恨，还要再来两个耳光。这种老师充其量只能说是“打骂专家”。像这样的老师，你说差不差？

这还只是表象。从教学过程来说，学生之所以沦为“差生”，责任基本上应该归之于“差师”。学生沦为“差生”，分析起来，不外乎几种原因：或者上课不听讲，不守纪律，乃至于调皮捣蛋；或者学习方法不得当，花费的时间并不少，收获却不多，学习效率不高；或者对学习失去兴趣，对自己失去信心，干脆“破罐子破摔”。有几个孩子天生对学习没有兴趣呢？有几个孩子天生愿意跟老师作对?学生之所以沦落到这一步,老师负有不可推卸的责任。学生上课不守纪律,责任在于老师的课没有上出水平,有的老师习惯于照本宣科,学生上课就不爱听;有的老师课上得有一点创造性,学生课堂纪律就大大改观。学生对学习不感兴趣,责任在于老师提供的"教育"对学生失去吸引力。学生学习方法不恰当,责任在于老师没有传授给他们科学的学习方法。这既不是倒打一耙,更不是强词夺理,而是作为教师必须经常自觉反省的。再说,现在的学生多是独生子女,学龄前家庭就迫不及待开发智力,到上小学一二年级时,课本知识早已不在话下,老师讲的他全懂,他上课能坐得住吗?一两年下来,渐渐养成上课注意力不集中的习惯。这就迫使老师把自己的课上得非常精彩,上得让学生注意力一点也不肯分散。老师的责任,就是要了解学生,教育学生,体谅学生,帮助学生。连这一点起码的要求都做不到,你还配做什么老师!你好意思让学生称你"老师"吗?

师德的要求姑且不论,现在有的老师仅仅从教学方法来看,就明显不合格。"差师"现象就这样让人无法回避地出现在我们面前,奇怪的是许多人对此却视而不见。尊师重教不是对"差师"现象讳疾忌医,正视它,才能解决它。否则,"差师"只会越来越多。

在这篇文章中,作者先用一系列新闻说明,我们的老师中确实有一些"差师":"隔离专家""用刀专家""打骂专家"。作者进而论证,"从教学过程来说,学生之所以沦为'差生',责任基本上应该归之于'差师'"。他分析了学生沦为差生的三个原因,而每一个原因都与"差师"有关。不能"了解学生,教育学生,体谅学生,帮助学生",这样的人就不配做老师。由此,作者得出结论:要正视"差师"现象。在这里,作者不是不负责任地随便作判断,拍砖头,而是认真讲道理,以理服人。文章发表后,引起了很大反响,人们纷纷加入对"差师"问题的讨论。在讨论中,作者又发表了《再论"差师"》《三论"差师"》,从多个角度对"差师"现象加以剖析,使讨论进一步走向深入。

仅仅确立了观点,只能算"评",只有讲了道理,才能叫"论",有"评"有"论","评""论"结合,才能叫评论。新闻评论最忌不讲道理,唯我独尊,指手画脚。过去的一些党报社论就摆不正这个位置,总是对别人发号施令,形成了所谓的"社论体",以致大家都以为新闻评论就是那种样子,好多评论一上来就是"有人怎么怎么样",然后批判一通,最后发出指示:要怎么样,不要怎么样。这样的评论让人避之唯恐不及。

过去,有人把"指导性"作为新闻评论的特点之一,这带有强烈的时代印记,是在传统的新闻评论实践中总结出来的。过去,人们看社论,是把它当作党中央精神的传达,所谓“读者对象县团级”,就是说县团级干部从中可以把握党中央新的精神,用以指导自己的工作。那时的新闻评论都是指导性的,但如今的新闻评论已经逐渐跳出了传统的樊篱,人们已经基本上达成一种共识,即新闻评论最终要靠从思想上说服读者而发挥作用,评论是说服人的艺术。即使是最重要的新闻评论,包括党的机关报代表同级党委发言的社论,也是新闻评论,不能同党和政府的决议、文件等同起来。如今,还出现了许多个人专栏评论、大众评论,这些都难以说是指导性评论。

为此,有的人把“指导性”改为“引导性”。一部分评论确实具有引导性,但在评论大众化的今天,更多的评论只是提出自己的意见与别人商榷,连引导性也谈不上。它们并不以权威身份发言,而是靠其评论的见地而建立起权威。别人觉得你说得有理,就接受你的意见,此时你就引导了别人;觉得你说得不对,就对你提出批评,此时是别人要引导你;觉得你说得没有见地,就理也不理你,根本谈不上引导。“指导性”“引导性”都假设评论者比别人强,评论者是真理的化身,或者假设别人都没有见地,可以由他来引导,这种高人一头的自我想象是要不得的。评论者与其接受者是平等的有限的认识主体,大家只是在观点的交流中各自不断地调整着自己对人生和社会的认识。“指导性”“引导性”后面,是一种话语霸权观念,“我说你听”“我导你跟”,过去曾经导致了思想市场的萧条,现今,对于观念的多元化也是极为有害的。

有的著者认为新闻评论应具有“严格的科学性”。这话乍一看似乎没错,评论没有科学性,不讲逻辑,所论之理就会走向片面化,甚至会歪曲新闻事实所具有的意义。但是,这是对于新闻评论的要求,而不是新闻评论的特点。特点者,存在的根据,与他物的不同点,即没有了它就构不成新闻评论的那些东西。新闻评论若不阐述道理,就不成其为新闻评论,但是,有的道理可能讲对了,有的可能讲错了;有的可能讲得较科学、全面,有的可能讲得不科学,讲得较片面。我们不能因为哪篇新闻评论道理讲错了,或讲得不全面、不辩证,就否认它是新闻评论。如果一则新闻评论已经把真理完全占有了,也就没有别人参与讨论的余地了。事实上,这是不可能的。每个人受到其所站立场、理论背景、知识水平的限制,其观点总难免有一定的片面性。共时性地来看,真理有诸多侧面,历时性地来看,真理又在不断发展,以有限的生命去解读无限的真理,谁也不能保证自己的评论是“具有严格科学性”的评论。如果这样来审查新闻评论作品,那就没有了新闻评论。这样的说法只能把大众拒绝在新闻评论大门之外,而由少数所谓“具有严格科学性”的评论家们去垄断新闻评论话语了。事实上,我们今天回过头来看前人的新闻评论,发现那些所谓的理论家们产生的谬误实在太多。比如《人民日报》曾有一篇题为《不要当官,要干革命》的评论,曾经被一些学者当作优秀新闻评论看,这篇评论从题目上看就是不科学的。“当官”和“干革命”本来就不是相互矛盾的概念,要照论者的观点推论下去,岂不成了当官的都是不革命甚或是反革命的了? 事实上,毛泽东、朱德、周恩来等都曾是中国革命的主要领导者,他们也被尊称为老一辈无产阶级革命家。把“当官”和“干革命”对立起来,这样的评论,别说“严格”的科学性,就连不严格的科学性也谈不上。当然,我们不是苛求他们,恰恰相反,我们承认他们在写作当时所做出的求科学的努力,但他们的错误又说明,我们不能苛求新闻评论具有“严格的科学性”。所以,应该说,新闻评论的特点之一是“论理性”,而不是“科学性”。“论理性”使新闻评论既区别于单纯的新闻,又区别于党和国家的政令,区别于文件的转发与传达。新闻评论都要以评论者对社会人生中诸多新闻事实的判断和认识去发言,去影响舆论,引导舆论。

还需要强调的一点是,新闻评论虽讲求论理性,但它与学术论文有很大的区别。关于两者的区别,我们后文专门来讲,此处不赘述。

(五) 大众性

新闻评论的大众性,表现在以下几个方面:

1. 新闻评论是借助大众传播媒介进行的

我国虽然在唐朝时就有了“邸报”,但是,“邸报”是宫廷公报,不是大众传媒,它刊载的主要内容是皇帝诏书、命令、起居言行、皇室动态、诸臣奏议、官吏升降以及王朝的法令、公报等,并没有一般的新闻,自然谈不上有新闻评论。只是随着大众传播媒介的逐渐形成,才有了新闻报道及依附于这种报道的媒介新闻评论的出现。没有大众传播,就没有现代意义上的媒介新闻评论。

2. 新闻评论是大众舆论的反映

新闻评论是对大众普遍关心的问题加以评论,它同大众利益密切相关,是大众舆论的反映。新闻具有价值性,价值是客观事物相对于主体而言的关系大小、作用大小的判断,新闻的价值性就是新闻事实能受到大众重视,为大众所喜闻乐见,并能在实践中产生较为深广的影响和作用的属性。既然是这样,新闻就必然具有大众性。而新闻为大众所关心的程度,或者说新闻对大众影响的大小就决定了新闻价值的大小。新闻评论正是选择那些对大众容易造成巨大影响的,与大众关系极为密切的新闻事实去加以评论,对大众中的各种舆论进行筛选,将分散的、零乱的、互相矛盾的,甚至片面的、不正确的社会舆论集中起来,加以概括、分析，形成比较正确、系统的意见，从而反映大众舆论。

3．新闻评论的目的是与社会大众交换看法，或者说是作用于舆论

所谓舆论，就是群众的言论。新闻评论不是给少数人看，让少数人听的，它要对大众舆论产生影响，要与大众交流。

正因为要作用于舆论，所以，新闻评论在文体上的特点就是通俗易懂，深入浅出。梁启超当年就敏锐地看到了这一点，成功地实践了这一点，从而形成独具特色的“时务文体”，所谓“纵笔所至，略不检束”，“平易畅达，时杂俚语、韵语及外来语法”，“条理明晰，笔锋常带感情”。[1]由于他注意了接受者的特点，所以他的文章“举国趋之，如饮狂泉”，以至“一纸风行，海内视听为之一耸”。[2]

新闻评论的大众性这一特点对于那些专业性较强的评论是一个考验。新闻评论在对经济文化领域的问题进行评述、阐释时，往往涉及一些业务性问题，表现出较强的专业性和技术性。如《回答紧缩银根是否过度了》一文就既有经济学理论，又有金融学知识，还涉及国家金融政策。这时，新闻评论就要注意寻找各有专业性的大众的公共生存空间，将深奥的、专业性强的名词术语浅显化、通俗化，变成大众较易接受的东西。

4．新闻评论具有大众性

大众性还有一义，即大众对于新闻评论的积极参与。新闻评论有别于专业性评论，是对大众共同话题的评说，有了大众的参与，形成双向对话交流，新闻评论就真正有了生命，成为有源之水。

需要解释的是，大众指的是社会中的每一个个体，普通的工人、农民属于大众，官员和专家也属于大众，不能把大众理解为与干部相对的老百姓，似乎新闻评论只要老百姓看，不要干部看，只要工人、农民看，不要官员和专家看。事实上，工人、农民看评论的很少，真正看评论的恰恰主要是干部和知识分子。许多评论属于对行政工作的建言，如果行政干部都不看，就起不到它的作用了。

说大众性不意味着就没有分层。实际上，每个媒体都有自己的独特受众定位，《南方周末》就主要定位于知识分子群体，《南方周末》上的评论当然要考虑知识分子群体的接受特点。

三、新闻评论的地位与功能

新闻评论在一个社会中处于很重要的地位，具有不可替代的功能。

---

〔1〕 梁启超．清代学术概论．上海：商务印书馆，1921：142．

〔2〕 严复．与熊纯如书札节钞（二十六）．学衡．10．

(一) 新闻评论是公民言论自由权利的实现方式

天赋人权,其中最重要的就是言论自由权。当然,人必先活着,其他的一切才有所附丽,人与动植物的最大区别,是人有思想。语言是思想的直接现实。可见,言论自由权利是人权的核心。当今,大多数国家都把言论自由写入其宪法,言论自由成为人的不可被剥夺的权利之一。

言论自由,其最核心的内涵应是言论发表和接受的自由,因为语言的基本特征是交流性,如果没有交流的需要,语言就成了多余之物。要使自己的言论能被别人接触到,就需要媒介,现代社会最有效率的媒介就是大众传播媒介,因而,借助大众传播媒介发表言论和交流言论是公民言论自由权利的重要实现方式。媒体是社会公器,它的主要职能就是让公众交流信息和思想,从而实现人与社会的整合。

西方主要发达资本主义国家都经历了一个为言论争自由的过程,为了保障言论自由,他们形成了一整套体制规范。早在17世纪,弥尔顿就强调,言论出版自由是“一切伟大智慧的乳母”〔1〕,应该尊重他人的意见,建立“意见的自由市场”,让人们在意见的平等交流和交锋中实现自我的修正,克服思维的片面性。孟德斯鸠认为,言论自由乃是人的一切自由权利中最重要的权利,没有这一自由,其他自由也就无从谈起了。〔2〕英国哲学家穆勒则用两个假言判断加以证明:假如言论持有者的言论是正确的,压制它不仅践踏了言论持有者的政治权利,而且压制者自身也失去了以错误换取真理的机会;假如言论持有者的言论是错误的,压制它则意味着大家都失去了让真理同错误在公开的较量中变得更加清晰的机会。因此,压制人们的言论,必然是一种对个人乃至整个人类的智慧力的掠夺。〔3〕媒体是社会公器,它应该及时地为人们提供有关自身环境的真实而全面的信息,使人们通过对这些信息的思考和议论做出正确的判断,提出合理的设想,从而实现整个社会的平等、公正与和谐。没有真实而全面的信息,人们就无从做出判断,做出了也可能是错误的判断,因而真实客观的报道是言论的真理性的前提,但报道的真实客观不意味着人们一定可以做出正确的判断,言论必须经过自由的讨论才可能趋向真理。西方世界把言论自由作为其基本价值追求,我国也把言论自由写进了宪法。1948年12月联合国大会通过的《世界人权宣言》,规定了“人人应有思想之自由与发表之自由”的条款。1978年,联合国教科

---

〔1〕[英]弥尔顿.论出版自由.上海:商务印书馆,1958:45.

〔2〕[法]孟德斯鸠.论法的精神(上卷).上海:商务印书馆,1963:322.

〔3〕[英]穆勒.论自由.上海:商务印书馆,1982:30.

文组织在巴黎通过了一项关于新闻工具基本原则的宣言，重申“新闻自由是一种基本人权，是联合国致力的各种自由的试金石”。

言论这个词有广狭两种含义。广义的言论指的是人们所有的语言沟通活动，而狭义的言论指的就是新闻评论。言论是新闻评论的另一种称谓。

可见，新闻评论直接关乎天赋人权的落实，关乎宪法所规定的公民言论自由权利的实现，关乎社会的发展和进步。

（二）新闻评论是新闻媒体在竞争中制胜的两种主要方法之一

媒体竞争，首先是新闻的竞争。现在各电视台的口号就是新闻立台。当今世界，林林总总的新闻媒体在新闻内容上所进行的眼球争夺战已经到了白热化阶段。综观各媒体在消息性新闻报道中的竞争策略，不外乎这样几种：

一是争速度。新闻要求“快”，要内容新鲜、反应及时。可以说，哪家媒体最先抢到了重要新闻，哪家媒体便在媒体竞争中处于有利的地位。在世界新闻史上曾留下了诸如美国总统遇刺报道之类的经典故事。美国肯尼迪总统遇刺后，CBS 主持人克朗凯特当即进行了报道。他的报道不过比 ABC 的报道早了 2 分钟，比 NBC 的报道早了 5 分钟，但就是这短短的几分钟，使 CBS 风头出尽。在媒体改革的热潮中，我国的各新闻媒体，时效意识、竞争意识也空前加强。湖南广电总台专门在郑州租了两架直升机，一旦有突发性事件出现，他们就会调用直升机在第一时间赶到现场进行采访报道。现在，许多地方性媒体都走向全国化，在各个省市安排通讯员来捕捉新闻，有的媒体甚至向国外派出记者。“9・11 事件”发生后，香港凤凰卫视利用其得天独厚的优势，在亚洲地区最先报道了这一事件。上海东方卫视则紧随其后做出报道，当时离事发也不过 2 个小时。

新闻报道的速度，确实从一个侧面显示了媒体的水平，提高了媒体的竞争力。但是，随着科学技术的发展，电子多媒体的形成和信息高速公路的开通，媒体间的时效差正逐渐被抹平。如今，空中有卫星，地上有通讯社和广播电视网，地下有光缆，中央电视台能在第一时间获取 CNN 的新闻，地方台也一样能。就是通讯社现在也面临着网上信息的巨大冲击。今后，各媒体获取和报道新闻的时效差将会变得越来越小，因而新闻报道的内容也趋于一致。各家媒体的水平、特色，很难从其所载新闻看出来，因为同一条新闻这家可以发，那家也可以发，相差不大。阅听者只需要随便选取一种媒体，就可以把世界上的重要新闻一网打尽。地方媒体还可以选取一些对别的地方来说不那么重要，但对本地人来说具有接近性的新闻。但即便是地方媒体，也处在激烈竞争中。北京、上海的几家电视台且不说，就是苏州、杭州等也有多家电视台在竞争中。苏州的几家电视台在小小的一块儿地方争夺有限的新闻资源,它们的报道内容基本一致。再看看网络,人民网、千龙网、新华网以及那些商业网站的新闻,也都趋于一致。网络新闻处在不断滚动中,新的消息随时发生,随时报道,事件发生与事件报道之间的时差已经趋于零。这就像人们爬山一样。在山坡上爬的时候,因为人们的体力、耐力等因素的制约,会有人爬在前面,有人落在后面,但当人们都站在山顶上时,就无法竞争了。在这样的极限上,依靠抢速度来显示自身的个性,已经变得极为困难甚至是没有意义了。

第二是争独家新闻(这里指独家消息,因为深度报道中也有独家报道)。各媒体通过自己的记者或通讯员,努力深入那些别的媒体没有注意、没有能力介入或因种种顾虑不敢介入的角落,去挖掘独家新闻加以报道,这确实也是显示此媒体自身价值的重要手段之一。

社会生活的各个领域随时发生着各种各样的事件,但是,由于惯性作用,人们往往在选择新闻题材时形成一些盲点。如果某个媒体有足够的新闻敏感,善于独辟蹊径,发现那些别的媒体忽略了但确实有新闻事实发生的领域以及确实有新闻价值的事件,就很容易让阅听者们眼前一亮。比如,过去人们只注意到官员腐败问题,但没有注意到学术腐败问题,第一家报道学术腐败问题的新闻及媒体立即引起了人们的注意。

有些角落是一般媒体没有能力介入的。比如,对于某些历史事件的解密,就需要有能够接触到相关历史档案的机会。《南方周末》拥有这样的能力,于是,有了一系列的解密新闻。对一些现实事件的解密也是这样。中央电视台对南京冠生园月饼事件的曝光、对假托丹麦品牌诈骗的香武仕音响的揭露,都是依靠一定的条件得以实施的。卡塔尔的半岛电视台本来名不见经传,可是在9·11事件及其后的美阿战争中,它却因为独家播放了袭击美国世贸大厦的恐怖分子宣读遗言的录像及拉登的讲话录像而令世界瞩目。

还有一些角落是人们因种种顾虑不敢介入的。比如广州火车站广场上的吸毒人群,就是靠记者的胆识和责任感而进入人们的视线的。有些政治敏感问题,也要求记者有较高的理论水平和政治胆识才行。如有的媒体对"法轮功"问题的揭露,就是冒着报社被围攻的危险进行的。

独家报道大致有以上三种情形。不过,要通过独家报道在竞争中获胜,现在所有的施展空间也已经变得非常之狭小。就第一种情形讲,在传媒不发达的前提下,记者确实有诸多处女地带可以去开发,但在当今传媒网络密织的社会环境中,记者已经很难找到传播的空白点。媒体报道新闻是每天要做的常态工作,记者很难做到每天都有独家的新闻线索可以发现,而偶尔一两次独家报道又起不到多大作用。大凡一个记者发现了的新闻事实,别的记者往往也已经有所注意。

就第二种情形讲,随着社会的公开化和民主化程度的加强,有密可解的领域已经所剩无几。现在,传媒已经发达到这样的程度,以致诸多私人领域都被传媒所包围,人们已经感受到了个人隐私可能随时会被侵犯的恐慌。璩美凤被偷拍事件自不必说,因传媒侵犯个人隐私而引起的新闻官司已经屡见不鲜。因而,依靠解密来赢得竞争也已经变得极为不易。

就第三种情形讲,除了政策和法律不允许报道的东西和考虑到社会效益不宜报道的东西,在记者已经越来越受到社会保护的时代,可以被某几个记者冒着危险报道的独家新闻也已经不多了。

新闻报道是一项日常性工作,在以上的三种情形下,即使记者成功地做出了一些独家报道,这些独家报道也只是稀疏地分布在媒体的众多一般性报道中,就像一个人只是偶尔改变一下发型或穿着来引起别人注意那样,对显示媒体个性、增强媒体的竞争力,起不了多大作用。

当然,还有一些媒体是靠发表那些耸人听闻的色情、凶杀及离奇古怪、不值推敲的所谓新闻来维持生存的,那些媒体可能在短期内获得较多的关注,但它们既难以树立自己的品牌,也是在进行一种自杀行为,乃壮士不为之举。

现代传媒要在竞争中显示出自身的个性,单靠消息性新闻的竞争已经难以为继了。要在新闻竞争中获胜,有两大法宝:深度报道和新闻评论。

现在,有一定规模的新闻媒体都已经不满足于单纯的消息报道,而是在对事件报道的深度上下功夫,努力把新闻资源用足。

深度报道因报道者本人的学识、才气、感受事物的敏锐程度、调查的深入程度、思维的深刻性以及报道角度的不同而显出差别。即便是诸多记者都对同一事件进行深度报道,他们的作品也不会相同。《南方周末》对“梅花 K”事件的报道和中央电视台 2002 年 3 · 15 晚会上的报道就各有侧重。再如有关张君案的深度报道,许多媒体都深入挖掘事件的过程,《南方周末》则独辟蹊径,从张君堕为罪犯的过程上来做文章,让人们看到张君走到这一步的社会原因和个人原因。这些不同,就确立了各个媒体自身的独特性。

传媒对新闻资源的开发,除了展开深度报道之外,另一重要手段就是对新闻现象展开评论。新闻评论是媒体或评论者个人对新闻事实的态度与看法。作为观念形态的东西,每个媒体和评论者对新闻事实都有各不相同的立场和观点,对其观点的论证过程也各不相同,至于语言风格、文章结构、议论的角度和思想的深刻性就更是大异其趣。因而,此一媒体的新闻评论不可能被别一媒体所代替,不像对消息的搜寻,只需找到一家媒体,除非对报道的真实性或完整性有疑问,否则基本不需要再查其他媒体。

从接受者角度来说,一方面,人们已经不满足于了解最简要的消息,而是想要进一步了解消息的细节以及消息背后的消息,对事件有着刨根问底的冲动,这决定了深度报道的走俏。另一方面,由于传媒网络密集,每天有着无穷无尽的报道可以了解,加之我国走向市场化以后人们生活变化的频率越来越快,变化的幅度越来越大,不确定感、茫然感增加,就像崔健所唱的一句歌词所描绘的那样:不是我不明白,这世界变化快。人们需要用自己的思维去整合这些变化,去理解自己所生活的世界,所以,新闻评论就成为人们认识与理解世界的一个重要参照。因而,新闻评论在媒体竞争中占有着举足轻重的地位。

(三)新闻评论是大众传播媒体的旗帜、灵魂、眼睛

如果说深度报道与新闻评论是媒体在竞争中获胜的法宝,那么,在这两大法宝中,最明显地展现出媒体的个性的,则是新闻评论。现在,有些媒体还缺乏这种旗帜意识,把新闻评论看作是对政策的简单化的图解,是插图、补白,版面不够,评论来凑,把新闻评论变成了叨陪末座的附庸。因而,充分认识新闻评论的重要性,对于媒体的成长至关重要。

深度报道说到底仍然是在报道事实,报道者的立场和观点,是通过他对问题的设计、对结构的精心安排、对事件的某些细节的刻意展示(有些还通过对事件中的人的煽情化叙述)暗示出来的。正因为如此,一则深度报道,往往这家媒体可以发,那家媒体也可以发。深度报道是记者对新闻事实的详细记录,而不是媒体的意见表达。深度报道并不能明确地树立起媒体的旗帜。这家媒体赞成什么,反对什么,主张什么,对新闻事实有什么看法,为什么持这种看法,在深度报道中是难以找到明确答案的。只有新闻评论才把媒体编辑部的意见清晰地表达出来,让人们看清了它的面目,辨出了它鲜明的旗帜。

新闻评论还是媒体的灵魂。仅有新闻报道,人们只是知道社会上发生了什么,尽管新闻报道也可以显示一家媒体的水平,但媒体对于社会的变化所具有的见识更为人们所崇敬。如果一家媒体常能发表一些颇有见地的评论,就会成为一个舆论汇聚中心,为人们解疑释惑,为人们的认识提供有益的启示。新闻报道只是肉身,独特的思想认识才使一家媒体成为有头脑和灵魂的媒体。

通过对新闻事实发表的特色评论,各家媒体显示出自己的个性。没有评论,媒体就将失去自己的思考,难以树立起自身在众多媒体中的可辨认的形象,它将被淹没在众多媒体的大合唱中,听不到自己的声音。可见,新闻评论对于媒体是多么重要。现在,几乎各家媒体都把新闻评论放在极其重要的地位,评论员成了

媒体的“第一支笔”或“第一发言人”。

(四) 新闻评论可以直接介入舆论,创造舆论,影响舆论

新闻评论作为上层建筑中意识形态的一个重要组成部分,由于其自身的特点和优势,同社会政治、经济、文化生活的各个领域都有密切关系,对这些领域都会产生广泛而深刻的影响。新闻评论的舆论影响作用是巨大的。最典型的例子是孙志刚案。案件发生后,舆论哗然,《谁为一个公民的非正常死亡负责?》《孙志刚案还能走多远?》《永远告别孙志刚悲剧》《确保救助不再异化为收容》《把孙志刚案的真相告诉人们》等评论加上诸如上书等其他手段,最终导致《收容遣送办法》被废除。

新闻报道也具有影响舆论的作用,它主要是通过议程设置的功能实现的。新闻报道影响着人们想什么,但人们怎么想却要靠新闻评论发挥作用。

(五) 新闻评论是公众参政、议政的重要民主渠道

随着市场经济的完善,社会民主化进程的加快,公众参与社会政治的热情空前高涨,参与能力大大提高,处于不断选择中的大众,比以往任何时候都更需要从评论中汲取力量,接受信息、政策,寻找方向。对当今的大众来说,国际问题不再是遥远的风云,政治变动也不再是事不关己的闲谈,经济、文化、家庭等,都要“讨个说法”。

每一个人都生活在不同的社会阶层中,有着不同的利益,只有各个不同的利益群体都有机会发出自己的声音,才能使人们在追求自己所属群体的利益的同时意识到别的群体的利益,才能实现各方利益的平衡,实现整个社会的和谐。我们在追求大多数人的利益之时,极容易忽略少数人的利益,有时候牺牲少数人的利益以成就多数人的利益甚至成为一种似乎很正当的理由,此时,少数群体的声音就变得特别重要。对此,2011 年 5 月 26 日《人民日报》评论员文章《执政者要倾听“沉没的声音”》做出了清晰的表述:

在今天的中国,能听到各种声音。两会会场中代表、委员纵论国是,报纸杂志上不同思想交流探讨,新闻评论跟帖动辄上千条,近 2 亿网民随时写下 140 字微博……条条声轨,汇成合奏,呈现这个时代多元多样的复杂图景和蓬勃活力。

我们迎来了表达的“黄金时代”,但仍有许多声音未被倾听。一方面,有些声音被淹没在强大的声场之中,难以浮出水面;另一方面,也有些声音只是“说也白说”,意愿虽表达,问题未解决。这些,都可谓无效表达,有人称之为“沉没

的声音”。

无效的表达,不是没有表达,更不是不愿表达。广州市领导公开接访,市民带上铺盖卷,排队3天,就是为了能跟领导“说上话”;首位农民工全国人大代表胡小燕公开自己手机号,却因每天上千个电话、上千条短信被迫关机。那些为网络关注、被媒体聚焦的热点事件,只是“冰山的一角”,海面之下这些体量更大的冰块,才是让冰尖浮出水面的庞大基石,也才是决定社会心态的“潜意识”“核心层”。

在一定程度上,表达上的弱势群体,也是现实中的弱势群体。在社会层面,他们既缺乏影响公共舆论的资源,又鲜有参与政府决策的渠道,甚至无法得到与自身密切相关的信息,表达和追求自己利益的能力同样薄弱。因此,尽管可能人数不少,他们的声音却很难在社会中听到。

听见与被人听见,本是“社会人”的基本诉求;说话与听人说话,更是现代文明的基本共识。当表达权已成为一项基本的政治权利,重视这些声音,是协调利益关系、理顺社会心态的起点。在一个有着13亿人口、正经历着急剧社会转型的国家,广大群众的声音被聆听、被重视,尤为重要。

大部分沉没的声音背后,都有未被满足的诉求,都有被压抑、待纾解的情绪。儿子车祸致残,云南父亲欲到法院“自爆”,走上极端维权之路;幼女身患绝症,湖北母亲参与“跪行救女”网络炒作……让舆论哗然的事件,都肇始于被忽视的声音。不可倾诉、不被倾听、不能解决,如果不主动“打捞”,太多声音沉没,难免会淤塞社会心态,导致矛盾激化。

发出声音,是主张利益的基础。有利益的表达才有相对的利益均衡,有相对的利益均衡才有长久的社会稳定。事实表明,诸多矛盾冲突事件背后,往往是利益表达机制的缺失。从这个角度看,维权就是维稳,维权才能维稳。尽可能多地倾听社会各方面的声音,兑现社会公众的表达权,对于维稳大有好处。

在众声喧哗中,尽可能打捞那些沉没的声音,是社会管理者应尽之责。以政府之力,维护弱势人群的表达权,使他们的利益能够通过制度化、规范化渠道正常表达,这是共建共享的应有之义,是构建和谐社会的关键所在。只有这样,才能让“说话”“发声”不仅是表达诉求的基本手段,更成为培育健康社会心态的重要环节,成为社会长治久安的坚实基础。

可见,让社会各个层次的声音都能发出来,被听到,被关注,对进一步深化政治民主是极为必要的。

第三节　新闻评论与其他文体

一、新闻评论与其他评论的关系

评论就是发表观点，阐述理由。对新闻事实的评论就是新闻评论。评论还有许多其他对象，并非任何评论都是新闻评论。现在许多时尚媒体都爱评一评某款裙子是否时尚，某个发型是不是很有个性等，商业媒体有许多产品评论，如汽车评论、手机评论、IT 评论，说某款产品都有哪些优点，与别的产品相比还有什么不足，这些都没法当作新闻评论看。评论有多少不同对象，就有多少类评论，比如政治评论、新闻评论、经济评论、文化评论、历史评论、社会评论、思想评论、文学评论、军事评论、网络评论、体育评论、影视评论等，难以穷尽。《春秋时期人文思潮思想述评》，这样的文章是不是评论？是。是不是新闻评论？显然不是。《当代社会理论的发展趋势》，这样的文章也不是新闻评论。

我们凭自己的直觉就可以多少判断出来哪些评论是新闻评论，哪些不是。如果我们要理性地追问一下：判断的标准是什么？可能人们就很难说出来。

其实，我们在辨析新闻评论的概念时，已经提供了标准。判断一则评论是不是新闻评论，关键看它评论的是不是新闻事实。如果它评论的不是新闻，那肯定不是新闻评论；如果它评论的是新闻行当的事情，但评论的是记者职业、媒体特点，而不是新闻事实，那它也不是新闻评论；如果它评论的不是新闻事实本身，而是新闻事实所依附的实体，它一样不是新闻评论。

美食评论评论的是美食本身，是实体，所以，它不是新闻评论。但是，云南省曾有一家饭店引进了日本的人体宴，马上舆论大哗，人们纷纷评论，这就成了新闻评论。为什么？因为人体宴这种宴席被“引进”成为一则新闻事实。在美女的裸体上放上菜肴，供人们食用，“秀色可餐”，那不是把女性当作盛菜的盘子了吗？它显然是对女性的不尊重，也充满着淫邪色彩，这样的饮食文化也能被“引进”到中国来，说明了什么？这样，评论不就是在评论新闻了吗？

汽车评论也是这样。如果评论者说，某款汽车空间宽敞，设计非常人性化，既安全又舒适，那只是为购买汽车的人作一种参考，它评的是汽车本身，不是新闻评论。但如果恰好这款汽车发生了事故，事故中汽车的安全气囊没有打开，在撞击中被拦腰撞断，或者消费者买了这款汽车后频频出故障，那就成了新闻，人们评论说厂商欺骗了消费者,这时,评论就成了新闻评论。

下面就几种容易混淆的评论作一辨析。

(一)新闻评论与体育评论的关系

新闻评论中有关体育方面的评论很受读者欢迎。体育既是一个专业领域,又是被人们所普遍关注和介入的一种活动,许多体育迷为了观看一场自己所喜欢的球赛甚至不惜跑上万里路,花上巨额的钱。由体育本身又衍生出许多相关的体育现象和体育事件,这些体育现象和体育事件也成为新闻评论的常见题材。因而,有必要就体育评论与体育新闻评论的关系作一辨析。

新闻评论的对象是新闻事实,而体育评论的对象则是体育及其相关现象。

体育评论可以对体育的方方面面都加以评论,体育事件、体育明星、体育道德、体育管理、运动员的竞技状态、教练临场指挥的得失、运动员技能的高低、技战术的讨论、输赢的原因等,无不成为体育评论的对象。

新闻评论与体育评论的对象不同,但两者是一种互有交叉的关系。它们的重合部分为体育新闻评论。从新闻评论这方面来看,体育新闻评论的评论对象是体育新闻事实,符合新闻评论的对象要求,而从体育评论这方面来看,体育新闻评论是有关体育的评论,也符合体育评论的要求,所以,体育新闻评论兼属于新闻评论和体育评论。在乒乓球比赛中,刘国梁执传统的中国式直拍力挫群雄,勇夺冠军,这是一个新闻事实,对此的评论也是既可称为新闻评论,又可称为体育评论。而对那些不具有新闻价值的体育事件进行研究、总结,从中寻找经验与教训,以丰富体育理论的评论则只能是体育评论,而不能是新闻评论。比如说,瑞典著名乒乓球选手瓦尔德内尔、佩尔森的长处是什么,弱点在哪里,刘国梁应该采取什么战略战术以扬长避短,这些问题如不转化为新闻事实,对它们的评论就都只能是体育评论。

(二)新闻评论与经济评论的关系

经济评论随着我国市场化进程的加快也在迅速升温,各种经济现象成为人们特别关心的话题。

新闻评论与经济评论也是互有交叉却属不同领域的评论。新闻评论的触角伸向了社会生活的各个领域,经济领域当然也在其中,特别是在党的十一届三中全会确立紧紧抓住经济建设这个中心的基本方针之后,经济生活在整个社会生活中所占的比重日益增大,经济成为整个社会最为关注的焦点之一。在经济评论日渐繁荣的同时,经济新闻评论也迅速崛起,各大报纸都开出了经济生活版,中央电视台专门开设了经济频道，创办了《经济半小时》等著名经济专栏。

经济评论的对象范围也很广，财经状况、股票行情、金融热点、房地产交易等，无不成为其驰骋的天地。只要是与经济有关的评论，就都是经济评论。

在经济生活中，只有那些具有新闻价值的经济事件，才进入新闻评论的论述范围。经济评论与新闻评论也是有交叉的两个不同领域的评论，其重合部分即经济新闻评论。

（三）新闻评论与文艺评论的关系

这又是一组有交叉的两个不同领域的评论。新闻评论的触角也伸至文艺方面。文艺评论则是专门针对文艺现象和规律的评论。文艺评论学是一门发展得比较完备、成熟的科学，它对文艺评论的对象区分得较细，又较具有系统性，从而把文艺的系统流程作为其评论的整个对象，包括文艺与社会关系的评论、作家评论、作品评论、接受评论等。与体育评论、经济评论更多注重时效性不同，文艺评论由于文艺所具有的相对恒性价值而具有博大的时空范围。上下五千年，纵横五大洲的文艺现象都是文艺评论可以跑马的猎场。所以，文艺评论与新闻评论重合的部分在文艺评论整体中所占比例非常小。它只是针对其中处于现在进行时态并且是具有新闻价值的那一部分文艺现象。例如20世纪50年代《人民日报》的一篇社论《从"一出戏救活了一个剧种"谈起》。当时，浙江苏昆剧团到北京出演《十五贯》，轰动一时，令北京万人空巷，也使濒临灭绝的古老剧种——昆剧得以恢复生命。社论所面对的是大众对这一新闻现象的困惑，所以，它自然是新闻评论，而这一现象又是文艺发展与社会发展关系研究中的研究对象，因而，它同时又是文艺评论。该文谈的是"推陈出新"政策使古老剧种复活的问题，因为当时整个戏曲界都面临着如何改革的问题，这样，"《十五贯》为何能救活一个剧种"就成为一个人们普遍关注的问题。就《十五贯》这个戏本身来说，它是新闻事实得以发生的一个实体，并不是新闻事实本身。我们现在再看昆剧《十五贯》，谁还会把它作为一个新闻呢？它已经失去了新闻价值，变成了非新闻的东西，就是忆及50年代的这个戏剧事件，也已变成历史性评论，而不是新闻评论了。

而专注于文学学理的评论，比如《文学畅销书透视》，虽然也是就文学界的媚俗现象发表意见，却只是文学评论，而不是新闻评论。

此外，新闻评论与政治评论的关系，也是一个大论题。新闻评论不仅仅是一种政治评论，更是一种社会评论。它的触角伸向了社会生活的各个方面，包括政治方面，从而与各个方面的专业评论构成一种领域各异又互有交叉的关系。新闻评论的对象就是“新闻事实”,任何专业评论一旦成为对新闻事实的评论,它就同时成了新闻评论;反过来说,如果评论对象并未构成新闻事实,即便再是从政治角度所进行的评论也不能算作新闻评论。

二、新闻评论与媒介批评

近些年,“媒介批评”这个词频频见诸报端和学术著作中,有些人望文生义,以为就像“舆论监督”就是用舆论进行监督一样,“媒介批评”就是借助媒介展开批评,因而把它与新闻评论相混淆。

其实,“媒介批评”并不是用媒介进行批评,而是对媒介展开批评。王君超给它下过一个定义:“媒介批评在本质上是一种价值的判断,它是对新闻传播媒介系统及其各要素进行批评的过程。”[1] 媒介的出现和发展,给社会的发展带来巨大的推动作用,同时,对媒介的不当使用又会给社会带来许多负面作用。李良荣这样概括:(1) 新闻媒介把整个世界呈现在人们眼前,但新闻失实、信息污染干扰误导受众;(2) 新闻媒介联结了世界,却淡漠了人际关系;(3) 新闻媒介丰富了知识,却降低了思考能力;(4) 新闻媒介改变了人们的时空观,却诱发了个人无限的欲望;(5) 新闻媒介促进了人类的文明,却污染了社会空气。[2] 为此,就需要人们随时监控媒介,看看媒介主要在传递着什么信息,传递这些信息的背后有着怎样的图谋,媒介背后的意识形态是什么,媒介所传递的信息对社会造成了怎样的影响等,这些就是媒介批评所做的工作。

可以这样说,新闻评论是借助媒介所提供的信息对社会进行监控,而媒介批评则是监控媒介对信息的处理。

比如李希光当年批评美国媒体“妖魔化中国”,就是在进行媒介批评,批评美国媒体所登载的有关中国的新闻主要是负面新闻,使美国人民对中国产生了整体性的误解,以为中国的现实就像美国媒体所描述的那样。

新闻媒介所发生的各种事件往往成为媒介批评的由头,而新闻媒介本身极受人们关注,所以,它们身上发生的那些事件大多成为新闻事件,因而,媒介批评文章若是对这些新闻事件进行批评,而不是离开新闻事件进行学理性分析,就同时成了新闻评论文章。

总之,新闻评论是通过对媒体报道的新闻事件的评论来监控社会,而媒体的作为本身也是受监控的社会的一个方面,所以,媒介批评也可以通过新闻评论的

[1] 王君超.媒介批评——起源·标准·方法.北京:北京广播学院出版社,2001:15.
[2] 李良荣.新闻学概论.上海:复旦大学出版社,2001:113~116.

手段在微观的层面展开，但新闻评论不等于媒介批评，对媒介事件的评论只是新闻评论所关注的社会事件中的一个方面；反过来说，媒介批评也不一定要通过新闻评论来进行，它有微观批评，还有中观和宏观批评，而新闻评论一般是对媒介进行微观批评。

三、新闻评论与深度报道

深度报道与新闻评论极为相似。它们都使信息提供走向深化，为减少人们了解和理解世界的不确定性提供了重要的事实和思想资源。深度报道包括评论的成分，这也是它受人们欢迎的一个重要原因。中央电视台在新闻改革中最先引起人们注意的两档节目——《新闻调查》和《焦点访谈》，一个是深度报道节目，一个是新闻评论节目，但它们居然都是由新闻评论部制作的。从这里也不难看出深度报道节目与新闻评论节目的近亲关系。当然，这两类节目毕竟不同，由于它们的近亲关系，许多人，包括媒体人都经常把它们混淆。《焦点访谈》的栏目介绍中这样说："《焦点访谈》是中央电视台新闻评论部1994年4月1日开办的一个以深度报道为主的电视新闻评论性栏目，每期13分钟，每天19点38分在中央电视台第一套节目播出，次日8点22分在这套节目中重播。"〔1〕这里就把深度报道和新闻评论混为一谈了。正因为有这样的概念混乱，所以，《焦点访谈》的节目中，有的是新闻评论，有的则很难称得上是新闻评论，甚至它的一些获奖作品，从题目上看，也只是新闻报道，如《巨额粮款化为水》《和平使沙漠变绿洲》等都是如此。

一些学者对深度报道的阐述，也使这种混乱始终未能厘清。如陈作平就这样表述："深度报道没有固定的格式，也不应过多地受篇幅长短的限制，只要能从深层反映新闻事实真相，通讯、特写、评论、专稿、调查报告等都可以写成深度报道，即便是一条消息，只要它立意高远，对问题反映深刻，也可以被看作是深度报道。"〔2〕优秀的新闻评论作品当然要"从深层反映新闻事实真相"，照他的意见，新闻评论只要做得比较优秀，就成了深度报道，甚至不仅仅是优秀新闻评论，每年获中国新闻奖的作品都应该是深度报道了。叶春华在谈到新闻评论写作时也说："在写作中，除通常的用事实说话外，还要求有分析、有解释、有评论，说明

〔1〕 http://www.cctv.com/news/focus/lanmu.html.

〔2〕 陈作平.新闻报道新思想——新闻报道认识论原理及运用.北京：中国广播电视大学出版社，2000：157.

来龙去脉,讲清原因结果,并能预示事物发展的趋势和方向。"〔1〕这样的论述,显然把新闻评论也包含到了深度报道中,使新闻评论成了深度报道内容的一部分。

深度报道与新闻评论是比较相近又有所不同的两个概念。

深度报道与新闻评论的相似处在于,两者都不满足于单纯的消息报道,都是对新闻资源的深入挖掘。如果说一般消息类作品关注"新闻六要素"中的前四个,即何事、何人、何地、何时,那么深度报道和新闻评论则更关注后两个要素,即为何、如何。

但深度报道和新闻评论寻找答案的方式是不同的。

深度报道对"为何"及"如何"的追问是通过对事实的深入挖掘来表达的。比如关于"梅花K"事件的深度报道就是这样。

"梅花K"黄柏胶囊系广州半宙制药集团公司第三制药厂生产的中药。2001年8、9两个月份,该药导致71人严重药物中毒,1人成为植物人,6人昏迷,国家药品监督管理局发出紧急通知,在全国停售该药。《南方周末》2001年9月27日用半版的篇幅刊登了深度报道《假药"梅花K"如何出笼》。在这里,记者陈海对此事件进行了深入的调查报道。他分五个部分作了叙述:一是"被'梅花K'改变的生活",二是"毒情初露",三是"假药如何出笼",四是"政府部门守口如瓶",五是"谁批准'梅花K'上市"。这五个部分形成一种层层深入的揭示过程。它先是让人们看到"梅花K"带来的严重后果,再交代事件是怎么被发现的,然后追问造成如此严重后果的假药是怎样生产出来的,政府是如何监管的,谁批准它上市的。为了解答这一个个问题,记者调查了各方有关人员,用事实解答了这些深度追问。例如其中一节"谁批准'梅花K'上市":

因卖"梅花K"假药而遭查封的庆云(金山)大药房和华坤药堂仍未开业。9月14日下午,建设南路上的华坤大厦门前依旧人群熙攘,一楼的华坤药堂大门紧闭。透过积满灰尘的玻璃门望去,药店里狼藉满地。门上的封条显示的日期是9月7日。

同样在繁华闹市区的庆云(金山)大药房也失去了往常的热闹,四个营业员站在柜台的西头聊天,偶尔有人买药,她们说"停业整顿"。柜台上积了厚厚的尘土,像是很久没有擦拭了。

此前,湖南省药监局某处长在接受记者采访时称,"梅花K"流毒百姓,药店

〔1〕 叶春华,迮金乐.新闻采写编评.上海:复旦大学出版社,1996:122.

有着不可推卸的责任。该官员认为,医药代表不准带样品上门推销,更不能直接把药品送到药店直接出售。药店不能直接进药,因为药店没有检验药品的手段,更何况“梅花K”黄柏胶囊是首次经营产品。

9月15日,记者费尽周折终于找到庆云(金山)大药房的老板曾江,甫一见面,曾说他有一肚子的委屈。

曾江首先驳斥了上述那位官员“药店不能直接进药”的观点“荒唐”。

曾江的律师说,按照《药品流通监督管理办法》及有关条款解释,只要厂家向药店提供合法的“两证一照”,并进行查验,然后有当地药监局同意销售的批文,便可进行销售。

曾江向记者出示的资料显示,“梅花K”从出厂到销售均有合法的手续。其中一份“湖南省外埠药品生产企业办事机构登记表”,对广西半宙制药集团第三制药厂的“梅花K”黄柏胶囊审批意见是:“同意在株洲销售”。

审批单位是“株洲市药监局”。

曾江认为真正的问题出在株洲市药监局,而不是零售药店。曾说,我卖的“梅花K”是假药,该罚,那审批假药的政府部门出了问题,谁去监督?

这里,记者是在叙述对批准者的调查过程。作者先告知人们,湖南省药监局某处长在接受记者采访时说,药店不能直接进药,所以,“梅花K”流毒百姓,药店有着不可推卸的责任。而记者到华坤药堂调查时,那里已经上了封条,庆云药房也是停业整顿,药房老板则向记者出示了有关资料,说明药店进药程序合法。资料表明,药品审批单位是“株洲市药监局”。这里虽有评论,但那些评论都是记者对曾江等人的评论的转述,而不是记者本人的评论。在这里,记者严格遵守了叙述者的身份,通过对采访过程的叙述,而不是直接对事件所作的评论,来告知读者有关的资料和有关当事人的陈述。就是在这种叙述中,记者把事件的盖子一层层揭开,使人们看到了事件后面所隐藏着的黑幕。

但评论中对“为何”和“如何”的处理,则不是一种叙述,而是一种分析推理;不是一种客观过程展示,而是一种主观论断。事件背后的问题,是作者自己通过分析而做出的结论,而不是叙述别人的观点,也不是通过讲述更多的相关事件让接受者自己判断。从中不难看出,深度报道是在深入挖掘客观事实,而新闻评论则是在对事实做出分析,展开论述。深度报道虽也内蕴着分析评论的成分,但这种成分蕴含在记者的调查思路中,隐藏在作品的行文结构中,透现于对事件本身的叙述中,体现在记者对别人的分析评论的引用中。如果记者在叙述的过程中忍不住站出来发表意见了,这时候,文章就不再是一种单纯的叙述,而变成了分析性叙述,文体也不再是深度报道,而成了记者述评,进入了新闻评论范畴。

以“梅花K”事件的深度报道为由头,也可以从不同角度做出评论。比如,可以就假药毒害民众的事实发表评论,要求对制假售假者给予严惩,也可以就制假企业发表评论,警告他们这样做是自砸牌子的行为,还可以从假药的销售渠道上做文章,要求严把销售关,可能最好的评论角度是要求对药品审批制度进行改革或提出改革的建议。对假药事件报道得再详细,对其原因报道得再明白,也仍然是报道,没有改变告知事实的目的,但若从不同角度表达对这些事实的意见,就成了评论。

在电视节目中,《新闻调查》与《焦点访谈》的区别正在于,一个是深度报道,一个是电视新闻述评。

《焦点访谈》是一档电视新闻评论类栏目,它往往就某一个新闻事实在纪录事件的基础上作简要的评论。《新闻调查》则是一档深度报道节目,它更注重于对事件本身的细致调查过程,使每期节目都类似一份形象的调查报告。

例如,中央电视台一套2001年3月23日(周六)21:15~21:55播出的《新闻调查》节目《与神话较量的人》。

首先,在这里,记者始终是以一个事件的报道者、背景的提供者和提问者的身份出现。

例如,节目一开始先报道了一个事实:

蓝田股份,证券代码600709,1996年在上海证券交易所上市。5年来的财务报表显示出持续的业绩高增长,主营业收入从4.6亿元大幅增长到了18.4亿元。三年间利润翻了三番多,蓝田股份有限公司也因此被誉为“农业产业化的一面旗帜”。然而,2001年10月26号,刘姝威的一篇600字短文却直接改变了蓝田神话的命运。

刘姝威写给《金融内参》的600字短文的标题是:应立即停止对蓝田股份发放贷款。文章指出,蓝田股份已经成为一个空壳,建议银行尽快收回蓝田股份的贷款。

这里,既有对蓝田股份的有关背景的介绍,又有刘姝威发表短文的事件交代。

接下来是记者王志对刘姝威的采访过程。

记者的提问质量非常高,它使事件的细节得以层层展现,使问题的焦点得以凸显,但是,记者本人并未站出来发表任何评论。

例如,当刘一开始说“写这个文章的起因是我在写一本书”时,记者马上问书的内容是什么，当时有没有注意到蓝田，它和别的上市公司相比有什么特别之处，你看到了什么，通过这些指标你得出来的结论是什么，你的最后的判断是什么……当事人顺着记者的提问回答下去，观众就对事件的过程有了一个具体的了解。当刘说最后的判断就是，它已经失去了创造现金流量的能力时，记者不是义愤填膺地站出来对蓝田股份的弄虚作假进行指责，而是冷静地说："你再重新说一遍行吗?"这样的提问，既是为了进一步获得一个准确的判断，又起了一种强调的作用，使观众对这个结论留下深刻印象。电视节目具有一次过的性质，观众很有可能忽略掉刘的那个重要结论，所以，这一强调就立刻引起了观众的注意。

事件交代清楚之后，记者又进一步把问题引向深入。刘说："这么简单的问题，银行不会发现不了。那么为什么不应该发放的贷款发放出去了呢？应该停发的贷款停发不了呢？这就说明一定是有其他的因素在干扰。"这个"其他的因素"是什么呢？记者此时显然是心知肚明。但是，他仍然不站出来说话，而是通过巧妙的提问逐步逼近答案：

记　者：照你这么说，就是没有人来关注这件事。

刘姝威：没有人说出这件事。银行没有及时采取行动的原因，不是因为技术上的原因。

记　者：不是由于技术上的原因?

刘姝威：从技术上看，现在银行有那么多博士和硕士，他们都受过很好的训练，他们怎么能够看不出来呢？绝对不是由于技术上的原因，而是由于技术以外的原因。

记　者：你指的这个因素是什么?

刘姝威：就是什么呢？作为一个上市公司的话，瞿兆玉哪有那么大的本事上天入地：他为什么能那么迅速地就能拿到《金融内参》呢？如果这个因素你不消除的话，保证我们的信贷安全是很难的。

记　者：你指的这个因素是在商业游戏规则之内呢，还是之外?

刘姝威：我想这不是市场经济允许的。要是在一个健康的市场经济当中，这些因素是不可能存在的。这些因素呢，会威胁到我们国家社会主义市场经济的健康发展。而我以前的研究，就像瞿兆玉对我的评价一样——你太学术了，我对这些因素原来关注得太少了。

记　者：你指的这个因素是权力吗?

刘姝威：你说呢?

记　者:我问你。

刘姝威:我问你。你听了我讲述的话,你认为这个因素是什么?

记　者:你是当事人。

这里,被采访者的话中所暗含的意思显然是:这个因素是权力。但记者的责任是要通过采访提问,让公众弄清楚被采访者的意见。所以,出镜记者王志先是从外围来提问:“你指的这个因素是在商业游戏之内呢,还是之外?”然后进一步直逼中心:“你指的这个因素是权力吗?”有意思的是,刘姝威自己不直接回答,反倒把问题又抛给了王志,因为这个问题太敏感了:“你说呢?”王志如果作了肯定或否定回答,就超越了一个记者的职责范围,把自己卷入了事件过程,所以,机智的他再把问题抛回去:“我问你。”刘也绝顶聪明,她再次把问题抛回,要让王志说出答案:“我问你。你听了我讲述的话,你认为这个因素是什么?”结果王志找个理由把问题再彻底抛了回去:“你是当事人。”刘无法再进行纠缠,又急中生智,做出一个令观众叹服的聪明回答:

这个问题我想应该让公众来分析吧。现在的问题是如果是权力的话,这就有一个——他为什么会用他掌握的权力干出这种事?怎么才能够制止他运用手中的权力干这种事?这是我们应该思考的问题。那么对于决策部门来讲,是不了了之呢,还是要一查到底呢?如果这个问题你不一查到底的话,以后他还这么干;如果这个因素你再纵容它存在下去的话,银行没法办,行长无法当,这是很危险的。

这一段采访非常精彩。王志既恪守着一个记者的职业要求,恪守着深度报道节目的规范,又用层层包抄的办法逼向被访者,使对方无法闪烁其辞,必须做出正面回答。更有意思的是,被采访者也是一个高智商的人物,于是,一场拉锯战势不可免。就在两个人的拉锯过程中,观众获得了品咂其中滋味的时间,因而,当最后刘姝威用一个假设条件句“如果是权力的话”使自己跳出陷阱之时,观众就会发出会心的微笑。

现场采访是不可能把要问的问题事先完全准备好的,它需要记者随机应变,善于迅速发现问题,提出问题。因而,现场提问的质量直接关系到整个节目的深度。王志的采访无疑给我们提供了一个优秀的范本。通过他机智的提问,记者未发表任何意见,调查却得以一层层走向深入。

我们再以2002年3月27日的《如此“特案特办”》为例,看看《焦点访谈》栏目是怎么做的。

节目先总地作了介绍:

今天节目的话题涉及公民权利。我们每个公民都有宪法所赋予的诉讼的权利,然而云南省峨山县人民法院和玉溪市红塔区人民法院,在审理90多起案件的时候,绝大部分案件的被告既没有出庭,也没有上诉。云南省高级人民法院督导组和检查组在检查的时候发现,形成这种审理结构的原因,并不是被告不想出庭,不想上诉,而是法院审理这些案件的时候,程序严重违法。

接下来具体介绍了事件过程,采访了各有关人士。节目结束时,主持人出镜评论说:

为了保障案件的审理和判决的公正性,我国《民事诉讼法》对法院审理案件的程序作了明确的规定,并要求法官在审理案件时严格遵守法定程序,以保护当事人的合法诉讼权利。峨山县人民法院和红塔区人民法院,在审理一系列案件时,程序上严重违法,这不仅损害了当事人的合法权益,同时也使人民法院的公正形象受到了损害。

《焦点访谈》利用电视的可视性与现场性特点,把观众带入采访现场,进行事件报道,但主持人并不满足于报道过程,而是在每期节目结束时,都紧扣事件作一简要评论,这样,它就与《新闻调查》在文体上被区别开来了。如果拆开来说,我们可以说《焦点访谈》中间调查部分是深度报道,前后演播室部分是新闻评论,此时它的新闻评论部分类似于报纸中的编者按(包括编前和编后)。

由于深度报道和新闻述评极为相似,所以,它们是可以相互转化的。比如"梅花K"事件,如果记者在采访过程中,禁不住站出来把自己本来隐藏在叙述中的意见公开表达出来,它就成了新闻评论,而《焦点访谈》如果纯粹"用事实说话"(焦点访谈的广告语),就成了深度报道。

"深度报道"的概念源于美国,而在美国,它与新闻评论是截然分开的。霍恩伯格说:在新闻写作中,包括解释新闻意义的责任,但并非说记者有权评论这个新闻。《纽约时报星期刊》总编辑马凯用三个句子来区别新闻、深度报道和新闻评论。在他看来,报道苏俄正在发动一次和平攻势,这是新闻,说明苏俄为什么在这个时候让和平之鸽唧唧咕咕地叫,这是深度报道,而表示对任何苏俄的和平试探都应加以拒绝,这是评论。深度报道是要告诉人们更多的信息,让人们通过各种信息的相关性去了解原因、现状和趋势,而新闻评论是就已知的信息表达意见,两者不能混为一谈。人民网就把深度报道仍放在新闻栏,而把新闻评论放入了《观点》栏,这样归类无疑是正确的。

四、新闻评论与学术论文

新闻评论与学术论文有很多相似处,有些专论已经与学术论文很接近,但两者是不同的。

首先,学术论文是进入学术前沿,对某一个专业领域所存在的问题进行深入研究后的成果的表述,而新闻评论则是对某一个新闻事件发表作者的看法和意见。

拿空调的研究来说,过去人们无法控制室内温度的变化,到冬天,只能生炉子或用暖气取暖,到夏天,则用电扇来降温。如何有效地控制室内温度,使之限定在某一个令人舒适的温度范围之内,就成为一个学术研究的课题。此时,也许有新闻报道说,今年的气温特别高,人们使用电扇降温,结果,反而最终抬高了室内的气温。然后有人发表新闻评论,提出自己的意见,说要有效控制室内气温,就要大力投入资金和人力来进行温控研究。但新闻评论到此为止。它解决不了温控问题,只能呼吁想办法解决这一问题。而要进行温控,从何处着手,可能每个人都有自己的想法,但我们不能以主观的想法代替客观的研究,它需要科研工作者进行认真细致的研究,也需要有相关的客观条件。经过研究,有人发现了一种控温材料——氟利昂,于是,发明了空调。此时,他可以把自己的实验过程写成一篇学术论文。温控问题初步得到解决了,他可以把自己的科研成果申请专利,并培养技术人员,生产产品,投放市场。空调发明之后,在空调领域仍然会不断冒出新问题,这些新问题又成为人们的研究课题。比如说,原来的空调机是镶在窗户上的一体机,但在窗户上镶那么个大家伙,采光就受到很大影响,视觉上也很难看,还很占地方,能否把空调机分成内外机?于是,这又成为一个重要课题。人们又得查找资料、寻找材料、进行实验,做出设计,从而解决这一课题。还有诸如空调导致的室内空气污染问题、空调节能问题、空调噪音问题等,有许多新课题供人们不断地去展开研究。如果你现在不是站在此领域的前沿,而是仍然在写什么空调的基本原理等论文,那么你的论文就一钱不值,因为它早已解决了,已经不再是一个前沿的问题。

有关空调领域的许多问题,本身是问题,但不一定是新闻事实,所以,它就和新闻评论没有关系。当然,这些问题也可能以新闻事实的面目显现出来,比如,今年夏天特别热,空调使用率很高,所以,全国出现供电紧张,这就是个新闻事实,人们评论它,只能说比如呼吁人们能使用电扇尽量使用电扇,呼吁通过提高电费的方式用经济手段调节用电,呼吁加大空调节能问题的研究等,这样的行为才是新闻评论。

其次，新闻评论有强烈的时效性，但学术论文却无法强调时效。

前文我们已经论述了新闻评论的时效性，说明它必须针对当前的新闻迅速发表意见，一般来说，一篇新闻评论往往在一天之内就可以写出来，你有什么意见，说清楚就完了。它的字数也是有限的，一般为千字文，大笔一挥，倚马可待。有一个时评家，一年发表了几百篇新闻评论。广播电视新闻评论还要快，往往评论者一边播新闻，一边就在发表评论。现在，许多电视台都设新闻谈话节目，几个人在一起谈论某一新闻事件，别人发表了他的观点，你要立即接上去，反对还是附和，理由是什么，你若当下说不出来，你就没有发言权了。然而，如果有个人一天写出一篇学术论文来，一年写了好几百篇，如果不是那个人雇用了很多枪手，肯定就是写了许多废话，制造了许多学术泡沫。要研究一个学术问题，首先你得站到学术前沿去，不能把别人已经研究完成的课题重新去研究一遍，否则就是在做无用功。为此，你必须要就此课题进行资料检索，了解有关此课题的研究现状，看看还有哪些方面是需要进一步研究的，对它的研究是否有意义，然后是考虑方法和手段，寻找研究路径，发现研究材料。比如说，可能你需要对某个问题进行调查研究，或通过做实验来进行观察，获取数据，并对数据的信度和效度进行检验，可能还要考虑寻找某个理论范式，最后形成研究成果，并书面表述出来。所有这一切都需要费时费力。如果某个实验需要一天才能有结果，你半天就记录结果了，那这个结果就是不正确的，而不正确的实验数据，会使整个研究最终走向失败。学术研究在任何一个环节上出了问题，都可能使全部研究前功尽弃。在这个研究过程中，你是不能强调时效性的。一般来说，写作一篇学术论文要一个月以上的时间。

再次，新闻评论和学术论文都要发表观点，但新闻评论是就某一个新闻事件发表观点，而学术论文是对学术问题发表观点。新闻评论是观点在前，理由在后，学术论文则是研究在前，观点作为研究的结论出现。

新闻评论的由头是新闻事件，虽然我们也是借新闻事件谈问题，但谈的毕竟是由新闻事件引出的问题，对这一问题发表的也是自己现成的观点，这些观点可能不成熟，可能很偏激，可能只考虑到了问题的某一个方面，但只要在这一方面有所发现，就可以成文，可以与别人交换看法。但学术论文所面对的问题却具有普遍性，它是就某一个领域的尚未解决的问题来进行研究，在研究之前，可能研究者已经有了某一观点，但这一观点只是一种假设，他必须通过审慎的研究来验证自己的观点是否正确，如果不正确，那么，他会在研究结果出现后，修正自己的观点，一切以研究的结果为准。学术研究是一门科学，科学是不能以主观的偏见来代替研究的结论的。新闻评论是主观的,而科学研究虽然要发表观点,却是客观的,研究的结论是具有可验证性的。当然,科学研究又分为自然科学研究和社会科学研究,自然科学研究的结论是唯一性、排他性的,而社会科学研究的结论却是非唯一的,可能这一学派持这种结论,另一学派持另一结论,但不管持何结论,观点都在研究之后形成,而不是在研究之前就先有了结论。

第四,新闻评论的观点依靠个别的事实就可进行证明,而学术论文考虑问题要周密细致得多,整个研究过程和手段都要经得起检验和质疑。

新闻评论虽讲求论理性,但它是就新闻现象提出看法,说明道理。比如记者采访被殴现象,评论者可能会认为它与专门的新闻法的缺失有关,认为由于无法可依,就使殴打记者的人得不到应有的惩罚,因而呼吁尽快制定专门的新闻法。但是,除此之外,还有什么问题要考虑,评论者却不必想那么周全,只要这一点被证明确实说得对就行。此外,新闻法如何制定,中间要考虑哪些因素,具体的新闻法条文应包含哪些内容,也不是评论所要阐述的,而是专门的法律工作者去思考的问题。新闻评论仅凭一则记者因挨打而无法完成事件报道过程的消息,就可以讨论其中的问题,可以做出自己的判断。而专业的学术论文却必须一层层追问,它的证据是否拥有较高的信度和效度,是否孤证,如果是孤证,那就不行,必须要有其他证据,这些证据还要有各个方面的代表性,必须能够证明在什么范围内结论是有效的,是经得起各种实验的检验的。事实论据往往具有偶然性,所以,学术研究往往通过对诸多个别事实的统计,量化地看待证据的可靠性和普适性程度。研究过程中,还要考虑都有哪些因素在影响着研究的科学性,所使用的手段对研究结论的做出会不会有干扰等。

第五,新闻评论是大众性的评论,而学术研究则是专业性的。

我们前文讲过,新闻评论是借助了报纸、广播、电视等大众媒体来传达的,它接受者众多,但学术论文的接受面要窄得多,往往不是那个专业领域的研究人员就看不懂;新闻评论是对大众普遍关心的问题加以评论,它涉及大众的利益,而学术研究的对象却不一定是大众普遍关心的,也不一定与大众的切身利益形成紧密的联系。比如研究电视节目如何编排,那主要是研究者的事,与大众的利益关系不大;新闻评论是人人都可以评的,但学术研究却必须有一定的专业基础才能做。一个刚刚上大学的学生可以进行新闻评论,但要进行新闻传播学研究却需要经过多年的培养。许多人读了研究生,尚且不知道学术论文该怎样写。别说写,不经过一定的研究训练,有的人连一篇论文说了什么都弄不懂。人们读新闻评论,谁都能读懂,但读起论文来就非常头疼,因为你不懂那个专业方面的基础知识。学术论文是写给同行和专家们看的,所以,许多基础性的知识就根本不需要多说,而那些连基础知识都还不懂的人怎么能看懂呢?学术论文为了表达的精练与严密,用了大量的专业术语,这些专业术语研究者们清楚得很,但普通公众看起来就如读天书了。

第六,新闻评论与学术论文在外在形态上也有所不同。

一篇新闻评论,只要先拟个题目,然后直接就新闻事件表达意见就行了,一个人不可能为了写那篇新闻评论,再到处查找资料,寻找学术前沿,然后在前人已经取得的成果的基础上进一步表达,没有那个时间,也没有那个必要,他只要凭着常识来写就行了。常识告诉他,现在人们都是怎么认识的,我的认识与别人不同。但学术研究光凭常识不可能知道学术前沿在哪,必须要查阅相关资料。学术研究不可能在平地上展开,必须在前人研究的基础上进一步进行研究,所以,在论文中必须让人明白,哪些是前人的成果,哪些是新的学术进展。在论证自己的观点时,你还不时地要使用别人的成果。于是,学术论文形成了不同于别的文章的写作规范。比如,文前要求有内容提要、关键词,因为学术论文很长,别人需要先知道你主要研究的是什么,结论是什么,然后才能知道对他是否有用,才能选择读或不读。学术论文汗牛充栋,人们需要迅速地找到自己所需要的论文,有了关键词,才能迅速检索到自己需要的论文。学术论文往往在文后有一长串的注释,有的注释比论文的正文还要长得多,而在新闻评论中是不存在脚注和尾注的。为什么?一是别的研究者可以顺着此文所给出的路径查找到此文所引用的论文,如果研究需要,就不需要再到别的地方去检索了;二是别人可以查找到你引用的论文来核实,看你是否正确理解了那篇论文的意思,有没有引错;三是看你是不是随便捏造了一个论据;四是让人可以清楚地分辨你的论文中哪些地方是自己的研究成果,哪些地方是别人的成果;五是通过你所引的论文可以看出你是否对此领域的研究前沿真的了解,如果不了解,你就会把那些在这个课题上不重要的论文引上,而重要的论文却没看到,由此,可以判断你的研究质量如何。

上述这几个方面,使新闻评论与学术论文明显地区别开来。

第二章 新闻评论史

2

内容提要:

1. 新闻评论产生的前提:科学技术的发展为新闻评论提供了物质前提;近代社会的民主化是新闻评论产生的思想前提;大众社会的出现是新闻评论产生和发展的消费基础。

2. 中国新闻评论史分期:史前期(1874年前);政论时期(1874~1894年);向新闻评论演进期(1894~1914年);成熟与完备期(1915~1949年);社会主义时期。

3. 社会主义时期新闻评论:新闻评论被纳入党对国家的领导机制的阶段(1949~1957年);多种声音向一种声音变化阶段(1957~1965年);一种声音的独断阶段(1966~1976年);新闻评论的思想解放阶段(1976~1991年);公民话语权渐次伸张阶段(1992年至今)。

4. 外国新闻评论史分期:史前期(1640年前);政论时期(1640~1832年);现代化时期(1833年后)。

5. 中外新闻评论史比较。

第一节 新闻评论产生的前提

新闻评论的历史可以说与人类社会的产生同步,只不过早期的新闻评论就像人类早期的新闻一样,是依靠人际传播口头进行的。比如,某地发生了自然灾害,先民便议论纷纷,认为是人们的某些行为触怒了天神,因而产生了各种禁忌。因此,从广义上来说,有了人类社会,便有了新闻评论。

不过,我们说到新闻评论史,一般是谈论大众传播媒介的新闻评论历史,即近现代意义上的新闻评论史。

那么,近现代意义上的新闻评论的产生和发展有哪些条件呢?

近现代意义上的新闻评论的产生至少有以下这样几个前提。

一、科学技术的发展为新闻评论提供了物质前提

随着科学技术的进步,人类记事从龟甲兽骨和竹简过渡到了可以在轻而薄的纸张上书写的阶段,书写速度大大加快了,携带、保存也大大方便了。印刷术发明后,同样的记录可以大量复制,人们免除了手工抄写之苦,速度又大大提高,成本下降,消息的消费者逐渐能够承受得起,媒介也因之逐渐成为大众传播媒介。交通条件的改善,邮政制度的建立,又为消息的传播创造了条件。法国约在1464年建立邮政制度,英国是1478年,德国为1502年。之后,报纸开始定期化。据有关资料记载,近代第一张报纸是《威尼斯新闻》,1566年由手抄本改为印刷版。在大众传播媒介日益发展的前提下,从18世纪开始,报纸正式辟出专门的版面登载新闻评论。在英国,18世纪末建立起社论制度,以一定的篇幅刊登新闻评论,称之为Leader,即首席文字或领导文字。美国报纸上有新闻评论大约是在19世纪。我国报纸上的新闻评论最早出现在19世纪70年代。随着科学技术的进一步发展,广播、电视陆续出现,又随之发展起了广播新闻评论和电视新闻评论。1920年11月,KDKA广播电台开始播音,1926年9月,美国全国广播公司(NBC)成立,同年10月1日,我国第一个官办广播电台在哈尔滨开始播音。也是在1926年,英国人贝尔德成功完成了电视画面的播送及接受实验,10年后的1936年11月,英国广播公司在伦敦以北亚历山大宫建立了世界第一座电视台,1958年5月1日,中国第一座电视台——北京电视台(中央电视台的前

身)开始试验播出。广播和电视新闻评论逐渐适应不同的媒体特性,形成了一些新的评论形态。1969 年 9 月 2 日,互联网实验成功,几年以后出现了电子邮件,70 年代末出现了 TCP/IP 通信协议,80 年代出现了网络域名,1990 年出现了万维网。互联网从早期的军事和教育领域的应用扩大到了商业和全球的家庭。我国互联网的普及大约在 1998 年。互联网技术所带来的诸多可能性,使新闻评论突破了传统媒体的言论垄断,引发互联网上言论的大爆炸。

可见,没有科学技术的进步,新闻评论的传播就失去了物质基础。

二、近代社会的民主化是新闻评论产生的思想前提

科学技术的发展虽然为新闻评论的产生创造了物质前提,新闻评论却并未与科学技术同步发展,16 世纪已经出现了定期的报纸,报纸新闻评论却迟至 200 年以后才真正兴起,这是为什么呢？一句话,因为思想前提不具备。

在漫长的封建社会,人们的思想遭到严苛的禁锢。统治阶级唯恐人们有思想,秦始皇焚书坑儒,汉武帝则独尊儒术,明代资本主义萌芽期,出了个思想家——李贽,却被统治者视为洪水猛兽。我国古代很早就有邸报、京报等原始报纸,但它们只能传播消息(宫廷允许和指定的消息)而不能加以评论,因为封建统治者根本不容许"评论"。民间有谁敢妄议朝政,就会被冠以"妖言惑众"的恶名加以惩治。即便到了 17 世纪,封建思想仍然禁锢着人们的思想。所以,近代报纸虽然开始出现,人们却只敢刊登一些商务信息。只有在新兴市民阶级取代封建统治阶级登上历史舞台时,在人们的思想因启蒙而实现大解放时,新闻评论才能真正产生。换句话说,新闻评论是在资产阶级与封建阶级的阶级搏斗中产生的。这就使它在产生时带上了强烈的政治色彩。可以说,成熟的近代报纸首先是作为"政论报纸"出现的。这就是为什么现在人们仍把新闻评论称为广义的"政论"的原因。事实上,"政论"仅仅是大众传媒新闻评论的一个时期,有人将之称为近代时期。在这个时期,阶级矛盾激化,政党林立,传媒一般都有明显的党派倾向,甚至就是各个党的机关报,是真正的喉舌。但随着资本主义社会的创立,报纸的性质也发生了变化,逐渐从"政论报纸"向"大众报纸"过渡,传媒大多努力淡化或掩盖其党派色彩,走向商业化、企业化,塑造一种"不偏不党"的形象。他们"自命为负有代表公众利益监督批评政府、报道政府活动、防止政府滥用权力的社会使命","以资本主义价值准则卫道士的身份,遵循法律和新闻信息传播的客观规律,以平等的地位同政府发生相互作用的关系,并作为独立的社

会经济实体同政府交往”。[1]“非政治化倾向”“独立的言论立场”“第四势力”等形象成为传媒生存的基础。新闻评论由政治本位回归至社会本位,成为各种思想观点的“公开市场”。

如今,自由、民主、人权的观念已经成为资本主义社会的共识。美国的许多法案因为有可能破坏言论自由而不能通过,言论自由已经成为其他一切自由和人权的基础及保障。

我国在2002年后出现了时评的勃兴,究其根源也是因为整个社会的民主意识的增强、言论自由空间的扩大。

三、大众社会的出现是新闻评论产生和发展的消费基础

在自给自足的自然经济条件下,一个家庭就是一个生产单位,单位内部“小而全”,对外界没有任何依赖,因而世界发生再大的变化也难以影响到人们的生活。

随着资本主义经济的发展及随之兴起的城市化趋势和工人阶级的出现,以及教育普及带来的识字率的增加,一个需求新闻及新闻评论的群体逐渐形成。这个群体的特点是:群体缺乏宗族、血缘等联系,处于非组织的、不稳定的流动状态。他们面对着一个光怪陆离、令人眼花缭乱的世界,这个世界的各种信息纷至沓来,使人抓握不住,无从选择,因此,大众非常希望有人能提供一些选择与判断的参考,或许这就是英语国家的社论叫“领导文字”的原因吧!如果有哪一种评论能让受众觉得讲得有理,它的思想便会为人们普遍接受,从而形成强有力的舆论。事实上,由于大众处于非组织状态、流动状态,他们的思想、需求、背景不同,对事物的兴趣、看法也各有不同,所以,让大众一致接受或抛弃的评论是比较少的,不同的评论体现着各不相同的受众的意见。受众的思想观点的多元化使新闻评论也呈多元状态。

总之,近现代大众社会的出现,使传媒得到不断的发展,也使新闻评论得以产生和发展起来。

〔1〕 中国社科院新闻研究所.七国新闻传播事业.重庆:重庆出版社,1988:99.

第二节 中国新闻评论史

一、新闻评论史前期(1874年前)

我国的新闻评论文体脱胎于古代的论说文。春秋战国时期,王纲解纽,天下大乱,思想大解放,许多志士仁人纷纷就国是发表自己的看法,从而形成了诸子百家治国学说。像孟子的《梁惠王》、墨子的《非攻》、荀子的《劝学》、韩非子的《五蠹》等,都是流传千年的名篇。遗憾的是,那时传媒不发达,所以,他们的作品只在少数知识阶层中发生影响。后来虽然历代都有一些政论名篇,但碍于当朝统治者,那些作品大都只敢议论前朝之事,借古讽今,如贾谊的《过秦论》、苏洵的《六国论》等,所以,这类评论是历史性政论。再者,那些作品主要是给统治者阅览,作为资治的宝鉴的。这些议论文对中国近现代的新闻评论无疑有着重大影响,其议论方式与手段滋养着后来的新闻评论,使其具有鲜明的民族特色。

唐朝开元年间(713~741年),我国最早的报纸——邸报开始出现。自唐以来,各个朝代的宫廷都发行这类官报,也称"阁抄""朝报""杂报""京报"等。由于封建专制下言论受到禁锢,心非巷议均所不许,所以,这类报纸的内容即使在其较成熟时期,也只能是皇帝的命令文告、臣下给皇帝的奏章以及官吏的任命消息等,它没有评论的职能,算不上现代意义上的报纸。

进入19世纪后,1815年出现了最早的以汉字刊行的《马六甲察世俗每月统记传》,开始登载论说。1833年在广州发刊的《东西洋考每月统记传》也登有少许言论。这类言论多为宣传宗教道德的文字,对政治经济所涉不多,但它们毕竟是我国报刊言论的发端。由于这些报纸是外国人所办,所以可以自由评说中国朝政,从而把西方新闻的自由主义原则引入了中国。随着外国人在我国办报的风行,后来陆续出现了《中外新报》(1858年)、《上海新报》(1862年)以及首倡社论(当时叫首论)的《申报》(1872年)。由于这些外国人不大懂中文,就延请一些中国人帮助办报,《中外新报》甚至主笔都是中国人。中国第一代报人和主笔正是这样被培养起来的。创办于1872年的《申报》标志着"外籍"中文报刊言论的发展进入一个新阶段。此时,主笔的评论被刊于报首,称为"首论",即后来的社论。言论开始在报刊上获得相对稳定的地位,成为组成近代报纸的四要素之一。但新闻评论在报纸上真正确立其地位,是在19世纪70年代我国民间报纸勃兴以后。

二、政论时期(1874～1894年)

19世纪70至90年代,中国报刊评论走向繁荣。

19世纪70年代,中国城市资本主义经济发展起来,西学东渐,对中国知识界的影响不断扩大,民族危机的深重和阶级矛盾的尖锐,强烈地刺激着爱国知识分子,他们欲图宣传抵御外侮、变法图强的政治主张,却没有阵地,非常渴望出版自己独立经营的报纸。清朝政府在内忧外患的压力下,开始放宽言禁,于是,从1874年起的20年里,我国的改良派知识分子先后创办了《昭文新报》(1873年8月创办于汉口,是中国人在国内创办的第一份报纸)、《循环日报》、《述报》等我国最早的一批现代报纸。他们办报的目的主要是为他们的改良主张作宣传,所以,这些报纸始终以政论为主要内容。当时的政论基本上因袭古代的议论文,只议不评,坐而论道,有篇叫《论今日的政府倒行逆施》的文章,竟连载了14天还没有登完。这样的文章显然与现代意义上的新闻评论有很大差距。尽管如此,文体还是发生了某些变革,已开始摆脱"八股文""桐城派"的束缚,形式上也从"代圣立言""托古证今"的程式中挣脱了出来。这一时期,王韬和郑观应的论说异军突起,尤以王韬于1874年2月4日在香港创刊的《循环日报》影响最大。

王韬早年曾受雇于英国人麦都思开设的上海墨海印书局,是最早接触西方文化的少数中国知识分子之一。1862年,他因与太平天国有染,被清廷缉拿,流亡香港。他曾两次出国游历,到过英国、法国、日本。这些经历开阔了他的眼界,坚定了他"变法图强"的政治主张。1874年,他从国外回来后,在香港创办《循环日报》,先后写了《变法》《变法自强》《重民》《尚简》《洋务》等颇有影响的政论,是19世纪90年代发展到高潮的资产阶级改良运动的先声。王韬的评论是我国新闻评论从政论到真正的新闻评论发展过程中的一个重要环节。

《循环日报》是我国历史上第一张以政论为主的报纸。该报的言论,论题主要集中在三个方面:一是中外时势类言论,二是社会改良类言论,三是实际问题类言论。该报在写作方法上的特点为:高屋建瓴,有的放矢,讲求时效,不拘一格。[1]

---

〔1〕 曾建雄.中国新闻评论发展史.桂林:广西帅范大学出版社,1996:79～94.

三、向新闻评论演进期(1894～1914年)

中日甲午战争之后,改良派组织了政治团体——强学会,在北京创刊了机关报《中外纪闻》。强学会被解散后,梁启超于1896年8月在上海另办《时务报》。梁启超在《时务报》上写了大量政论,如《论报馆有益于国事》、《变法通议》(达7万字)、《论中国积弱由于防弊》等,创造了一种新的文体,当时人称为“新文体”“报章文体”或“时务文体”。这种文体“务为平易畅达,时杂俚语韵语和外国语法,纵笔所至,略不检束”[1],具有强烈的感染力。可以说梁启超是继王韬之后,把我国报刊上的政论文体变得更通脱,使之在报刊上牢固地确立了自己的地位,进而奠定了进步报刊政论传统基础的第一人。

这一时期陆续创办的较有名的报纸还有《苏报》(1896年)、《中外日报》(1898年)、《中国日报》(1899年)、《唯一趣报有所谓》(1905年),以及首创时事短评的《时报》(1904年)。时事短评的出现是新闻评论演进为论说文中一种独立体裁的重要标志,它以新闻为依托,及时地、有针对性地发表意见,影响社会事务的进程。

《苏报》1896年6月在上海创刊,但真正在全国造成影响是在1902年以后。1903年,爱国学社社员章士钊担任《苏报》主笔。他将报纸改版,增强言论,扩充评论栏目,以“鼓吹革命为已任”,该报遂成为一份激进的革命报。在一个多月时间里,该报发表了《驳〈革命驳议〉》《呜呼保皇党》等言词激烈的言论40余篇,引起强烈反响。特别是《康有为与觉罗君之关系》(《驳康有为论革命书》的节录)和宣传邹容《革命军》的言论,更是震动朝野。《康》文竟称光绪皇帝为“载湉小丑”,触怒政府,7月7日,《苏报》被查封,章太炎被捕。邹容不愿让章太炎独自承担责任,自行投案。此案庭审前后历时近一年,其间,海内外报刊纷纷发表评论,声援章、邹,章太炎的《驳康有为论革命书》不胫而走。

稍后,1905年,资产阶级革命团体——中国同盟会在孙中山先生的领导下成立,其机关报《民报》被称为革命的言论总机关。为肃清改良主义的影响,《民报》同梁启超主办的改良派机关报《新民丛报》论战达两年之久。论战中,形式逻辑作为论证方法从此进入报界。

此后,同盟会系统办的“三民报”(有“竖三民”“横三民”之分,“竖三民”指革命前出版的《民呼日报》《民吁日报》《民立报》,因报头竖排而得名;“横三民”

[1] 梁启超.清代学术概论//梁启超文选.北京:中国广播电视出版社,1992:252.

指辛亥革命后同时问世的《国民新闻》《民权报》《中华民报》,报头横排)刊登了大量社论,使社论在时间性和新闻性方面大大前进了一步。

这一阶段,报纸的影响力主要决定于报纸言论的受欢迎程度,评论的问题涉及军事、经济、政治、外交各个领域,是我国报刊言论从政论向新闻评论演变的重要时期。从此,新闻评论成为报纸的四大部件(新闻、言论、副刊、广告)之一,文字风格也从文言变为半文半白。各种评论体式均逐步成型。特别值得一提的是,现在再次勃兴的"时评"这种形式始于当时的《时报》,短小精悍、鞭辟入里,深受读者欢迎。著名的时评栏目有《神州日报》的《时事小言》栏,《民呼日报》的《公言》栏,《天报》的《悱言》《痛言》栏等。[1]

袁世凯执政期间制造了"癸丑报灾",有些报刊为免于罹祸,只好在时评栏中敷衍塞责。

四、成熟与完备期(1915~1949年)

1915年,陈独秀改组《新青年》,倡扬思想解放,追求科学与民主,使思想界再次活跃起来。1918年,李大钊创办《每周评论》,无产阶级报刊评论开始在中国崭露头角,李大钊、陈独秀、毛泽东、瞿秋白、鲁迅等人都为无产阶级新闻评论做出了重大贡献。经过多年斗争,孙中山先生也感慨,"革命成功极快的方法,宣传要用九成,武力只可用一成"[2],要求国民党要加强言论宣传工作。国共合作时期,国民党的许多重要报刊都掌握在共产党手里。国民党中央机关报《政治周报》的首任主编就是毛泽东。到1930年红色革命根据地建立以后,中国第一次出现了由共产党领导的人民政权下的报刊。在中央革命根据地,当时就有革命报刊34种。1938年1月11日,《新华日报》在汉口创刊,这是中国共产党在抗日战争时期和第三次国内革命战争时期,在国民党统治区公开出版的机关报。毛泽东、周恩来曾为它撰写了大量评论。这些评论在抨击国民党的一党专制,普及民主常识方面做出了重大贡献。1941年5月16日,《解放日报》在延安创刊,这是第一张在革命根据地出版的大型中共中央机关报。该报十分重视评论,把按照党的意志指导实际工作列为评论的首要任务,强调要当好党的喉舌。据统计,1942年7月至10月间,该报共发社论94篇、代论7篇、半月国际述评8篇,平均每天发表言论稿1500字。继延安《解放日报》之后,各根据地也相继办起了报纸,并把评论放在极为重要的位置。全国解放后,党中央机关报《人

〔1〕 方汉奇.中国新闻传播史.北京:中国人民大学出版社,2002:145.
〔2〕 孙中山.孙中山选集(下卷).北京:人民出版社,1956:491.

民日报》在河北创刊。此后,各省市相继办起了机关报,许多地市也办起了机关报。同时,各省广播电台相继出现。这些报纸和电台都极为重视新闻评论。

我国无产阶级新闻评论,在漫长的岁月里,逐渐形成了自己特有的风格:坚持宣传马列主义、毛泽东思想,以马列主义作为分析问题的指南;坚持党性原则和阶级性原则,做党的喉舌;担负起发动人民群众以及指导现实革命和建设的任务,具有很强的权威性、现实针对性;立场坚定,态度鲜明。

1927 年国共分裂后,国民党在其统治区控制了大部分传媒,其中有一部分是民营报刊和外国人在华所办的报刊。1929 年 12 月 27 日,蒋介石致电《大公报》并转全国各报馆,表示"凡属嘉言,咸当拜纳",但在 20 世纪 30 年代初却出台了一系列出版检查制度,尤其将共产主义言论规定为非法言论。在这种形势下,国统区的红色报刊不得不转入地下,如《布尔什维克》和《中国工人》就不得不用《少女怀春》《红拂夜奔》等名字加以伪装。《申报》的史量才因为发表言论反对蒋介石的不抵抗政策,于 1934 年 11 月 13 日被暗杀。抗战时期,在团结抗日的口号下,非国民党系报纸得以大发展,特别是前期的上海和后期的重庆、桂林及香港。抗战胜利后,国民党更是一面发展自己的媒体,一面抢夺或威胁一些在抗战中有污点的民间媒体,以实现舆论操纵。

总的来看,民间报刊言论还是在艰难曲折中有了一些发展,有的还产生了重大影响。如战前的北京的《京报》《世界日报》《现代评论》周刊,天津的《大公报》,上海的《申报》《新闻报》《时报》《时事新报》,抗战中的《救亡日报》《力报》,上海孤岛时期的《文汇报》《申报》《新闻报》等"洋旗报"(为保护自己而假托洋人创办的报纸),战后的《民主报》《新民报晚刊》《文汇报》等。1938 年 1 月 25 日创刊的《文汇报》,其主笔徐铸成写了大量爱国评论,战后该报以言论自由为最高原则。赵超构发表于《新民报晚刊》的评论也很有市场。在战后,这些报纸开展了拒检运动,追求民主,一时形成"第三势力"言论高潮。

在所有这些民间报刊中,《大公报》影响最大,办报时间最长,到 2002 年,《大公报》度过了它的百岁华诞。

《大公报》由英敛之创刊于 1902 年 6 月 17 日,是中国历史上寿命最长的报纸。当时的《大公报》,以论说之"敢言"著称,所谓"以大公之心,发折中之论"。英敛之认为办报的目的在于"阐发公理也,激发公论也,开通民智也,维持国力也"。1926 年 9 月 1 日,吴鼎昌、胡政之、张季鸾以新记公司的名义续办《大公报》,人称新记《大公报》。吴鼎昌任社长,张季鸾任总编,胡政之任总经理。在鼎盛时期,日发行量近 20 万份,具有很高的声望,堪称舆论界之重镇。《大公报》"不偏不党",形成了"文人论政"的风格,力图塑造一个"第四势力"的形象。

《大公报》刊载各个党派的文章,毛泽东早年就曾在《大公报》上发表过评论《对于赵女士自杀的评论》,郭沫若的《甲申三百年祭》也曾发在《大公报》上。不管什么党派,不管你有没有权力,《大公报》都敢于秉公置评。就在蒋介石1927年气势最盛时,张季鸾写评论把他骂了一顿,而西安事变,蒋介石倒霉时,《大公报》又出于民族利益呼吁释放蒋介石。在别的报纸都称共产党为“共匪”时,《大公报》却派记者到苏区采访,不用“共匪”来形容共产党。1944年,毛泽东会见《大公报》的记者时感慨地说:“只有你们《大公报》拿我们共产党当人。”1930年《大公报》客观地报道中原大战,得罪了南北军阀,在阎锡山控制之平津受到警告,结果《大公报》不但刊出了“警告”,还发表声明“本报绝不变其独立公正之立场”。在外患当头的时候,《大公报》发表评论:“我们是中国人,办的是中国报,一不投降,二不受辱。”1939年,《大公报》以募捐所得从德国购回一架滑翔机献给国家,用于抗日。胡适1931年5月撰文说,《大公报》是最好的报纸,并总结了《大公报》成功的两条经验:“登载确实的消息”和“发表负责任的评论”。《大公报》曾办了许多地方版,天津解放时,《大公报》天津版被改组为《进步日报》,1953年初,上海《大公报》与天津《进步日报》合并,仍名《大公报》。1956年10月1日,《大公报》迁到北京。1957年以后,《大公报》成为党报,原《大公报》仅剩下的领导王芸生也退出编委会。1966年9月16日,《大公报》被红卫兵查封。现在,香港《大公报》仍有着重要影响。

民间报纸、经济独立、人格独立,这是《大公报》得以实现“文人论政”的三个条件。

下面简要介绍几位优秀的评论家。

李大钊。李大钊青年时代曾留学日本。1915年,袁世凯接受日本提出的灭亡中国的“二十一条”,李大钊写了《警告全国父老书》,“泣血陈辞”,揭露日本帝国主义的侵略实质。1916年,李大钊回国,受聘编辑北京《晨钟报》(后改名《晨报》),并为《新青年》撰稿,寻求“理想的中华”。十月革命胜利后,李大钊开始由革命民主主义者向共产主义者转变。1918年7月,他于《治言》杂志发表《法俄革命之比较观》一文,11月在《新青年》上发表《庶民的胜利》《布尔什维主义的胜利》,1919年2月又在《晨报》上发表《战后之世界潮流》等,在这些文章中,李大钊尝试用无产阶级世界观分析时事,标志着中国报刊新闻评论开始了一个新纪元。李大钊的评论,语言质朴,说理透彻,充满激情和才气,对中国现代新闻评论造成了很大影响。

邹韬奋。邹韬奋是我国现代报刊史上杰出的新闻评论家。他从1926年接办上海《生活》周刊开始,毕生从事报刊工作,先后主编过7种报刊,撰写的评论和通讯达数百万字，其中尤以“小言论”和在“读者信箱”栏目里答读者的短文影响最大。其评论的特点为：善于抓群众最关心的问题，说群众想说的话，从具体事情出发，喜用谈家常方式，三五百字，开门见山，一针见血，简单干脆，明白晓畅。1927年，他在《本刊与民众》一文里就宣布了一条方针：“力避‘佶屈聱牙’的贵族式文字，采用‘明显畅快’的平民式的文字。”他总结办报的经验，认为报刊的基本任务“一方面在领导社会，一方面在能反映社会大众的公意”。而“一个报纸对社会能够起引导的作用，绝对不是由于它要怎样便怎样，必须由于它能够灵敏地意识到社会大众的真正要求，代表着社会大众的真正利益，在这个立场上，教育大众，指导大众”。他的《惩汤呼声中的推究》《国事紧张中的言论自由》等优秀评论，“言人所欲言，言人所不敢言”，成为读者的“好朋友”，产生了广泛的影响。

张季鸾，生于1888年，是著名的“陕北才子”，他曾作为孙中山的文秘，替孙起草了许多重要的演说词，包括大总统就职演说，也写过悼念列宁的文章。他早年就读于关学大师刘光贲讲学的“烟霞草堂”，打下了厚实的国学基础。1905年留学日本，1908年从日本回国，1910年应于右任之邀，到上海参加《民立报》工作，后来又主持北平和上海两地的《中华新报》笔政，曾两次被捕入狱，1926年，张季鸾同吴鼎昌、胡政之合组新记公司，接办《大公报》，担任总编辑，主持笔政15年，写了大量的新闻评论，是20年代末至40年代初中国最著名的政论家。他才思敏捷，是有名的快手，“看完大样写社论”，倏忽而就，文采斐然，是《大公报》的灵魂。

《大公报》续刊之日，张季鸾曾在《本报同人之志趣》一文中提出“不党、不卖、不私、不盲”八个字。他解释说：不党，就是“纯以公民之地位发表意见，此外无成见，无背景，凡其行为有利于国者，拥护之，有害于国者，纠弹之”；不卖，就是“不以言论作交易，不接受一切带有政治性质之金钱补助，且不接受政治方面之入股投资，是以吾人之言论不免囿于知识及感情，而断不为金钱所左右”；不私，就是“本报同人除愿忠于报纸固有之职务外，并无他图。易言之，对于报纸并无私用，愿向全国公开，使为公众喉舌”；不盲，“夫随声附和，是谓盲从，一知半解，是谓盲信，感情冲动，不事详求，是谓盲动，评诋激烈，昧于事实，是谓盲争。吾人诚不敏，而不愿陷于盲”。据此，他评说社会政治，全凭其主观认识，不论是军阀、国民党还是共产党，他都敢骂。他的早期新闻评论就是以“骂”出名。1926年至1927年，他为《大公报》写过三篇骂权贵的社评，通称“三骂”。《跌霸》（1926年12月4日）骂吴佩孚：“综观吴氏之为人，一言以蔽之，曰有气力而无知识，今则并力无之，但有气耳。”《呜呼领袖欲之罪恶》（1927年11月4日）骂汪精卫,说他"好为人上","可以举国家利益、地方治安、人民生命财产,以殉其变化无常、目标不定之领袖欲"。《蒋介石之人生观》(1927年12月2日)一篇骂得更是痛快淋漓、脍炙人口。

张季鸾是一个爱国主义者,他的新闻评论的一个重要标准就是是否爱国,是否对国家有利。他骂吴佩孚、骂汪精卫、骂蒋介石,是认为他们把国家搞乱了,后来倾向于蒋介石,也是认为蒋是"国家中心",是救国的希望。但是,他终于没有看到他的希望变成现实。1941年9月6日,他在重庆病逝,临死时还在思考如何安慰国人,打击侵略者。

李大钊、邹韬奋、张季鸾等都是我国报刊史上著名的新闻评论家,他们以自己的创作促进着我国新闻评论走向成熟的进程。同时,新闻评论的成熟期也是新闻评论的文体趋于基本完备的时期。1916年,《民报》首创叙述与评论相结合的述评,后来这种文体形式得到普遍应用。《新青年》开创的"随感录"也成为当时的流行形式。专论、代论、事论等文体在这一时期都已出现,名目繁多,欣欣向荣。

五、社会主义时期的新闻评论

社会主义时期的新闻评论与政治的变化紧相联系。从媒体体制上来说,国家实行生产资料公有制政策,私营报馆就失去了存在的理由,新中国成立后逐渐实现公有化。因为认为媒体是阶级斗争的工具,所以,在公有媒体中,又以中国共产党党报为绝对主体,民主党派的报纸只有一家,即《光明日报》(原为中国民主同盟的机关报,后成为各民主党派共有的报纸),后来在1957年反右后又进行了大改组。《文汇报》的职能主要限定在文化教育领域(《文汇报》曾短期被改为《教师报》)。倒是1957年8月1日,我国唯一的一份由民主党派——中国国民党革命委员会创办的报纸《团结报》诞生。1958年,为增强人民对于境外言论的免疫力,《参考消息》公开发行。其他的报纸为工会、共青团、军队和政府职能部门及企业报。在私营报馆尚未公有化时,需要用法律来规定媒体的权利与义务,但公有化之后,再制定法律就失去了意义,所以,新中国成立之初的新闻法制定工作后来就被取消了。直到新时期,随着中国的市场化进程,新闻法的制定才被重新提上议事日程。

社会主义时期的新闻评论可以具体分为这样几个阶段:从新中国成立初期到反右前夕,是新闻评论被纳入党对国家的领导机制的阶段;从1957年反右到1965年,是多种声音向一种声音变化阶段;从1966年开始的十年"文革",是一种声音的特殊阶段;1976 年到 1991 年,是新闻评论的思想解放阶段;1992 年以来,是公民话语权渐次伸张阶段。

(一)新闻评论被纳入党对国家的领导机制的阶段(1949 ~1957 年)

1949 年后,共产党成为执政党,媒体成为上级党委向各级领导宣传政策、指导人们组织工作的喉舌。相应地,新闻评论从其功能上说,形成了这样三大类:用以宣传政策的解释性评论、用以组织工作的工作评论和纠正工作中的错误的批评性评论。它们要求政策解释的准确性(所谓观点正确)、工作指导的及时性和纠正错误的明确性。

新闻评论被纳入党对国家的领导机制中,一方面有力地统一了全国的思想,使上下拧成一股绳,各项工作得以顺利贯彻执行,但另一方面也导致社会舆论监督机制难以广泛生成。虽然那时候也强调抓群众来信工作,但群众来信工作类似于信访,而不是一种思想批评。作为一种补偿机制,中央号召各级领导要善于进行调查研究。计划经济体制下,媒体成为组织工作的手段,新闻评论变得非常繁琐,事无巨细,都要统一安排,统一指挥,很容易导致瞎指挥。

报社有时专门组织思想讨论,但讨论题又指向一种固定答案,根本讨论不起来。相反,许多本来应该讨论的问题,却又被上升到阶级斗争、思想斗争的高度上来,变成了一种大批判,比如对《武训传》的批判、对俞平伯的《红楼梦研究》的批判和对胡风的批判等。

(二)"双百方针"下的言论边界探索阶段(1957 ~1965 年)

1956 年,党中央提出"百花齐放,百家争鸣"的双百方针,要在全社会的监督下进行一次开门整风运动,为此,《人民日报》于 1956 年 7 月 1 日进行改版,以增加在报纸上开展自由讨论的版面。

《人民日报》改版时也直接面对着单纯提媒体是党的喉舌这一命题带来的矛盾:是党的喉舌,它的声音就应该是党的声音;要在上面展开讨论,就意味着媒体成了社会公器。为此,《人民日报》专门打了一个报告。后来,中共中央下文件作了说明:"为了便于今后在报纸上展开各种意见的讨论,《人民日报》应该强调它是党中央的机关报又是人民的报纸。过去有种论调说:'《人民日报》的一字一词都必须代表中央','报上发表的言论都必须完全正确,连读者来信也必须完全正确'。这些论调显然是不实际的,因为这不仅在事实上办不到,而且对于我们党的政治影响也不好。今后《人民日报》发表的文章,除了少数的中央负责同志的文章和少数的社论以外,一般地可以不代表党中央的意见;而且可以允许一些作者在《人民日报》上发表同我们共产党人的见解相反的文章。这样做就会使思想界更加活泼,使马克思主义的真理愈辩愈明。各级党委今后也要强调地方党报是地方党委的机关报,又是人民的报纸。我们党的各种报纸,都是人民群众的报纸,它们应该发表党的指示,同时尽量反映人民群众的意见;如果片面强调它们是党的机关报,反而容易在宣传上处于被动地位。"[1]

20世纪60年代,中央开始执行"调整、巩固、充实、提高"八字方针。1960年3月19日刊于《人民日报》的《向老农问计》一文就把历来被认为是"思想保守"的老农重新看作"富有实践知识的种田能手,熟悉本乡本土自然情况和农事活动的专家"。《人民日报》1961年4月3日的《一切经过试验》一文则明确重提"实践是检验真理的标准"。

1962年10月,重提"阶级斗争"。调整期值得一提的是专栏小言论和软性杂文的兴盛。

20世纪60年代初,《文汇报》设立了署名"石岱虚"和"闻亦步"的两个小言论专栏,当时被称为《文汇报》的"两只眼睛"。"石岱虚"意思是以实带虚,是教科部的集体笔名;"闻亦步"则谐音"文艺部",是文艺部的集体笔名。这两个小言论专栏"以小见大,就实务虚,议论风生,不拘一格",其特点被概括为"短、广、实、活、快"五个字。

较有名的杂文专栏有《北京晚报》的《燕山夜话》、《前线》半月刊的《三家村札记》、《人民日报》的《长短录》。

《燕山夜话》1961年3月19日设立,到1962年9月2日止,由曾任《人民日报》总编的邓拓执笔,以"马南邨"为笔名,共计发表杂文152篇。

《三家村札记》是北京市委理论刊物《前线》半月刊的杂文专栏,从1961年第19期开始,到1964年第13期止,共发表杂文60多篇,由邓拓、吴晗、廖沫沙三人分别执笔。他们共同的笔名是"吴南星",吴即吴晗,南是邓拓的笔名"马南邨"中的一个字,星是廖沫沙的笔名"繁星"中的一个字。

《长短录》则是《人民日报》所开设的,以文艺家为写作主体的杂文专栏,其主要作者有夏衍(笔名黄似)、吴晗(笔名章白)、廖沫沙(笔名文益谦)、唐弢(笔名万一羽)、孟超(笔名陈波)等。

这一时期无论是专栏小言论还是杂文,知识性远胜于现实批判性。

这一时期还有一些思想讨论,如"商业、服务业工作是不是低人一等""青年人怎样生活才有意思"等,从讨论话题就可以看出来,它们只能有一种答案,所

[1] 中国社科院新闻研究所.中国共产党新闻工作文件汇编(中册).北京:新华出版社,1980:483.

以,看上去讨论很热烈,比如对前者的讨论,报社共收到来信来稿3000多件,但答案其实早已确定,不容置疑。

在报纸上刊登毛主席语录,并把引用的毛主席的话用黑体字显示也是从这个时期开始的。

这一时期在国际评论方面引人注目的是从1956年到1965年历时达10年的中苏论战。论战从赫鲁晓夫上台开始,到勃列日涅夫继位终止,不断升级,到1963年发展为双方的公开点名论战,中国共产党从1963年9月6日到1964年7月14日连续发表了9篇论战文章,史称“九评”。1964年10月16日,赫鲁晓夫下台,《红旗》杂志又发表社论《赫鲁晓夫是怎样下台的?》,成为中苏论战的尾声。

(三)革命大批判阶段(1966~1976年)

“文革”评论的特点是假、大、空、霸。

“文革”评论的特有形式是“两报一刊社论”(即《人民日报》《解放军报》及《红旗》杂志的联合社论)。全国其他的报纸很少有自己的社论,一般为转载两报一刊社论。

“文革”评论的代表作家作品是姚文元的“三评”:《评新编历史剧〈海瑞罢官〉》《评“三家村”》和《评陶铸的两本书》。姚文元的评论方法是:寻章摘句,然后无限上纲,一是“放在当时的历史背景”下去上纲,一是“提到‘三两斗争’(即两个阶级、两条道路、两条路线斗争)的高度”去上纲。

“文革”评论的文风有其历史继承性,它是“大跃进”和“反右派”“反右倾”评论的新发展。

(四)新闻评论的思想解放阶段(1976~1991年)

1978年5月11日,《光明日报》刊登题为《实践是检验真理的唯一标准》的特约评论员文章,引发一场大讨论,从而冲破了“两个凡是”的束缚,带来社会思想的大解放。随着党的工作重点向经济建设的转移,新闻评论也由政治(主要是阶级斗争)本位向社会本位复归。在政治教育功能继续发挥主导性的同时,新闻评论摆脱了过去不符合新闻规律的单一化模式的桎梏,新闻评论烛照社会、启迪读者(听众、观众)等诸多功能得到强化,范围扩大到社会的各个领域。

新时期新闻评论的另一大变化是品种的增多和面孔的变活。社论、评论员文章等评论形式继续存在,但长度大大缩短了,数量大大变少了,面目也变得亲切了。当然,社论、评论员文章长度变短是为了改变过去那种空泛的毛病,努力做到言之有物,面目变亲切是为了易于接受,而数量变少则是为了进一步增强社论和评论员文章的权威性,因为动不动就搞个社论,人们就不把社论当一回事了,少,才说明它重要。

与社论和评论员文章变少相应,短评、编者按、记者述评逐渐多了起来。最突出的现象是专栏评论的兴盛。

中国媒体最早的专栏可以上溯到晚清时期。1898年,康有为、梁启超等维新党在日本横滨创办了第一份海外中文报纸《清议报》,其中就有一个著名的时事短评专栏《国闻短评》。1904年3月5日,《中国日报》开辟了《时评》专栏,同年6月12日创刊的《时报》的《时评》专栏影响很大。民国成立后,《申报》《大公报》等现代意义上的报刊大量辟出专栏登载时评。五四时代《新青年》的《随感录》、《生活》周刊创办于1927年的《小言论》等专栏在当时吸引了众多的评论者。抗战时期,《解放日报》于1942年4月9日创办的《一得书》杂文专栏也具有较大影响。1949年以后,专栏评论在1956年和1961年有过两次短暂的发展,但在思想言论空间逼仄的媒体环境下,总的来说,专栏评论一直没有太大的起色,只有一些晚报或专业报的专栏评论较有特色,上海《新民晚报》由总编辑林放开设的《未晚谈》专栏,从1943年6月18日成都《新民报晚刊》起步断断续续经营到林放去世,是报刊专栏中的一个异数。《北京晚报》的《燕山夜话》短短一年多就结束了生命。进入新时期,特别是1979年以后,人们的思想获得大解放,与之相应,媒体专栏迅速兴起。

专栏评论的发展,使一大批优秀的专栏评论家脱颖而出,使长期默默无闻的新闻评论家纷纷走到前台,成为社会的明星。有些专栏是个人专栏,它造就了专栏品牌和个人声誉的双重社会影响,《未晚谈》之于林放自不必说,《河北日报》的《杨柳青》专栏之于储瑞耕、《经济日报》的《每周经济观察》之于阎卡林、《新民晚报》的《敬宜笔记》之于范敬宜等都是这样。不过,个人专栏开办的前提是开办者是本报的主笔或已经是社会名流,他们还要有时间每日撰稿。过去曾有几个人合开专栏的情况,如邓拓、吴晗和廖沫沙合开的《三家村札记》,夏衍、吴晗、廖沫沙、孟超、唐弢合开的《人民日报》的《长短录》,司马龙(陈笑雨)、丁云(郭小川)、张铁夫合开的《长江日报》的《思想杂谈》等,现在已不多见,像《人民日报》的《今日谈》《人民论坛》,《解放日报》的《新世说》《解放论坛》,《工人日报》的《工运时评》等群言性专栏的兴盛则是一个重要的媒体现象,它使民间有了发言的渠道。当然,20世纪80年代,社会的阶层分化还刚刚露出苗头,人们仍然被统一在计划经济体制的约束下,所以,那时的专栏评论还主要是媒体意见的补充,多元的思想还不可能进入这一领域。且不说个人专栏中的作者大部分还都是本媒体的职员,他们只不过把社论的意见以一事一议的方式表现出来罢了,那些群言性专栏也是以当时的主流思想来议论时事,否则要么不能发表,要么作者自己就认为那是错误的。人们有了自己发言的形式,却难以发出自己的声音。

新闻评论面目的多样化,还包括各种媒体对符合自身特点的评论风格的探索。过去,广播和电视评论只是朗读报刊评论,重要的报纸社论,广播、电视、期刊必须无条件予以转载,各媒体缺少具有自身特色的评论。80年代后期以来,《瞭望》《半月谈》等期刊新闻评论以其评论的深入透彻而成为影响巨大的一类媒体;而电视评论则来势更猛,中央电视台最初在《经济半小时》给经济新闻评论亮相,接着在《观察与思考》中探索、完善,为后来电视新闻评论的真正独立奠定了基础。

中国的电视事业起步较晚,1958年5月1日,北京电视台(后来的中央电视台)开始试播,到70年代末,它主要是口播报纸评论,没有自己独立的新闻评论节目。

1979年,中央电视台专题部成立,经筹备,专题部于1980年7月12日创办《观察与思考》这一新闻评论栏目,尝试运用多种电视传播符号进行评论,第一期节目题为“北京居民为什么吃菜难”。

1988年7月,中央电视台将《社会瞭望》和《观察与思考》合并,成立新闻评论组,栏目名称改为“观察思考”,并设立了固定的节目主持人肖晓林,节目每周晚上固定时间播出,每期20分钟(后改为15分钟)。其他电视台也纷纷推出评论性栏目,如福建电视台的《记者观察》、安徽电视台的《社会之窗》、上海电视台的《新闻透视》、广东电视台的《社会聚焦》、北京电视台的《18分钟经济·社会》《BTV夜话》等。

广播评论也有较大幅度的改革。

中国广播电台诞生之后,相当长一段时期主要是放唱片和播送报纸上的文章,延安新华广播电台开播后,经常播送《解放日报》《新中华报》等报刊的评论,到1946年5月,新华社语言广播部开设《广播评论》节目,开始有了少量自写的评论。1950年4月10日,中央人民广播电台增设了15分钟的《评论》节目,播发自己的评论,后先是被整合到《国际新闻和评论》节目中,继而被撤掉了。1958年,“大跃进”形势又使新闻评论在电台中复生,但很快就又没了踪影。1979年4月26日,中央人民广播电台在《全国联播》节目中播出署名为“本台评论员郭平”的文章《改善中越关系的根本办法》,它成为改革开放后中央人民广播电台播出的第一篇广播评论。1980年,中央人民广播电台成立评论组,广播新闻评论正式开始了“走自己的路”的历程。是年,全国好新闻评选,中央人民广播电台的广播评论《绝不允许有“特殊公民”》(1980年10月17日)榜上有名。除这则评论外,还有一篇《大快人心的审判》也很受社会关注。仿照报纸的评论分类,80年代,广播评论大多以“本台评论”“本台评论员文章”出之,代表性的评论有《野蛮装卸何时休》(1985年6月20日)等。此外,也有本台短评、编后话、广播述评等体式。

在广播评论走自己的路的过程中,广播新闻评论逐渐摸索出了一些符合自身传播特点的特殊评论样式。1981年11月17日,中央人民广播电台评论《以女排为榜样,创造第一流的工作》初次尝试把谈话方式运用到新闻评论中,以第二人称呼唤听众的介入。1985年8月9日,上海人民广播电台的《关心老年人的精神生活》一文则开创了以对话方式播出新闻评论的先河。1986年3月18日,海峡之声广播电台播出的《愤慨之余的思索——评台湾发生的造假大陆酒案》,则以评论员主持评论的方式播出。对话和谈话方式的亲切自然,符合广播媒体“短、浅、软”的特点,很快成为广播新闻评论的主流。

1986年12月26日,辽宁人民广播电台在《请您说声“对不起”》中,又把音响引入广播评论中,增加了节目的现场感和生动性,起到了较好的传播效果。后来,音响评论不仅切入现场环境,还把现场采录的人物谈话作为论据来使用,使民间声音冲破束缚,在广播媒体上有了体现的可能。

1987年12月31日,新疆人民广播电台播出了一期座谈方式的广播谈话,打破了广播评论“为说而写”,由编辑写好稿子,播音员播出的局面,开创了“以说为主”的评论模式,它现场感和互动感最强、最自然,也为民间声音的介入提供了最佳渠道。后来,因为热线电话和网络交流的加入,广播评论的话语空间变得越来越大。

(五)社会主义市场经济条件下的评论探索阶段(1992年至今)

1989年,东欧巨变,中国也发生了巨大的震荡。1991年,《解放日报》党委书记周瑞金与施芝鸿、凌河以“皇甫平”的笔名连发4篇评论。1992年邓小平南行深圳,改革开放政策得以继续贯彻。

“皇甫平现象”表明正常的媒体生态的重要性,又是这种格局下的一种标准做法。

1992年,中国共产党第十四次全国人民代表大会提出要建设社会主义市场经济,中国的媒体在市场的调控下,真正走上了逐步敞开公共空间,让公众“实话实说”的道路,这是中国政治文明发展的必然,是公民意识逐渐苏醒的结果。

20世纪90年代是电视新闻评论经过摸索,从摆脱报纸新闻评论的束缚到最终超过报纸新闻评论,成为社会强势评论的年代。

1993年5月,中央电视台经济部开设《一丹话题》,是我国大陆电视台中第一个以主持人名字命名的评论专栏,标志着专栏个性化意识已经充分自觉。电视新闻评论的多样化,也使主持人得以逐渐成长起来。

1994年4月1日,在中宣部的直接领导下,在《观察思考》和《东方时空·焦点时刻》的基础上,中央电视台开设《焦点访谈》栏目。《焦点访谈》以真正触及人们关注的焦点,大胆揭露令人惊心动魄的社会不正常现象。在它的影响下,许多省市都跟着创办类似的节目。1994年因此被称为"焦点访谈"年。

1996年3月,中央电视台新闻评论部又推出了《实话实说》栏目。这是中国第一个有影响的电视谈话类新闻评论节目。它由主持人把握话题的进展,以现场嘉宾的讨论和现场观众的互动为主要形式,针对热点话题各抒已见,主持人崔永元的睿智和幽默对栏目的成功起了重要作用。后来,崔永元因为身体及其他原因离开,《实话实说》由原上海电视台《有话好好说》栏目主持人和晶接替,开辟了后《实话实说》时代。

1999年8月,凤凰卫视一档新的评论节目《时事开讲》开播,由专家曹景行在20分钟的节目中挑选数则国际国内重大新闻进行点评,发展出电视点评类评论。这种即席点评的方式后来被内地的江苏广播电视总台城市频道借鉴。

2002年元旦,江苏电视台城市频道的《南京零距离》开播,很快便引起了巨大轰动。主持人孟非在节目中每播一条新闻就做出自己的点评,引得其他地方台纷纷克隆。一个没有全国性覆盖率的地方城市频道的栏目,在全国蹿红,这在中国电视史上值得大书一笔。它的成功有三方面的原因:一是定位的差异性,它抓住了民生新闻这一空缺领域。二是它的平民立场,让孟非以一个平民的视角去解读新闻、现场发表议论。孟非的民间立场和言论的随心所欲不逾矩使他成为一个百姓的意见领袖。三是它强烈的服务公众意识,《孟非读报》子栏目让那些没工夫读报的人得以了解各报上的重要新闻及评论,并通过孟非的解读实现对环境的认识和把握。《南京零距离》的成功对全国许多电视台形成良好的启示,说明电视新闻评论只要说到人们心上,口播也会很受欢迎。

2003年5月1日,中央电视台又推出了一档以话题交流为主的评论栏目《央视论坛》,它不像《焦点访谈》那样以述的成分为主,而是直接谈现象,口号是"透过现象看本质"。为此,它不是由主持人对重大现象发表浅见,而是直接请了一些资深专家学者来进行深度讨论,并在讨论过程中及时地将重要观点加以归纳。

其他较有影响的谈话类栏目还有中央电视台第4频道的《中国报道》、上海东方卫视的《东方夜新闻》中的评论板块等。

如今,电视新闻评论形成三个特点:一是评论的时效性越来越强。许多新闻栏目都配有评论员,随时就重要的新闻进行点评。二是评论越来越走向多声部讨论和辩论。《大家看法》《对话》《一虎一席谈》《现在开会》等,打破了“一言堂”的评论模式。三是各领域的专家纷纷走进媒体,加大了对专业性内容的解读深度。

中国电视新闻评论由“报纸有声版”到发出自己的声音,由媒体代言到公众介入,由读到谈,由单纯官方发言姿态到平民话语的出现,在短短的20多年间走了一条超常规发展的道路,一跃超过报纸成为强势评论媒体,并敞开了今后继续发展的多种可能性。

电视媒体的后来居上,令报纸不得不加紧改革,以适应读者的需要,拉近与受众的距离,保住自己的地盘。此时,随着中国市场化进程的加快,社会利益分化也开始比较明显,百姓由单位人变成了利益主体,就有了对市场平等竞争和社会公正的强烈诉求,迫切需要有一个自己发言的空间。社会已经超越了信息匮乏时代,正在昂首阔步走进观点时代。经过几十年的变革,中国的公共话语空间也越来越宽松。这诸多原因,使报纸把扩张时评作为重要的发展策略。在20世纪80年代专栏评论发展的基础上,1998年9月4日,《深圳特区报》首开《群言》专版,使专栏评论上升为专版评论。文章基本来自媒介之外的人士的投稿,发表时像国外一些媒体那样,注明作者姓名、单位或简要住址,便于读者通过作者信息了解他所处的利益格局,但这一做法后来没有普及开来,原因在于公布作者信息会使作者存在较大的内心压力。1998年11月1日,《中国青年报》推出《冰点时评》专栏,1999年11月1日又推出《青年话题》专版。在编者的话中,他们提出:思想进步可能就孕育在“不同”之中,而相同只能使我们停在原地。2000年11月6日,《工人日报》和《北京青年报》同时推出《言论版》。2001年7月12日,《南方周末》推出《视点》专版。2002~2003年,“羊城时评现象”引人注目:2002年3月4日,《南方都市报》在国内最早模仿西方主流大报设立“社论版”和“社论版对页”模式,前者为社论,后者为来论。每天刊载社论,并且往往一天不只一篇社论,这在国内报纸中属于创举;7月,已经拥有《众论》《视点》专版的《南方周末》推出《观点》专版;9月,《羊城晚报》开辟《七日时评》专版;2003年1月,《广州日报》新辟《都市早茶》《今日时评》专栏;4月2日,《南方都市报》又办了一个《来论》专版,把中国报业早期的“来论”样式继承了下来;9月,《羊城晚报》的《七日时评》专版直接改名为《时评》,容量增加一倍。2003年,“网易”还专门牵头搞了一次中国时评大赛,进一步推动全国时评大潮的涌动。2003 年 11 月 11 日,《南方都市报》与《光明日报》合作,又在北京创办《新京报》,把时评放到了头版。为了得到好的稿子,各报纷纷以高稿酬索稿。不难看出,2002 年以来,中国出现了时评的勃兴。

时评的勃兴,使公民的意见有了表达和互动的渠道。它既是社会民主化所催生,又为全社会的公民意识的培养提供了契机。它带动了新闻评论的风格化局面的形成,使评论的面目越来越活泼多样。

社会向市场经济转型是时评获得大发展、公民言论勃兴的巨大推动力量,但是,反过来,市场以赢利为目的,媒体能生存下去并生存得越来越好,是媒体改革的动力。20 世纪末,中产阶级尚未形成气候,所以,报纸的消费群体还主要是普通平民,但进入新世纪后,中产阶级迅速崛起,他们作为新"四有新人"(有知识、有财富、有权力、有未来),成为媒体的有效消费对象和广告诉求对象,因而,许多报纸开始把目标受众定位为高端消费群体,努力使自己跻身主流。高端消费群体需要高质量的评论,这就在一定程度上阻隔了社会各阶层在媒体上的平等话语权——因为普通消费者无论在思想水平、文字表达能力上还是在声音的权威程度上都处于弱势状态。《南方都市报》等报纸的改版中就已经显露了这一危机。在其他领域,市场失效的地方是政府用有形的手干预的地方,但在媒体领域,公民的意见往往指向政府的缺陷,如何保障公民的言论权利,仍然是一个悬而未决的问题。现在看起来,网络是一个重要的平衡平台。

现在,报纸、广播、电视三大传统媒体的新闻评论形成这样一些新趋势:一是由媒体的独唱到媒体声音与民间声音汇流形成"众声喧哗",不过,在这种喧哗中,媒体声音还占着绝对优势;二是由机构声音到机构声音的个性化装饰再到个人声音的浮现;三是由评论的独白到各种声音的碰撞与交锋;四是评论从无到有(广电媒体),从少到多,从独立的评论形态到评论向各种文体的渗透。当然,这种渗透一方面说明评论力量的强大,但另一方面也使原来客观透明的新闻报道被涂上了主观的釉彩,变得半透明甚至不透明了。

1998 年,中国互联网开始普及,很快造就了互联网新闻评论的空前活跃。

互联网中既有传统媒体新闻评论的延伸及商业网站的媒体评论,也有网络 BBS 中的帖子评论和聊天室中的论坛讨论等网络特有的新闻评论形式。

网络大众媒体评论是网络新闻评论的正规军。2001 年,新华社国内部首次设立了专门播发评论类稿件的专栏《新华时评》,后来,人民网的《人民时评》、搜狐网的《在线时评》、东方网的《今日眉批》、千龙网的《千龙时评》等迅速跟上,人民网以其强大的实力成为网络时评中的领袖。

BBS中的帖子评论和聊天室中的论坛讨论则使网上的声音更加自由和多元化。网络为公众自由发表意见提供了一个绝佳的平台,使民间声音实现了最自由的表达。这种民间声音有成文的,也有不成文的;有浅层表态性的,也有深层思考性的;有严肃的,也有调侃的;有较纯净的,也有语言暴力型的。它打破了语言表达水平的障碍,也不再受到编辑的挑选,使思想可以自由流通,因而带来了整个社会思想的大解放,也带来人们判断力的提升。

在多元话语讨论的过程中,人们因思想的差异和认识的不同而逐渐形成一些思想派别,这些派别主要被分为"左""右"两派。有派别和派别的辩论,表明言论环境越来越宽松,它对于公民思想的自由成长具有重大意义。当然,辩论中的意气之争和群体极化现象也是需要引起注意的。

第二节　外国新闻评论简史

一、外国新闻评论的史前期(1640年前)

现在认为最早的"类报纸"是公元前59年根据罗马执政官恺撒的命令,记录元老院议事的《元老院记录》,以及公布平民会议决议的《平民会议记录》等总称为"每日记事"的一系列文体。它们像中国的邸报一样,有类行政公报的性质。

至文艺复兴时期,在贸易、通商活动比较发达的地中海中心城市威尼斯,人们开始把从世界各地汇集来的新闻手写复制,制作公开出售的"手抄报纸";还有把适应商人们需要的新闻用书信体抄送的"书简报纸"。到15世纪中叶,随着印刷术的发展,出现了把世界的大事、战争、刑罚及自然界的异变等印在单张纸上,在街头叫卖的"传单"和"鸭鸣报",还有向人们传教的"宗教小册子"。但是,这些都仅仅是提供消息或作宗教宣传,没有对新闻进行评说的文章出现。

二、政论时期(1640～1832年)

随着人们对新闻需求的稳定化和邮政制度等条件的完善,西欧各国开始出现了定期印刷的报纸,近代报纸诞生了。

近代报纸是在欧洲封建社会向近代社会过渡的历史背景下产生的。当时,新兴市民阶级取代封建统治阶级出现在政治舞台上,报纸被要求用来充当传递政治信息的媒介。报纸置身于政治斗争之中，主要职能是从事政治性评论，获取商业利润是次要的问题。所以，近代报纸首先是作为“政论报纸”出现的。

英国是最早开始“政论报纸”时代的国家。以1640年开始的国会和王党之争为背景，许多报纸和小册子应运而生。这些报纸和小册子为争得自身存在的权利，进行了艰苦的斗争。最为著名的是1644年弥尔顿向英国国会提交的一篇演说词，也就是后来印成小册子的《论出版自由》。在这个小册子中，弥尔顿猛烈攻击了出版检查制度，主张每个人都有将自己的思想诉诸社会的自由权利。他的理论后来被概括为自由主义报刊理论的两大基本原则：“意见的自由市场”和“自我修正过程”。1694年，英国国会终于废除了象征封建专制的特别检查制度。之后，在辉格党和托利党两大政党之争的背景下，出现了如丹尼尔·狄福主编的《评论报》（1704年，狄福在英国被尊称为“社论之父”）、乔纳森·斯威夫特主笔社论的托利党机关报《观察家报》（1710年）等许多政党报纸。1712年，国会又通过对报刊课以沉重的印花税的方式来干涉新闻自由，致使印花税法案实行不到半年，英国一半的报刊被迫停刊。同时，当局还采取一系列的规定来限制新闻采访和公开报道，使言论失去根基。比如，对那些敢于揭露政府弊端的报人以诽谤罪和叛国罪进行制裁，禁止记者采访国会辩论等。经过激烈的斗争，1732年以后，报纸终于获得了报道议会的自由。到18世纪末，英国终于挣脱重重束缚，获得了言论自由。

法国是资产阶级革命最彻底的国家。1789年，法国通过《人权宣言》，取消了一切限制新闻自由的封建王朝的法规和任何形式的出版许可证，有了充分的言论自由。但是，任何专制政府都不能容忍媒体的批评。热月党人专政、拿破仑称帝、波旁王朝复辟，每一个时期都对媒体大开杀戒。拿破仑时期对媒体的压制甚至比君主专制时期还严厉。波旁王朝被推翻后，言论自由才最终得以确立。

德国则在1609年就出现了世界上最早的周报《论坛报》，但由于国家分裂以及专制统治等因素，报纸评论发展极为困难，后来受法国革命的影响，才出现了主张政治自由的报纸，具有代表性的是格列斯主编的《莱茵信使报》（1814年）。1848年3月的自由主义革命爆发后，出现了伯恩斯坦主编的《选民报》、俾斯麦的《十字架报》等政论报纸。卡尔·马克思主编的《新莱茵报》是这个时期较为突出的报纸。

美国的政论报纸在独立战争时期达到顶峰。美国出现最早的报纸是1690年只出了第一号就遭禁止的《公众事件报》。后来出现了像《波士顿新闻通讯》那样按政府旨意办的御用报纸，同时也产生了抨击总督和政府苛政的报纸，如彼得·曾格主编的《周报》。延至独立战争时期，本杰明·富兰克林主编的《宾夕法尼亚新闻报》和萨姆·亚当斯主编的《波士顿新闻报》成为鼓动独立运动的中心。美国独立后,民主、共和两大政党,围绕着建国的方针又展开了新的斗争。以这种对立为背景,产生了《美国新闻报》(民主党机关报)、《国民新闻报》(共和党机关报)等为数众多的政党报纸。其中格里莱斯主持的《纽约论坛报》为最强调评论的报纸。两党逐渐上升到意气之争后所造成的党派谩骂、人身攻击,使党派报刊逐渐失去读者。两党论战的一个焦点就是新闻自由。1791年,美国国会通过宪法修正案(又称"人权法案"),其中第一条就明确宣布:"国会不得制定法律,建立宗教或禁止宗教信仰自由;剥夺人民言论或报刊自由;剥夺人民和平集会及向政府申冤请愿之权利。"这一修正案成为后来关涉言论自由问题案件的审查遵循的最重要的法案。

日本最早的政论报纸是《横滨每日新闻》(1870年12月8日创刊),后《东京日日新闻》(1872年)、《邮便报知新闻》(1872年)等陆续发行,当时的明治政府把这些报纸当作欧化启蒙的工具。1874年后,各报都设社论栏,并邀著名政论家执笔。由于自由民权运动的发展,自由党和改进党成立,政论报纸几乎都分属于这两党以及与它们对立的政府派的帝政党。随着1884年自由民权运动的衰落,政党机关报逐渐淡化了政治色彩。

三、新闻评论的现代化时期(1833年后)

(一)新闻与言论的纠缠

近代资本主义社会创立后,报刊政论完成了自己的使命,性质开始发生变化。1833年,本杰明·戴在纽约创办《太阳报》。《太阳报》避开党派纷争,面向广大群众,满足大众的趣味,走向商业化。《太阳报》成功后,戈登·贝内特主编的《纽约先驱报》、霍勒斯·格里利主编的《纽约论坛报》等纷纷改为面向群众的"便士报",而那些过激的党派报纸在报纸转向企业化道路的过程中逐渐失掉了市场。现在,美国已不存在由政府或执政党出版发行的全国性机关报或党报。[1]报纸的商业化,使政党报纸那些站在狭隘的党派立场上的言论失去了市场,为公民提供喜闻乐见的消息成了报纸的主要内容,因而,新闻史学家们形象地将便士报所开创的局面概括为两个胜利,即"新闻"对"言论"的胜利和"事实"对"意见"的胜利。[2]当然,这里的"言论"和"意见",主要是指党派言论和意

〔1〕 中国社科院新闻研究所.七国新闻传播事业.重庆:重庆出版社,1988:51.
〔2〕 [美]Michael Schudson. *Discovering the News*. Basic Books Ins., 1973:60.

见。1878年，普利策曾在《邮讯报》社论中声明：《邮讯报》不为党派服务，而为人民服务；不是共和党的喉舌，而是真理的喉舌；不追随任何主张，只遵循自己的结论；不支持行政当局，而是批评它。〔1〕这一声明充分说明，人们反对的是党派偏见，而不是所有言论。事实上，言论并未在媒体上完全消失，而是从党派报刊时期与新闻杂糅的局面中分化了出来。人们认为，记者就是一个客观报道者，记者不应介入事件之中，否则就可能影响报道的公正性。“现代新闻业的精神正是对于新闻和言论的严格区分。前者处理的是事实，而后者处理的是理论上的阐释。如果将两者在新闻业中混杂起来，其产生的有害后果就如同在一个政府中政教不分一样。”〔2〕新闻对于言论的胜利还与19世纪中叶通讯社的产生和发展有关。1848年，美联社在美国纽约成立，各个媒体为了节省人力资源，大量使用通讯社的稿子，而通讯社考虑到稿子对各个媒体的通用性，必须保持政治上的中立。“实行客观性法则有利可图，政治上的中立就是商业上的赢利。为了最大限度地争取订户，就必须平等地对待民主党和共和党，拉尔夫·纳德和通用汽车公司的实在要求”〔3〕。

但是，报业垄断局面的逐渐生成，战时宣传的影响和公关业的出现，使媒体的任务只是进行客观报道的理念不断受到冲击。事实本身不会说话，而各个利益集团却总是按自己的需要阐述事实。1929年，西方世界忽然爆发了一场巨大的经济危机，而此前，公众从纯客观的新闻报道中得不到足够的有效理解这个世界的观点信息，一时茫然失措。更令媒体人反思的是20世纪50年代麦卡锡主义在美国的横行。当时，麦卡锡的煽动性言论被媒体客观报道，而没有其他可以形成制约的声音，媒体成为麦卡锡主义的帮凶，倒是严格来说不能算是记者的CBS的主持人默罗在1954年3月9日与麦卡锡在《现在请看》栏目中对话结束时，站出来评论说：“对反对麦卡锡参议员那套做法的人来说，现在不是保持沉默的时候。我们可以不顾我们的传统和我们的历史，但我们对后果不能回避责任。”〔4〕

美国专栏作家李普曼早在20世纪20年代就指出：“那些无法深刻理解周围环境中的相关事件的人，不可避免地将成为煽动和宣传的牺牲品。”〔5〕1923年，卢斯的《时代》周刊创刊，他在社论中说：“一个有责任感的新闻工作者对在

〔1〕 李良荣，等. 当代西方新闻媒体. 上海：复旦大学出版社，2003：117.
〔2〕 [美]Michael Schudson. *Discovering the News*. Basic Books Ins., 1973：79~80.
〔3〕 [美]赫伯特·阿特休尔. 权力的媒介. 北京：华夏出版社，1989：153.
〔4〕 [美]威廉·曼彻斯特. 1932年—1972年美国实录. 上海：商务印书馆，1986：732.
〔5〕 [美]李普曼. 舆论学. 北京：华夏出版社，1989：239.

他看来是符合实际情况的事实进行分析的时候,是‘有偏见的’。他只要不是为了说明自己的观点而歪曲事实,只要不隐瞒能说明一个不同观点的事实真相,他就是公正的。"[1] 说明人们对新闻评论的认识正在发生着转变。

20世纪30年代,美国一大批新闻评论者以辛迪加专栏作家的身份出现,开始广泛介入对于政治经济事务的评论,如大卫·劳伦斯、马克·沙利文、弗兰克·肯特、李普曼等都是其中著名的专栏作家。到1937年,李普曼的《今日与明日》专栏共在155家报纸上刊载。辛迪加专栏作家的出现,使媒体上的新闻评论日益多了起来,也在一定程度上改变了人们对于媒体登载内容的看法。

西欧其他国家的评论发展与此类似。当然,各国评论的发展在时间上是有先后的,法国的报业则迟至20世纪40年代末才出现"非政治化倾向"。法国报纸一向有"舆论报"与"新闻报"之分,前者是"捍卫某一党派主张的报纸",后者则强调不代表任何政治集团,《费加罗报》《世界报》等都是这样,《世界报》就以"独立的言论立场"而闻名。日本随着报纸的营利化,也约于大正时期(1911～1925年)由"社会的木铎"转向"不偏不党",但因为战乱等原因,日本报业到20世纪50年代后才基本上达到了"不偏不党"的要求。

(二)保证言论多元性的努力

商业化过程是一个对媒体的控制由政府向资本让渡的过程,商业的原则是金钱至上。媒体主要靠争取广告客户赚钱,要争取广告客户,就得吸引眼球,而要吸引眼球,最简便的路径就是搞煽情新闻,所以,"黄色新闻"时时泛滥。以广告收入为主要来源还导致媒体往往听命于那些有经济实力的大企业和财团,致使新闻的客观性与真实性原则受到挑战,使媒体上的意见成为受经济利益左右的意见。在媒体自由竞争时期,这一问题还不是太严重,因为不同的媒体毕竟可以发出不同的声音。然而,进入20世纪,西方各主要资本主义国家由自由竞争走向集中垄断,媒体上的多种声音也因而向少数声音集中。没有了自由竞争的媒体,也就没有了意见的自由市场。1943年,美国报刊自由委员会(因负责人为哈钦斯,故又称"哈钦斯委员会")对报刊自由的现状和前景展开调查,最终形成总报告《一个自由而又负责的报刊》,在这个报告中,第一段就说,"在作为大众传播手段的新闻出版业迅速发展的同时,公众能够通过新闻出版表达意见和思想的比率却大大减少","传播媒介的所有者不时地参与社会批评,这种情况使

---

[1] [美]埃德温·埃默里,迈克尔·埃默里.美国新闻史.北京:新华出版社,1982:519.

他们不可避免地形成了对社会的控制和操纵”。[1]施拉姆等人所概括的对报刊的七条意见中，第一条就是“报刊为它自己的目的使用其巨大的力量。报刊老板特别在政治和经济问题上传播自己的意见，损害反对的意见”[2]。第七条则说“报刊被一个社会经济阶级——笼统地说即‘商业阶级’——所控制，后来者就无法厕身这一事业。因此，这就危害了自由而公开的思想市场”[3]。这一报告所持的新闻思想后被人们称为“社会责任论”。

在资产阶级革命时期，新闻自由的斗争重点是，媒体应该拥有自由报道和评论的权利；而在西方媒体现代化之后，新闻自由的斗争重点则是公民应该拥有获知新闻并使用媒体发表意见的权利。社会责任论强调的媒体责任就是要为公众服务，还公众获知新闻和发表意见的自由权。在哈钦斯报告中，对媒体提出五项要求，第一项是要求对每日的事件给予真实的、全面的和理智的报道，并将它们置于能显示其意义的特定的前后联系之中，即强调能让公众获得真实的消息；在此基础上，第二项要求是使报刊成为“交换评论和批评的论坛”：“社会中的所有重要思想观点都应该出现于大众传播机构之中”，尤其是与报刊相反的观点。而报告对政府提出的要求则是：制定反垄断法，制止新闻媒介的集中，以保障社会各界的意见不被某几种意见所代替；鼓励传播行业的新投资者，以扩大思想和意见的自由市场。现在，美国媒体在登载意见信息时所采取的种种手段，都可以看作是哈钦斯报告的具体实践，如报纸在登载社论时，一定要同时登载不代表媒体意见的评论，甚至要登载反面意见；一个意见版上，既要有媒体发言的空间，也要有公民发言的空间；既要有专业人士的发言空间，也要有大众的发言空间。如果观点有争论，一定要提供双方的观点，以免人们偏听偏信。当然，所有的这些意见中，代表报社意见的那篇评论肯定是论证最充分的。

哈钦斯报告中的有些要求过于理想化，如媒体垄断的问题。进入21世纪，西方诸国媒体的集中化趋势进一步加剧，虽然默多克集团总裁说他从来不进编辑部，但在媒体整合营销传播理念下，编辑部与经营部被一体化了，新闻评论意见的多元化构想受到了更加严峻的挑战。社会的消费化趋向又使“理性—批判论争逐渐被消费取代，公众交流的网络消费为个人行为，不过这种接收方式却是整齐划一的”[4]。大众传媒把有限的意见批量生产和发售，受众在这种“符号

〔1〕［美］W.富赖特，等.帝国的代价.北京：译林出版社，1991：42.
〔2〕［美］威尔伯·施拉姆，等.报刊的四种理论.北京：新华出版社，1980：90.
〔3〕［美］威尔伯·施拉姆，等.报刊的四种理论.北京：新华出版社，1980：91.
〔4〕［德］哈贝马斯.公共领域的结构转型.北京：学林出版社，1999：126.

暴力”之下,丧失了思考的可能,变成媒体产品的被动消费者。

(三)西方报纸的新闻评论类型

1. 社论

报纸的言论版首先刊登代表报纸立场的社论,并把它看作是各种评论中最重要的一类。与我国报纸每期最多一篇社论不同,西方报纸往往每期刊出数篇社论,并依论述的地域范围分为当地事务、地区事务、国内事务和国际事务四大类。每一大类下又根据论述领域的不同分为政治、经济、外交、社会、教育文化等多个门类。美国的《纽约时报》《华盛顿邮报》都以“社论稳健”著称。

很多报纸都设有专门的社论委员会或社论部。社论委员会集中办公,社论委员由社论委员会主编聘用,对主编负责。《纽约时报》选择社论委员非常严格,要求要么是媒体内部的资深新闻特派员或曾任高级新闻主管,要么是某个学术领域的专家,要么是刚卸任的政府高层政策性官员。社论的选题由委员会集体讨论决定。

2. 个人署名专栏

个人署名专栏的作者一般是本报的评论员、记者、编辑,有个人的专栏,也有多人合开的专栏。这些报纸规定,如果评论员对社论的观点持不同看法,他可以不勉强自己去写社论,而是由那些同意社论观点的人去写,不同意者可以把自己同社论不一致的观点发表在专栏中,以尊重每个评论员的个人见解,体现不同的声音。此外,署名专栏讨论的问题比报纸的社论要广泛得多。当然,个人署名专栏中还有一些不能算作新闻评论的其他话题。

3. 辛迪加专栏

辛迪加专栏稿类似于从通讯社买来的新闻稿。专栏评论家加入辛迪加后,他所写的稿子可以卖给各地的报纸,由那些报纸共同采用。美国等一些西方国家没有全国发行的报纸的概念,所有的报纸都是立足本地,一些大的报业集团虽然在全国都有报系,但各地的报纸所登载的内容都不同,都是以本地内容为主,所以,这些辛迪加评论可以提供给各地的报纸刊登。因此,辛迪加评论稿要求具有全国通用性,超脱于各报纸的特殊身份和利益。这就使辛迪加稿的作者不受某报立场的制约,可以自由选题,自由发表观点。这种更为独立的言论立场使它在读者群中影响很大,甚至超过了当地报纸的社论的影响,不过,它的重要性程度仍被看作次于社论。

4. 读者来信

西方的读者来信不同于我国。我国报纸的读者来信是向媒介反映情况、提供线索或提出申诉的，类似于政府的信访部所收到的信件，但西方的读者来信则是读者发表对新闻事实的看法的。报纸的读者来信栏类似于一个“公众论坛”，是公众发表意见的空间。因为读者来信是写给编辑的，格式是信件格式，没有标题，所以，发表时使用的标题就是“回应某天某某文章”，读者若感兴趣，可以找来所回应的文章对照着看。

（四）国外广播电视新闻评论

广播节目主持人虽然早在20世纪20年代即已产生，但早期的广播节目多为娱乐节目，新闻只占很少一部分，还主要是“口读报纸”。到20世纪30年代初，广播有了自办的新闻，开始出现广播评论员。广播新闻节目真正大发展是1938年以后，当时因为战争的威胁，人们忽然发现电台作为最现代化的新闻工具是人们获取新闻的最便捷方式。整个战争期间是广播的黄金时代，不仅新闻占了头等重要的位置，而且催生了一些著名的时事评论员。美国的汉斯·冯·卡尔登邦于1930年成为CBS（Columbia Broadcasting System，哥伦比亚广播公司）的评论员，在20天的慕尼黑危机期间，他主持分析和评论节目，把希特勒的讲话翻译给美国听众，并且预测针对事态发展会采取什么外交措施，率先树立了广播评论员的权威形象。罗斯福总统在30年代发表的《炉边谈话》也可以看作是个评论系列节目。二战期间公众最崇拜的是主持人默罗，他的战时报道和评论受到人们广泛好评。

战后，电视进入黄金时代，但电视早期也走了广播读稿的路子，1951年，默罗由广播节目《现在请听》过渡到电视节目《现在请看》，开创了电视新闻主持的新局面。在揭露美国议员麦卡锡的一系列评论中，他赢得了人们的广泛赞誉。1952年，后来的著名主持人克朗凯特登上荧屏，在CBS主持报道美国总统大选，除将有关记者的报道串联在一起外，还用自己的语言进行分析、解说和评论，创立了电视新闻节目主持人的基本套路。在越战问题和水门事件等重大事件中，他都以其深入老到的评论征服了他的观众。

CBS还有几档栏目值得提及。创办于1954年的《面向全国》没有固定的节目主持人，它的主持人由记者、专栏作家和政客担任，每次节目请三位嘉宾，模仿咖啡厅闲聊的情景展开评论。《60分钟》的主体是新闻故事，由记者或主持人穿插点评。

1956年，NBC（National Broadcasting Company，美国全国广播公司）推出《亨特利—布林克利报道》，这是美国电视史上第一个由双人搭档主持的新闻节目，他们充分注意到电视可看的特点，从来不解释观众自己能看到和看懂的东西,而是详细阐述对画面的理解,发表深刻而又机智的评论,这样的方式使他们迅速赢得了自己的观众。

NBC还值得提及的有:创办于1947年的《会见新闻界》是一档嘉宾访谈类节目,由嘉宾在演播室就共同关心的话题展开讨论,主持人不发表意见,只穿插话题。钱塞勒早期曾主持晚间新闻节目,做每周3次、每次90秒钟的评论。

ABC(American Broadcasting Company,美国广播公司)早期一直落后于CBS和NBC,1980年,科佩尔主持因伊朗人质事件而创办后来固定下来的夜间讨论节目《夜线》,他对重大事件的精湛分析使其获得数百万挑剔的观众的认可,摘取了艾美奖等多个奖项。直到2005年退休,他一直主持这一节目。1983年,彼得·詹宁斯出任ABC《今晚世界新闻》主播,他以对事件分析点评的哲理性而赢得广泛的受众。ABC的《20/20》和NBC的《60分钟》相似。

PBS(Public Broadcasting Service,公共广播公司)值得一提的节目是1975年开播的《麦克尼尔和莱尔新闻一小时》,它也是以新闻报道为主体,在报道后展开讨论。每周五晚它还有一次特别的政治评论,邀请各地的报纸编辑和专栏作家进行讨论,主持人不介入意见争论。

20世纪70年代,电视评论员在全世界逐渐普及,众多评论明星撑起了一片耀眼的天空。现在,《拉里·金直播》《60分钟》等著名新闻节目中的评论成为许多国家电视新闻评论员模仿和借鉴的对象。这些栏目的特点是,充分注重现场性和交流性,使各方面的专家有参与讨论的机会,以保证声音的多样性,增加评论的权威性。受众也可以通过热线电话等形式参与到事件的评论中。主持人虽然也有发表评论的机会,但大多数情况下,主持人以一个评论的组织者的身份出现,很少介入评论。

电视虽然在当今世界成为强势传媒,但广播因为其特有的媒介属性和听众类型,一直在传媒中占据着一定的地位。广播评论大多也像电视评论一样,注重讨论,不过也有一些另类之处。比如美国广播界著名的"脱口秀"主持人拉什·林堡。"拉什·林堡是最近15年中美国无可比拟的广播界政治'脱口秀'天王。其风格直白泼辣,既不邀请任何嘉宾'撑台面',也不借任何名人为自己'添彩',整台节目就他一人唱单簧,从头到尾。由于拉什言论极端,很快就成为广播界中政见鲜明、独树一帜的名嘴。拉什平均每周拥有1400万美国听众。"〔1〕

欧美的广播电视事业现在可以分为三种所有制形式。一是政府所有制,如美国之音广播电台、自由欧洲广播电台、英国广播公司、德国之声电台、法国国际

〔1〕 王润泽.大选报道与美国媒体的党派色彩.中国记者,2004(12).

广播电台等，它们对外进行基于政府立场的新闻评论。值得借鉴的是，这些电台的评论都尽量以理性分析的态度展开，不使用容易引起接受者抵触心理的字词。二是公共所有制。三是私人所有制。所有制的多元化，对新闻评论意见的多元化产生一定的正面影响。

当代欧美的广播电视公司顺应分众化潮流，节目覆盖范围越来越大，CNN（Cable News Network，有线电视新闻网）等走向全球的公司越来越多，在全球化的过程中，又适应各地受众的特点和要求不断本土化。节目覆盖范围扩大的同时，节目内容细分化，新闻节目频道化，频道栏目时段化，栏目数量减少，栏目时段拉长，重点栏目集中在黄金时段。因此，新闻评论除在消息类栏目中作为一个板块出现外，还有了专门的栏目。“新闻频道的栏目内容设计点、线、面结合，即，一是以深度访谈、谈话、辩论类栏目为点，提供新闻背景、分析、评论、综述、意见等，增加新闻的深度和广度，这类栏目最见功力，也是竞争最为激烈的领域；二是以滚动新闻栏目为线，突出新闻的主要地位和实时报道的优势以及全天播出的特点，这种栏目突出量大、速度快、内容广等特点，其内容重要性依次为国际国内时事、政治、军事、财经、体育、环境、科技、健康等；三是以杂志类栏目为面，拓展内容范围，从政治、经济到科技、娱乐等无所不包。”[1]

当代欧美的广播电视评论一方面继续以公正和平衡标榜，一方面在收视率的巨大压力下又出现了娱乐化和煽情化趋势。CNN 和 FOX 的竞争是其中的一个典型个案。

CNN 于 1980 年由泰德·特纳创办，是美国最大的专门播送新闻的电视公司，也是世界上最早的国际电视频道。它注重在大量客观的新闻报道的基础上做出评论及对公众关注的话题进行广泛讨论。前者为“新闻杂志”（News Magazine），后者为“谈话和辩论”（Interview and Debate），如依托 CNN 和《时代》周刊的新闻源进行时事分析、调查和评述的《CNN 和时代》栏目就属于前者，而《首都帮》则是由主持人和四位嘉宾在演播室对首都大事所作的讨论。在国际上名声非常响亮的《拉里·金直播》包括名人访谈、政治辩论和话题讨论。主持人就公众关心的热门话题，连线全国著名的媒体记者、主持人或其他社会名流展开探讨，大家通过屏幕争论得热火朝天。[2]

福克斯（FOX）电视网由鲁伯特·默多克创办。1996 年，默多克在福克斯电

〔1〕 胡正荣.欧美主要电视新闻频道的结构及运行特点.中国记者，2003(5).

〔2〕 张允若.走近 CNN：美国有线电视新闻网总部所见所闻.http://news.xinhuanet.com/newmedia/2004-01/08/content_1266476.htm.

视网上第一次推出了“福克斯新闻频道”(FNC——Fox News Channel)。福克斯坚持认为“客观”报道不可能,所以,他们的口号只提“公正和平衡”(Fair and Balanced),但即便这样的口号也没有落到实处。它的拿手绝招就是顺应公众心理,以煽情、夸张和戏剧化追求来吸引公众眼球。人们把他们的这一绝招概括为“爱国主义”和“花边主义”。“9・11事件”的发生,为福克斯打败CNN提供了一个历史契机,当时,福克斯新闻频道的煽情式报道风格,正好迎合了美国人的爱国激情和政府鼓励民心士气的需要。据市场调查,它的收视率当时以34.8%跃居全美电视新闻频道榜首,这是CNN第一次在重大事件性报道中输给福克斯。福克斯的主持人把政治娱乐性(Politics Entertainment)加以滥用,令严肃的政治议题变得低俗好看,哗众取宠。他们用煽情的言语赞美自己一方,讥笑和嘲讽被视为敌人的另一方。例如,福克斯新闻频道的主持人多次在节目中公开羞辱前伊拉克驻联合国大使阿杜里,把这位大学的法学教授形容成猥琐和“有某种缺陷”的人。它的评论栏目《欧瑞利因素》的主持人风格更为另类,他以美国国家利益的捍卫者自居,经常打断受访者的谈话,提高语调,指手画脚,一边反驳对方的立场一边渲染自己的观点,以期制造一种火爆氛围。在这种攻势之下,CNN的《拉里・金直播》迅速败下阵来。这种大胆、出位、令人吃惊的表现彻底颠覆了多年来美国有线电视新闻的排名,压倒了报道相对冷静客观的CNN。“尼尔森调查”表明,在伊拉克战争的第一个星期,平均有558万人主要是看福克斯新闻,福克斯新闻名列各大电视网之榜首,而保持客观立场的CNN只吸引了437万观众。尽管美军在伊拉克深陷泥潭,无法取胜,但福克斯已经成为这场战争的最大赢家。近年来福克斯日常播出的12个栏目中,有7个跃居全美电视新闻频道同类栏目收视率第一,是当前全美收视率最高的新闻频道。[1]

按照美国媒体的惯例,纸质媒体虽然也强调社会公器性质,但它仍可以有自己的倾向性,因为它的资源不受限制,但电子媒体则反对有突出的倾向性,因为频道资源是有限的。但是,福克斯把这一惯例打破了。福克斯的特约评论员把福克斯称为“共和党的官方电视台”[2]。

(五) 国外网络新闻评论

美国是网络的诞生地,随着网络的民用化,网络自然就成为一个重要的新闻评论阵地。

---

〔1〕 毕竟,范旭.从福克斯现象看美国的媒体偏见.传媒,2005(5).

〔2〕 王润泽.大选报道与美国媒体的党派色彩.中国记者,2004(12).

早在 1994 年,美国的各大媒体公司就已经抢滩网络,网络上既有报纸和广播电视媒体的电子版,又有各媒体的网络原创内容。各网站聊天室则是公众发表言论的阵地。后来,网络日志逐渐发展成为一种媒体方式,使公众又增加了一种简便易行的博客言论渠道。传统媒体虽然一直奉行媒体是社会公器的信念,但它们的时空毕竟有限,因而,能够进入媒体的言论非常有限,互联网却以无限的时空变成了一个巨大的言论广场。

(六)无产阶级新闻评论

1842 年,马克思写下《评普鲁士最近的书报检查令》一文,这可以算作无产阶级新闻评论的开端。1848 年 6 月 1 日至 1849 年 5 月 19 日,由马克思任总编辑的《新莱茵报》使无产阶级有了自己公开发表评论的阵地。马克思和恩格斯在《新莱茵报》上发表了大量的新闻、述评、社论,及时回答了欧洲革命中出现的许多问题,表现了坚定的革命立场和爱憎分明的感情。《新莱茵报》被迫停刊后,马克思和恩格斯又在美国的进步报纸《纽约每日论坛报》等报纸上继续战斗。

列宁领导俄国十月社会主义革命胜利后,建立了世界上第一个无产阶级专政的社会主义国家,它的建立标志着人类社会进入一个新纪元。在以苏联为首的社会主义诸国,新闻评论的发展走过了与西方资本主义国家截然不同的道路。

《火星报》由列宁于 1900 年 12 月在德国的莱比锡创办,是全俄第一份马克思主义的报纸。后来,列宁又陆续在日内瓦创办了《前进报》《无产者报》,在彼得堡创办了俄国第一份公开出版的布尔什维克报《新生活报》,发表了大量政论。

1912 年 5 月 5 日,俄国第一份公开出版的工人报纸《真理报》创刊,后来成为布尔什维克党中央机关报。1917 年 3 月,全俄中央执行委员会的机关报——《消息报》也宣布创刊。十月革命胜利后,1922 年,苏联有了无线电广播,1938 年,在莫斯科和列宁格勒设立电视台,大众新闻宣传体系比较完备地建立起来。

苏联的报纸非常注重新闻评论。《真理报》几乎每天都要在头版头条发表社论(在俄文里,“社论”一词即指报上的第一篇文章)。社论涉及的范围很广,除有关国内政治、经济、文化、生产、外交等的重大问题外,还包括人民日常生活方面的问题、读者来信问题以及报纸作用问题等。社论通常占四分之一版面。其他各版上则有署名评论,第五版还设置了固定的《评论员专栏》,专门刊登就某一国际问题而写的署名评论。

1901 年,列宁在为《火星报》写的一篇社论中说:“报纸不仅是集体的宣传员和鼓动员,而且是集体的组织者。"在布尔什维克夺取全国政权后,新闻评论仍然被赋予组织者的职能,意见变成了指令。1922年6月,俄共中央给各级党组织的信中说"社论和短评,不应该是漫谈,不应该是议论,而应该是政治指示、法令。"[1]这种认识后来对我国的党报新闻评论产生过重大影响。

苏联的大众新闻传播体系有其显著特点:所有新闻媒介均属国家所有,新闻传播机构是整个党和国家机构的一个重要组成部分,是党的喉舌。它"信息来源单一、言论高度集中、没有新闻法规、实行新闻检查"[2],"它只强调报纸是党和国家领导机构推行其路线和政策的工具,不提报纸仍是'社会的言论机关'、是监督各级社会公仆的喉舌"[3]。《真理报》是报纸中的报纸,其他媒体的言论都必须与它保持一致。斯大林执政期间,搞了多次意识形态批判运动,以消除不同声音。1953年,赫鲁晓夫上台,有限度地开放言禁,但不久又回到了老路上。人们讽刺说,"《真理报》上没真理,《消息报》上没消息"。1985年3月,戈尔巴乔夫执政后,于1990年6月颁布《新闻法》,取消新闻审查制度,允许自由办媒体,媒体成为观点的自由市场。"在'公开性'原则的引导下,在新闻媒体的积极推动下,苏联的新闻舆论完成了从统一到分散、从有序到无序的转变,为苏共解体、苏联解体埋下了伏笔。"[4] 1990年2月,苏联实行多党制。苏联解体后,原苏共中央媒体虽仍存在,但日子已很难过,倒是一些新媒体影响与日俱增,如《独立报》和《今日报》的评论就非常有见地。1991年12月,俄罗斯通过了自己的《大众传播媒介法》,对言论自由作了规范。

东欧原有的一些社会主义国家在体制上与苏联有所不同,为公民的意见表达提供了一定的自由。东欧国家还有执政党报纸以外的报纸,如德意志民主共和国、波兰等国都有民主党派报刊和宗教报刊。在管理体制上,有的国家还有属于行政系统的管理报刊的部门,如部长会议下面设的新闻局。罗马尼亚、捷克、波兰等国陆续制定了新闻法,废除新闻审查,实施一定程度的法治,如波兰新闻工作者有自己的记者法庭,讲究自律,等等。

东欧发生剧变后,无产阶级新闻评论事业走向低谷。

目前世界上除中国外,还有四个社会主义国家:朝鲜、越南、老挝、古巴。它们都规定所有的新闻媒介是党和国家的喉舌,要为社会稳定和国家发展承担责任。

---

[1] 孙旭培. 苏联新闻模式探讨. http://www.cddc.net/shownews.asp? newsid=2238.
[2] 郑超然,程曼丽,等. 外国新闻传播史. 北京:中国人民大学出版社,2000:242.
[3] 孙旭培. 当代中国新闻改革. 北京:人民出版社,2004:399.
[4] 郑超然,程曼丽,等. 外国新闻传播史. 北京:中国人民大学出版社,2000:254.

第三章

3

创作主体论

内容提要：

1. 新闻评论的创作主体从大的方面可以分为人格主体和个人主体。人格主体指的是新闻评论中的意见不是代表创作者个人的，而是代表媒体领导层或代表媒体所有者的。个人主体指的是新闻评论中的意见不代表媒体的意见，仅为个人的认识。

2. 人格主体与代言者个人之间的关系：代言者个人具有能动个体性；代言者个人要努力在传达人格主体精神意志的前提下追求个人风格化；群体精神意志要充分人格化，灌注血肉情感。

3. 人格主体与新闻评论文体的关系：媒体评论员——社论、评论员文章；编辑——短评、编者按；记者——新闻述评。人格主体意见程度越强，评论的权威性就越强；反之，权威性就越弱。

4. 体制外新闻评论创作主体的特点：意见的个人性；表达思想的自由性。

5. 新闻评论工作者应具备的修养：强烈的社会责任感；敏锐的洞察力；打好理论基础；树立政策、法律、纪律观念；打好知识根底；善于调查研究；精通业务。

第一节 创作主体分类

新闻评论的创作主体从大的方面可以分为人格主体和个人主体。

人格主体指的是新闻评论中的意见不是代表创作者个人的,而是代表媒体领导层或代表媒体所有者的。在商业化的媒体中,人格主体代表的是媒体编辑部的意见;在党媒中,人格主体则代表的是媒体所属的党委的意见。

个人主体指的是新闻评论中的意见不代表媒体的意见,仅为个人的认识。此时,许多媒体在发表评论时,往往加上一句“本文仅代表个人观点”或本文“不代表媒体观点”。当然,媒体选择谁的评论发表,事实上也隐含了媒体对于那篇评论的认知,那篇评论要么是他们认同的,要么是他们认为值得讨论的。

过去,许多评论员都是媒体内部职员,专门为本媒体工作,发表符合本媒体立场的观点,这种评论可以称为“体制内评论”。随着改革开放进程的推进,公民的民主意识增强,他们强烈的表达欲望需要通过媒体满足,媒体也顺应公民的要求,为人们发表自己的观点提供了时间和空间。于是,代表个人意见的评论得以在媒体上出现。代表个人意见的评论可以称为“体制外评论”。

一、体制内评论创作主体

(一)体制内评论创作主体的特点

体制内新闻评论的创作主体是人格主体。就是说,在新闻评论中,执笔者或言说者主要不是代表他自己,甚至可能根本不是代表他自己,他只是媒体的“代言人”和“捉刀人”。他是代表媒体的意志,而不是按照他自己的意志去发言。在这个意义上说,他就像国务院新闻发言人的角色一样。国务院新闻发言人在每次召开记者招待会时,都是代表国务院对各种现实问题作解释或表态的。新闻评论作者在许多情况下也是这种发言人的角色。

因此,此类新闻评论中的人称往往是根据其人格主体去使用的,大多数时候不能用“我”(除去体制内的专栏评论),而必须用“我们”,站在媒体代表的某一个群体的角度向别的群体发表言论。如果是向群体内部的人发表言论,甚至得用“咱们”之类的复数人称。

正因为如此,写作体制内新闻评论往往是需要忍受寂寞的工作。许多类新闻评论都是不署作者姓名的,作者只能默默奉献,做出牺牲。

不过反过来说,由于新闻评论作者具有代言人性质,是群体的意志借了他的口说出,所以,作者就不存在"文责自负"的问题。某篇新闻评论一旦出了问题,首先是这个群体的责任,当然,执笔者也不能说完全没有责任,但责任较小,用法律术语来说,就是执笔者有责任豁免权。责任主要在媒体编辑部,不在评论者个人身上。过去,我们不太重视媒体评论员的工作特点,一方面让他们任劳任怨地当无名英雄,而不是像记者那样,名字常见诸报端;另一方面却让他们承担巨大的政治风险,吃力而不讨好,严重挫伤了新闻评论工作者的积极性。所以,搞清人格主体与执笔者个人之间的关系格外重要。

(二)人格主体与代言者个人之间的关系

体制内新闻评论主体虽然是人格主体,但这个人格主体自身不会说话,它必须通过代言者去发言,这样,这个人格主体中就叠合着代言者的主体性。双重主体性的存在,就引发了两者间关系的问题。

1. 代言者个人具有能动个体性

评论者虽然是群体的代言者,但群体意志究竟是什么,它的核心是什么,本质要求是什么,这些问题的答案并不是现成的,而是有待评论者去寻找、去探索、去理解。只有真正领会了一个群体的精神,才能代这个群体立言,这就是为什么新闻评论部不是"传达室"和"收发室",只需把群体的精神传达出去或收到后发出去就行的原因所在。评论者只有发挥主体能动性,才能深刻领会群体精神。然而,评论者要理解、领会某种精神,接受某种意志,又是建立在由自己的个性、教养、经历、经验等所形成的阐释前结构的基础上的。这一前结构既使他接受新东西、理解新东西成为可能,又制约着他理解的角度、方向、深刻程度,使每个评论者的理解与阐释都打上主体个人的烙印。此时的群体意志已不是某种纯粹的、客观的群体意志,而是评论者所理解的群体意志。因此,我们可以这样表述:没有代言者主体的介入,所代的人格主体意志就无法现实地被表达出来,而代言者主体的介入,又使人格主体打上了代言者主体的烙印,成为代言者所理解的人格主体精神,即成为双重主体的有机叠合。比如中共中央提出要抑制房价,并制定了一些政策,这一决定是在什么形势下提出的,其精神实质是什么,怎样切实地保证既抑制房价又保持房地产市场的繁荣,等等,各家新闻机构都发表了极富个性的评论,从各个侧面对此作了深入探讨。每家的评论都是对中央精神的阐释,但各家的阐释又各有特色,不尽相同,叠合了各自的能动个体性。

2. 代言者个人要努力在传达人格主体精神意志的前提下追求个人风格化

代言者个人是能动的主体,但代言者的能动性不是表现为对人格主体精神意志的随意阐发甚至歪曲,不是“六经注我”,而是要借助这种能动性去深入探讨,把握住其精神实质,力求做到理解准确、认识深刻,是“我注六经”。它不是对人格主体的精神进行积极修饰,运用想象、幻想、夸张等手段把人格主体的精神漫画化或以执笔者自己的精神替换人格主体的精神,而是对人格主体的精神进行消极修饰,在准确体现人格主体精神实质的前提下,追求生动性,追求创作者的个性和风格。也就是说,它要求的首先是“准确”二字。失去准确性,就失去了人格主体本身,破坏了这一群体的统一意志,造成人们对这一群体精神意志辨认的混乱。

中国共产党对党报新闻评论的首要要求就是自觉地做党的喉舌,按照党的意志办事。在一些重大问题上,党报新闻评论发出的声音,只能是一个声音,即党的声音,不能出现噪音干扰,更不能唱反调。在任何时候,任何情况下,党报新闻评论都应该在政治上与党中央保持高度一致,不能跟风跑、赶浪头,不能乱提口号,不能搞自由化。评论员要深入理解党中央的新精神,并在自己的具体评论中贯彻之。在此基础上,展现评论员的创作个性,实现个人风格化。当然,这并不是说个人风格不重要。个人风格恰恰体现在个人对于新闻事实的切入角度,看问题的方式,语式、语调和语言的运用特点上,体现在文章的视野、结构、笔力和气势上。有自己独特的风格是一个评论员成熟的标志。

既然党报对于新闻评论员的要求是既忠实体现党中央指示精神,与党中央保持高度一致,又要风格化,具有评论员自己的创作个性,那么,就要坚决反对两种倾向:一种倾向是不敢发挥主观能动性,或具有懒汉懦夫思想,在新闻评论中照抄党和政府的红头文件,没有积极性、主动性、创造性。过去“人民日报县团级”的顺口溜之所以产生,就是因为《人民日报》的许多评论变成了中央文件的传达,以至只有县团级以上干部才去关心。另一种倾向是不去能动地深入理解党中央的精神实质,浅尝辄止,想当然地乱提口号,甚至搞自由化。在这个问题上,党报是有深刻的经验教训的。

1979年,是拨乱反正的重要年份,历史上遗留下来的诸多冤假错案都需要加以甄别改正,而地方领导中的“三种人”还没有得到清理,他们对这一工作横加阻挠,所以,当时在北京上访的人特别多。问题需要一个个解决,也只能按照一定的程序加以解决,所以,那么多人上访就干扰了这项工作的顺利进行。再者,当时正值国庆30周年前夕,在北京滞留的人员太多,会影响国庆的准备工作。因此,中央领导同志指示《人民日报》评论员写篇评论。但是,当时的那个评论员没有理解领导的意图,只是出于对地方上平反冤假错案不力的义愤,写了评论员文章《切实解决上访问题》,发表在1979年9月17日的《人民日报》上。由于他没有吃透中央精神,以感情来代替政策,代替对"上访"这一特定历史时期的社会现象的科学分析,结果适得其反。在文章中,作者说:"上访人员的绝大多数是我们的阶级兄弟和姐妹,是我们的基本群众","现在的问题是,有些地方和部门,不是这样来看待上访人员,认真解决他们的问题,而是把他们视为'干扰',目为'累赘',对他们采取'一抓二吓三骗'的方针"。结果上访的趋势不但没有得到缓和,反而被激发了起来。一些本来还在观望的人,读了这篇评论员文章,以为只要上访,问题就能解决,于是上访人员骤增,严重影响了国庆期间北京的社会秩序。

为补救这篇评论对中央精神理解的失误,同年10月22日,《人民日报》又发表了一篇关于上访问题的评论员文章:《正确对待上访问题》。在这篇文章中,评论者对上访者的情况作了具体分析,然后就每一类问题谈了政策,强调纠正冤假错案需要一定的时间,只能有步骤地去搞。接下来,文章又谈了上访人员和接待机关的配合问题:"有的人以为可以用闹事的方法'施加压力',迫使领导机关突破现行政策规定,这是十分错误的,也是根本做不到的。不仅无理不能取闹,有理也不能取闹。安定团结的政治局面和正常的社会秩序,不但是四化建设所必需的,也是解决上访问题所必需的;不但是全民族的根本利益所在,也是上访人员的根本利益所在。上访人员应该服从接待机关的安排,与接待机关合作,维护上访秩序,这才有可能把问题搞清楚,求得合情合理的解决。"

经过这样的补救,"文章把道理讲清楚了,上访人员很快就减少了"。可见,评论者准确理解党的精神,对于党的新闻评论工作者是多么重要。[1]

3. 群体精神意志要充分人格化,灌注血肉情感

体制内新闻评论的真正主体虽然是一个群体,却要使这个群体在新闻评论中充分人格化,充满这个群体成员的血肉情感,而不能将这个群体看成一个僵死的、无生命的东西。这就像一个企业,若能够独立核算,具有自主权,它就被称为法人一样。具有法人资格的企业是一个人格主体,而企业的厂长或经理则代表这个法人行使其主体权利和义务。体制内新闻评论也是人格化了的某个群体的声音,就是说必须把这个群体当一个人一样来看待,它有自己的情感、意志,是一个生命体,不能忽略其主体性的存在,而评论者只是这个主体的代表。因此,新闻评论既不能抛弃这个真正主体去讲述评论者个人的思想,也不能干巴巴地去

〔1〕 此例参考范荣康.新闻评论学.北京:人民日报出版社,1988:98~101.

应付这个主体,而应将它血肉化、人格化,凸显出其有机统一的个性风采。

总之,在新闻评论中,评论员具有能动的个体性,但这种能动性不是为了要改变、肢解文章的真正主体,而是为了要努力走近真正的主体,尊重这个主体,将它充分人格化,在逼近这个主体的过程中实现双重主体的叠合,体现出评论员的个性风格。

(三)人格主体与新闻评论文体的关系

在我国,因人格主体与创作者个人两者在评论中的意见成分分配的差异,形成评论权威等级的变化,并因而导致传统的新闻评论文体的差别。

1. 媒体评论员

一些媒体有专职的评论员队伍,他们专门从事新闻评论创作,因而形成权威层。有些媒体的评论员本身就是媒体编辑部的领导人员,被称为主持笔政者。评论员的长处是理论水平高,专门就重大事件高屋建瓴地进行理论分析。程序是:先由媒体领导层开会确定哪些事件是重大事件,对那些事件编辑部应持什么看法,然后由某一个评论员执笔完成,再由编辑部开会讨论修改,最后发表出来。评论员所创作的评论,在文体上表现为社论和评论员文章。社论对媒体意见的代表性程度最高,所以,它最权威。其次是不署名的评论员文章,它表示媒体认为某事件达不到用社论的规格评论的程度。再次是署名的评论员文章,它表示评论还有一部分代表的是评论员自己的意见。在专职的媒体评论员之上,还有一些权威人物或权威机构写的评论,被以"特约评论员文章"等名目发表,此时,文体的权威性比社论还要高。它表示,此文已不仅仅是代表媒体编辑部的意见,而且代表媒体所属的上级的意见。

2. 编辑

编辑负责对日常编发的新闻稿发表意见。编辑的意见大部分体现在版面语言中,诸如一条新闻排在第几版第几条、标题的字体字号色彩、文字是否加框等,编辑借助版面语言来体现自己对某则新闻的重要性的认识。当版面语言不足以表达编辑的意见时,编辑就可能直接站出来说话。如果只是介绍、说明或点评一下,此时,就形成了编者按。当编辑想专门就那条新闻发表一则评论时,就形成了短评。编者按虽不署编者名字,但报纸页眉上会有本版编辑是谁的交代,短评则可能署名。

3. 记者

记者一般要求客观报道新闻。但记者深入到社会各个角落去进行调查,总会发现一些带有普遍性的问题,从而形成自己的意见。与评论员相比,记者的长处是对社会生活比较了解，所以，记者会借助对事件的分析来表达意见，这就成了记者述评，即一边叙述，一边评论，在叙述的同时做出评论。除此之外，记者还可以像编辑写编者按那样，在一则报道后，再写个记者手记来表达意见。不过，这里要注意的是，报道与评论一定要分开。报道要求的是客观、全面，评论则不求事实的全面，而是选取能说明自己的观点的事实。如果记者把两者混同，就会伤及新闻报道的客观性。

此外，媒体的评论员、编辑或记者还可能对一些事件以专栏评论的方式发表一些意见。这类意见明确署有作者的名字，但由于他们是此媒体的工作人员，所以，体制内专栏评论主要是作者自己的意见，但同时也代表媒体的意见。

从中可以看出，体制内新闻评论可以依强调人格主体意见的程度来划分评论文体，人格主体意见程度越强，权威性就越强，反之，权威性就越弱。从社论到不署名评论员文章，到署名评论员文章，再到短评和编者按、记者述评、专栏评论，意见的个人色彩越来越强，权威性也依次递减。见下图：

组织←→非组织
权威性←→非权威性
领导（评论员）—评论员—编辑—个人
社论—不署名评论员文章—署名评论员文章—短评—编者按—专栏评论

二、体制外评论创作主体

（一）体制外评论创作主体的特点

1. 意见的个人性

体制外评论的创作主体不代表任何群体，只发表个人的一己之见。当然，任何人都不可能脱离社会对他的制约，都在现实社会中处于一定的利益格局之中，这就使他的评论难免带上那个利益群体的色彩，但一个人的社会地位与他的思想认识之间并不是一种单纯的对应关系，他完全可能跳出某种狭隘的利益格局去发言，也可能站到另一利益群体的立场上发言。当他因为思想的深刻和表述的到位而成为某一群体的意见领袖时，他又可能成为那个群体的思想代表。但是，从主观身份上说，他只是表明他对社会事务的看法，他不是以一个代表自居的。他只是把自己的意见发表出来，与他人进行沟通和讨论。

2. 表达思想的自由性

由于体制外评论只是我手写我口,我口表我心,因而,作者表达思想便有了极大的自由。我对某一事件是怎样认识的,这样认识的依据是什么,作者只要真诚地表达出来就行了,只要他的意见不违背法律和基本的伦常,他不必考虑别人是否赞同,会带来多大的社会影响。他的看法可能值得商榷,可能不那么严密,但只要大家都具有表达思想的自由性,他的不足就会在别人的讨论中得到弥补。

(二) 体制外评论作者的类别

身份的个体性和自由性决定了体制外评论作者是那些愿意将自己的意见自由发表的人。概要地说,体制外评论的作者大约有以下这样一些。

一是从单位体制中脱离出来的评论单干户,他们被称作"评论自由撰稿人"。这些人靠自由撰稿,出售意见,挣取稿费维持自己的生活。他们必须不断有新的思想贡献于社会,才能获得社会的认同,赢得媒体和受众的青睐,获得生活来源。促使他们创作的动力既有表达并获得认同的方面,又有满足生活需要的方面。当然,他们在巨大的生活压力下,往往把时间大都用于写作,充电的时间可能会分配得少一些,时间一长,就难免变成一架写作机器,使评论的质量下降。伴随时评的勃兴和各个媒体时评版面的增加,人们发现时评的质量有所下降,于是批评这些写手为了钱粗制滥造,有的批评者甚至建议以后时评不给稿费,让那些真正有话说、有强烈表达欲望的人来写,以保证时评的言之有物。就表达欲来说,它确实是与稿费无关的,别说不给稿费,即便反过来向作者要版面费,都会有作者愿意发表,但如果一个作者总在为生活发愁,就无法静下心来认真思考一些问题,也不可能把精力全部用于思想研究,所以,只有稿费制度才能让大多数人免除后顾之忧。再者,作者付出了辛勤劳动,就理当获得社会的回报,无偿占有别人的劳动,显然是不合理的。看一看文学创作,我们就可以很清楚地认识这个问题。中国古代,文学创作是一种无回报的创作,那时虽然出现了许多优秀作品,但真正专门从事创作的人很少。自中国近代出现稿费制度之后,无数的诗人、作家才迅速产生,他们在市场的要求之下,不断地向创作的新高度攀登,使文学作品变得越来越精致。市场这只看不见的手在起着重要的调节作用,那些才尽的江郎迅速被淘汰,而水平在攀升的作家则成为市场的宠儿。因为短时间迅速扩版,时评需求迅速扩大,一些质量不高的也上了版面,但随着市场的发育,会有越来越多的优秀作品出现,从而把那些质量不高的作品淘汰出局。在市场优胜劣汰的格局下,会有越来越多的自由撰稿人产生危机感,从而增加自己的充电时间,保持自己的创作水准,并不断地超越自己,使自己在市场中立于不败之地。所以,从长远看,稿费制度对于优秀作品的产生是一种催化剂,而不是相反。也只有稿费制度,才能更好地形成对写手的激励机制,促使更多的人加入评论的写作中。公民写作必须让尽可能多的人介入意见的表达,否则就不是公民写作,而是圈子写作了。

二是虽在某媒体任职,但他除了在本媒体工作,代表此媒体发言之外,还自由地为其他媒体撰稿,类似于从事第二职业。当他自由地为其他媒体撰稿时,他也以"评论自由撰稿人"的身份出现。事实上,美国的一些媒体规定,即使社论写作也要尊重个人的意见,如果某个评论员不同意社论委员会的意见,他可以要求不做社论执笔人,而自己专门写作一篇与社论观点不同的评论,登在与社论版相对的评论版面上,以保证多种声音的平衡。但由于我国长期形成的读者的接受惯性,加上我国党报的喉舌属性,在我国媒体中,若出现媒体内部的两种声音,人们就会产生各种猜测,比如说认为领导层有重大分歧、不团结等,还容易使人们搞不清上面的精神,感到无所适从,从而造成人们思想的混乱。持不同意见的评论员也会被其他人认为不顾大局。所以,媒体内部难以容纳不同的声音。媒体内部的从业者也只好以体制外的身份在其他媒体发表自己的个人意见。

媒体从业人员跨媒体发表评论,使他们个人的声音有了发表渠道,从而改变了他们受限于本媒体意见的格局。媒体工作者是信息采集的专门人员,他们见多识广,对许多事件的来龙去脉了解得非常清楚,对事件产生的背景、事件发展的走向有较切实的认识,因而,他们往往能够跳出一些迂腐的认识樊篱,发出最切实的呼声。

这样的格局也容易带来一些问题。最大的问题是,它容易导致不同媒体的从业人员为了自身的利益互换稿件,我的稿子在你们那儿发,作为回报,你的稿件拿来在我这里发;你给我开高稿酬,我也给你开高稿酬。这样一来,稿件的质量就难以保证了。另一个问题是,稿件互换使媒体从业人员占有了宝贵的版面,那些外来的稿件被发表的机会就大大减少了,从而压制了社会上的多种声音。

这个问题的解决仍然要靠市场。在媒体竞争白热化的今天,媒体必须以质量求生存,所以,长期进行稿件互换,就可能伤及媒体自身的发展,使评论编辑自己的饭碗不保。在媒体上进行严格的版面区隔也不失为一个好办法。在美国,媒体上专门辟出一块受众来信版,这样就保证了社会上其他声音占有的空间不被其他内容挤占。

三是人虽然是单位人,但不在媒体任职,他只是业余撰稿,借自己的知识和思想对新闻展开评论。这一类人主要是从事知识和思想生产的人,比如大学教师、研究所的研究人员等。他们在某一个领域有着较深的造诣,理论修养深厚,新知识掌握得较充分,当面对一些新闻事件时,他们可以从中看出问题,并用自己的知识进行深入分析,高屋建瓴,用新的观念、新的理论引领公众的认识水平,建立大众的新的认识平台。

还有一些非知识生产者,他们立足自己所处的独特地位和利益格局,表达一部分其他人难以体会的切身感受,使社会各个阶层消除隔阂和偏见,增强理解和谅解,从而实现社会的和谐发展。比如,当有关部门统计,说铁路部门是高收入部门时,就有铁路部门的一个基层技术人员站出来说话,用铁路工人的实际收入水平和消费水平说明,并不是所有的铁路职工收入都很高,相反,相当一部分职工都是低收入阶层,任何职业中的高收入者都只占其中一小部分,比率大约为20%。这一评论就有力地扭转了人们的偏见,使人们认识到了职业内部的收入差距问题。

第二节　评论者的修养

新闻评论工作者应该具备以下几方面的修养。

一、具有强烈的社会责任感

新闻评论工作者首先要具有强烈的社会责任感,坚持正义立场,热心于社会公益事业,树立起一个"社会的良心"的良好形象。许多媒体经常开展各种活动,诸如义务献血、捐资扶贫、参加环保宣传等,就是为了培养员工的社会责任感,提高他们的思想修养。有了强烈的社会责任感,在关键时刻才能做到坚持正义,同一切恶势力进行坚决的斗争。比如《人民日报》评论员李德民等人,在距法轮功学员围攻中南海不到两个月的时间里,冒着被"法轮功"信徒报复的危险写出了《崇尚科学　破除迷信》一文,不信邪,不怕压,由此拉开了揭批"法轮功"的序幕。他们之所以能够把自身的安危置之度外,就是因他们有强烈的社会责任感。

二、具有敏锐的洞察力

新闻评论工作者要具有敏锐的洞察力,善于发现,勤于思考,不放过任何具有评论价值的新闻事实。评论不能仅仅靠情感,还要有理性的分析能力。

三、打好理论基础

要善于发现,具有理性分析能力,就要有坚实的理论基础。每一种理论都是前人实践经验的总结与提升,它们都从某一个方面为我们打开了认识世界的窗口。只有站在前人的肩膀上,我们才能看得更高、更远。要善于批判地继承前人的一切理论成果,用以武装自己的头脑。特别是要认真学习马克思主义理论。马克思主义理论既是科学的世界观,又是科学的方法论。没有科学的理论的指导,我们在面对各种新闻现象时就看不深,看不透,就容易在评论过程中就事论事,抓不住要害。理论基础打好了,不管情况多么复杂,形势怎样变化,我们都会保持坚定正确的政治立场和政治方向。

例如鄢烈山 2003 年 2 月 20 日发表于《南方周末》的《信息公开的观念预设》一文:

对事关公共利益的信息,是应当隐瞒,还是及时公开?这个问题涉及一些基本的政治理念,如果不能很好地解决(转变),其他一切都是缘木求鱼,或是舍本逐末。

春节期间,广东一些城市发生"非典型肺炎"的传言,造成的恐慌不仅搅动了岭南大地,甚至闹得整个南中国风声鹤唳。反思这场风雨的来龙去脉,为了防止类似恐慌再度发生,不少专家、学者与社会人士发表了很好的意见和建议,在粤全国人大代表黄德明于2月14日向广东省政府紧急建议"立法加强疫情预警应变",广东省政协委员们建议"及时公布疫情以免恐慌"。

人们并不想追究这场风波中谁的责任,更关心的是行政管理和社会控制权力机关今后的作为,即如何总结经验教训,亡羊补牢,防患未然。关于应当如何建立健全国家疾病预防体系,以提高处理危机事件的能力,许多专家学者与有识之士已经而且还将提出许多有益的具体建议。对此,我没有什么意见可贡献,此时想在比卫生防疫更大的范围内谈一个问题,即对事关公共利益的信息,是应当隐瞒,还是及时公开?这个问题涉及一些基本的政治理念,如果不能很好地解决(转变),其他一切都是缘木求鱼,或是舍本逐末。

引起民众大范围恐慌,造成严重社会危机乃至社会灾难的,大致有三类:瘟疫、灾荒和战争。无数历史经验证明,如果行政当局能及时公开真实信息,就可以将社会损失减小到最低,甚至可以消除危机于萌发之前;反之则可能造成创深痛巨的社会灾难或民族危机。瘟疫不去说它了。在现当代,一个独立的、拥有相对的新闻自由、信息共享的国家,即使有水旱等灾害,也几乎不会导致大面积的饥荒。诺贝尔经济学奖获得者阿玛蒂亚·森教授,回顾世界饥馑史,令人信服地说明了这一点。他谈到人口众多的印度,自20世纪40年代独立以来,虽有自然灾害却从未出现过饥馑,就是最好的例证。(参见《大学人文读本·人与国家》,广西师范大学出版社2002年版)至于战争,斯大林对人民隐瞒1939—1940年苏联发动的对芬兰的冬季战争的真相,可以说是一个有说服力的反面典型。苏军以为对付一个小小的芬兰马到成功,结果却碰了硬钉子,变阵易帅并"损失了上百万的生命"才勉强获胜。德国人由此认定苏联是个"泥足巨人",加快了制定和准备入侵苏联的"巴尔巴罗萨"计划,但斯大林却什么也不让苏联人民知道,更不谈广泛动员采取对策加强国防。对此,时任政治局委员的赫鲁晓夫在他的回忆录中写道:"当然,我们的人民决不会知道我们遭受了一次精神上的失败,因为始终没有把真实情况告诉过他们。恰恰相反,当芬兰战争结束时,我们的人民只知道,'让胜利的号角吹响吧!'……"(《赫鲁晓夫回忆录》第五章,三联书店1973年"内部发行"版)重要信息都瞒着人民与普通官兵,人们陷入盲目乐观,以致当希特勒发动闪电袭击之时,苏联军民惊惶失措,造成巨大损失,这不是顺理成章的吗?

是否及时披露涉及公共利益的重要信息,需要明确的政治理念至少有以下五点。

第一,是否将国民的生命价值置于经济目标之上?这一条具有"管总"的性质,关乎国家的民权基础、政治家与民众的关系等。一个最浅显的反例是,当发生疫情时,有的地方官员由于担心商人、游客只出不进,乃至企业关门,影响经济生活正常运转,造成重大损失,竭力隐瞒相关信息。将经济利益置于公民生命之上的最典型的例子是,前两年有关部门拒绝建立汽车等产品召回制度,理由是国家(国企)将因此蒙受巨大的经济损失。

第二,是否应尽可能保护每个公民的合法权益而不论他们是多数还是少数?这一条与上一条相通,但不一定关涉生命而主要是财产等。在我们这个有"集体主义"传统的国度,个人和少数人的权利往往被理直气壮地忽略和侵害,似乎要求个人和"少数人"(不确定的可以将任何人囊括其中的指称而非指依法当受制裁的罪犯)为整体为大多数人做出牺牲是天经地义的。因此,为了虚拟的"大多数人的利益"而封锁信息,即使明知有"少数人"要因之受害也心安理得。这是一种极不负责任的政治理念。正是一个个有血有肉的公民构成了整个社会,不对单个或"少数"负责,哪来对全社会全民族负责?"为人民服务"岂不是空口白话!

第三,是公民的实际利益重要还是什么"形象"重要?1960年前后"三年大饥荒”时期,信阳等地官员隐瞒饥荒信息;前述斯大林向人民隐瞒苏芬战争的真相……都是将公民与民族的实际利益置之度外,一心维护所谓的“形象”。维护的所谓“国家(或当地)形象”,要么是意识形态的“形象”,要么是个人的形象(权威、政绩等),说起来冠冕堂皇,其实都是十分褊狭十分偏私的。

第四,领导者与公民是不是监护人与被监护人的关系?在我们这个封建主义传统根深蒂固的国家,有的领导者有意无意总是以牧民者以“父母官”自居,而将人民群众视为需要自己保护的对象,不是智商低下的群氓,就是理智不成熟的“未成年人”。据说,隐瞒一些重大信息就是怕引起他们的恐慌。这真是太高看了自己,太小瞧了老百姓。西谚云,最大的恐惧是对恐惧的恐惧。信息不明,人们无所措手足,才会有恐慌;对面临的危险有了心理准备,人们就会镇静如常。逃兵祸避匪警的人们会狼奔豕突,但你看描写解放战争“三大战役”的电影,那些支前的民工却并不恐慌,只因他们对预期心里有数。

第五,是否以真诚守信作为施政的道德原则?几千年来,中国的官僚政客不仅不以玩弄权术和帝王术为耻,反而以之为智为能,无愧无怍。从孔孟讲“大人者,言不必信,行不必果”,到林彪说“不讲假话办不成大事”,求真求实认真理的人,不是被斥为“死人”就是被贬为“书呆子”。以这样一种心态,怎么会不根据“政治需要”搞欺瞒哄骗?怎么会看重公信力而求真求实老老实实向公众披露信息?

要完成上述政治理念的转变,总的来说,就是要明确:公共信息公开化、行政公务透明化,是民主政治的基本信念;它是掌权者必须恪守的政治义务,是民众参与国家政治事务与社会管理的基本权利和前提条件;既是建设现代政治文明的重要手段,也是增进公民福祉的目的本身。

《易经》云:“终日乾乾,与时偕行。”如今电信、网络等通讯技术一日千里地发展,不思顺应潮流,还想隐瞒事关公共利益的信息,只会适得其反。

我国有漫长的封建历史,在涉及“对事关公共利益的信息,是应当隐瞒,还是及时公开?”这样的问题时,人们受到传统思维的影响,很难给出恰当的回答。作者借助其深厚的现代政治理论素养,做出了深刻论证。

四、树立政策、法律、纪律观念

新闻评论必须具有政策观念,新闻工作是政治性、政策性极强的工作。政策的敏感性极强,如果我们对国家的方针政策不懂不熟悉,就可能说胡话,有时甚至带来巨大的麻烦。比如涉及对台政策、对外政策、少数民族政策时,稍有不慎就会铸成大错,乃至造成不可挽回的影响。

新闻评论工作者还要具有法律观念。现代社会的常态应是法治社会,民主是建立在法制基础上的,没有法制保障社会的生活秩序,民主就成为可望而不可即的泡影,因为人民群众的民主权利是要靠法律来维护的,个人的民主是以不侵犯他人的民主为前提的。在我们社会主义国家,是不应有什么凌驾于法律之上的东西存在的,要有法可依,执法必严。新闻评论担负着影响社会舆论的重任,若不懂国家的法律法规,信口开河,就容易在群众中造成巨大的混乱,严重影响法律的尊严。只有学法、懂法,才能自觉地以法律为准绳,褒扬先进,针砭落后,判别是非界限。

在这方面,现在的新闻评论存在以下两个问题:

第一个问题是不懂法。比如,一度记者在采访时被殴成为令人关注的话题,有好几篇新闻评论都由此得出结论说要赶快立新闻法,实际上,我们国家并不是没有新闻法律法规,不存在无法可依的问题,只是没有专门的《新闻法》而已。

第二个问题是媒介审判的问题。要保证法官审案的公正性,就要避免媒体的先行审判。任何人在没有通过法院定罪前,都不能称为罪犯,只能称为犯罪嫌疑人。任何人不能代替法院为罪犯定罪。媒体同样如此。但是,有的新闻评论却出于义愤,为一些大犯要犯定罪,这是极其错误的。

新闻评论工作者只有学法、懂法,才能在评论中自觉宣传好法治,为创造一个民主的社会环境做好舆论导向工作,也只有学法、懂法,才能保护好自己,使自己在评论社会现象时不触犯法律。

新闻评论工作者还要加强纪律观念,严守新闻工作的纪律。什么东西不能讲,什么东西可以讲,如何讲,都要严守纪律。

五、打好知识根底

培根说:知识就是力量。一篇好的新闻评论,应该是各方面知识综合运用的结果。新闻评论面对着社会各行各业的消息,作者要具有广泛的兴趣和丰富的知识,才能写出令人信服的文章来。知识贫乏,遇事一问三不知,看问题如堕五里云雾中,就无法写出有深度的评论来。马克思当年为给《莱茵报》撰稿,研究起了经济学,后来创立了马克思主义政治经济学,而他原来是学习法律的。毛泽东的文章,经常用我国古代思想家言论中某些合理的东西来说明马克思主义的道理,用成语、典故、小说、故事形象地论证自己的观点。《鲁迅全集》中引证过的古今中外的书约有555种,涉及的古今中外的人物有1000多个。即便这样，鲁迅先生还常常唯恐“输出多而输入少”，为了写《中国小说史略》，他搜求了1000多部书去查找资料。著名历史学家邓拓也是我们的学习榜样，他的博学多识，令许多人敬佩无比。他不但是中国科学院哲学社会科学学部委员，还是研究明清史的专家、中国历史研究所学术委员、北京大学历史学名誉教授。另外，他还是诗人、散文家，并擅长书法，精通英语。他38岁就当了人民日报社社长，亲自撰写了许多重要社论，且往往是深夜接到任务，第二天文章就见报。写《燕山夜话》时，他所引用的那些浩瀚的史料大都是凭记忆写下来的。邓拓这样渊博的学识，是长期下苦功夫积累而成的。他说，农民出门总随手带粪筐，见粪就捡，成为习惯，知识也是靠这样积累起来的。正因为他积累的知识非常丰富，写文章时才能信手拈来，旁征博引，文采斐然。曾获《南方周末》和搜狐网站联合举办的“2003全国首届时评比赛一等奖”、2005年“第十五届中国新闻奖一等奖”的时评家郭松民，为了呼应郎咸平关于中国改革的问题，啃了许多经济学方面的名著，写出了不少从经济学角度看问题的优秀时评。

丰富的知识不仅仅为写好新闻评论所必需，它还能帮助人开启新的思路。培根说，读史使人明智，读数学使人有条理，读哲学使人聪慧。马克思、毛泽东、鲁迅、邓拓等之所以能写出大量独具慧眼、影响深远的评论文章，正是因为他们有广博的知识作保证。戈尔丁和默多克说：“充分的公民权依赖于五种基本的文化权利：获得同作出个人决定和政治抉择相关的信息；获得主要的知识框架以将信息整合成关于世界的清晰连贯的解释；获得对于相互竞争的解释和政策的批评意见；获得能充分而公平地反映所有社群的生活及抱负的表述；获得作为参与者和旁观者介入公共文化的机会。”〔1〕有了知识，才有了做一个公民的能力。

但是，当今世界，知识大爆炸，我们即便穷一生之力，也读不完某一门知识的微小的一部分，所以，我们不能随便拿来什么就读，而应该讲究读书的方法、读书的效用。我们学习知识是为了使用，而不是为了学习本身。所以，把我们工作之余的时间充分利用起来，高效率地接受知识，使用知识，就变得非常重要。

现代人的知识结构应该是一种T型知识结构。就是说，那些基础性的知识，或者说依靠它可以举一反三地理解新知识的知识要学得扎实一些，有了这种功底，才可能在面对新知识的时候，尽快地领会它。涉及自己专业直接需求方面的知识要尽量钻研得深一些，能够融会贯通，彻底吃透，使自己成为一个专家。然

〔1〕 Golding, P. and Murdock, G. *Digital Divides: Communications Policy and Its Contraditions.* 转引自张咏华.中外网络新闻业比较.北京：清华大学出版社，2004：148.

而,现今世界,各门知识的联系已逐渐加强,多学科相交叉,新兴学科、边缘学科不断产生,还出现了自然科学奔向社会科学的强大潮流。新闻评论工作者若不广泛涉猎新的学科,获取新知识,不对自己不断地进行“充电”,对许多评论的新对象将根本无法理解,他将成为面对新对象的失语者。所以,在努力掌握与自己的业务工作直接有关的知识的同时,评论员还要博览群书,广泛涉猎诸如哲学、政治、经济、法律、历史、文学等方面的书籍,甚至包括科技知识也应尽可能多学一些,以使自己保持对新事物、新领域的发言权,使自己的思维方式不断更新,认识水平不断提高,评论的深度不断加大。

六、深入社会,善于调查研究

新闻评论做的是舆论工作,它的接受对象是广大公众,它的话题亦来源于公众。从群众中来,到群众中去,这是我党一贯的工作方针。失去了群众,新闻评论就既失掉了话题的来源,成为无本之木,又失掉了接受者,变成一堆无用的东西。党的新闻评论工作还起着下情上达,上情下达,沟通党和群众的联系的作用。密切联系群众,是新闻工作者的必修课和基本功。新闻评论工作者要牢固地树立群众观点,同广大人民群众同呼吸、共命运,要善于做调查研究工作,紧扣时代脉搏,倾听群众呼声,创作出为群众立言的好作品来。

这里问题的关键是学会做调查研究工作。不善于做调查研究,也就谈不上群众观点。毛泽东说:没有调查就没有发言权。我们的许多评论工作者最缺乏的恰恰就是调查研究的功夫。在某些人看来,新闻评论是政治性、政策性很强的工作,党报新闻评论的任务就是为推行党的方针、政策,完成党提出的各项任务造舆论,所以,新闻评论不是从群众中来的,而是从中央文件上来的,新闻评论无需反映社会舆论,只需反映领导意图。评论工作者只需坐在办公室里学习一下中央文件,就可以写出政治性很强的新闻评论来。这就是我们的许多评论变成了“演绎性评论”,空洞无物,呆板僵死的原因所在。

其实,党的方针、政策和各个时期的任务并不是哪一个人凭空想出来的,而是在大量群众调查的基础上,经过对现实生活各方面的精心研究后,实事求是地制定出来的,所以,现实生活是制定这些政策的活的源头。反过来,也只有深入群众的生活,下功夫去研究生活,才能真正深入理解党中央的精神,把握方针、政策的精义,评论也才能落到实处,才能真正把理论政策和变革世界的伟大实践结合起来,使评论具有深度,能真正发挥其功能。

实践也表明,真正优秀的新闻评论都是从群众调查中、从现实的具体实践中创作出来的。这些评论抓住了群众在当时最为关心的问题，抓住了那些带有症结性的焦点问题。作者按照马列主义理论对这些问题进行透视，得出令人信服的结论，指导了群众的实践，所以大受群众欢迎。

所以，评论员心中要有群众，要学会深入群众，调查研究，努力使自己的视点与大众视点靠近，从实实在在的东西入手去创作，把重大的方针、政策化作具体的事件去向群众宣传，引导群众，把反映社会舆论和反映领导意图统一起来，创作出优秀的作品来。

据说刘文典任西南联大中文系教授时，有次在课堂上对学生说，要把文章做好，只须注意“观世音菩萨”就行了。“观”，是要多多观察；“世”，要懂得人情世故；“音”，要讲究音韵；“菩萨”，即要有救苦救难的菩萨心肠。多多观察才能人情练达，人情练达才不至发迂腐之论。

七、精通新闻评论业务

新闻评论工作者必须是新闻评论方面的行家，必须精通业务，能熟练地掌握和创造性地运用新闻评论的规律，不断提高自己的能力。

新闻评论工作者的能力，主要表现在两个方面：一是深入群众、调查研究、了解社会舆论的能力；二是熟练地掌握表达工具进行恰当表达的能力。前者我们不再赘述，这里重点说一下后者。

新闻评论的表达，最主要的是文字表达。要提高文字表达能力，就必须有意识地加强基本功训练，如语法、修辞、逻辑、文章的章法结构、字句、标点等的训练。首先要做到准确，要恰当地用文字去表达意义，尽量避免歧义，至于言不及义就更不应当了。失去传情达意的准确性，其他一切就都谈不上了。

其次要追求生动。“言之无文，行而不远”。许多人批评当前的时评太粗糙，让人不忍卒读，主要就是说没有文采。当然，新闻评论毕竟不是文学作品，它有时效要求，它的主要目的是尽快地表达意见，意见是否明确、新颖、深刻、切中时弊，这是更为重要的，它不能像杂文那样文学化，那样去追求含而不露。太过于文学化，有时还会冲淡评论的逻辑力量，但若干巴巴的，味同嚼蜡，就没人愿意读了。

还有一些人则哗众取宠，大量使用诸如“边际成本”“格雷欣规律”等专业领域的词汇，又不加解释，使新闻评论既不像学术文章，又不像新闻评论，这是不尊重接受者的表现。学术文章的接受者是专业人士，但新闻评论的接受者是公众。评论者既不能把公众当幼儿，又不能反过来把公众当作对你的学养的崇拜者。

新闻评论应该生动准确。当然,这不仅仅是语言表达的问题,还有内容组织的问题,如果评论只是没出息的"文件演绎",那自然是生动不起来的。

新闻评论的表达,还有一些是非文字形式的。比如电视新闻评论,现今往往是评论员直接出现在屏幕上发表评论,那么,图像如何切换,评论员讲说的语气、语调、音强、音色、重音等,都影响着评论的效果,甚至评论员的表情、动作、姿势等体语因素也参与了评论的表达。如何才能适应不同的媒体环境,做好评论业务,也是评论工作者要不断努力探求的问题。

第四章

4

创作论(上)

内容提要:

1. “选题”就是所选择的问题。新闻评论选题的两种含义:一是传播媒介在某个时期内通过对社会思潮和公众舆论的调查研究,对此时期内社会重大问题的分析探讨而确定的要评论的诸种问题,或者说是传播媒介的选题计划。二是就评论员本人来说,根据媒介的选题计划范围,相应地确定自己面对的具体对象所可能阐发的具体问题。

2. 选题的标准:扣准时代脉搏,力求重大、深刻;富有新意;具有针对性。

3. 选题的来源:上面的精神;下面的呼声;从新闻报道中发现;从生活中发现。

4. 立论的要求:新颖;合情理。

5. 新闻评论标题与新闻标题的不同:目的不同,新闻标题是要告知事件,新闻评论标题是要对新闻事实展开议论;表达方式不同,新闻标题是叙述、说明语态,而新闻评论标题则是议论、抒情语态;题目格式不同;句子的完整程度不同。

6. 几种常见的标题类型:提出问题;标出论点;表明态度。

第一节 新闻评论的选题

新闻评论的选题,在整个创作过程中占有相当重要的位置。选题好,写作(制作)起来就非常顺手,媒介的采用率也高,评论产生的社会影响就大。如果选题不对路,写作(制作)起来往往很棘手,媒介也认为不拟刊登(播放),创作心血就会付之东流。所以,人们常说"题好一半文","评论好写,选题难得"。

一、"选题"辩

(一)什么是选题

所谓"选题",指的是选择什么问题。

新闻评论的对象是新闻事件,但我们不能就事论事,而要就事论问题。许多新闻评论的初学者总是不善于抓问题,而是跟着事件的过程去论述,结果等于把事件又叙述了一遍。要紧的是从事件中发现具有普遍意义的问题,这样,论述时才能有中心,一篇文章才能围绕中心去说话,使评论不至于漫无边际。问题确定了,我们也才知道在评论中简述事件的部分该叙述哪些内容。一则新闻可能会有上千字,我们只能用几十个字来简述新闻,从而腾出篇幅来讨论问题,简述哪些内容,是由选题决定的。

大千世界,新闻事实层出不穷,面临的问题纷繁复杂,新闻评论不可能随便抓住哪一方面的问题就去评说一番。评论员必须进行审慎的对比、挑选,找出那些最值得下功夫去研究与探讨的问题。确定新闻评论的选题就是对新闻评论的诸多对象进行分析,找出那些最值得评论、最有价值的问题来。

一篇新闻评论不是针对一个孤立的现象,它所面对的新闻事实也不是一件孤立的、偶然的事件,而是诸多相近事件中的一件,是某一个带有普遍性、时效性的问题的具体表现之一。新闻评论是从某一件看似偶发性的事件中发掘出带有普遍性的问题,找到事件产生的背景、原因,预测事件发展的方向,辨别这一事件在社会思潮、公众舆论中的意义与价值。因此,新闻评论的选题就有了相互联系的两种含义:一是传播媒介在某个时期内通过对社会思潮和公众舆论的调查研究,对此时期内社会重大问题的分析探讨而确定的要评论的诸种问题,或者说是传播媒介的选题计划;二是就评论员本人来说,根据媒介的选题计划范围,相应地确定自己面对的具体对象所可能阐发的具体问题。

传媒的选题计划与评论员的选题确定之间既相联系,又有区别。联系之处在于,传媒的选题计划是在进行社会调查的基础上确立的,使新闻报道与新闻评论有了重点,有了方向。评论员也往往是选题计划制订时的参与者,因而选题也代表了评论员的意见。当然,还有一些评论员并不隶属于某一传媒,属于自由撰稿人,他虽未参与传媒选题计划的制订,但由于社会面临的热点、难点、焦点问题是客观存在的,所以,传媒的选题计划与评论员的选题方向存在着一致性。区别之处在于,社会的发展变化并不以人们的主观意志为转移,它是许许多多个别、偶然事件的集合体,评论员并不是简单地将传媒的选题往新闻事实上一套就完事大吉,他必须对偶然的事件本身加以确定,从事件本身的结构形态中逻辑地、自然而然地引出结论,而不能牵强附会,削足适履。

(二) 选题与命题

选题与命题不同。选题是选择评论的问题,命题则是评论的题目。选题相同,命题不一定相同。以诚信问题为选题的评论很多,但每一篇的题目都不相同。反过来说,命题相同,选题也可能相差万里,许多新闻评论往往套用前人文章的题目,却谈论着完全不同的内容,以此取得特殊的评论效果。不过,一般情况下,选题确定了,命题的对象和范围也就确定了。有时,题目甚至直接表述了所评论的问题。

(三) 选题和立论

评论创作,一般包括两个方面,一是确定论题,提出论断,二是展开论证,分析并解决问题。第一道程序中的确定论题就是确定选题,提出论断就是立论。选题要确定的是提出一个什么问题,从什么角度提出问题和分析问题,立论则是确定用什么样的立场、观点去分析问题,进而确定要得出什么样的结论。选题规定了立论的对象,而立论则赋予选题以灵魂。面对同一个选题,立论可能一致,也可能不一致。

比如对于时评文章一稿多投问题,人民网的几篇文章立论就不同:

时评编辑读不读时评?

我的这个标题看上去似乎怪怪的:时评编辑不读时评他怎么编稿?至少要看作者投稿吧。其实我的问题是,时评编辑除了看作者投稿外,还看不看其他媒体的时评文章？在我原来的想象中，答案应该是毋庸置疑的，但是如今我知道，很多时评编辑没有做到这一点。

近来稍得空闲，多读了些时评文章，马上就发现问题了。比如，今年3月1日的《中国经济时报》载有《“圈内”与“圈外”》一文，作者盛大林；4月4日的《人民日报》又有一篇《“圈内”与“圈外”》，作者还是盛大林，两篇文章几乎一字不差。再比如，今年3月18日《中国青年报》“青年话题”刊登了魏文彪的时评《谁该给谁送牌匾》；3月21日《南方周末》“百姓茶房”里也赫然刊登了《谁该给谁送匾》，作者同样是魏文彪，只是标题上少了一个字，正文里多了“更何况”之类的上下文连接词。还比如，《中国青年报》4月3日的“青年话题”刊有《民族株连症与虚幻征服感》，三天之后，也就是4月6日，《工人日报》发表了《虚幻的征服感》，两篇文章内容一字不差，作者也是同一个人——魏文彪（不好意思魏文彪先生，不是故意跟您过不去，只是恰巧碰上了，还请您大人有大量）。

《人民日报》《中国青年报》《南方周末》《工人日报》《中国经济时报》，这些都是发行量很大、很具影响力的报纸；盛大林、魏文彪这些作者的名字，也经常见诸报端，并非无名之辈。这样做造成的影响不好，人人皆知，也不必我多费口舌。如果连他们都一稿多投，那像我这样的无名小卒该怎么做呢？

当然我深知，一稿多投也并非全是作者的错。尤其对于时评作者来说，一篇稿子投出去后石沉大海、杳无音信，那可是要命的事儿，为保险起见只好投给多家报刊，大面积播种，总有一个地方开花。我这个人总习惯于把别人往好的方面想，所以，我宁愿相信很多一稿多投者（当然包括盛大林、魏文彪两位先生）是出于无奈，只是想把辛辛苦苦写出来的稿件发表出来，而不是故意想一稿多发，多挣那一点稿费。我不知道别的作者看到自己的文章一稿多发是什么想法，如果是我，肯定会不安得几夜睡不着觉。

问题在于，作为时评编辑，如果无法防止作者一稿多投，那至少可以防止一稿多发——经常浏览别家报刊的时评文章就可以了。如果忙，看看标题也可以，心里起码有个大概印象，况且一篇稿件出笼要经过好几个编辑的手，防止一稿多发应该不是件很难的事情。再说了，作为时评编辑多读时评文章，对于提高栏目水准和提高自身编辑水平，总是大有益处的吧？

所以我建议，时评编辑抽空多读读别家报刊的时评文章，尤其要看重要报刊的时评文章。

（网友：林涛涛，人民网2002年4月12日）

这篇文章的立论是：时评编辑要多读读别家报刊的时评文章，尤其要看重要报刊的时评文章。

一稿多投,究竟谁之过

看过林涛涛的《时评编辑读不读时评?》一文后,我颇有些想法,在此一吐为快。

一稿多投问题,一直是困扰媒体和撰稿人双方的"老大难"问题。说到一稿多投,媒体一方总显得振振有词、有理言高,一旦发现某位作者有一稿多投现象,轻者扣除稿酬,重者终止合作,甚至会将作者的"劣迹"公布于众。自然,在采取这些处罚措施的同时,作者的人品和文德都遭到了某种程度的怀疑。

但是,在情和理这两个层面上,一稿多投果真都是作者的过错吗?

我平时的写作,既写时评,也写学术论文。学术论文稿件大多通过邮局寄出,编辑也用同样的方式通知我稿件是否被采用,一来一往,快的需要半个月,慢的需要两个月甚至更长时间。可是我并不着急,只有确定退稿后,才投给另一家报刊。个中原因就在于,学术论文并没有很强的时效性,一篇稿件上半年可以发,下半年也可以发,第二年还可以发。

但是对于时评类稿件,时效性就是命根子,别说两个月,有些稿件连两天也拖不起。稿件是作者心血的凝集,收集了那么多材料,耗费了那么多时间,谁都希望稿件能及时刊发,而不愿意看到自己的稿件仅仅因为"过期"而作废。

然而,目前大多数网络媒体和平面媒体的编辑,都不会及时回信告知稿件是否被采用。如果在稿件石沉大海、杳无音信的情况下,作者将这篇稿子投给另一家媒体,确实是一种被迫无奈的行为,至少是情有可原的"一稿多投"。

我并不否认,有些作者的一稿多投,确实抱有拿不上台面的目的,但大多数的作者,并不愿意以自己的"文德"为代价,去换取一时的蝇头小利,很多作者的一稿多投,只是林涛涛所说的"大面积播种,总有一个地方开花",只是"想把辛辛苦苦写出来的稿件发表出来,而不是故意想一稿多发,多挣那一点稿费"。

如此说来,之所以会有投稿时的无奈,之所以会有一稿多发的尴尬,原因就在于作者们不能够及时收到编辑们的确认信件。一稿多投的责任并不完全在作者,有些网站处理稿件的速度太慢,有些编辑不够尽职尽责,也是导致一稿多投的重要原因。在目前不少网站的"投稿须知"中,仍然注有"稿件两个月(或三个月)未被采用,可自行处理"的字样,可见这种传统媒体惯用的做法,还是移植到了号称高效快捷的网络媒体身上。尽量缩短稿件处理周期,是很多作者对媒体寄予的希望,也无疑是大势所趋。

说到这里,我觉得人民网处理网友投稿的做法很值得借鉴。人民网投稿信箱有自动回复功能,作者投稿后便知道,三天未采用或获告"拟用"便视作退稿。这不仅让作者心里有了底,而且三天的处理时间也符合时评稿件的特点,在目前各新闻网站中,这样的处理速度算是很快的了。

(网友:晏扬,人民网2002年4月16日)

面对同样的选题,这篇文章的立论却变成了:要避免时评文章一稿多投,编辑要及时处理稿件并迅速给作者以答复。

前一篇文章虽然也对作者抱着某种同情,但从整体思路上看是批评作者,说"我不知道别的作者看到自己的文章一稿多发是什么想法,如果是我,肯定会不安得几夜睡不着觉"。后一篇文章则是一位时评作者所写,深切地道出了一稿多投的苦衷。

对于同一论题,提出不同论点,形成各种观点的争鸣,这样的事例很多。

二、选题的标准

任何传媒对评论的价值的确定,都是以其所代表的阶级、集团的政治利益和思想观点为标准的。这一集团认为具有评论价值的问题,另一集团却不一定认为有评论的价值。中国共产党的新闻评论选题标准是评论对象政治上是否重大,是否为广大群众所关心,是否是具有现实迫切性的新事物、新情况、新问题,选题是否反映了某一时期的主要矛盾,评论的社会效果预测是否对改革开放与社会稳定有利。具体来说,对新闻评论的选题具有以下要求。

(一)扣准时代脉搏

新闻评论的选题要扣准时代脉搏,真正抓住社会生活中带有根本性的、亟待解决的问题,展开深入挖掘,力求选题重大、深刻。

例如,一段时间内,我国出现了一些带有黑社会性质的组织,这些组织独霸一方,无恶不作,严重影响了社会治安,干扰了国家的经济建设。为此,2001年,国家专门进行了扫黑除霸的整治行动。下面的一篇新闻评论就抓住这一重大选题展开深入挖掘:

不怕"黑帮"怕"帮黑"

四川省某县有一个以余茂学为首的黑社会性质团伙,多年来明火执仗作恶,把一个小小的县城闹得鸡飞狗跳,人心惶惶。央视《焦点访谈》记者前往采访,堂堂公安局局长竟一脸惶恐地说:"不是我们不打,而是打不过他们。"

有枪有弹有党和人民撑腰的公安机关真的就不敢与"黑帮"毛贼较劲?错

矣！原来“黑帮”头目与当地一些要害部门的领导素有瓜葛，这样看来，那位公安局长怕的决不是“黑帮”，而是“帮黑”的官们！

近一时期，全国各地陆续摧毁了一批危害一方的带有黑社会性质的犯罪团伙。但通过新闻媒体，人们几乎无一例外地发现：凡是公然作恶、气焰嚣张、规模较大的“黑帮”，其背后必须有几个甚至一群“帮黑”的腐败官员。沈阳警方在摧毁刘涌“黑帮”后，纪检部门又从中揪出了多位充当刘涌“保护伞”的局级官员。而正是因为他们“保护有方”，才使得刘涌犯下31起血案，惹得天怒人怨而得不到及时打击。

如此看来，政法机关在高举反黑利剑的同时，万万不可对“帮黑”者掉以轻心，必须顺藤摸瓜，把深藏在背后的“帮黑”者查个明明白白。既不要怕“黑帮”的一时嚣张，更不要怕“帮黑”者的炙手权势。要知道，但凡“帮黑”者，要么收了“黑帮”的银子，要么利用“黑帮”暗地里摆平了眼里的“钉子”，把他们那点见不得人的事一件件查清楚，抖出来，然后依法从严治之，该摘官帽的摘官帽，该开除公职的开除公职，该捕的捕，该判的判，如此一来，看还有谁敢玩台上“打黑”，台下“帮黑”的游戏！

（作者：阳健平，《人民法院报》2001年8月3日）

由于紧扣形势，抓住了社会发展中带有普遍性的重大问题，这篇文章发表后影响非常大，对于纠出为黑恶势力撑腰的那些堕落的官员，彻底铲除黑恶势力，起了极为重要的作用。

需要说明的是，我们说选题要力求重大、深刻，不是说新闻事实一定要具有轰动性。有些新闻事实可能并不是那么轰动，但评论员能够“小中见大”，从中发掘出重大选题，一样可以达到目的。

（二）富有新意

新闻评论工作者要思想敏锐，善于发现生活中出现的新现象，研究一些新条件下出现的新问题，站到新闻评论的思想前沿。尤其要注意选择那些尚未引起人们注意，但确实对未来的社会发展可能带来重大影响的问题。

例如，现在用人中新冒出的“35岁现象”，就是一个很现实的问题，但人们对它并不是太在意，所以，抓住这个问题展开评论，就会让人眼前一亮：

35岁歧视症

日前，在北京国展的一次招聘会上，两千多家用人单位有六成在招聘时，无论职位高低、学历和工作经验如何，都把35岁作为最高限定年龄。年龄的重要性,竟然与从事某项职业的前提——具备某项专业知识不相上下,成了人才招聘中的第一道"门槛"。

应该说,35岁正值人生的黄金阶段,无论是身体状况、知识结构还是工作经验,都处于鼎盛时期。刚刚想在事业上大展身手,怎么突然间就身价大跌,成了"明日黄花"呢?记得在上初中时,笔者的一位英语老师就曾反复教导我们:"前30年将钱买艺,后30年将艺卖钱。"言外之意,对一个人来说,在30岁之前应该多学习知识、多积累经验,30岁以后,才能真正谈得上实现人生的自我价值,用你的聪明才智去收回"学习成本",并有所"盈余"。现在倒好,不少人刚学有所成,即被人为地打入"另册",好不尴尬和无奈。

那么,造成"35岁歧视症"的根源是什么呢?诚如有些人所说,这是劳动力资源过剩的表现。不过,笔者认为,"35岁拒聘"主要是一些企业领导个人的用人观,既不科学,也不利于企业的发展。同时,这也是受行政机关"干部年轻化"的影响而衍生出来的一种病症,属于形而上学的用人观。前些年,党中央提出干部队伍要年轻化,遗憾的是,不少地方却将"年轻化"误解成"低龄化",选拔干部时以35岁为分水岭,将"超线"的后备人才一律打入"冷库",不予考虑。

"35岁歧视症"的危害是显而易见的。首先,它势必造成人才资源的极大浪费。俗话说,"十年树木,百年树人"。要为社会输送一名合格的人才,没有相当时间的培养肯定是不行的。换句话说,一个人能否对社会有所贡献,不该以年龄为标准,而应以他的学识及责任心为最起码的标准,也就是说,年龄只不过是个符号,是个形式的东西,它与个人能力无关。

其次,这也是对公民的一种公然歧视,有悖宪法的精神。《宪法》赋予每个公民在法律面前人人平等的权利。同理,公民在依法择业的时候,遇到任何人为的障碍,都是对自己的一种人身歧视。遗憾的是,时至今日,很少有择业失败者拿起法律的武器捍卫自己的权利。

此外,这也反映出某些单位用人观念上的不成熟。在国外,许多知名大公司在招揽人才时,并不以年龄论英雄。以美国为例,其政府的高科技雇员中仅有10%的人在35岁以下,而55%的人在都在45岁以上。可见,真正成熟的用人观决不会在年龄问题上有先入之见。特别是我国已经加入了世贸组织,新一轮的人才抢夺战已不可避免。在这种情况下,倘若我们国内的企业仍然对人才的"年龄"问题"岁岁"计较,岂不等于免费给外企送去了一大批优秀的人才?

让人欣慰的是,目前,越来越多的人开始意识到"35岁歧视症"的危害性,并在逐步转变观念。不久前,某市在选拔副县级干部时,已悄然将35岁的选拔标准升至45岁。近日在上海八万人体育场举行的大型人才交流会上,某大型企业甚至亮出了“欢迎35岁以上有识之士加盟”的招牌。

作为一种用人误区,笔者认为,“35岁歧视症”越早根除越好。

(作者:刘海明,《中国青年报》2002年4月20日)

我们国家已经从老人政治中解脱出来,干部实现了“四化”,外资企业的进入,也使那些年轻人越来越受到重视,但一到35岁就被踢出竞技场,这就做得有点太过了。评论抓住这一选题做文章,当然很容易引起人们注意。

新闻是最富于时效性的,因此,新闻评论不能老是那一套,尤其是那些常规性的新闻评论,更要注重选题的新鲜。那种从中看不出创作年代,哪一年都能套用的评论是最没出息、最懒惰的评论。优秀的评论一般都是富于思想冲击力的评论,它们使麻木者猛醒,使糊涂者警觉,使徘徊者坚定,使思考者称是。

(三)有针对性

评论的选题应该有针对性,即要有的放矢,点到社会的麻筋上,针砭时弊,切中要害,而不是不关痛痒,敷衍了事,做官样文章,甚至于自树靶子找个“伪问题”(即根本不是问题的问题)。评论的现实针对性也要求我们的选题不能泛化为纯学术性选题,而是要侧重于针对现实问题。

随着社会利益的分化,各种利益主体开始表达其不同的诉求,随着开放的加快,各种观念也处于激烈交锋中,因而,思想的多元、多样与多变是当今社会的一个极为正常的现象。但是,从传统的一元化思想走来,人们却显露出一种不适应,相当一部分人对不同的意见都缺乏包容心理,有权者利用自己手中的权力来压制不同意见,无权者则用谩骂等方式来实行语言暴力。针对这种现象,《人民日报》评论部2011年4月28日发表了《以包容心对待“异质思维”》一文:

同样看待一件商品的价格,有人显得很“淡定”,有人表示“鸭梨”很大;同样面对一桩刑事案件,有人焦虑地等待“正义到来”,有人则在寻找“程序瑕疵”;同样衡量一项改革措施,有人双手赞成,有人却提出质疑……今天的中国社会,正处在一个思想和文化多元、多样、多变的时代。

这无疑是一个历史性变化。从一种声音到百花齐放,从千人一面到丰富多元,反映出思想的极大解放,也体现着中国的前进方位:在改革深水区和攻坚期,不同利益的调整与博弈,自然带来不同诉求的表达;随着开放的扩大和全球化的深入,传统与现代、国外与本土,不同价值观念也必然产生碰撞交锋。

多元表达难免会有“异质思维”,甚至给人“鸡同鸭讲”的感觉。在这一过程中,我们欣赏理性平和的讨论,期待闻过则喜的态度,但也不无遗憾地看到,一些人在讨论中容不下异见,相互对骂、攻讦,动辄给对方扣上吓人的帽子,用意气之争代替真理追求;一些人对待批评建言,非但不虚心听取,反而搞起了"诽谤定罪",甚至以权力意志压制不同声音。

鲁迅先生说过,辱骂和恐吓绝不是战斗。思想观念的价值,在竞争中才会彰显,在实践中才能检验。"我不同意你的看法,但我誓死捍卫你说话的权利",这是一种胸怀,更是一种自信。那种扣帽子、抓辫子的辩论方式,"不同即敌对"的思维模式,本质上都是狭隘虚弱的表现,无助于社会和谐的构建、健康心态的形成。

在这个意义上,以包容心对待"异质思维",在对话中协调立场,在交流中化解矛盾,我们才能最大限度地达成共识,推动思想观念的进步。相对于普通民众,手握权力的执政者尤其需要这种"包容"。如果说前者的狭隘只是语言暴力,后者的狭隘则可能带来真实伤害,比如"彭水诗案""灵宝帖案";如果说前者的包容体现的是素质修养,后者的包容不仅是一种"雅量",更是执政为民的需要、法治社会的要求。

"因为我们是为人民服务的,所以,我们如果有缺点,就不怕别人批评指出。"批评或许有对有错,甚至不乏各种偏激声音,但只要出于善意,没有违反法律法规,没有损害公序良俗,就应该以包容的心态对待,而不能主观地归之为"对着干"。相反却应看到,在一个多元社会,尊重不同的声音和意见,既是尊重公民的表达权,也是纾解社会焦虑、疏导矛盾冲突的必然要求。

大智兴邦,不过集众思。其实,不同声音乃至反对的意见,还是提高执政水平的重要资源。所谓"听不到不同意见不决策",只有允许不同声音存在,才能了解掌握各方面情况,做出理性判断和正确决策。所以毛泽东同志认为"让人讲话,天不会塌下来",所以邓小平才说"七嘴八舌并不可怕,最可怕的是鸦雀无声",所以中央领导才反复强调"创造条件让人民批评监督政府"。

多元乃繁荣之奥秘。一个社会越是向前发展,就越需要多样的个性表达,越需要整合各种意见形成统一意志的能力。以包容心对待不同声音,在"存异"中"求同",我们的社会就不会成为"一袋各不相干的马铃薯",并在思想的交流碰撞中不断凝聚、升华。

这篇评论针对性很强,道理也讲得很透彻,一时引发巨大反响,凤凰网、《光明日报》、中国选举与治理网等许多媒体都对此文展开讨论,一些论坛跟帖不断。

三、选题的来源

新闻评论的选题一般有以下这样几个来源。

(一) 上面的精神

党和政府每年都有其工作重点与宣传重点,这些重点都是当前需要下大力气抓的问题,一般也成为媒介的重要议程,或者说成为人们重点关注的方面,因而成为新闻评论选题的重要参考。

上面的精神一般可以从党和政府的重要决议、报告、文件、会议中加以了解。它们都是对现实存在的实际问题进行调查研究的结果。所以,对这些信息的了解,可以帮助我们明了情况,掌握政策,认清形势,使我们在立论时找准最佳切入点,从全局的高度去认识各个具体问题。

党和政府的决议、报告、文件、会议不仅划定了重要的选题范围,而且许多观点都可以直接取来作为论点,去分析眼前发生的新闻事实。不过,党和政府的精神意志许多时候并不是可以简单地说出的,它们对现实的认识往往是全面中含有重点,讲重点又不失全面,且决议中往往只讲结果而不讲原因,只归纳条文而舍弃了对条文的阐释,所以,需要评论员根据自己的认识水平和生活经验去填补,去解释,因此,认真学习和深刻领会很有必要。如果没有正确领会,就会在评论中走入歧途,造成很坏的社会影响。

要理解上面的精神,阅读内参是一个重要手段。我们学习党和政府的文件、决议时,往往是知其然而不知其所以然,此时内参就是重要的补充材料,它可以使我们更加深入地体会到为什么某些问题被提上了党和政府的重要议事日程,为什么某些决议的提法、口号和以前有所不同,主要是针对什么新情况、新问题而来的。当然,内参就是内参,我们绝不能把内参所披露的东西写入评论,那样就违犯了保密纪律。但是,研究内参材料会使我们对现实社会状况心明如镜,因而找准具有现实针对性的立论方向。

(二) 下面的呼声

在社会发生某些变动,出现某些新闻事实时,群众往往是自发的评议员,他们于工作之余相互交换着自己的看法,往往能很敏锐地发现事件可能具有的各种社会联系,找到问题的症结,阐幽发微,辛辣俏皮,给专业的新闻评论工作者以深刻的启发。

在关注群众的评议话题时,评论工作者要注意的是,自己不仅仅是大众舆论的收集者,同时还扮演着对舆论进行理性分析的角色。舆论本身具有一定的非理性色彩,所以,不能照搬群众的言论,还要对这些言论进行分析、研究:哪些言论是一针见血的,哪些言论是建立在对新闻事实的讹传上的,哪些言论是糊涂的或是一种牢骚。事实上,许多优秀评论恰恰是建立在对群众中的糊涂认识的批判之上的。大众的评说为我们的新闻评论立论提供了具体的材料和启发,但论点的最终确立还要建立在具体的分析研究之上。

下面的呼声还可以通过媒体与群众的联系得以了解。现在大多数媒体都设有受众意见反馈部门,专门收集和了解受众的问题。从群众来信、来电及网络沟通中,评论员可以发现许多重要而新鲜的话题。有的媒体甚至别出心裁,专门有奖征集话题,使自己的评论与受众的需求紧密相连。

(三) 从新闻报道中发现

新闻报道每天源源不断地为人们提供着各种各样的新信息,大量的新闻评论选题是从对这些新信息的研究中发现的。

(四) 从对新闻事实的实地考察中发现选题

许多新闻评论作品(如署名评论、专栏评论)并不是为某则新闻事实配发的评论,而是评论员对自己调查得来的事件的评论。相当一些选题是评论员由自己生活中亲历的事件获得感受,引发思考,从而形成选题的。例如下面这篇评论:

敢说"不行"也是自信的表现

"我们村群众反映,果园建起来了,但缺少有机肥""我们区学校校舍不足情况比较严重,群众意见不少""我们县这次检视出群众反映的偏远山村通讯难等15项问题需要整改,'通讯基本靠吼'的问题不能再影响群众生活了"……连日来,记者在采访"不忘初心、牢记使命"主题教育进展情况中发现,与以往许多部门单位负责人爱谈"成绩"不同,现在谈问题的多了,敢晒"病"、亮"家丑"的也多了起来。

自信,在许多人看来是"能力强、水平高、成绩大"的"代名词",而说困难、讲问题则被视为"不自信"的表现。这就导致一些党员干部在实际工作中不担"担子"、怕丢"面子"、爱装"样子",遇到新闻采访,总是想着让记者看好的"典型"、听做出的"成绩",以便搞好"正面报道"。于是,他们在发现问题时就为眼睛换上"美颜键",滤掉那些"丑丑"的问题;遇到问题时,为双脚装上"快进键",绕着问题走;解决问题时,为大脑按上“删除键”,“技术性”地让大事化小、小事化了。正因为这样,常常出现一边是群众的烦心事还在烦心,一边却是这些同志永远“漂亮”的调研报告和工作总结。

其实,没有问题往往是最大的问题。敢于晒“病”就不是真“病”,敢说“不行”其实也是自信的表现,敢于直面问题才是真想解决问题。我们党之所以区别于其他政党,就在于从不讳疾忌医,敢于直面存在的困难和问题,“刀刃向内”,勇于自我革命。延安时期党中央决定开展的“整风运动”,不光是让人“红脸”“出汗”,更是让不少干部内心感受到强烈的震撼。党的十八大以来,以习近平同志为核心的党中央下决心改变管党治党“宽、松、软”的状况,深入开展党的群众路线教育实践活动和“三严三实”专题教育,推进“两学一做”学习教育常态化制度化,开展“不忘初心、牢记使命”主题教育……在党的自我革命的道路上,我们的党不断实现自我净化、自我完善、自我革新和自我超越。突出“问题导向”,敢于正视问题,不逃避、不回避问题,敢于亮出自己的“家丑”,不仅不会“丢丑”,反而会让自己更加坦荡真诚,增加克服困难改变面貌的勇气和智慧,得到人民群众的谅解和支持。如果面对困难问题讳疾忌医、文过饰非或者弄虚作假,明知有错不说错,看出有错不改错,那才是真正的错上加错,一定会使党和人民的事业受到影响。

毛泽东同志说过:“任何政党,任何个人,错误总是难免的,我们要求犯得少一点。犯了错误则要求改正,改正得越迅速、越彻底,越好。”有了问题不要紧,改了就是好同志。“不忘初心、牢记使命”主题教育要求把“整改”贯穿始终,就是要求广大干部群众敢于发现问题、直面问题并且积极地去解决问题。要盯着问题去、追着问题走、迎着问题上,用检视出来的问题去倒逼各项工作的顺利开展。而解决问题的质量高不高、效果好不好,还要多问问群众“满意不满意”“高兴不高兴”,这样才能真正做到“为民服务解难题”。

在这个意义上看,敢说“不行”不是不自信,而是“知耻而后勇”的担当,是更加自信的表现。

这是呼东荣和王丹 2019 年 12 月 30 日登在《榆林日报》上的一篇评论,获得第三十届中国新闻奖评论三等奖。评论选题源于他们在第一线采访的发现:与以往爱谈成绩不同,现在许多部门单位负责人谈问题和不足的多了,这是一个重要的变化,值得认真思考。为什么出现这种现象?它是不是意味着不自信?作者的观点是,它恰恰是更加自信的表现。

第二节 新闻评论的立论

一、立论的要求

立论就是创作者对所选的论题做出自己的论断,提出自己的见解的过程。

(一) 立论要新颖

我们常常发现这样的事情:某些评论选题很好,但作者的观点却很陈旧,了无新意,引不起人的兴趣,而有些选题似乎已经不太新鲜了,但作者选了一个很好的角度,发人所未发,让人眼前一亮。比如说,有关领导开会讲话过长的问题,一般的评论观点是:有话则长,无话则短。但一篇评论进一步认为,应该是有话则短,无话则免,因为既然无话,你要讲就是多余的。东方网2002年2月1日的一则署名向阳的评论却做了个反题。我们来看看这篇评论:

省长演说该多长?

某省日前新选了一位省长,按照会议议程,新当选的省长将发表就职演说。这位省长讲话有多长?记者的报道是这样描述的:"会前10分钟,当选省长的讲话稿发到记者手中。出乎意料的是,通篇讲话只有薄薄的一页纸。记者逐字逐句数了一遍,连标点符号在内共385字。省长尚未开口讲话,会场上已爆发出一阵热烈的掌声。"

显然,有关媒体和与会者对只有385字的省长演说是"充分肯定"的。但读了这则新闻,我想到了另一个问题:省长的就职演讲该多长?请听这位省长的讲话为什么这么短,主要内容是:"我虽然做了一些工作,但距全省人民的期盼还有不小的距离。我将恪尽职守,奋发有为,鞠躬尽瘁,不辱使命……"可见这些话是属于表态性的,甚至可以说是"礼节性"的,没有涉及"全省工作"的实质。这样内容的就职演说,用一分钟时间,我认为是足够了。问题是,大家给其"热烈的掌声",是因为省长的"话短"。于是我想,倘若这位新任省长的就职演说讲了一个小时,且都是与全省工作密切相关的重要事项,我们会不会赞扬他呢?也许不会吧。

眼下,"精文简会"的呼声又出现了新一轮的高潮。于是,大家纷纷"行动"起来,其中一个措施就是话讲得越短越好,有的地方还不管三七二十一,规定讲话发言限时多少。这是不是实事求是的做法？我觉得倒有点形式主义之嫌了。讲话是干什么的？是交流，是信息的传送。作为领导者来说，“有话则长，无话则短”，才是好风气。领导讲话不能仅仅是为“讨”个讲短话的好名声，该讲的话就不讲了。不能完全表达意思的“短话”又有什么意义呢？试想，倘若上述省长的385字的礼节性话语也省略不讲(这些话其实也是可讲可不讲的)，那么是否会误什么大事呢？恕我直言，不会的。

“短话”不一定都值得称赞，“长话”也不能“一棍子打死”。

作者的意见是，讲话是交流，交流就要把意思表达清楚，因而不应看讲话有多长，而应看讲的话有没有价值。这样的立论就很新颖。

类似的反题立论很多。比如，从政的人大都想要升官，有篇批评官迷的文章，立论是《不要当官，要干革命》，但《书刊报》第78、79期的一篇评论则以“不应简单指责要官者”命题。文章的观点是，不想当将军的士兵不是好士兵，不想做官的从政人员不是好公务员。对他们来说，当官是实现自己的抱负的一条途径。与其指责要官者，不如设计一种好的制度，让那些真正有道德、有能力的人通过平等竞争实现理想。再比如，2000年7月，几个记者用偷拍的手段曝光了高考舞弊事件，引来一片赞扬之声，2000年9月《新闻记者》杂志的一篇评论《记者，你为何事先不报告——高考舞弊事件曝光后的思考》则认为，记者既然事先已经知道了那里有人要作弊，就要报告有关领导，杜绝事件的发生。为了得到轰动性新闻而眼睁睁看着学生铸成大错，以致事件发生后，那些在同一考场而没有作弊的学生也被取消了录取资格，断送了大好前程，这不能不让人对记者的职业道德提出质疑。

当然，对一个选题，不是只能做反题立论。任何事物都是多种矛盾的统一体，从不同的角度，我们可以窥见其本质的不同方面。因此，对某一个选题，我们可以从许多方面立论，新的立论角度总是可以找到的。对前举时评文章的一稿多投问题就有诸多立论，有的从编辑角度立论，有的从作者角度立论，还有的从著作权的角度立论。即便是从著作权的角度立论，也可以有不同的观点。与《媒体强制作者接受独家发表要求，合理吗?》一文相对，另一篇谈著作权的文章则强调了双方的约定：

一稿多投是与非　要由法律来评判

……

造成一稿多投这一现象，责任主要在媒体还是在撰稿人？治理一稿多投，是靠媒体规则还是靠撰稿人的自律？一稿多投是否合情、合理、合法？对于这些问题,我坚决赞成网友文志传的意见:首先要由法律来评判。

《著作权法》第32条前款规定:“著作权人向报社、杂志社投稿的,自稿件发出之日起15日内未收到报社通知决定刊登的,或者自稿件发出之日起30日内未收到杂志社通知决定刊登的,可以将同一作品向其他报社、杂志社投稿。双方另有约定的除外。”这一内容中值得媒体与作者双方特别注意的是“双方另有约定的除外”这9个字,一切尽在此言中。

重在“约定”,媒体与作者之间完全可以用“约定”来维护各自的合法权益。如果这一环节处理得当,谁是谁非的责任问题便不难划分了。“双方另有约定的除外”这一规定,既是媒体的“防弹衣”,也是作者的“救生圈”。有约定的,按约定办;没有约定的,按规定办;没有约定又违犯规定的“一女二嫁”,当属违法。

……

(网友:凡文,人民网2002年4月26日)

可见,立论可以有多种角度,选题的“多侧面”使论点可以不断翻新。此外,事物总是处在不断发展、变化中,所以,老的选题在新的形势下也仍有新论点可以挖掘。形势不断变化,新的问题也随之不断出现,只要评论工作者能够真正下苦功夫深入社会生活去观察、思考,总能够不断地发掘新的立论角度。

当然,新颖不是说非要抬杠,别人批评机动车污染,你偏要来一篇《骑自行车也是一种城市污染》,别人说人要挑战自身极限,你立刻来一篇《挑战极限就是破坏自然》,这就违背了论点的合理性要求。

(二)立论要合情理

新颖的立论是新颖的理论与对现实的深入了解两相结合进行深入思考的产物,但有的评论者只顾埋头写,没时间看书,也没时间去体察社会,所以,在面对不断出现的各种社会现象时,才思枯竭,成了一架写作机器。于是,作者要么为求新颖,发一些迂腐之论,要么专门与别人的观点对着干,你说什么,我偏偏给你找茬,把新闻评论变成了“掐架”工具。冯越2004年11月7日发表于新华网的时评《我们需要什么样的时评家》就是对这种现象的有力批评:

无论是哪一次、哪一种的社会民情调查,都是把“社会治安形势”放在重要位置。人民群众希望自己能够生活得太太平平。从报纸上的报道来看,河南平舆县黄勇杀人案,竟然杀害了17个青少年,这样的事骇人听闻,都能让人吓得睡不着觉!在这样的形势下,人们对公安部门有一定的指责,指责里面也包含着期待。11月4日,公安部召开了全国侦破命案工作会议,有关领导提出“全国公安机关要向‘命案必破’的方向努力”。

不料就有某报的“时评家”提出指责,说“这是大跃进色彩明显”,说是“会导致两个误区,一是把错案办成铁案,二是放松了日常治安”。作为旁观者,我对这些指责是不能接受的。

公安部提出“命案必破”,这让我们在严峻的形势下看到了亮色,看到了公安机关保障一方太平的责任感,让我们的心里感到温暖。这就叫向人民负责,这就是以民为本。人命关天,如果出了人命案子,公安部门竟然无动于衷,不当个事,爱破不破的,那叫老百姓怎么受得了?

公安部提出“命案必破”,也是有一定的现实基础的。全国性的公安协调,特别是通过计算机网络进行的协调效果不错。另一方面,公安部提出的“命案必破”还是留有客观余地的,“要向‘命案必破’的方向努力”有什么可以指责的呢?这是一种雄心壮志,是一句可以动员部下、鼓舞人心、目标明确的行动口号。在各行各业、各类工作中,提出一个有可能实现的目标,动员全体人员全力以赴争取最佳效果,这是很常见的工作方法。比如大学里常见的“不让一个学生因为生活困难而失学”,运动会之前的“在某某会上一定要夺冠”,这些口号都有鼓舞士气、鞭策部下的作用。虽然未必能百分之百地做得到。但是,目标必须有!如果在全运会上,省领导提出“我们得不得分都不要紧,大伙儿听天由命吧”,这还叫个领导吗?他的部下肯定就已经溃不成军了!

我们从公安部“命案必破”的目标里,看到的是社会治安好转的希望。如果一定要鸡蛋里面挑骨头,横也有理,竖也有理,这还叫什么责任感?这样的时评家不要也罢!

只有深入实际,在生活中观察、思考,才能保证立论既新颖又合乎实际,使评论起到较好的社会作用。那些生动活泼而深刻有力的评论无不是对实际生活思考的结果。例如:

让“不够”具体点

有位领导针对某单位主官汇报问题讲“不够”太多的问题,插话道:“你‘不够’了半天,我也没听清你那‘不够’是什么东西,能不能把‘不够’说得再具体点?”此话虽说尖刻,但切中时弊。

时下人们在讲问题时,尤其当着上级的面,常喜欢套用“不够”的公式。什么班子建设不够平衡、经常性工作不够落实,什么学习不够认真、批评不够大胆等,用模糊的“不够”来代替具体的问题,其实就是匿影藏形,掩非饰过,是一种很不好的作风,应当坚决克服。

一些同志爱讲“不够”的原因,从客观来看,大到各项工作,小到每个人的成长进步,的确存在着一个没有“够”的终结。既然“不够”皆有,所以讲“不够”心安理得。从主观来说,主要是一些同志私心太重,讲单位问题重了,怕“报忧得忧”,牵连自己;说个人问题多了,怕“拔出萝卜带出泥”,影响进步。

由此说来,让“不够”具体点,关键是要在克服私心杂念、挣脱名缰利锁羁绊上下功夫,以党员的标准严格要求自己,努力倡导“讲问题光荣,藏缺点耻辱”的风气。讲求实际,不以偏概全,使人人能讲问题,人人敢抓问题。如此,“不够”就会具体得多!

(作者:范俊杰,《光明日报》2002年4月30日)

下级向上级汇报工作时,总爱泛泛地说工作做得不够,人们对此已习以为常,似乎谁要不这样说,反倒让人觉得不够谦虚。这篇评论的作者非常善于观察思考,从上级领导的一句追问中一下子发现了一个新论点:让“不够”具体点。这样的观点怎不令人叫绝呢?

二、立论的过程

选题确定以后,首先要在选题范围之内展开广泛而深入的调查研究,占有大量的材料。通过对材料的梳理分析,比较鉴别,由外到内、由表及里、由浅入深、由现象到本质,找出问题的症结,确立自己的观点。下面试分别加以探讨。

(一)广泛地占有材料

对于其他种类的评论,材料的力量往往不容易被受众发现,而新闻评论则将这种力量公开展现在人们面前,因为它是对新闻事实的评论。很难想象一篇新闻评论可以不顾及它所面对的新闻事实本身所拥有的意义而信口雌黄。因此,写作新闻评论最基本的一环就是:新闻评论必须占有新闻事实本身。不仅如此,某一典型性的新闻事实只是某个问题存在的表征之一,或者说新闻事实只是因为表明了某个问题的存在才具有了意义,才被新闻记者从每日发生的众多事件中摘取出来,作为新闻事实加以传播,而缺乏与现实的广泛联系,不能说明问题的事件,即便再离奇古怪也不具有意义。

既然如此,占有材料就不仅仅是占有某个新闻事实,而是要广泛研究社会,要在社会运行的大系统中来具体看待眼前的新闻事实,发掘新闻事实所具有的意义。社会是处在不停的运行过程中的,事件也只有在社会运行的过程中才具体地标示出其价值意义,其意义因时间、地点、条件的变化而变化,没有恒定的意义存在。

如此看来,对新闻事实的价值的发掘取决于评论者对事件所构成的与社会生活的诸种关联的发现。有的人找到了其中的某些不太重要的关联,有的人则找到了较为重要的关联,新闻评论的价值大小因而见出分晓。

所以,要创作出价值比较大的新闻评论作品,就必须坚持不懈地进行广泛的社会调查,不断地从社会生活中获得信息。

(二)精心选择,深入分析,从中发现可能的立论角度

广泛地占有材料,并不是要评论者把自己的新闻评论搞成材料的堆积,而是要从中找出立论的各种可能,因此,首要的一个步骤,就是对材料进行筛选。选材要独具慧眼,要善于发现有用的材料,筛选的过程本身就包含着分析的过程在内。

进行初步筛选之后,留下的是那些比较典型的、与选题关系密切的材料。然后,要再进行比较、鉴别、分析,考虑从哪个角度立论更新颖、更合理、更有效。

试以一篇习作的修改为例。第一稿是这样的:

为官的你们更要厚道

一位33岁的女店主左英(化名),因与"拆违"执法人员发生争执,突发脑溢血而倒地昏迷。其家人向现场执法车求救遭拒,左英因"错过最佳治疗时间",于5月31日凌晨去世。面对家属与公众"见死不救"的质疑,街道办事处工作人员认为"处理是得当的、合乎程序的、没有任何问题的"。(《现代快报》2006年6月4日)

面对这些无情且冷漠的言论,笔者觉得有必要就这件事,和自称是"人民的公仆"的你们来谈谈个人的看法。笔者认为在这件事的处理过程中,你们的执法方式和态度值得商榷。说到底,你们在执法的过程中不厚道,缺少"人性执法"的理念和意识。

"左英的死亡与当时的执法无任何因果关系",这是你们面对媒体和公众的责问时的回话。确实,根据医生诊断的结果,病人的直接死亡原因是脑溢血,而不是其他的外在因素。然而只要我们能认真了解一下你们当天的执法过程,所有人都会对你们的这一结论提出质疑。无论怎样,群众的眼睛是雪亮的,在事情发生的整个过程中,我们可以很容易地看出执法人员的执法行为与病人最后死去的原因有着千丝万缕的联系。

首先,当左英的姐姐向你们借手机拨打120时,你们的一位女工作人员将电

话抢走,称电话是领导的,怎么说用就用。我不禁要问,难道领导的手机普通公民就不能用吗?难道一个普通公民的生命价值还没有领导一部手机的价值大吗?在人命关天的紧要关头,你们竟然抱着惩罚左英的态度,若无其事地耍着威风,这种行为真是令百姓心寒哪!这难道就是人民公仆对人民应有的态度吗?

其次,当左英的家人想把她送到医院抢救又苦于等不到出租车,转而希望你们能够将她送到医院时,你们竟以一句“我们在案执行公务,无法施救”为托词,将公仆应该“以人民利益为重”的责任推脱得一干二净。另外,据左英的房东回忆说,当她和左英的姐姐想把左英搬到通风一点的地方去的时候,由于二人体弱,尝试了数次都没有成功,最后还是多亏了拆除违章建筑的民工的帮忙。

试问,难道帮忙挪动一下人也会妨碍你们执法吗?还是“妨碍执法”的说法只是他们害怕受到牵连的糊弄人的借口?我们百姓不寄希望于面对歹徒你们能够见义勇为,然而实实在在地帮百姓一个忙你们也不愿意吗?殊不知,正是你们对左英昏迷的无动于衷和袖手旁观,反映了你们对生命的冷漠,才使你们遭遇到这么多的责问。你们应该看到那些糊弄人的托词,已经使人民的政府与人民之间产生了一道厚厚的“壁障”!

以上这些细节,无不反映出你们对普通百姓生命的冷漠和忽视。你们在执法的过程中动辄就以“公务在身”或“不是我们的责任”作为无情的借口。你们应当知道,作为人民的公仆,当人民的生命安全受到威胁时,就有责任进行施救。在危急的情况下,任何看似合理的借口都是不成立的。这种尊重生命的执法意识应该是你们公务员的必备首要条件。这件事情说到底,是在拷问你们的内心是否有着“执政为民”以及“人性执法”“以人为本”的理念。说实话,结果令善良的百姓们很是失望。

人们常说“做人要厚道”,笔者认为为官的你们更要厚道才行。这里的厚道是希望你们能够做一个“情为民所系”的公仆,只有这样,你们才能真正做到“权为民所用,利为民所谋”,才是人民的好官员。而人们真正需要的,其实也就是盼望你们在执法中能够多一点人性化的操作,多一点对百姓生命的关爱呀!

你们一定要记住,百姓需要的不仅仅是“语言的巨人”,你们平时在领导面前的豪言壮语无论多么响亮对百姓都没用。人们更关注的是你们的实际行动,他们更希望看到你们能够成为一个“行动的巨人”!

你们一定要记住,人民的公仆不是好当的!你们必须看到百姓的真正需求,做一个有良心的官员,一个对百姓厚道的公仆!

这篇评论选择的新闻事件是比较典型的,值得一评。关键是重点评论什么,如何立论。这篇评论的立论太柔,不明确,不突出。这样一件大事,用“要厚道”来指责执法者,先自显得怯了。因为从“厚道”入手,整篇评论就缺了力度,成了琐碎的指责了。

关键是问题意识。就这件事来说,症结在哪?在于执法者的那句话:“我们在执行公务,无法施救。”在这之前,已经有过一条运钞车撞伤人后不下车施救的新闻,运钞人员的理由也是如此,两相比较,运钞车还可以有比较充足的理由——因为要保护巨额款项,因为可能有歹徒会玩事故把戏来抢钞,但拆违执法人员救人一命是没有什么后顾之忧的,何以就无法施救?救过就不能执法了吗?相反,如果在这个关键时刻救了人,倒可能化解阻挠执法者的对立情绪,使他们主动配合,使拆违顺利执行。

如果说像法警背生病的被告上庭之类的事例显示了执法的人性化,那么,“见死不救”就已经不是人性化与否的问题,而是漠视生命的问题了,所以,用“人性化”来说事也没力量。

经过指导之后,评论改成了这样:

执行公务就无法施救吗?

一位33岁的女店主左英(化名),因与“拆违”执法人员发生争执,突发脑溢血而倒地昏迷。其家人向现场执法车求救遭拒,左英因“错过最佳治疗时间”,于5月31日凌晨去世。面对家属与公众“见死不救”的质疑,执法人员的解释是:“我们在执行公务,无法施救。”在整个事情的处理上他们始终认为自己“处理是得当的、合乎程序的、没有任何问题的”。(2006年6月4日《现代快报》)

又是一起“我们正在执法,无法施救”的案件。5月13日,重庆南坪街头一辆运钞车撞伤了一位老翁,车子开出500米之后才被群众拦停。面对人们为什么不下车救人的责问,司机严某的理由是,当时车上有上千万现金,如果打开车门下车,一旦发生什么情况,后果将不堪设想。

比较一下这两起案件。如果我们能够勉强接受那位运钞司机的理由,那么这些拆违执法人员的理由却怎么样都难以让人信服。我们不禁要问:执法人员在拆违工作中真的无法将一个昏迷的病人送到医院吗?

相比之下,我们的拆违执法人员在当事人昏迷的紧急情况下,伸出援手救人又能产生怎样的后果呢?难道他们“深谋远虑”,担心店主左英被医院救醒之后,会继续阻挠执法吗?很显然,这个理由是荒谬的。人非草木,孰能无情?我相信,如果我们的执法人员能够及时将左英送到医院,将她救醒,她非但不会继续阻挠执法,反而会感恩戴德,主动配合拆违工作的。即使她不能有这样的觉悟,我相信她的家人也会动用亲情的力量来说服她的。到那个时候,群众心甘情愿地拥护你们,你们的执法畅通无阻,这样一举两得的事情又何乐而不为呢?

其实,我们拆违的执法人员"失策"的背后,更深层次的原因是他们对普通民众生存权利的忽视和对生命的冷漠。我们更痛心地看到,忽视生命的意识不仅仅存在于某一个执法人员的心里,这种无意识比较普遍地存在于执法队伍中。试想:如果队伍中能有一个"精明"的执法人员提出将左英立即送到医院,向同伴分析事情一举两得的效果,解除他们的后顾之忧,这种"只赚不赔"的生意是没有人会轻易放弃的。

面对是否救人的情境,依据客观的标准,我们大致可以将人的行为分成四个层次。其一,冒死相救;其二,完全在个人能力范围内救人;其三,超越个人能力范围,没法施救;其四,能够而且应该施救,却袖手旁观。由此分析看来,我们的拆违执法人员显然属于最后一种情况。在宝贵的生命面前,类似"我们在执法,无法施救"这样轻飘飘的理由岂能站得住脚?我们应该警惕这一借口成为逃避责任的狗皮膏药,警惕这一借口成为某些人糊弄人的托词!

经过这一改动,评论不再纠缠于左英的死亡与执法有没有关系这样的话题,而把问题直接指向执法时能否施救这一症结,问题就提得到位了。当前的新闻事件与此前发生的类似事件被放到了一起,这样,问题就具有了普遍性。两则事件一比较,此事件中执法者理由的荒唐就显示了出来。然后作者追寻其原因——执法者对生命的漠视,说明他们能够而且应该施救却袖手旁观,其理由只是一种糊弄人的托词。评论观点鲜明,条理清晰,论证很有力度。

可见,新闻评论创作的立论是个认真比较、分析、筛选的过程。

必须说明的是,新闻评论毕竟不同于一般的书斋评论,它有着很强的时效性,不容许评论者慢慢地去查找材料,分析研究。中国民主革命时期的著名新闻评论家张季鸾先生有句名言叫"看完大样写社论",报纸的新闻已经排好版,专门留出一块来,等评论员连夜写评论填空。张季鸾先生总是挥笔立就,倚马可待。时效性要求往往与立论的审慎及新颖要求形成矛盾,这就要求评论员具有敏锐的判断力,扎实的基本功,把功夫下到平时,将立论的过程在尽量短的时间内完成,达到快而准的要求。

第三节　新闻评论的标题

一、新闻评论标题的作用

新闻的标题是非常重要的。在忙碌的生活间隙，人们往往通过媒体上的新闻标题来进行选择，决定取舍，有时甚至仅仅通过新闻标题获取信息。

新闻评论常常和新闻放在一起，所以，新闻评论也处在同等的等待受众选择与接受的位置上。新闻评论的标题就像一双眼睛，大众先要欣赏这双眼睛，然后才会探寻眼睛后面的心灵宝藏。我们曾打比方说新闻评论是媒介的旗帜，那么，旗帜的颜色是什么，首先要从眼睛里透露出来。眼睛是心灵的窗户。这双眼睛如果勾魂摄魄，就能够牢牢地抓住大众的注意力，吸引人们去欣赏下文。所以，新闻评论的标题和新闻的标题一样，十分重要。它起着概括论题范围、表明中心论点、表达媒体态度、宣示价值取向、吸引受众眼球等重要作用。

二、新闻评论标题与新闻标题的不同

新闻评论标题与其他文章的标题相比，有自身的鲜明特点，但实践中人们常常将它们混淆，问题最多的，是将新闻与新闻评论标题互相借用。

新闻评论标题和新闻标题相比有以下不同。

（一）目的不同

新闻标题是要告知事件，新闻评论标题是要对新闻事实展开议论。

新闻的目的是尽快地将消息告知受众，而受众接触新闻的动机也是为了及时了解世界上发生的事件。他们没有兴趣与传播者打哑谜。正因为如此，传统的消息结构是倒金字塔式结构，越是重要的信息越要放在前面。新闻标题处在新闻作品的最前面。新闻的标题一般要求尽可能地把新闻的内容提炼出来，在此基础上才追求生动、形象等。如果大众能够从标题中直接获取新闻本身，正文内容甚至可以不要。现在许多媒体都在登载一些一句话新闻，这就是典型的标题新闻。

新闻评论的目的却不是为了告知事件，而是为了对事件发表看法。受众接触标题之后，会意识到评论者有话要说。

比如,“吐鲁番地区出资100万元为农民推销瓜果做广告”就是个新闻标题,它告知人们,在吐鲁番这个地方,政府现在花了大价钱去为农民做瓜果广告。这里,消息的几大要素基本全了。受众如果要继续往下看,其动机将是想要了解这里的瓜果是不是积压了,积压了多少,品质如何,如果不是积压了,吐鲁番的瓜果那么有名为什么要做广告,100万在吐鲁番地区政府的财政支出中占了多大比例,在什么媒体上做的广告,效果如何等等事件细节。

而“广告市场别‘耍酒风’”则是个新闻评论标题。虽然从这个题目中我们可以知道现在的酒广告太多这个信息,但作者并不是为了告知我们这个信息,而是要对这个信息发表意见、表明态度。

还有一些标题带有一定的倾向性,如“‘天体大十字’预言宣告破产”,从这个标题来看,作者显然对所谓“天体大十字”预言大不以为然,因而用了带有贬义的表达。但是,作者并没有把重点放在对它的批判上,而是放在报道“天体大十字”预言破产这个事实上,所以,它仍然是新闻标题。

(二)表达方式不同

新闻是叙述、说明语态,而新闻评论则是议论、抒情语态。

新闻一般是客观报道事实,因而它偏于冷静地交代事件过程,说明事件原因。如“亏损企业入住高级度假村开扭亏会议”,人们一看这个标题,就知道作者写的是批评报道,但批评报道也仍然是报道,作者并没有直接站出来议论,而是客观陈述一个怪现象。谁都知道,高级度假村意味着高消费,而亏损企业则意味着企业没有经济实力去高消费,但他们偏偏消费了,而且是为开扭亏会议去消费的,通过语词之间的对比,这个标题产生了极强的讽刺意味,但它不是作者直接站出来议论的结果。所以,它不是评论标题,受众也不会期待作者在文中站出来议论。

再如“中国彩电业遇到了什么挑战”,它的重点是说明挑战“是什么”,而不是“我认为这意味着什么”,因而它也是新闻标题。

新闻评论则要做一番议论,有的议论还带有强烈的感情色彩。比如,《河南商报》2006年5月22日报道:陕西潼关工商局伙同公安部门在高速路进行疯狂乱罚款,数额一般都在万元以上,而且不出具任何凭证,拦车中甚至动用手枪,不少车主把潼关戏称为“鬼门关”。河南巩义市一车主被非法罚款2.7万元后不堪重负,回家后服毒自尽。面对这样令人气愤的事件,《大河报》5月23日发表的评论为《光天化日下的“权力抢劫”》。这条评论所带的感情色彩非常明显。

(三)题目格式不同

新闻标题常常包括了引题(眉题)、正题、副题三个题目,目的是尽量把主要内容展现出来,而新闻评论却只列一个标题,列两个标题的时候也有,不过非常少,因为它的主要内容要人们把正文读完才能全部掌握。

例如,《河南商丘报》上的一则新闻标题:

(引)两农民操办儿子婚事方式不同境遇迥异

(主)一切从简王老汉街头闲聊悠然自得

大宴宾客孙老汉愁病交加险些丧生

又如,《内蒙古兴安日报》的一则新闻标题:

(引)发生在乌市和平市场的一桩怪事——

(主)理直气不壮,做"贼"心不虚

这些标题都是多行标题,一看即知是新闻标题。读者看过这样的标题,对消息所传达的信息知晓得更多了。

而新闻评论标题则没有这种标法,因为读者必须读过全文,才能真正接受作者的意见。

(四)句子的完整程度不同

新闻的标题通常是一个完整的句子,即便不是句子,也表达了一个相对完整的意思。

例如,重庆人民广播电台的《綦江虹桥垮塌伤亡惨重》,标题句子很完整,是新闻标题。

新闻评论的题目却不一定是一个句子,许多时候可以是一个词组。有的文章内容通过题目可以知道,但大部分是不能的。例如,《大连日报》的评论《另一种溃堤》、新华社的评论《危险的开端》等,光看标题是不可能知道文章内容的。

三、新闻评论标题的要求

新闻评论标题的根本要求有两个:一是具有吸引力;二是与文章内容和风格相协调。

(一)具有吸引力

新闻评论与新闻虽然都强调标题的作用,但强调的方向不一致。评论的标题是为正文服务的,是要引导大众去阅读(聆听)正文,如果标题不能吸引大众去注意正文,评论的文本就变成了一堆没有生命的文字符号或声音符码。所以,新闻评论标题艺术的第一要素就是吸引力。

有的人认为,新闻评论的标题应做到准确、鲜明、生动。

先说"准确",如果一个标题正好是概括了评论的中心论点,那么,人们要求准确,实际上是要求立论正确。比如,如果有一篇文章的题目是"实践不是检验真理的唯一标准",我们说它观点不对,但这一题目却是准确体现了其中心论点的。所以,在这个意义上要求题目准确是不恰当的,应该说要求立论正确。问题是,立论正确与否不是先定的,而是在讨论的过程中逐渐明确的,先要求立论正确,就有可能使我们永远囿于某种时代的偏见,不敢提出新观点,因为新观点必然是与当时人们认为正确的观点相冲突的。即便"实践是检验真理的唯一标准"这一现在被人们普遍认同的观点,在当时也是与"毛泽东永远正确"这一"正确"观点相冲突的。"准确"一词可建立在题目与中心论点、文章内容一致这一层意思上,即不能文不对题。此外,还可以在语言表述的意义上谈"准确"一词。例如《什么时候大学生才能不自杀》,说的是一个大学生因为想不开而自杀的事件。大学生自杀是任何时代都有的事情,我们永远无法保证大学生能够不自杀,即便我们工作做得再细、再到位也不行。我们只能想办法减少大学生自杀的比率。所以,这个标题很不准确。

然而,在标题不涉及观点时,"准确"一词就失去了其所指。比如,"明明白白这颗心",这样的题目就不存在"准确"与否的问题。所以,"准确"只是对部分评论标题的要求,但"有吸引力"却是对所有新闻评论标题提出的要求。

其次说"鲜明"。以论点作为新闻评论的题目,可以做到鲜明,比如"警惕,色情制品穿上'马甲'了""腐败制造的绝不仅仅是贫富分化"等。但是,以问题做标题就鲜明不起来,因为它仅仅是提出了问题。《燕赵都市报》有篇评论题目为"'大家都病了',我呢?"。看到这则标题,你能知道文章要说什么吗?它说的是我们都爱批评别人,总以为别人有这问题那问题,大家都有病,那么我呢?我自省过吗?这个标题就没有鲜明地提出观点。《中国经济时报》一篇评论为《北京查黑车,为何"公民不合作"?》,不看文章我们哪知道这个问题的答案。

再说"生动"。生动是与机智、幽默、讽刺、含蓄、充满文学色彩等积极修辞相关的。我们确实可以在不伤及新闻评论的理性色彩的前提下,尽量使用一些积极性修辞来增添评论的生动性。如可以运用一些成语、谚语或流行语,像"明明白白这颗心"(一句流行的歌词)就很生动,还可以机智地改动成语、谚语或流行语中的几个字,使它翻出新意,比如"精'官'简政"(原成语为"精兵简政")、

"老官离任三把火"(原成语为"新官上任三把火")、"常回头看看"(原歌词是"常回家看看")、"再富不能富孩子"(原流行语为"再穷不能穷孩子")等。还有的标题利用回环的修辞方式创造出一种音乐美,造成一种对比或烘托,如"民主村'民主'吗?""石原新知事不知事理""理事要'理事'"等。第一个标题"民主"一词回环,意欲通过对比强调民主村并不民主;第二个标题将日本的官职名"知事"在现代汉语中的字面意思"知事理"与石原的不知事理相对照,使标题带上了一种杂文式讽刺意味;第三个标题则将我国的官职名与其职责相对照,与第二个标题的手段类似。还有诸如"不怕'黑帮'怕帮黑"等,标题也非常具有吸引力。不过,不是所有的新闻评论标题都能这样做的。新闻评论主要是一种理性的追问。我们怎能不顾内容、文体、风格等方面的要求,片面要求新闻评论都生动呢?毕竟,新闻评论不是相声,也不是神话传说、故事大王,生动的评论当然有,但也有非常严肃的评论。标题必须与文章风格相和谐,那些严肃的、有权威性的评论自然不需要,也无必要给它拟一个"生动"的标题。

可见,拿"准确、鲜明、生动"六个字来概括对新闻评论标题的要求是要让新闻评论标题削足适履。

因此,新闻评论的标题只能以有吸引力为第一要求。有些标题很准确地概括出了全文的中心论点,使人一看就迫切地想听听作者为何持这种观点,如"官车车牌'变脸' 腐败早有预谋";有些标题则并未标出观点,只是提出问题,但提的是人们普遍关心的问题或重大问题,所以,也能吸引人们去关注正文,如"为什么有些账'轻易不敢算'?";还有的是用了诗化或散文化的标题,如"'师生恋'是一朵带刺的玫瑰"。不难看出,这种种标题手段都是为了增强新闻评论的吸引力。

(二)与文章内容和风格相协调

新闻评论的标题究竟采取什么形式,还要看文章的内容和风格。不同的内容和风格要求不同的标题。比如,2006年新春伊始,《国务院关于解决农民工问题的若干意见》正式发布。2006年3月28日,《人民日报》为此发表了一篇社论,阐述了发布这一文件的重要意义。这是一个非常严肃的问题,关涉落实科学发展观、统筹城乡发展、解决"三农"问题的大政,所以,社论的标题与之相应,拟为"全社会都要关心和保护农民工"。而高君波发表于2006年3月3日的评论《拜托,别再扎堆儿学雷锋了》则是针对学雷锋日令人哭笑不得的事情:一些敬老院、孤儿院已被排队预约,甚至一个敬老院的老人一天被人帮着洗了五次澡,老人"哀求""学雷锋"的人"行行好",他实在洗不动了。对这样的事情,用比较口语化的方式批评一下,标题与文章内容就很协调。

标题是为内容服务的。内容千差万别,因而标题也千差万别,没有一定的模式(当然,大的宽泛的模式是有的)。即便是同一内容的评论,也可能有许多不同的标题。因此,评论工作者在给自己的文章定标题时,一定要综合考虑,拟出一个恰当而新颖的标题来。

如果标题不当,与内容和文章风格不一致,将造成一种讽刺、调侃和滑稽的效果。比如一个很小的极不重要的事件却用了一个宏大庄严的题目,或者反过来,极为庄重的事件却用了个欢快的题目,都会因内容与形式的巨大反差而变味。但在某些论战性评论或杂文中,为了特殊效果却故意这样做。例如,革命导师曾有一篇评论,标题为"反对卖淫第五次国际代表大会",把"卖淫"和"国际代表大会"放在一起,一下子就让人大笑起来,造成了强烈的讽刺效果。

最后还需说明的一点是,要求标题与文章内容和风格相适应和要求标题具有吸引力是统一的。在这个问题上,关键是要走出将"生动""幽默"与"具有吸引力"相等同的思维误区。吸引力可经许多途径实现,有时是因为庄重而显得重要,导致吸引力的产生,有时正好相反。

四、几种常见的标题类型

标题没有固定格式,因人因文而异,但却有一些大致的类型,为定标题提供一些大的方向。

新闻评论不外从新闻中提出问题、表达观点或表明情感态度这样一个过程,所以,可以从这一角度来归纳标题的类型。

(一) 提出问题型标题

新闻评论是面对新闻事实中透露出来的问题发言的,可以直接把这个问题作为题目来使用。这类标题,由于从题目上看不到作者的态度和意见,仅仅是提出问题,所以比较含蓄,但只要问题提得尖锐,具有现实针对性,提在大众关注的焦点上或提在大众的盲点上,就会产生巨大的吸引力。

提出问题型标题又包括以下两类:

1. 分析问题型标题

这类标题如"'爷爷奶奶'还可以出租?""受贿院长何以两个月'进账'百万?""公安厅长的官誓为何被误读?"。此时,问题的提出并不一定要用疑问句的形式,而是可以使用肯定句。例如,"也谈求真了还要务实""宿州市委组织部原副部长的卖官'逻辑'""最牛女秘书事件后的社会焦虑""零起薪就业的忧虑",这里的标题都是作为问题提出的。

2. 质问型标题

质问型标题把对方的观点、认识或叙述拿来加以质问,表明自己不同意的态度,如"执行公务就无法施救吗?""帮老外维护公平怎是'汉奸'?"。质问型标题也可以换成否定式,如"执行公务一样可以施救""帮老外维护公平不是汉奸"。此时,质问型标题就变成了下面的标出论点型标题。不过,质问型标题带有一定的情感色彩,从这个角度说,它又属于表态型标题,变为论点型标题后,标题的力度明显减弱。

(二)标出论点型标题

这类标题把全文的论点明确标出,让人一看标题就知道作者的观点是什么,非常醒目。

此类标题包括立论型的标题和驳论型的标题。

1. 立论型标题

立论型标题就是把自己的观点表达出来。对这类标题,人们的兴趣集中在为什么作者这样说上。如"'伪公安'比'真小人'更值得警惕""请宽容公共话语权的伸张""突发事件中公民权利仍需保障"等,这些标题都是直接提出中心论点。如果说第一类题目仅仅告诉人们作者的选题,并未明确地说出答案,那么,这类标题则把答案明确提出,不容含糊。这是较为典型的论说文标题类型。

2. 驳论型标题

这类标题是反对和批判别人的观点的。驳论型标题曾用诸如"驳……""斥……"之类的格式。"驳……""斥……"这样的格式语气太过激烈,所以使用得很少。用"评……""质疑……"的格式,口气就要相对缓和一些。更多的时候,标题并没有"驳""斥""评"之类的字眼,例如"历史不容篡改"(批判日本文部省抹杀侵华历史的行径)、"谎话救不了'法轮功'"等。随着世界政治形势趋向缓和,我国把重点转移到经济建设上,这类新闻评论标题出现的机会越来越少,代之以一些软性论战标题或争鸣标题。

(三)表态型标题

表态型标题就是作者在标题中把自己的态度鲜明地体现出来。它包括以下两类:

1. 寻求支持型标题

运用这类标题时,作者希望别人都能够支持自己的意见,站到自己一边来。这类标题在情感上具有一定的鼓动性,包括号召型和呼吁型两种。号召型是自上而下型的,作者必须是具有一定的权威性和号召力的人,如"与时俱进,开拓进取""动员起来,坚决整顿规范市场经济秩序"等。号召型标题一般是个可以单独使用的标语口号。这类标题多在社论之类的文体中出现。呼吁型是自下而上或平等型的,如"呼吁风险投资打造芯片制造产业""呼吁建立实质正义的国际商业""呼唤英雄"等。

2. 个人态度型标题

这类标题,作者只是表明自己的态度,它可能是对别人的号召或呼吁的回应,也可能是自己主动表达态度,拥护还是反对、赞扬还是批评、要还是不要,旗帜鲜明,如"就是要憋死网络脏口""赞成赤膊醉酒者禁上公车""职工民主岂可滥用""莫让为学费自杀成为'连续剧'""不能戴着'有色眼镜'评价宿迁医改"等。这样的标题带有强烈的情感倾向,但在正文中作者仍需要把自己的理由说出来,即为什么拥护、为什么反对,为什么赞扬、为什么批评。

第五章

5

创作论（中）

内容提要：

1. 论证就是运用论据证明论点的过程。论点要合理、明确、新颖而具有针对性，论据要真实、可靠、典型、新鲜，论证过程要符合逻辑。

2. 评论的论据大致包括这样几类：事实论据，可以用来证明论点的典型的人和事；理论论据，包括经典作家所做出的具有权威性的结论，所讲述过的富于哲理性的言论；还包括那些科学原理、定律、公理及格言、谚语等；数字论据，通过对数字的统计来说明问题。

3. 概念包含内涵和外延。内涵就是概念所反映的对象的本质属性，外延就是概念所包含的对象。判断就是运用概念来断定事物情况的思维形态。推理就是由一个判断推出另一个判断的思维形态。

4. 直言推理的七项规则：中项至少要周延一次；在前提中不周延的词项在结论中也不得周延；两个前提不能都是否定性前提；前提中只要有一个是否定的，结论就必定是否定的；如果两个前提都是肯定的，结论就必定是肯定的；不能两个前提都是特称判断；如果前提中有一个是特称的，结论必定是特称的。

5. 七种常用的论证方式：归纳论证；演绎论证；类比论证；对比论证；比喻论证；反证；归谬法。

6. 驳论就是反驳对方的观点。反驳无非是要证明对方观点错误，从这个意义上说，反驳是一种特殊的论证。驳论可从驳论点、驳论据和驳论证过程三个方面展开。

第一节 新闻评论的论证

一、论证的要求

所谓论证,就是运用论据说明论点的过程。

一般的论说文总是包括论点、论据和论证过程三要素,其中,论点和论据是最基本的要素,而论证则是寻找论据和论点之间的内在逻辑联系,运用论据去阐明论点的过程。论证要遵守形式逻辑规律。要学会运用概念做出判断,展开推理,要懂得同一律、矛盾律、排中律,要熟练掌握诸如演绎推理、归纳推理、类比推理等推理证明的逻辑方法。如果缺乏形式逻辑训练,不但不可能进行充分有力的论证,而且往往会陷于自相矛盾、难以自圆其说的窘境。而逻辑严密,则会产生巨大的说服力。斯大林在《论列宁》一文中曾说:"当时使我佩服的是列宁演说中那种不可战胜的逻辑力量,这种逻辑力量虽然有些枯燥,但是紧紧地抓住听众,一步一步地感动群众,然后就把听众俘虏得一个不剩。我记得当时有很多代表说:'列宁演说的逻辑好像许多万能的触手,从各方面把你钳住,使你无法脱身:你不是投降,就是完全失败。'"[1]如果说文学作品主要是以情感人,那么,评论则主要是以理服人,以逻辑服人。所以,评论的基本要求之一就是论证过程条理清晰,逻辑性强。

下面逐一加以讨论。

(一)论点要合理、明确、新颖而具有针对性

论点是立论的结果。评论者通过判定新闻事件的价值,从新闻事件中发现问题,就那个问题形成自己的观点这样一系列的判断过程就是立论,最后形成自己的论点。立论是从思维过程考虑的,论点是从写作过程考虑的。Edward S. Inch 和 Barbarrw Warnick 在 *Critical thinking and communication: The use of reason in argument* 一书中对论点提出了如下四点要求:争议性(Controversiality)、明确性(Clarity)、平衡性(Balance)和挑战性(Challenge)。[2]所谓争议性,就是

---

〔1〕 斯大林.斯大林选集(上卷).北京:人民出版社,1979:176~177

〔2〕 见马少华对笔者意见的回应,http://msh01.blog.sohu.com/5066329.html.

这一论点确实值得提出，而不是大家公认的观点。如果某一观点已经是大家的共识，就没有必要再提出。所谓明确性，就是你的观点是什么，要明确表达出来。写评论，就是要表达自己的观点，看评论，就是要获取别人的观点，观点不明确，人们就不知所云。所谓平衡性，就是要尽可能地考虑全面，不能抓住一点不及其余，那样的观点别人就难以接受。所谓挑战性，就是观点要新颖，要有针对性，不能四平八稳，怎么都可以。结合新闻评论的实际，对新闻评论的论点有新颖、合理、明确而具有针对性这样四项要求。新颖与合理我们在谈立论时已涉及，下面说一下后两项要求。

1. 论点要明确

新闻评论虽然评的是新闻，但并不是一则新闻的所有细节都要评，而是要抓住新闻中所反映的某个问题来评。问题意识不明确，就容易导致文章中到处都是论点，却又没有一个明确的论点。当然，一个大论点下可以有一些小论点，但那些小论点都是围绕大论点提出，用来说明大论点的，中心论点只能有一个。

试举一习作来说明：

行动才能改善

2005 年，中国人记住了一个名字——洪战辉。

2006 年，我们在心底确定了一个认识：感动不要泛滥，行动才能改善。洪战辉，在面临苦难和痛苦时，失望过但没有绝望过，抱怨过但没有堕落过，用行动证明了当代大学生应有的品质。

在父亲患有间歇性精神病，母亲不堪重负离家出走的情况下，从 12 岁起，他便用坚强的双肩挑起了生活的重担，直面人生的风雨。他成功了，他成为了一面旗帜，一个人物，一个备受关注的名人，似乎在一瞬间，他感动了中国的每一个人。他的身影、他的言语不时出现在报纸、电视、网络等大众传媒上，从他身上，人们说出的、看到的、听到的最多的似乎就只有感动了。

或许是我们根本体会不到他所处的困境，但是我们可以思考一个关于洪战辉的精神和人格品质的问题。全国各大学为了让大学生深入学习洪战辉，举办了很多活动。其中一个学校的活动中有这样一个问题：同学，请问你认为洪战辉哪一点最值得我们大学生学习？那位同学回答道："其实如果我是洪战辉，我也会那么做！"虽然有点答非所问，但是我还是不愿意去怀疑这句话的真实性。没有身临其境，怎么能体会个中滋味？洪战辉生在那样的家庭，是他无法选择的，不向命运低头，他唯一能做的就是改变，尽他最大的努力去改变。困境中他像一个普通人一样想过退缩,但他没有放弃,所以他完成了一个从平凡到伟大的蜕变。洪战辉的可贵之处就在于坚持。在中国,有成千上万个这样的家庭,有成千上万个孩子都在面临类似的苦难,但很多人往往在遇到相同的困境时走向了极端,他们没有选择奋斗,而是选择了报复社会,在自己的生活无丝毫改善的情况下却对社会造成了巨大的伤害。

洪战辉不怕困苦,克服困难,但我认为这并不是最可爱的,他最可爱之处在于在他最贫困、最需要帮助的时候,却向比他还困难的人伸出了援助之手,这一点足以证明了他有一颗不平凡的心。敢问有多少人愿意这么做,敢于这么做,或者谁曾有这么一颗伟大的心呢?

很多人都在思考,究竟是什么让洪战辉有那么大的胆量,不断地向前,一次次失败了又勇敢地站起来?这一切到底源于什么?动力到底在哪里?或许独立的人格精神是最好的解释。因为有其独立的人格,他过早地承担起家庭的责任,他不愿随便接受别人的帮助,也是这种独立的精神使他不懈地进取,在此过程中,他使自己强大。特殊的遭遇和特定的行为造就了洪战辉,这种遭遇与行为是出自人的自我生存的本能加上其特有的人格精神。所以从这方面讲,我们每一个人都有自己的遭遇和责任,我们不需要模仿洪战辉,洪战辉更不需要被复制,更多的应该是要在自己特定的经历中,坚守和承担我们自己的那一部分。而为何我们要学习洪战辉,把他当成英雄?自然是因为我们需要,因为我们缺少了他的精神,任何标高都反衬着现实的缺失。洪战辉成为一种标高,成为当代大学生的榜样,不是说我们要去做他那样的英雄,而是说明:我们在现实中有时连自己应该做的坚守与承担都难以做到。

有一篇文章,作者讲了两类人:一类人是自己很贫穷,家里的费用都支付不起,他却把仅有的钱都用在了公益事业上;另一类人不算是富有的人,经济能力也仅能维持家庭支出,然而他却并不热心于公益事业。作者提出两种人中,哪一种比较可爱一点呢?作者认为后者比较可爱。作者认为人活于世,首先他是一个人,他具备对亲情友善的基本品质,他能够把家庭照顾得无微不至,那说明他是一个好人,至于他能不能为他人、为社会做出更多,那是一个人的道德品行修养问题。他能想多远,那要看他能走多远。洪战辉走到了今天就在于他想的比别人要多得多。他尽力在为家庭奋斗的同时也想到了他人,并力所能及地帮助了他人。他是一个善良的人,成名之后,当他接受更多的捐款时,他又想到要在社会上建立一个基金,以此来更好地服务社会;从小家到大家,他丝毫没有改变自己的情操,这是一种朴实的道德力量,这种力量有别于时尚明星的感染力,是一种无穷的榜样力量。

现代的人们个个整天都在为自己马不停蹄地奔命着，房子，车子，大房子，大车子……或许为自己想得太多了，太劳累的人们突然发现世上还有像洪战辉这样的人，似乎一下子就很容易被感动了，然而却并不是都能像洪战辉那样行动。天下事，不在难知，而在难行，不在难行，而在难于知行合一。洪战辉不应该只是一个时代的标签，他的作用在于激励更多的"洪战辉"从困难中走出来，走出自己精彩的人生，在于让更多的人更多地为别人想想，想想那些仍然生活在困苦之中正需要我们伸出一只手拉一把的兄弟姐妹们。

这篇评论的标题叫"行动才能改善"，作者是拿洪战辉来说事的。从前面的"感动不要泛滥，行动才能改善"一句，我们大致可以推知其观点，即我们不要仅止于感动，要用实际行动来改善像洪战辉那样的贫困者。但看下面谈的深入学习洪战辉的段落，似乎又是说要像洪战辉那样通过行动来改善自己的处境。但就作者对于那个同学的回答的态度来看，好像又是说谁在洪战辉的处境中都会那么做的("不怀疑那句话的真实性")，那么，"行动才能改善"这样的命题就没有意义了——大家都会去行动，还用你啰嗦吗？接下来作者又否定了那一层意思，说在面对苦难时，有许多人没有像洪战辉那样。那么，那些人是没有行动吗？作者说他们没有选择奋斗，而是选择了报复社会。假设这个判断成立，报复社会是不是一种行动呢？显然是的。报复社会的结果是什么呢？作者说"自己的生活无丝毫改善"，"对社会造成了巨大的伤害"，这不就与"行动才能改善"矛盾了吗？看来行动不一定能改善，还可能带来很大的麻烦。接下来，作者又滑向另一个论点：洪战辉最可爱之处在于他自己贫困，却还向别人伸出了援手。这一论点与前面的论点不相干，作者倒花了四大段的篇幅来论证那种行为确实是可爱的。这样，这篇评论就起码有了这样几个论点：一、行动才能改善自己；二、行动才能改善他人；三、行动不能改善自己；四、行动能否改善是个伪问题；五、自己最贫困却在帮助他人的人是最可爱的。前四个观点是相互冲突的，与第五个观点是没有关系的。这样，读者就实在弄不清作者究竟想说什么了。

2. 论点要具有针对性

新闻评论毕竟不同于书斋评论，它的现实针对性很强，如果重复别人弹过的老调，不能从现实的新发展中看出新问题来，评论即使论证得再充分、再严谨，也是没有意义的评论。

(二) 论据要真实、可靠、典型、新鲜

论据是用来支撑论点的依据，如果论据不真实，得出来的结论必然是错误

的。“大跃进”时期,到处刮起了浮夸风,各地较着劲儿虚报产量,根据这些虚报的数字制订出来的国民经济发展计划必然是错误的,它使人们经过短暂的亢奋之后,迅速跌入困难之中。

论据虚假、不可靠,论点便失去了强有力的支撑。

评论的论据大致包括这样几类:① 事实论据,可以用来证明论点的典型的人和事。② 理论论据,包括经典作家所做出的具有权威性的结论,所讲述过的富于哲理性的言论,还包括那些科学原理、定律、公理及格言、谚语等。③ 数字论据,通过对数字的统计来说明问题。数字是最具有说服力的。例如,一篇评论在论及我国高等教育的大众化时,就用了数据来说明问题:按照美国社会学家马丁·特罗的高等教育大众化理论,高校在校生占适龄人口比例的15%~50%为大众化阶段。据最新的统计数据,我国的在校生占适龄人口的比例已经达到19%,相应地,我国的高等教育也已经实现了“精英化”向“大众化”的过渡。

无论评论中运用哪一种论据,最重要的是要真实可靠。对于事实论据而言,真实可靠意味着要对所举事实的重要细节进行调查了解,去伪存真。事实论据的使用还要考虑它究竟是孤证还是具有普遍意义。列宁说:“在社会现象领域,没有哪种方法比胡乱抽出一些个别事实和玩弄实例更普遍、更站不住脚的了。挑选任何例子是毫不费劲的,但这没有任何意义,或者有纯粹消极的意义,因为问题完全在于,每一个别情况都有其具体的历史环境。如果从事实的整体上、从它们的联系中去掌握事实,那么,事实不仅是‘顽强的东西’,而且是绝对确凿的证据。如果不是从整体上、不是从联系中去掌握事实,如果事实是零碎的和随意挑出来的,那么它们就只能是一种儿戏,或者连儿戏也不如。”[1]对于理论论据而言,真实可靠则意味着对出处的查找、核实。引文有误,不仅影响着论断的正确性,而且会构成对所引文章作者形象的歪曲甚至污蔑。理论论据还要忠实于原理论的意思,不能随便歪曲。数字论据往往给人造成一种强烈的真实感,因为它是对客观事实的精确的统计,相比较于事实论据更具有普遍性,所以,数字论据不实,最容易产生错误结论。如果数据是自己统计出来的,就要精确核对每一个数据,保证数据的准确可靠。所谓数据的准确,不是说数据必须是精确的数据,不能是模糊数据,而是说是精确的,就要写精确,是模糊的,也不能随便去掉诸如“大约”“左右”“基本上”等词,去掉就不准确了。比如“天下乌鸦一般黑”这样的表述就是不准确的,而如果说“天下乌鸦基本上都是黑的”,就是准确的表述,因为已经有人发现了白色的乌鸦,但白色的乌鸦极难见到。如果数据是别

〔1〕 列宁:列宁全集(28).北京:人民出版社,1990:364.

人统计出来的,就要审查一下来源的可信度,不能把那些来源不可靠的数据用进来。

新闻评论虽然不要求把所使用的论据的出处全部在文后标注出来,但一般也要求在文中有所说明,包括所评新闻的出处。大多数评论都在介绍事件后,交代新闻来源。有些评论却极不严谨,通篇是“据说”“听说”“我猜”等,这就极大地影响了其论据的可靠性。

论据还要力求典型。有的评论,论据是真实无误的,但它与论点之间缺乏较为紧密的联系,很难用它有力地说明论点。这样的论据堆积在文章中,会影响文气,使文章缺乏逻辑力量。更有甚者,论据与论点之间根本没有联系或者论据与论点相冲突,却将它们硬扯到一起,造成文章思路的混乱。比如,习作《大学生还值多少钱?》中,说大学生招聘会上,菜馆、面包馆、包子馆、美容美发店、网吧都来凑起了热闹,这些单位面向大学生招聘导购员、砂锅师、饺子师、点餐员、传菜工、配菜工……这确实是很典型的大学生不值钱的论据,但作者后面花了4/5的篇幅讲大学生上学收费如何高,举了一大堆论据,这就与主论点游离了,倒让人觉得大学生真值钱,其成本价就如此高昂。

论据要典型,就要大量收集能够证明论点的论据,然后在这些论据中进行认真筛选,把那些与论点之间没有多少联系或联系不强的论据去掉,保留下最能说明论点的论据。不典型的论据即使用上一堆,仍然说明不了问题,而那些典型论据则可以以一当十,在较短的篇幅中将观点证明清楚。

论据还要新鲜。有些论据,尽管可以用来有效地说明论点,但这些论据可能是别人多次使用过的,用在文章中会让人感觉陈旧乏味,失去阅读兴趣。比如,“文革”中,那些新闻评论文章总是引用马恩列斯毛那几句有关阶级斗争的语录,了无新意,令人生厌。社会在发展,时代在变化,新的事物不断涌现,我们可以从中找到许多新鲜的论据,即便是那些历史陈迹,也仍然有许多过去人们没有提到和没有注意到,但又对证明论点至关重要的东西,用到文章中,就会使旧的东西焕发新的生机。当然,用过去的论据还要考虑时代在变,那些论据是否还合适。总之,要找那些别人少用或未用过的东西来作为论据,要找那些能够说明当下问题、符合时代要求的论据,使文章给人们带来新信息、新思想、新感受。

(三)论证过程要符合逻辑

论证是运用概念做出判断、展开推理的过程,它具有以下要求:

一是要明确概念。一个词的意思是什么,它的内涵和外延是什么,必须要搞清楚。词意不清,就无法依据概念作判断。有许多词是多义词,这些词的内涵和外延要在上下文中得以确定。当我们使用了其某一意义时,除非为了特殊的修辞,不能随意变换其意义。比如,“他跑得好快,比刀子还快”,这样的句子就是错误的,它把“快”的概念给偷换了。第一个“快”是形容奔跑的速度,第二个“快”则是形容刀子锋利。有些词太容易产生歧义,我们就要考虑换一种说法。比如一篇评论说在北京出现了“出租爷爷奶奶”的新型推介服务,读到“出租爷爷奶奶”这个词组,你会怎么理解呢?也许你理解为因为有的年轻人缺少爷爷奶奶的爱,所以中介公司就提供一些老人为他们当爷爷奶奶。实际上,它的意思是“老年保姆”。如果提供老年保姆可以说成“出租爷爷奶奶”,那提供小保姆是否可以说成“出租少女”呢?人们会怎么想呢?所以,不如直接说“老年保姆推介服务”。

二是论证过程要遵守逻辑规范,做到严密而准确。任何推理上的漏洞,都可能导致结论的错误。下面我们举一例子加以说明。

解决贫困生问题出路在于“宽进严出”

现行的严进宽出的高等教育机制造成了考生这样一种就学心态:十年寒窗,终成正果,既然已经考取了高校,岂可因为家庭贫困而弃学,至于数载的高额学费和生活费如何解决,却没有充分考虑,似乎这些问题是社会、政府、学校的事,总不能因为学费的问题让一个考取的学生失学。而且许多考生存在着这样的认识误区:只有高考才是检验自身价值的标尺,只有上大学才是成才的标志。

而社会公众的心态则是,某个贫困生一旦考取了高校特别是名牌高校,人们总会对其与命运的抗争给予更多的感叹和同情,人们不愿意接受贫困生因为经济拮据而弃学的事实,感情的砝码明显地偏向了贫困生这一弱势群体。但朴素的感情解决不了贫困生的实际问题。试问,在严进宽出的高等教育机制下,那些因为一分之差而落榜的贫困生,社会又该如何对待呢?说实话,如果给他们进入高校的机会,他们未必不能成才。

现行的高等教育机制使得贫困生进了学校以后,势必要承受经济与精神的双重压力,与其他同学之间存在的巨大落差所形成的自卑心态是难以调适的,整天生活在贫困的阴影中,整天生活在经济的压力下,这对贫困生的人格形成也十分不利。

如果我们的高等教育是一种宽进严出的机制,所有学生均可以进入任何一所高校学习,包括名牌学校、热门专业,只要你能够在数年以后通过毕业考试而且能够承受数年中高额的学费和生活费。这样,学生选择进入高校学习必然要慎重,必然要充分考虑自己的经济实力和承受能力,从而有助于克服那种考取了就不能放弃的就学心态。现行的高等教育自学考试就是最好的例子,自学考试采取的是宽进严出的做法,于是也就不存在贫困生读不起书,成不了才的问题了。这样,交不起费不等于读不起书,上不起学不等于成不了才。

据调查,许多贫困生来自农村家庭,而且往往是多子女家庭。我们的媒体常常热衷于宣传目不识丁的农家培养出了大学生,有时甚至是一家出了两个、三个大学生,褒扬农家为社会培养了人才。媒体的用心当然是为了教育那些家境较好的学生要刻苦学习,但思考一下我们便会发现问题,且不说无计划生育造成的家庭多子女而贫困的问题,即便是城市的工薪阶层也未必有实力去供养两三个孩子上大学,更何况是尚未摆脱贫困的农村。

我国是发展中国家,正处于社会主义的初级阶段,现阶段我们只能实行九年制的义务教育,尽管国家年年扩大高校的招生规模,但能够接受高等教育的人毕竟是少数。即便是我国实现了现代化,高等教育也不可能成为义务教育。在长期计划经济的体制下,考取高校的考生理所当然地应当去接受高等教育,上大学似乎成为一种福利,成为一种无需尽交费义务的权利;如今市场经济条件下,接受高等教育既是一种个人的消费行为也是一种个人的投资行为,是人们为提升自我价值而采取的一种手段。因此这就注定了高等教育只能是一种高消费的行为,特别是在就业市场、社会保障、助学贷款、弹性学制还不十分完善的情况下,上大学的高额费用与贫困生的承受能力这一矛盾还很难在短时间内加以解决。

我觉得,宽进严出的高等教育机制可以有助于调整贫困生的就学心态,而且符合市场经济的法则,是一种公平的教育机制。

(《中国青年报》2000年10月11日)

这则评论的观点是:解决贫困生问题出路在于“宽进严出”。据此,文章应该证明,为什么“宽进严出”就可以解决贫困生问题。所谓的“解决贫困生问题”,意思是让贫困生能够顺利完成学业,不要让他们因经济贫困而失学。然而,作者整个的论述却都指向一个结论:没钱就别上学。作者首先论证的是:“交不起费不等于读不起书,上不起大学不等于成不了才。”他批判了考生和社会对贫困生就学的心态,认为:一、廉价的同情不能解决问题;二、让贫困生就学会造成贫困生的人格问题。照这样推理下去,答案只能是把贫困者拒于大学门外,这样就没有了贫困生。但作者似乎又不敢直接承认这样的结论,而是以自学考试为例来说明解决贫困生问题的出路——宽进严出。作者轻易做出一个判断:“自学考试采取的是宽进严出的做法,于是也就不存在贫困生读不起书,成不了才的问题了。”令人费解的是:自学考试就不要花钱吗?既要花钱,贫困生不是仍然读不起书吗?正如作者所讲,宽进严出是有条件的:“只要你能够在数年以后通过毕业考试而且能够承受数年中高额的学费和生活费。”不知作者怎么就能得出“交不起费不等于读不起书”的结论?作者在第一段中就说“只有上大学才是成才的标志”的想法是一种认识误区,显然换句话说就是“不上大学一样能够成才”。但是,第二段中作者却又说那些落榜生“如果给他们进入高校的机会,他们未必不能成才”。也就是说,它隐含的前提是:那些落榜生因为进不了高校,所以不能成才。这不是自打嘴巴了吗?后文的判断“不存在贫困生读不起书,成不了才的问题了”,这一句显然是个条件句,就是说贫困生要是读不起书,就成不了才了,但紧跟的句子中又说“上不起学不等于成不了才”,作者又一次在同一个问题上打了自己的嘴巴。尤其是,这一句承上文所说自学考试的例子而来,难道自学考试不是上大学吗?再往上,它承接的是实行宽进严出的高等教育机制,既然“可以进入任何一所高校学习”,就不是谈“上不起学”,也就无从推出“上不起学不等于成不了才”的结论了。后面作者再次指出,现在高等教育是一种高消费,“上大学的高额费用与贫困生的承受能力这一矛盾还很难在短时间内加以解决”,但既然难以解决,你怎么又用“宽进严出”给解决了呢?最后一段,作者又不经任何证明过程,做出一个判断:“宽进严出高等教育机制可以有助于调整贫困生的就学心态。”读者怎么也不能明白,它是怎么调整的。

这篇文章多处违反了矛盾律,结论又往往未经证明就轻易做出,缺乏有效的论证过程,读后让人对作者的观点感到莫名其妙。

二、相关的逻辑知识

(一)概念

概念包含内涵和外延。内涵就是概念所反映的对象的本质属性,外延就是概念所包含的对象。比如“贫困生”这一概念,其内涵就是“贫困的学生”,外延就是所有的贫困的学生。对于概念的内涵,我们常常通过下定义的方式来加以明确。比如“新闻评论学是有关新闻评论现象及其规律的科学”这句话就把新闻评论学的内涵揭示了出来,而“新闻评论学是新闻学的一个组成部分,它是研究新闻评论的运用和写作规律的科学”这句话则把新闻评论学的内涵给过多限定了,因为新闻评论不仅只有写作规律。概念的外延则常常通过划分来明确。比如“新闻评论”所包含的对象都有哪些呢?根据新闻评论所借助的媒介,我们可以划分为报纸新闻评论、广播电视新闻评论、网络新闻评论等,也就是说,新闻评论的对象包括了报纸新闻评论、广播电视新闻评论和网络新闻评论。划分标准不同,划分的内容就不同,所以,要在同一标准中划分,不能把不同的标准混在一起。比如“学生包括大学生、中学生、小学生、贫困生”这样的句子就是犯了标准混乱的错误,前面三个以学生的升学程序为划分标准,后面一个则以学生的经济条件为划分标准。

(二) 判断

判断就是运用概念来断定事物情况的思维形态。当我们明确了概念的内涵和外延之后,我们就可以用一组概念来形成判断。比如“切实减轻农民负担”这样的句子中就有“切实”“减轻”“农民”“负担”等概念,这一组概念的组合,表明了作者的观点:农民负担太重了,现在尚没有切实得到减轻。如果概念不清,就有可能形成错误判断。比如“切实减轻农民不合理负担”一句就不对,因为“不合理”的负担表达的是不应该有的负担之意,既是不应该有,那就不是“减轻”,而是要“去掉”了。当然,判断不仅有形式上的错误,还存在判断与实际情况是否相符的问题。比如“贫困生是社会臆造的伪概念”,这样的判断就是错误的,因为它与现实不相符,现实中确实存在贫困生,“贫困生”这个概念并不是一个伪概念。

判断包括简单判断和复合判断。简单判断就是它本身不再包含其他判断的判断。复合判断则包含两个以上判断。比如,“张三喜欢打球”“张三喜欢游泳”都是简单判断,而“张三不仅喜欢打球,而且喜欢游泳”就是一个复合判断。

简单判断根据其判断的是一个事物的性质还是一个事物与其他事物的关系,可以分为直言判断和关系判断。前者如“李白是唐朝人”,后者如“小李比小王高”。

一个直言判断中,被断定的事物称主项,表示事物性质的称谓项。“贫困生是社会臆造的伪概念”中,“贫困生”是主项,“社会臆造的伪概念”是谓项,把这两个概念连起来的部分叫联项。联项包括肯定性的和否定性的,这里是个肯定性的联项“是”。而表示事物的数量范围的部分称量项。这里的“贫困生”是个集体概念,意思是“所有的贫困生”,所以,其量项为全称量项。此外,还有特称量项,即其中的一部分;单称量项,即此概念所含的是一个整体,无法区分出其一部分来。联项和量项排列组合,形成六种判断:全称肯定判断、全称否定判断、特称肯定判断、特称否定判断、单称肯定判断、单称否定判断。

两个概念之间的关系有五种:全同关系,比如“比喻就是打比方”,“比喻”和“打比方”两个概念完全一样;包含关系和包含于关系,比如“学生”就包含“中学生”,而“中学生”则包含于“学生”中;交叉关系,如“体育评论”和“新闻评论”两者就相交叉,两个概念包含相同的一些内容,也各有不同的内容;相异关系,比如“中国”和“日本”两个概念就完全不同。

因而,六种判断中,有四种关系:矛盾关系、反对关系、下反对关系和差等关系。全称肯定判断与特称否定判断、全称否定判断与特称肯定判断、单称肯定判断与单称否定判断之间的关系是矛盾关系,比如当我们说“所有的中学生都是学生”时,就不能同时说“有的中学生不是学生”,说“所有的男的都不是女的”时,就不能说“有的男的是女的”,两个判断一个是真的,一个是假的,不可能都真,也不可能都假。全称肯定判断与全称否定判断之间的关系是反对关系,比如当我们说“所有的中学生都是学生”时,我们就不能说“所有的中学生都不是学生”,此时两个判断一个为真,一个为假,但“天下乌鸦一般黑”与“天下乌鸦一般白”两个判断都不对。也就是说,反对关系中,一个为真,另一个必为假,但一个为假时,另一个不一定为真。特称肯定判断与特称否定判断之间的关系是下反对关系,比如“某些学生是团员”,“某些学生不是团员”,这两个判断都是对的,但“某些学生是老师”,“某些学生不是老师”,就有对有错。也就是说,这种关系中,不可能两个判断都是假的,但可能两个判断都是真的。全称肯定与特称肯定、全称否定与特称否定之间的关系则是一种差等关系,比如“所有的中学生都是学生”与“那些中学生是学生”,“所有的中学生都不是学生”与“那些中学生不是学生”,前者都对,后者都不对,但“有些中学生是团员”与“所有的中学生都是团员”,前者是真的,后者却可能是假的。也就是说,此时,当全称判断为真时,特称判断就是真的,全称判断为假时,特称判断不一定假;反过来,特称判断为真时,全称判断不一定真,特称判断为假时,全称判断必定为假。

一个关系判断中,有主项、谓项和量项,但没有“是”或“不是”这样的联项。

关系判断的主项可以对调的,为对称性关系,如“张三和李四是朋友”可以换成“李四和张三是朋友”;对调后正好相反的,为反对称关系,如“小李比小王高”,反过来就得说“小王比小李矮”;若对调后既不是对称的,也不是相反的,就是非对称关系,如“小李喜欢小王”,我们无法判定“小王喜欢小李”或“小王不喜欢小李”。当涉及三方关系时,还存在传递性关系、反传递性关系和非传递性关系。传递性关系如“小李比小王高”,如果我们知道小王比小张高,就可以说“小李比小张高”;反传递关系如“老李是大李的父亲”,如果我们知道“大李是小李的父亲”,并不能说“老李是小李的父亲”;非传递关系如“小王喜欢小李”,“小李喜欢小张”,由此我们并不能确定“小王喜欢小张”。

复合判断包括联言判断、选言判断和假言判断。联言判断是表明两个以上事物同时存在的判断,如“他不但爱打球,而且爱游泳”就是联言判断。生活中的并列复句、递进复句、转折复句等都是联言判断。选言判断是在两个以上事物中做出选择的判断,如“或者在家里吃,或者上饭店吃”。选言判断又包括相容选言判断和不相容选言判断。不相容选言判断就是要么是这种情况,要么是那种情况,两者只有一种情况存在。假言判断是假设存在什么条件就会有什么结果的判断,如“没有改革,就没有中国的飞速发展”。假言判断包括充分条件假言判断、必要条件假言判断和充要条件假言判断。充分条件指有了这个条件就一定会怎么样,即“如果……就……”;必要条件指没有这个条件就一定不会怎么样,即“只有……才……”;充要条件指有了这个条件就一定会怎么样,没有这个条件就一定不会怎么样,即“当且仅当……才……”。

(三) 推理

推理就是由一个判断推出另一个判断的思维形态。

直言推理包括直言变形推理和直言三段论。

直言变形推理可以根据一个前提直接推出结论。如由“有的人爱吃面条”,我们可以直接得出结论说“有的人不爱吃面条”。

三段论是由两个前提的关系推出结论。直言三段论由三个直言判断组成,并且只含有三个词项,即小项、大项和中项。小项是在结论中做主项的词项,大项是在结论中做谓项的词项,中项则是只在两个前提中出现而在结论中不出现的词项,它的作用是联结两个前提。这三个词项各出现两次。

直言推理有如下规则:

(1) 中项至少要周延(周延指包含全部外延)一次。中项若在大前提和小前提中都不周延,就有可能使中项在大前提中说的是此词的某一部分外延,在小前提中说的是此词的另一部分外延,两者指的不是完全同一的概念,这样,它就起不到作为中项连接大小项的作用了。比如,“有的人是教师,有的人是学生”,我们不能由此得出结论“教师是学生”。

(2) 在前提中不周延的词项在结论中也不得周延。比如“大学教师都是知识分子——此书的作者不是大学教师——此书的作者不是知识分子”这一推理中,知识分子在大前提中是不周延的,因为知识分子的外延不仅仅包括大学教师,如研究所的人员也是知识分子,这一不周延的概念在结论中也不能周延,但此推理中的结论部分的知识分子却包括了所有知识分子,所以推理是错误的。我们平时经常被这种似是而非的推理所蒙蔽。这里关键要搞清,可以说“大学教师都是知识分子”,反过来却不能说“知识分子都是大学教师”,因为它可能是一种全同关系,也可能是一种包含于关系,根据常识,我们知道,这里是一种包含于关系,即大学教师包含于知识分子中,反过来,知识分子包含大学教师,知识分子的外延要大于大学教师。所以,大学教师并没有把知识分子的外延全部显示出来,这里的知识分子是不周延的词。

(3) 两个前提不能都是否定性前提。比如说"张三不是男的——李四不是张三——?"我们既无法推出李四是男的,也无法推出李四是女的。

(4) 前提中只要有一个是否定的,结论就必定是否定的。比如"张三不是男的——李四是男的",我们只能得出结论说"李四不是张三"。

(5) 如果两个前提都是肯定的,结论就必定是肯定的。比如"张三是女的——张三是抽烟的——有的女的是抽烟的",结论是个特称肯定句(之所以特称,是因为"女的"在前提中是不周延的)。

(6) 不能两个前提都是特称判断。比如"有的人是女的——有的人爱抽烟",根据中项在前提中至少要周延一次的规定,这个句子无法得出结论。

(7) 如果前提中有一个是特称的,结论必定是特称的。比如"大学教师是知识分子——张三是大学教师——张三是知识分子",结论是大学教师中的一个,张三,是特称判断。

直言三段论在生活中常常省略,我们可以通过补足来判定其正确性。

关系推理则要根据上文所指出的对称性和传递性等不同性质来作推理。

复合推理也是要注意各个判断之间的关系。

三、几种常用的论证方式

论证方式是运用论据进行推理,证明论点,得出结论的途径。常用的论证方式有以下几种。

(一) 归纳论证

归纳论证是以归纳推理作为论证方法的论证。它是将一件件具体的、个别的事例归纳在一起,找寻其共同规律,由特殊到一般,从个别到普遍,从而得出结论的论证方法。例如,获得1993年中国新闻评论奖一等奖的胡占凡的《拜金主义要不得》中就很好地使用了归纳论证的手段:

在杭州,有两个"大款"为了斗富,竟在众目睽睽之下,比赛烧人民币,每人烧掉两千多元而面不改色。

在长春,一家卡拉OK厅,一个富翁宣布:包下当晚所有的"点歌费",另一位大亨立即声明:买下全市当天所有的鲜花:你不让我点歌,你也别想献花。

春节时,一个青年富豪仰望着纷纷落下的爆竹纸屑兴奋地流下热泪,因为他刚刚点燃的四个爆竹是用两千元人民币卷成的。

一位北京"大款"用2万元一桌的宴席招待广东"大款"竟遭到奚落,随后广东"大款"用6万元一桌回请,而北京这位"大款"竟"啪"地打开密码箱,甩出35万元说:今天这桌就照这个数!

至于某人身上的穿戴价值十几万,某人甩出2万元点一支卡拉OK,30万元一只的哈巴狗被"大款"们眼都不眨地牵上就走这类事,也时有所闻。

或许这般挥金如土的人并不多,但这类事所投下的阴影却在平民百姓中日益蔓延:豪华饭店吃不尽的高档宴席,婚丧嫁娶走不完的人流车队,160元一张的粉色"情人节"入场券一抢而光,10万元一件的进口大衣买者如云,100元一个的钥匙链卖得很火,18元一碗的日本面条餐馆竟高朋满座。可以说,拜金主义正越来越大胆地牵动人们的衣襟。在许多人那里,斗富、显阔、纵欲被称为"潇洒人生""过把瘾就死";大款、大亨、大腕被当作崇拜的偶像;金钱、别墅、宠物被看成辉煌人生的象征。

在一一列举出以上这些现象之后,作者归纳说:"这种种现象已经不仅仅是个怎么花钱的问题,它鲜明地反映出一些人的价值观、道德观,这种奢靡之风正在污染着社会环境,污染着社会主义的人际关系。"像这样由具体的事例归纳出一般结论的论证方法,就叫归纳论证。

归纳推理又可分为完全归纳推理和不完全归纳推理。完全归纳推理是由对于全体中的每一个个别例子进行考察而得出的一般结论。比如,对某个乡的新生儿性别比例经过全面调查后,我们可能发现,这个乡的新生儿性别比例失调。这一结论是对此乡所有婴儿进行调查的结果,所以,属于完全归纳推理。完全归纳推理在每一个个案都确保无误的前提下,结论是必然的。

但不完全归纳推理的结论却存在或然性。不完全归纳推理就是由全体中的一部分事例归纳出结论的推理方法。还以那个新生儿性别比例的调查为例,如果结论是那个乡的新生儿性别比例失调,这是完全归纳推理,但如果由此得出结论,说全国婴儿的性别比例失调,就变成了不完全归纳推理。不完全归纳推理的结论不一定对。但是,由于种种原因,较大数目的集合往往很难一一进行归纳,比如说,人们讲"天下乌鸦一般黑",这个结论就是不完全归纳的结果,因为人们不可能把世界上所有的乌鸦都逐个检查一遍。人们只是凭经验,凭自己所见得出这一结论。这样,我们就难保例外不会发生。据说,有人曾发现过白色的乌鸦,果真如此,天下乌鸦就不是一般黑了。既然我们不可避免地要进行不完全归纳,就只有努力增大它得出正确结论的可能性。办法就是,所列举的事例要尽量具有代表性。比如,我们可以采取较为科学的抽样方法,诸如等距抽样、等层随机抽样等,以保证个案的代表性和普遍性。

归纳论证在新闻评论中运用得较多,因为新闻评论面对的正是那些具体的、特殊的新闻事实。把某一新闻事实和曾经发生过的某些事件放在一起,从比较中归纳出新闻事实所可能包含的问题,是新闻评论创作常用的手段。

(二) 演绎论证

演绎论证与归纳论证正好相反,它是由一般性原理推演出特殊结论的论证方法。这是一种必然性推理。演绎论证在新闻评论中也是经常运用的,不过,局部使用的情况更多一些。例如曹林刊于2006年2月15日《晶报》的评论《"官员禁办娱乐场所"中的治理悖论》中的一段:"因为官员权力缺乏约束,公共事务又需要官员去执行,我国许多针对市场的'管理条例'不得不承担起了双重任务:既要约束官员,又要管理市场,而被约束者又是管理者——双重任务和冲突的逻辑使制度陷入悖论:强化管理的话,会扩张执法者的权力;弱化管理的话,市场又会无法无天。最终,很多旨在管理市场的制度,还没来得及管市场,就不得不陷于疲于应付'官员腐败'的困境中。"这段话中就包含着两个演绎的过程:

A:

官员权力缺乏约束,导致娱乐场所藏污纳垢成为制度性现象。

必须整顿娱乐场所。

结论:必须约束官员的权力。

B:

约束官员的权力,管理就会弱化。

管理弱化,市场就会无法无天。

必须强化管理。

结论:不能约束官员的权力。

按照第一个推理,就得约束官员的权力。按照第二个推理,就不能约束官员的权力。两个结论矛盾,成为一个悖论(悖论就是指由两个合理的前提推出的两个结论却相互矛盾)。

使用演绎推理,要注意遵守有关演绎推理的推演规则。

(三) 类比论证

类比论证就是同类相比，展开论证，是根据两个对象有一些相同的属性，从而推断它们的其他属性也都相同的一种论证方式。比如，甲物有 A、B、C、D、E 几种属性，乙物有 1、2、3、4、5 几种属性，已知 A 与 1、B 与 2、C 与 3、D 与 4 相同，因而推断 E 与 5 也相同。这类推理在生活中经常使用，例如，曾有人对地球与火星的生存环境进行研究，发现两者很相近，由此推测，火星上可能有人类或类似人类的灵长类动物存在。类比论证的结果是或然性的。类比论证在新闻评论中使用的频率不是太高，但它仍是一种十分重要的论证方法。郭松民的《感恩老兵》运用的就是类比方法。作品拿参加诺曼底登陆的老兵和我国为国家做出贡献的那些老兵来类比。他们都是老兵，参加诺曼底登陆的老兵为反法西斯战争贡献了力量，我国的老兵们也为反法西斯战争贡献了力量；参加诺曼底登陆的老兵不怕死亡，但怕被遗忘，我国的老兵也是不怕死亡，但怕被遗忘；参加诺曼底登陆的老兵已是步履蹒跚的耄耋老人，我国那些老兵也正在一个个离我们而去；参加诺曼底登陆的老兵值得给予最大的关注，我们的老兵就也值得给予最大的关注。

类比论证的前提是假设两个事物属于同一类，如果明知两个事物不属同类，则不能采用。比如，我们不能因为人与狗在都有眼睛、鼻子，因而断定人与狗在其他方面也一样。但论证总是由已知来推未知，在推之前往往不知两个事物是否同类，因而，这种论证方式也是或然性的。

(四) 对比论证

对比论证是通过对事物的比较而进行的论证。有比较才有鉴别。对比论证也是新闻评论常常使用的手段。例如，陈鲁民 2003 年 9 月 19 日发表于红网的《身高不应成为高校歧视考生的理由》：

几乎每年高招都有考生因为身高而被拒收的事情发生，好像我们这个平均身高居于中下水平的民族特别看重这个问题。今年，又有身高 1.48 米，品学兼优的温州女生何键在入学时被西南政法大学拒之门外。据了解，该校《招生章程》除对治安学、侦查学、刑事科学技术等专业的考生有身高要求外，其余各专业均无身高要求，而何键报考的正是没有身高要求的法学、新闻学等专业。面对浙江方面教育行政部门的质询，西南政法大学招生办负责人称，该校毕业生一般都当公务员，所以有身高要求。(《教育信息报》9 月 16 日)

如果他们是在挑篮球队员,咱没得话说,那是个高人运动,顶好都像姚明那样的身高;如果他们是在挑模特,挑舞蹈演员,那对身高都有特殊的要求,咱们也无权干预。可明明白白他们是在招大学生,毕业后的去向"一般是公务员",而公务员是执行国家公务、代表政府办事的工作人员,公务员的要求是廉洁、高效、务实、公正,《国家公务员暂行条例》并没有用半个字对公务员录用做出身高限制,哪一条也和身高没关系;真不知什么部门的什么公务员,需要"高人一头","居高临下",才能开展工作。

说到公务员,依稀记得,前国家领导人宋庆龄身材也偏矮,可这并不影响她主持国政,参与国是,成为人民拥戴的"国之瑰宝"。现在仍担任国家重要领导的几个女部长,身高也都在中下水平,可工作开展得红红火火,有声有色,巾帼不让须眉。倘按时下某些单位私自乱定的招聘身高标准,这些巾帼女杰恐怕连当一个最初级公务员的机会都不会有,又谈何驰骋政坛,建功立业?

再看看国外的公务员,菲律宾女总统阿罗约,身高仅有1.50米,但治理国家有条有理,威望极高。美国前国务卿奥尔布赖特,人称"铁女人",身高还不到1.60米,可是她却在国际外交方面大显身手,翻云覆雨,纵横捭阖,令那些比她高出一头的大汉也不得不在她面前遵命听喝。奥氏应当庆幸她是生在美国,否则要在我们这里,不仅报考某部公务员难以合格,就是到酒店端盘子也没人要,常见到酒店招女服务员的广告,动辄就要求1.65米以上,好像就是专门为"卡"奥氏们设的。而在奥氏的故乡,如果招工者因为肤色、身高、体重、发型等一些身体因素拒招时,被招者就可以告他歧视罪,因为不管他们能否做到,官方文件上明确规定:"人人生而平等,他们都从他们的造物主那边被赋予了某些不可能转让的权利,其中包括生命权、自由权和追求幸福的权利。"(美国《独立宣言》)

美国那一套做法,我们当然不必奉为圭臬,但咱也不能随心所欲,定出那太离谱的有歧视倾向的招生招工招干条件。特别是招收以公务员为培养对象的大学生,最需要的是品学兼优,身体健康,如果缺了这两条,即使招的个个都是1.80米的大汉,也不会成为优秀合格的公务员。

该文拿宋庆龄、我国的几个女部长、菲律宾女总统阿罗约、美国前国务卿奥尔布赖特等人的身高来作比较,说明招考公务员不应有身高要求。通过国内、国外,早期、现在的例子的对比,西南政法大学的理由就明显站不住脚了。

(五)比喻论证

比喻论证就是通过打比方来说明问题。比喻论证能使文章显得生动活泼,深入浅出。例如,毛泽东在《将革命进行到底》一文中就曾引用《伊索寓言》中“农夫和蛇”的比喻,论证中国人民决不能怜惜蛇一样的恶人。这是一个成功运用喻论证法的例子。

不过,在使用比喻论证时一定要注意喻体和本体之间的关系,不能随便转换两者之间的关系。比如,人们常把瘦高个子比喻成电线杆,这是取了两者“瘦高”的属性,若不注意这一限制,把电线杆的冰冷拿来比喻瘦高个子的人,就走入歧途了。

比喻论证与类比论证有相似之处,但不同之处也是明显的。类比论证要在假定两个事物属于同一类或可能属于同一类的情况下使用,但比喻论证则可以在不同类别之间作喻。

(六)反证法

反证法是在相互矛盾的两方面中,通过证明一方为是来说明另一方为非,或通过证明一方为非来证明另一方为是的论证方法。

《潇湘晨报》2005 年 8 月 30 日张若渔的评论《我是高校教师,但我是低收入者》是针对“高校教师跻身高收入人群”这一观点而发的。作者自己是高校教师,但他的月收入只有 1000 元,远远达不到高收入的收入标准。而像他这样的青年教师在高校教师中占有相当比例,那些老教师大多也收入不高。“高校教师是高收入人群”和“高校教师不是高收入人群”两个判断是相互矛盾的,作者证明了有一部分高校教师收入不高,也就反过来说明高校教师不是高收入人群。

(七)归谬法

与反证法有所联系,但又与之不尽相同的是归谬法。归谬法是先假定对方的观点是对的,然后将对方观点进行合理引申,推导出明显的错误,由此证明对方观点,从而确立自己的正确观点。张天蔚在《从“人乳宴”反思市场逻辑的张狂》(《北京青年报》2003 年 1 月 29 日)一文中,这样批判“给人乳宴一点宽容”的观点:“在一篇要求人们对人乳宴‘一点宽容’的妙文中,作者诘问道:既然你能容忍医院拿人血赚钱,咋就不能容忍拿人乳赢利呢?这真是有力的一问。而按照这样的逻辑推演下去,你能容忍医院拿人血赚钱,咋就不能容忍饭馆拿人血赢利呢?这样的逻辑如果成立(其实在有些人那里它已经成立),人血馒头的出现还会远吗?”这里的逻辑推演用的就是归谬法。作者先假设“既然你能容忍医院拿人血赚钱,咋就不能容忍拿人乳赢利”这样的观点成立,然后以此逻辑推导出“你能容忍医院拿人血赚钱,咋就不能容忍饭馆拿人血赢利”这样的结论,而这样的结论是谁都不能接受的,因为饭馆拿人血赢利既违法又缺德。这样,我们就可以认清“既然你能容忍医院拿人血赚钱,咋就不能容忍拿人乳赢利”这一观点的逻辑错误。《解放日报》2005 年 10 月 8 日龚丹韵的评论《学者型官员真的更容易腐败?》也是用归谬法驳斥“学者型官员更容易腐败”这一观点:“如果学问碰上权力真容易腐化,那我们又何必提倡人才的培养深造?既然一经培养,学识提升,就易腐败,行政领导不学无术岂不更好?”这里,作者用一条件句先假设学问碰上权力真容易腐化,然后由此推出“不必对人才进行培养深造”和“行政领导不学无术更好”。显然,这两个结论都是荒谬的,所以,“学者型官员更容易腐败”的观点站不住脚。

归谬法也是一种十分有力的论证方法,它使人们看到了某种错误观点按照逻辑推理得出的荒谬结果,从而恍然大悟,放弃那种错误观点。

以上我们介绍了七种常用的论证方式,不过,论证方式是多种多样的,除此之外还有例证、引证等也是较常使用的,但正因为使用得很频繁,加之我们在谈到论据时已经涉及,故在此略去。还有一点要说明的是,这些方法可能在一篇文章中单独使用,但更多的情况下是几种方法结合在一起使用,究竟使用哪种或哪几种论证方法,要因人因文而异。

第二节 新闻评论的驳论

一、“驳论”辩

驳论是与立论相对应的一个概念。立论是表明自己的观点,驳论则是反驳对方的观点。立论之后需要运用论据展开论证,驳论则要运用论据进行反驳。反驳无非是要证明对方观点的错误,从这个意义上说,反驳是一种特殊的论证。

在一般情况下,立论和驳论在一篇文章中主要以使用一种为主,以立论为主时称立论文,以驳论为主时称驳论文。不过,在一篇评论中,立论和驳论往往是紧密结合在一起的,不可能截然分开。我们在证明自己的观点时,还要考虑对方将从哪些方面加以攻击,也要考虑驳倒对方哪些观点,才能使自己的观点树立起来;反过来说,我们要批驳对方的观点时,也往往要阐明自己的主张。试以曹林发表于《中国经济时报》2005 年 11 月 24 日的评论《“省长喝过第一口”的水就安全?》为例:

近日最牵动舆论神经的新闻,莫过于哈尔滨停水风波:因怀疑前段时间的爆炸事故造成松花江水体污染,哈尔滨市做出“临时停止供水”决定,政府启动紧急预案,成立由省长任组长的“应对松花江水污染工作领导小组”,采取有效措施治理污水。针对市民对再度供水是否能保证安全的疑问,省长张左己说,这一点请大家相信,政府一定会对百姓负责的,“4 天之后,第一口水我先喝”。(《人民日报》11 月 23 日)

第一口水我先喝——言下之意很明显:如果水有问题,第一个受害的将是省长。为了争取公众信任,高官把自己的健康推到危机应对的风口浪尖,主动把自己当作“治理人质”,这种道德勇气确定让人佩服。不过,这种看上去很有力的承诺,如果理性审视一下,就会发现其实很无力:凭什么说“省长喝过第一口”的水就是安全的?老百姓的质疑难道要的只是这种道义承诺?

以“自己先喝第一口水”来传播公信力,看起来很有“牺牲精神”,其实包含着这样一种逻辑:领导先喝第一口水,表明领导充分相信水质,因为领导相信水安全,领导的判断高于百姓,所以老百姓也应该相信水没事儿——显然,这里面包裹着一种“官本位”思想,建立在这个基础上的信任机制是非理性的,因为这种逻辑中老百姓没有自主自足的东西。

韦伯区别过三种信任模式:传统型、个人权威型和法治型。“先喝第一口水”的承诺就属于个人权威型,其实,公众的质疑主要是想追求“法治型”:需要有一种公开透明的危机治理机制,让老百姓自己的眼睛能清清楚楚地看到整个治理过程,掌握充分的政府信息和水质信息,从而根据自主的理性做出关于水质的判断——“先喝第一口水”的承诺中,只有省长一个人的知情而无普众性的知情。

另一方面,以“先喝第一口水”担保水质,是以“个人信用”来为一件关系到千百万居民健康的大事作担保,这种担保是很无力的,张省长再高的信誉也担保不起。凭什么说“省长喝过第一口”的水就是安全的?一个人的承诺负载得起几百万人的生命安全吗?所以,只有制度性的“公共信用”才能进行理性的担保,才有足够的信用分量。

说到底是危机治理中“人治”与“法治”的距离,“先喝第一口”不经意间流露出的恰恰是根深蒂固的人治思想。

如果是以法治应对危机,高官不应该说“第一口水我先喝”,而应该第一个保证及时公开危机治理信息,第一个身先士卒地履行政府责任。领导第一个上,冲在队伍的前面,死而后已——这是革命战争时代流行的政治品质和动员手段,在当下时代的危机治理中,“第一个上”应该从道德勇气转化为一种对法律的尊重。

如果是以法治应对危机,高官不应该说“第一口水我先喝”,而应该说“如果谁喝水出了问题,我第一个承担责任”,现代政治应是一种责任政治而非道德政治。“先喝第一口水”承担的只是非常狭隘的“试错”责任,而“第一个承担责任”背负起的才是完整的危机治理责任,表达的也才是法治自信——老百姓需要依赖的正是这种自信。“非典”的治理经验早已表明:只有法治,才能让我们安全地渡过危机。

作者先归纳了“第一口水我先喝”后面所隐含的观点:省长喝过第一口的水是安全的。接下来,作者对此做出分析,认为这里面包含着一种官本位思想与人治思想。最后,作者在批驳原有观点的基础上,提出了自己的观点:只有法治,才能让我们安全地渡过危机。

驳论要注意以下两个方面的问题:

一是要注意对象,掌握政策界限。

驳论文面对的对象不同,论辩的口气、所选择的词汇就要有所区别。对于敌人,必须针锋相对,不留情面;而对于朋友,则要采取友善的态度,选择宜于接受的评论方式。新闻评论毕竟不是纯学理式探讨,而是带有一定的感情色彩的评论。

驳论还要掌握政策界限,说话要讲究分寸,讲究火候,即使对于敌人,评论也要做到有理、有利、有节。

二是要以理服人,忌强词夺理,偏激武断。

新闻评论不是骂街,不能意气用事,只能用道理去说服别人,用严密的论辩逻辑去影响别人。辱骂和恐吓决不是战斗。

《人民日报》2014年7月28日署名范正伟的一篇评论《公共辩论,求真比求胜更重要》,对强词夺理甚至辱骂恐吓问题专门进行了讨论,获得了第二十五届中国新闻奖一等奖,不妨录于这里:

这几天,因“转基因食品该不该吃”产生骂战,方舟子和崔永元从微博转战至法庭,互指对方侮辱诽谤、侵害名誉。从斗嘴到说法,这场官司不管胜负如何,都有一定的标本意义,尤其是,比起一些人的“微博约架”,应该说是一种理性的回归。

只是,一场原本围绕科学命题的公共辩论,最终在互斥“流氓”“骗子”的骂声中收尾,还是令人心生感慨。当严肃的科学探讨,变成关乎名誉尊严的捍卫之战;当对转基因的关注,成为“挺方还是挺崔”站队表态;当摊开手掌的公共辩论,成为攥紧拳头的相互攻击,这种戏剧性的结局,恐怕不是各方都愿意看到的。

近些年来,公共辩论“剑走偏锋”的现象并不鲜见:心平气和的讨论,变为唾沫横飞的辱骂;同一话题的分歧,成了互揭隐私的竞赛;网络争吵的激化,导致赤膊上阵的“约架”,至于动辄质疑别人为“五毛”“美分”,或者相互送上“卖国贼”“爱国贼”的帽子,也是时有耳闻。类似现象,不仅拉低了公共辩论的价值,许多时候也冲破了法律道德的底线。究其原因,往往是伸张正义的急迫、求胜心切的冲动,让预设立场左右了事实选择,让站队逻辑取代了是非判断,让意气之争消解了话题本身。

捷克教育家夸美纽斯有句名言,“对于事实问题的健全的判断是一切德行的真正基础。”遗憾的是,在当下的现实中,许多时候事实还没搞清楚,就有了倾向性答案。君不见,从马航客机失事,到苹果手机定位,再到海南棉被捐赠,有人总是选择性相信,然后再以观点论证观点。至于真相如何,已经不再重要,重要的是观点的卓然不群,重要的是意见的抱团取暖,难怪有人发问:在雄辩“胜于”事实的时候,我们如何关心真相?而作家刀尔登在《中国好人》一书中,也忧心忡忡地写下了这样一段话:“道德下降的第一迹象,就是不关心事实,毕竟,辨别真相,是累人的事。”

或许在一些人看来,偶尔对事实的忽略“无伤大雅”,重要的是自己观念的先进,高尚的是对正义底线的捍卫。毫无疑问,宽容是有底线的,但这个底线,只能是法律道德,而不是一己的好恶。如果一边高呼自由,一边却对不同声音没有起码尊重,充满了智商和道德的优越感;如果一边宣称平等,一边却认为别人不配有发言资格,摆出一副真理在握、不容分说的姿态;如果一边反思“文革”,一边却像“文革”一样,动辄给别人扣上吓人的大帽子,非此即彼、非友即敌、非红即黑,这种辩论和交锋,除了固化成见、撕裂共识,恐怕不会有别的意义,更难以收获新的东西。

事实上,即便是错误的意见,其内容往往也包括着部分合理性。罗曼·罗兰说得好,“如果你想独占真理,真理就要嘲笑你了。”辩论的本质,不在于辩倒对方,而在于对真理的不懈探求;辩论的目的,不是让对方哑口无言,而是为了弄明白问题。想赢怕输是人之常情,但在公共辩论中,比输赢更重要的是,我们由此展现了什么,从中学到了什么;通过辩论,我们是否拓展了视野、开阔了思路、激发了思考。因此,我们期待,在公共辩论中,胜利的一方能够说,“我从对方身上学到了新的东西”;失败的一方能够说,“我错了,但却得到了真理”;围观的人们能够说,“我们又向真理迈进了一步”。

有人说,21世纪世界历史的最重要事件,可能是中国作为一个文明大国的重新崛起。从经济强国走向文明大国,呼唤着精神的勃发,观念的更新,理性的构筑。从社会来讲,这不仅需要探求真理的勇气,更需要探求真理的氛围;就个人而言,这不仅需要表达观点的技巧,更要和而不同的理念。惟其如此,我们方能搭建理性、建设性的讨论平台,提升中国社会的民主素养和公共精神,不辜负这个伟大的时代。

二、反驳的方法

我们知道,立论文包括论点、论据和论证过程,反驳也可以从这几个方面入手,即反驳论点、反驳论据和反驳论证的逻辑过程。只要有一个方面被证明是错误的,对方的观点就无法立足。

(一)驳对方论点

批驳对方论点的错误,可以运用有力的论据来证明对方论点的错误,也可以采取事理推演的方式来辨明是非。实际上,评论中一般是两者兼用的。以人民网2006年2月16日廖保平的评论《"不怕领导贪污,就怕领导失误"?》为例:

在一次会上,笔者听到一种说法:"不怕领导贪污,就怕领导失误,国家这么大,他能贪多少呢,但是如果领导决策失误,就会给国家造成不可挽回的巨大损失。"这或许是一时的气话,但多少反映了当前人们对贪污与失误的某种看法,我们有必要对此来一点辨析。

领导决策是否正确、决策水平高低,关系一方政治、经济和社会发展,关系人民群众的切身利益。决策失误,轻则误人误事,重则祸国殃民。更为可怕的是,在责任追究制度不健全的情况下,决策失误造成的严重后果往往被轻描淡写,并形成连锁反应,皆以"交学费"为托辞,置国家重大损失于不顾。对此我们当然不可掉以轻心。

然而,高度重视决策失误问题,不意味着可以忽视贪污。论造成的损失,贪污未必比决策失误小。贪污有小贪、大贪之分,有个别的贪、整体的贪之别。"鼹鼠饮河,不过满腹"式的小贪、个别的贪或许不会造成很大损失,但是"和珅跌倒,嘉庆吃饱"式的大贪、一个地方权力人物普遍的贪可能造成的后果就极为严重。更为重要的是,贪污会像白蚁一样蚕食党和政府的威信,破坏党和人民群众的联系,腐蚀着干部队伍,败坏着社会风气,反腐事关党和国家的生死存亡绝非虚言。

有时,贪污与决策失误往往是一对"双胞胎"。有些所谓的"决策失误",祸根就是贪污腐败。民主决策,依法办事,合乎程序,可以最大限度地避免领导决策失误。而权力一旦染上贪污腐败的病症,往往就会权钱交易、暗箱操作,置正当决策程序于不顾,一旦造成重大损失,又会以"决策失误"来掩人耳目。一个人再高明,也难免百密一疏,做出不那么正确、不那么成功的决策,但一个人完全可以做到不贪污。真正的决策失误,哪怕与贪污一样造成损失,也只是客观上造成了后果,而不具有主观上的故意,但贪污则是既有主观故意又有客观后果的违法犯罪行为。减少决策失误,主要依靠选贤任能和健全决策机制;防止贪污主要靠加强教育与法治,完善监督机制。

"不怕领导贪污,就怕领导失误",是一种十分糊涂的认识。它误认为失误是比贪污更加严重、更加不可宽容的行为,在实践中容易导致对"小贪小占"的容忍和对决策失误过于严苛的对待。事实上,我们既要追究一般性决策失误,更要严肃惩治贪污;既要尽量减少决策失误,更要坚决铲除腐败。在发展探索的过程中,我们甚至要有"允许失误"的宽容精神,但绝不能轻纵任何贪污行为。

这里,作者先把靶子树起来:不怕领导贪污,就怕领导失误。这里涉及贪污和失误两个问题。评论先说领导决策水平关系一方政治、经济和社会发展,不可掉以轻心,然后说,贪污造成的损失未必比决策失误小。接着,作者又把两者连起来说,认为贪污与决策失误往往是一对"双胞胎"。经过作者的分析,"不怕领导贪污,就怕领导失误"的说法就站不住脚了。作者反过来得出结论说:"在发展探索的过程中,我们甚至要有'允许失误'的宽容精神,但绝不能轻纵任何贪污行为。"

(二)驳对方论据

评论的论点是建立在论据的基础上的,如果论据有问题,那么,论点就难以成立了。所以,在驳论文中,如果能够抓住对方论据的问题开刀,将使其论点不攻自破。《南方都市报》2005 年 5 月 20 日发表连岳的《地产巨头潘石屹夫妇的"新装"》,就抓住对方的不实论据加以批判:

近期建议多看看地产商的言论,娱乐性很强,我不盖房、不买房、不炒房,可是每天还是玩味一下地产商的观点。在国家宏观调控与商人追逐暴利的角力中,信息真假变幻莫测,发现可疑之处,将其厘清,就像阅读侦探小说,非常有趣。

5 月 18 日、19 日,地产界著名的夫妻档,SOHO 中国有限公司董事长兼首席总裁潘石屹与SOHO中国董事长张欣,先后通过媒体发表了自己的观点。先是18日,张欣女士接受了新浪网、《经济观察报》《中国房地产报》的采访,她有一观点是主张城市中心需要高密度,现在的交通堵塞是因为建筑密度不够,"如果有足够建筑密度、商业密度,我可以沿着道路一直走下来,就不用开车,我完全可以非常舒服地走下来,我们现在的交通堵塞跟我们的规划是有关系的,建筑就像一个一个的孤岛,从一个孤岛到另一个孤岛必须要开车,而一开车就造成了北京交通堵塞。"

张女士奇怪的出行习惯姑且按下不论,她的另一个有力论据是:"城市很大,不一定所有的地方都是高密度的,但是城市中心一定是高密度的。因为财富都积累在城市中心了,一个小学校的占地,怎么能和一座写字楼竞争呢?小学校的地能给你多少租金?你到曼哈顿,或者到伦敦,怎么会有一个小学校在那里出现呢?"张女士收租收上瘾了,忘了"小学校"是政府必须向公民提供的公共建筑,是不需要向谁交租金的。再怎么利欲熏心的政府都不敢把"小学校"卖给地产商的。

不过,也许张欣说得对,纽约市政府就是黑,把所有学校都卖掉了,所以我到纽约市政府的网站(http://www.nyc.gov)上去找了找证据。曼哈顿,从小学到高中,总共有各类学校108座,遍布在曼哈顿区各个角落,数得我头都晕了。看来是张欣误解了曼哈顿,她的"城市中心没有小学校"的观点是站不住脚的。

除了小学校,在地价最昂贵的曼哈顿中心区,还有占地3.4平方千米的"奢侈"的中央公园,穷人、交不起租的人、流浪汉都可以去那里闲逛。这点不用辛苦地查资料就可以知道了。不知纽约市愿不愿意把这块地卖给潘石屹、张欣夫妇,这可以搞好大的地产项目,同时增加城市中心的密度,减轻交通堵塞。

商人逐利,天经地义,甚至放放烟幕弹,都是可以理解的,但是为了一己之利,不惜捏造事实,信口开河,甚至认定"小学校"也要交租,想以此种种不实陈述来维护自己的巨额利润,可能就太不厚道了。如果这个社会都是傻子,那也无话可说,谎言可以永不穿帮,可惜不是,5月19日,潘石屹在接受《每日经济新闻》采访时就说了:"最最担心的是,经济学家在媒体上谈了很多,说冬天终于来了,房地产肯定要下跌,尤其是易宪容(中国社科院金融研究所金融发展室主任)。"

只有没穿衣服的皇帝才怕小孩,只有泡沫房市才怕易宪容。我想,地产商们别只顾怪罪不附和自己唱多的学者,除了让发现利润的眼光更为犀利以外,也许还应该长出一颗人文关怀的心,至少要免掉小学校的"租金"。

作者先用自己掌握的常识说明,小学校是不用交租金的,接下来,又专门查阅了纽约市政府网站,统计出那里有各类学校 108 座,而且遍布在曼哈顿区各个角落。这样,曼哈顿“城市中心没有小学校”的论据就不成立了。作者又举出曼哈顿中心区有一个占地 3.4 平方千米的“奢侈”的中央公园的例子,说明城市中心区也不一定是(商业)高密度的。对方的典型论据都是错误的,其观点当然不攻自破了。

(三) 驳论证过程中的逻辑错误

评论有了论点、有了论据还不够,还要由论据推导出结论来。如果论据不足或论据并不能说明论点,论证过程中却违背逻辑规则,通过狡辩、诡辩而勉强得出结论,以混淆视听,搞得似是而非,就需要我们对其论证过程进行剖析,从而澄清问题。驳论证过程可以通过驳大前提、小前提或推理的不合逻辑处,以证明对方结论的荒谬。

第六章

6

创作论(下)

内容提要:

1. 结构是对内容的组织和安排。结构研究的是新闻评论中的层次和布局问题,它的要求是“言之有序”。

2. 新闻评论的结构安排要遵循两个原则: 一是事物自身的逻辑顺序和层次;二是人们对事物认识过程的逻辑顺序和层次。

3. 新闻评论常用的结构形式有纵向结构、横向结构和评点式结构三种。

4. 新闻评论常见的开头方式: 由新闻事实引出论题;声东击西,由非新闻事实引出真正的话题;提出问题;直接说出结论。

5. 新闻评论常见的结尾方式: 概括总结式;号召式;含蓄式。

6. 对新闻评论语言的要求: 论理性;分析性;通俗性;富于文采。

第一节　新闻评论的结构

一、对新闻评论结构的基本要求

结构指的是对内容的组织和安排。内容在未经组织和安排时,只是一堆材料。新闻评论不能仅仅把材料堆积在一起,而应该根据作者的思路,选择恰当的顺序把各部分内容合理有序地加以安排,使之形成一个有机整体。换句话说,结构研究的是新闻评论中的层次和布局问题,它的要求是"言之有序"。"言之有序"就要围绕中心,纲举目张,以帅统兵。

任何文章的结构都是根据某种要求安排的。对于新闻评论来说,就要以论点为中心,根据论点的要求去安排结构,把观点和材料统一起来。论点是全文结构布局的凝聚点,是纲,是帅,只有纲举起来,目才能张开;只有将帅出现,兵才能接受统一指挥,"无帅之兵,谓之乌合"。只有论点明确了,作者才能据此去选择材料,组织材料,才知晓哪些材料是重要材料,哪些材料是次要材料,哪些材料该详细,哪些材料该简略,材料和材料之间应该如何安排,论点和论据之间、论据和论据之间应该是一种什么关系。如果是一篇较为复杂的评论,可能还不止一个论点,这时还要首先确定哪个论点是最主要的,是中心论点,中心论点和各个分论点之间、分论点和分论点之间是什么关系。只有明确它们之间的逻辑关系,才能考虑按照其不同的关系去安排其位置,或前,或后,或直接说明,或间接说明。论点间关系确定之后,中心论点要着意突出,分论点要在中心论点的统率下,按照中心论点的要求去展开,而不能另立中央,脱离总论点,甚至与总论点相抗衡,导致失去中心。试以《人民日报》社论《回答一个问题——翻两番为什么是能够实现的》为例来说明。这是一篇很复杂的重型新闻评论,它有三级论点。总论点是:20年内工农业总产值翻两番是能够实现的。文章先从与国内外以往情况的比较中说明:翻两番不是什么高指标。这是第一个分论点。然后又进一步,从历史条件的不同这一根本问题上,说明翻两番有现实可能性。这是第二个分论点。在论证第二个分论点的基础上,文章又提出第三个分论点:历史条件不同,采取的经济工作方法不同,因而结果也不一样。文章从就国内外以往的情况一般地得出低调结论即翻两番不是什么高指标,到进一步说明即便这个并不高的指标,还是在新的历史条件下提出的,因而它是有可能实现的,再到我们若能注意采取切实而有效的工作方法,这种可能性最后完全可能成为现实。结论是:翻两番的宏伟目标完全可以实现,但前提是要经过努力。显然,几个分论点之间是一种一层层递进的关系,一浪推一浪,直至得出结论。

在这篇社论中,每个分论点又有自己的分论点。第一个分论点分为两个次分论点:① 与我国以往的实践比,说明翻两番不是高指标。② 与国外以往实践比,也说明翻两番不是高指标。这两个次分论点之间构成并列关系。第二个分论点分成了三个次分论点:① "大跃进"是"左"倾错误的产物,是层层高压和层层虚报的政治运动。② "新跃进"是"左"的指导思想的反映,脱离了当时的实际。③ 现在翻两番是拨乱反正的结果,是吸取了前两次教训后提出的切合实际的奋斗目标。这三个次分论点之间构成按时序排列的比较说明关系。第三个分论点则拥有四个次分论点:① 提出的发展速度不一样。② 是否按经济规律办事不一样。③ 是否以经济效益为前提不一样。④ 是否坚持"一要吃饭,二要建设"原则不一样。这四个次分论点又构成一种并列关系。这样,这篇评论虽然是篇大块重型评论,但它层次分明,布局井然有序,是一篇典型的正确处理好中心论点和分论点之间关系的新闻评论。

二、新闻评论的结构安排原则

新闻评论的结构安排要遵循两个原则:一是事物自身的逻辑顺序和层次;二是人们对事物认识过程的逻辑顺序和层次。下面分别加以说明。

(一)根据事物自身的逻辑顺序和层次安排结构

新闻评论有其自身的结构形态,或称事理逻辑。新闻评论要根据其事理逻辑去安排结构,布置格局,表现在形式上就是提出问题—分析问题—解决问题,或者叫作引论—正论—结论。这种方法人称"评论三部曲"。前述《回答一个问题——翻两番为什么是能够实现的》就是典型的例子。文章按照事理逻辑有层次地展开论述,先提出问题,再分析问题,最后解决问题,得出结论。

(二)根据人们对事物认识过程的逻辑顺序和层次安排结构

评论是主客体相交融的产物,因此,客观事物的事理逻辑决不会直接展现在人们面前,相反,它是人们认识、分析和研究的结果,人类对客观事物的认识是按照一定的认识规律进行的,因此,对事物的认识过程也可以成为新闻评论的结构过程。这要求作者把认识过程的逻辑与事物自身的结构逻辑统一起来。事实上,认识的过程就是事物自身结构逻辑的发现过程,认识的完成就是事物自身结构、逻辑的整体显现。一般的议论文尚且要求这两个结构统一起来,新闻评论就更需要如此,因为它具有明显的大众性,要求千千万万普通群众接受,而要使人接受,就必须尊重人们认识事物的客观规律。

人类对客观事物的认识一般由浅入深,由表及里,由此及彼,由近及远。

例如,盛大林的《官本位有市场 "颠覆"何止是校园》一文:

今年两会期间,全国政协委员、清华大学教授蔡继明的提案对领导干部在职攻读学位带来的"文凭腐败"提出了批评,在列举领导读研的种种不正常现象时,他提到有的学校举行开学典礼时,一些来当学生的领导干部竟坐在主席台上,而老师们却坐在下面当观众。《中国青年报》为这则新闻所拟的主标题是"领导读研颠覆大学校园",题中的"颠覆"二字生动地道出了其中的荒诞。

是什么力量如此之大,以至于神圣的大学校园天翻地覆?显然是"官本位"在起作用。一些大学校长或教授一定觉得某某某虽然成了本校的研究生,但毕竟是领导干部,级别甚至比校长还高,让这样"高级别"的学生坐在台下,似乎不妥,而且也没有先例,因为领导干部攻读学位也就是近几年才出现的新现象;而领导干部大概也觉得自己不过是来"混文凭"的,当不得真,官就是官,哪有官大坐在台下的道理?有请而无拒,"颠覆"乃发生。

"官本位"在中国确实根深蒂固、源远流长。直到现在,"官"仍然是我们这个社会最主要的坐标点,即使是向来以清高而标榜的大学校园也是如此。院士以享受副部级待遇为荣,就在两年前,国家还批准17所高校的负责人享受副部级待遇。要消除"官本位"思想,确实不是一朝一夕的事。从事高等教育者也都是社会中人,在客观存在的社会现实面前未能免俗或无可奈何而甘居官下,也是可以理解的。但作为当了学生的领导干部,难道就能心安理得地坐在主席台上吗?

中国有尊师重教的传统,所以有"一日为师,终身为父"之说,也就是说,师生关系可以与父子关系相提并论,所以,老师有时候也被称作"师父",就像孙悟空称呼唐三藏一样。师生关系一旦存在过,就是永远的,不管学生后来如何才高八斗、官至公卿,老师永远是老师。毛泽东成了一国的领袖,仍然念念不忘过去的老师徐特立。

其实,"官本位"固然是最有市场的意识形态,但即使是在封建社会,它也有"禁区",至少有几种地方或场合不能以官阶论上下。比如见到了和尚,就不能摆什么官架子,因为在出家人的眼里只有"施主"没有"知府"。世俗社会中,在师长面前也是如此。贾政、贾赦虽然身为荣国公、宁国公,但到了贾母面前,也只能叩头请安;贾府请来的教书先生虽然身份不显,但贵公子贾宝玉在他面前,也只能俯首帖耳——“礼”之道也。

做学生就应该有个做学生的样子。怎样才算是“学生的样子”?这很难准确描述,但老师在“台上”学生在“台下”恐怕是最基本的“样子”,或者说是师生之间最基本的规则。古往今来,从来没有听说过学生在台上而老师到了台下的事儿。即使是来“混文凭”的,即使学识远胜于老师,即使官阶再高,既然入了学籍,就应该承认,在这所学校里,自己是“学生”,而不是“领导”。如果某些领导觉得自己身为当场级别最高的“官”坐在台下“有失身份”的话,别来参加或者让秘书代劳好了——不是有不少读研的领导干部经常让秘书代为上课又代为考试吗?

也许那些坐在台上的“学生”根本就没有意识到自己坐错了位置,因为他们早已习惯于“高高在上”。倘如此,只能说这些领导的“官老爷”意识太强烈了。实在无法想象,这些连最基本的师生礼节都不懂得的人,如何去“尊师重教”;更加无法想象,这些在老师面前都不愿意放下官架子的人,在老百姓面前该是什么样的做派。——“公仆”在台上耀武扬威、颐指气使,“主人”在台下呼天抢地、战战兢兢——这种“颠覆”比之大学校园里的“颠覆”,不是更让人忧虑吗?

评论先由那个坐在台上的特殊“学生”逐步展开深入分析,透过表面的现象说明其实质:“官本位”在作怪。然后又由那些官员在学校的行为推及他们在其他场合的行为,质问“这些在老师面前都不愿意放下官架子的人,在老百姓面前该是什么样的做派”。有时候,评论可以通过一层层的追问,像剥葱一样走向深入。比方梁厚甫先生当年所写的《卡特总统的处境》就是这样。作者先设问:美国通货膨胀的原因是什么?答案是被石油问题困扰。那么,为什么会被石油问题困扰?答案是由于美国千方百计把石油价格降低。为什么要这样做?因为卡特以前的政府是为汽车工业和从事地产事业的金融资本家服务的。这样写就非常符合读者的思维逻辑,使读者对事件的认识不断深化。

总之,人们认识事物时,总是遵循着由浅入深、由表及里、由此及彼、由近及远的规律。新闻评论正是要由眼前的新闻事实展开分析、推理,逐步揭示出事件可能蕴含的意义。

三、新闻评论的三种常用结构形式

新闻评论常用的结构形式有纵向结构、横向结构和评点式结构三种。

(一)纵向结构

所谓纵向结构,指的是按照事物的本质联系安排层次,各层次之间形成纵的不断递进的关系。纵向结构显示了事理逻辑和人们认识事物的逻辑,引导人们根据问题的前因后果间的内在联系去认识事物。马克思的《资本论》之所以写得引人入胜,具有很强的说服力,就是因为他从商品这个资本主义经济体系的最小单位逐层解剖开来,上升到了一种抽象的、丰富的具体,使每一部分之间形成了像代数题的推导过程那样严密的联系,抽象具体的过程又与历史的发展过程相验证,使抽象的具体就是历史过程的逻辑展开,历史过程就是事物的合乎逻辑的发展。纵向分析结构逻辑严密,论证性强,运用得好,能够深刻地启发受众对问题进行认真细致的思考,使受众在心悦诚服地接受评论的观点的同时,获得一次智力上的满足。一些理论性很强的新闻评论和一些驳论性的新闻评论常常采用这种结构方式。

例如,面对人们广泛关注的利比亚局势,《东方早报》2011年8月26日的社论《给人民选择权,给所有人退路》就表明了对解决利比亚政治争端的观点,并对此作了深刻论证:

迄今为止在利比亚发生的一切,只是再次证明了一个千古皆然的政治命题:不给人民选择的权利,就堵死了和平协商的变革路径,也会堵死包括掌权者在内的整个社会的退路。

对利比亚局势,中国外交部的表态是:"我们注意到了近日利比亚形势发生的变化,中方尊重利比亚人民的选择。"这个表态的意义,首先是承认利比亚半年多来变局的主体是"人民",其次是承认这半年来利比亚人民充满折腾意味的行动,只是为了行使"选择的权利",正当,应予以尊重。

此轮政治变革先后波及多个中东国家,何以利比亚受到格外关注?显然,是因为前述几国变革急骤而利落,唯有利比亚的变革,是通过内战这种大规模流血的方式,前后迁延半年之久,才终于得以实现。

利比亚人民为实现选择权利付出的代价是惨重的。受到重创的是整个利比亚社会,包括卡扎菲家族及其支持者。代价还将在未来体现,内战造成的社会裂痕、家国仇恨会怎样影响利比亚政局走势,尚属难言。血与火固然能表明利比亚人民争取自由的决心、勇气,为他们带来荣誉,却不能抹平既成的伤口,消解未来的隐忧。

该文要论证的,是一个政治协商的话题,这个话题三言两语很难说清。作者既不是站在卡扎菲的立场上，也不是站在反对派的立场上，而是从“人民主权”的现代政治理念出发，认为给人民选择权，对整个社会都是有好处的。作者用我国外交部的表态来阐述这个论题：“尊重利比亚人民的选择”。不给人民选择权会怎样？现在的情况是包括卡扎菲家族及其支持者的整个利比亚社会受到重创，但更令人担忧的是内战造成的社会裂痕和家国仇恨难以被抹平，为未来种下隐忧。在作者看来，“文明社会的核心指标，不是掌权者如何上台，而是掌权者如何下台”。这一点考验着每个政治家的政治智慧。通过冷静细致的分析，作者有力地说明了现代政治智慧对于社会发展的深刻意义。

(二) 横向结构

横向结构指各部分之间为并列关系的结构方式，即文章的整体结构是围绕着中心论点多侧面展开的辐射型结构。这种结构能使围绕论点的各个方面都展现出来，让人在较宽广的领域内对文中论点有一个全貌性认识。文章的每一条线索都是为了证明论点的正确性，使论点的正确性不断得到强化，从而说服受众接受。

下面以《大众日报》2009 年 4 月 13 日的评论《不是所有弯道都是超越好时机》(获第二十届中国新闻奖一等奖)为例加以说明。

最近，有个词汇“弯道超越”很时新，诸如“正是弯道超越时”“超越常在弯道处”等，常见诸媒体。

“弯道超越”，原本是赛车上的一个术语，指参赛车手在拐弯处比直线跑道上更易超越对手。有人认为，金融危机让世界经济处在了“弯道”上，此时正是跨越发展、超越对手的良机。应当说，经济发展中的每一次危机，都是产业重新布局、企业重新洗牌，新机遇不断涌现的重要时期，以“弯道超越”比喻危中之机，有振奋精神、鼓舞士气的功效。但算算如下几笔账我们能够看到，这种说法也只能算是一种比喻。

成本消耗账。一般情况下，有经验的驾驶员不会弯道超越，他们知道弯道超越更加耗油，更易磨损发动机和轮胎，损耗车辆寿命。赛车选手敢于弯道超越，很大程度因为这本是“烧钱运动”，可以不计后果地“透支”。不过，经济发展是一项长远事业，毕竟不是短暂的赛车比赛。在金融危机还在继续蔓延、市场不确定因素不断增多的背景下，经济运行遇到的困难越来越多，在正常发展都遇到巨大挑战时，超常规发展就得付出更大成本、更多代价。那些以超越的名义乱砸钱、乱铺摊子的作为，那种为一时超越让资源能源难以承受的急功近利做法，是与科学发展观相悖的“歪道超越”。

安全风险账。赛车比赛中,人们不仅能看到精彩的弯道超越,也常目睹在弯道处车毁人亡的重大事故。换言之,超越常在弯道处,事故也常在弯道处。“弯道处要敢于踩油门”,被一些人喻为超越发展之宝典。其实,赛车手进入弯道的第一个动作是踩刹车而非踩油门。好的赛车手,在进入弯道前必须正确判断形势,若遇到了弯道就急着去超车,不翻车才怪。经济发展的弯道,比赛车场上的弯道更为复杂,充满着变数。弯道之处,最需要实事求是,按科学发展观要求讲方法、重技巧,量力而行,否则一旦用力过猛,很有可能事与愿违,“半路抛锚甚至翻车”。

实力功力账。在弯道能否实现超越,赛车状况和选手技术功力是比拼的核心。一般来说,赛车上的“弯道超越”,以“直道上黏住对手”为前提;若直道上已被对手落下较远,超越纯属妄谈。危机之中,“赶超机遇”的确存在,但能拿到“好牌”的,往往是具有技术领先等优势的企业和地方,而那些落后生产力,受到危机的冲击更为严重。“你开的是拖拉机,别人开的是小汽车,你最该做的是转型换代、积蓄能量”——有经济学家为热火朝天的“弯道超越”泼“冷水”、提建议,不无道理。

细细想来,不是所有的弯道都是超越的好时机,也不是所有的“车手”都可以做到安全超越。金融危机制造的“经济弯道”,有机遇也有险情,能“成”也能“败”,绝不是按照主观意愿想超越就能超越的,要实现“弯道超越”,需要拿出大智慧、大勇气,保持头脑冷静,尊重科学、遵循规律,把一些该算清楚的账算明白、算到位。

这则评论的中心论点是:不是所有的弯道都是超越的好时机。文章算了三笔账,这三笔账都说明不能盲目弯道超车。这三笔账之间的关系是一种横向并列关系,它们彼此并不互相说明,但它们都指向中心论点。这就是典型的横向结构。

需要说明的是,在一篇新闻评论中,横向结构和纵向结构并不是水火不容的,有的整体上看是横向结构,但在某一部分却是纵向结构,反之亦然。比如像《回答一个问题——翻两番为什么是能够实现的》一文,在整体结构形式上是纵向结构,每一部分间形成递进关系,但在次分论点之间却既有纵向结构,也有横向结构。两种结构形式错综,使文章既纲目清楚,又论证深刻。一般地说,在一篇文章中以哪种结构为主,哪种结构为辅,因人因文而异。

冉者,每种结构形式各有所长,也各有所短:纵向结构便于深入追索,却不利于横向展示,用得不好,会造成很大的片面性;横向结构便于横向展开,多角度论证,却不利于作纵的阐发,用得不好,会像开中药铺一样,缺乏深度,缺乏整体感。

(三)评点式结构

我国古代缺乏像西方那样精心构筑的思辨性鸿篇巨制,中国文化是一种审美文化,一种悟的文化,表现在评论方面,就是发展了独特的点评方式。这种方式始终不脱离具体的对象本身,它是在对象的精妙之处评点一下,不多加以阐发。即便阐发,也是以悟的方式阐发,以蕴含着内在逻辑性的圆融的事例本身去阐发,而不是把其中的逻辑筋脉单独抽取出来。这种结构形式在新闻评论中,尤其是在一些较为短小、活泼的杂文式评论中,常常可以见到。例如《人民日报》1992 年 9 月 22 日《金台随感》专栏中的《欣闻报出 42 度》一文:

说起山城重庆的热,我是深有体会的。前几年盛夏,来渝出差,一下飞机,如同掉进蒸笼里。重重叠叠着的楼房,像是正在炉火中烧烤着的瓷器工艺品,长江、嘉陵江如两条滚滚的沸流,每一寸土地都可炙透脚背,空气中像揉进了胶水。打听温度有多高,重庆人说:"37 ℃。"我说不止,对方急了:"今早天气预报上讲的。"

不过,那个 37 ℃一直令我怀疑。

而今夏,在天气预报上山城标出了 42 ℃,令许多重庆人欣慰:"现在天气预报讲了实话,天气热得明白,我们心里有底,生活工作都好安排了。"

听了此话感触颇多,一句实话、真话可以换来人们多大的信任啊。刚来重庆那天,气温略有所降,但是走在重庆街头,走进工厂、商店,到处可以看到忙碌工作着的人们。深夜还可听到卷扬机在建筑工地上鸣响,可以看到搅拌机在均匀地翻滚。工人们辛苦劳作的精神令人十分感动。朋友解释道:"前几天高温时,各单位都安排了休假,现在人们都争分夺秒要把时间抢回来。"

试想,如果让沐浴在 42 ℃高温下的百姓硬去相信自己是在 37 ℃的温度下生活、劳作,如果硬让顾客相信贴着假标签的商品是名牌货,如果把虚假的报道给群众看,那么,还有什么真实可言呢?时间长了,群众只好怀着戒心去听、去看、去买,生活中便会多一些不必要的怀疑与猜测。

预报重庆的 42 ℃将会给人们以多方面的启示。

(作者:张文祥)

这篇文章并没有深入进行抽象思辨,而是就事论理,点到为止。前两段一连用几个明喻来说明自己当年对重庆的热的真切感受,以此表明自己对天气预报的怀疑。接下来的两段用事实说明真实的天气预报的正面效果。最后两段作点评,用了三个假设条件句来说明此一事件的多方面启示,真正点题处只有149个字。文章生动活泼,短小精悍,不拘一格。

评点式结构的好处:一方面,具体可感,可读性强。由于它始终不脱离具体事件,因而其说理生动形象,不呆滞,不枯燥,通俗易懂。另一方面,画龙点睛,启发性强。它的道理隐藏在对事件的叙述中,作者只是在关键处点一下,读者便恍然大悟,了然于心。

评点式结构往往从百姓生活中那些习焉不察的小事中选材,小中见大,灵活机动。评点式评论一般篇幅都比较短,很少有长篇大论。不过,这类评论对作者的观察能力是个考验,它要求评论者的思想具有穿透力。上文看上去只是说了个小事情,但它指向了新闻报道的真实性这个大问题。在不正常的年代,到处充斥的谎言,极大地伤害了媒体的公信力。但那个年代过去了,仍然不乏瞒和骗的报道,因为人们头脑中还有个貌似正当的理由:为新闻报道的社会效果考虑,必要时还得这么做。天气预报之所以最高只报37℃,是怕引起社会恐慌,影响社会生产。问题是,连天气预报都不可信了,人们还能相信什么呢?所以,作者抓住天气预报说事,看似小事,实则大事。为了打消人们对真实的天气预报带来的社会效果的担忧,作者专门讲了真实报道后重庆的现实:真话换来了人们的极大信任,大家都争分夺秒把时间抢回来。可见,该文虽然评点不多,但全文有一条非常明显的逻辑线索。只要评论者思想敏锐,能够从社会上未被人们注意的事件中一针见血地看出问题来,评点评论是很有创作前途的。关键在于评点要说到点子上,触到麻筋上。评点得好,会给受众以极大的启发。

四、新闻评论的开头和结尾

古人形容一篇结构得当的文章为“凤头猪肚豹尾”。就是说,一篇文章的开头要像凤凰的头那样美丽动人,将人们一下吸引住;主体部分要有丰富的内容,让人有浏览不尽的风光,就像猪的肚子那样浑圆;结尾要像豹子的尾巴那样精短有力。明代的谢榛在其著名的《四溟诗话》中更是特别强调了开头和结尾:“凡起句当如爆竹,骤响易彻;结句当如撞钟,清音有余。”就是说,文章的开头要像放爆竹一样,一下子打破寂静,令人有振聋发聩之感,而结尾则要像撞钟一样,清音悠悠,绕梁三日,耐人回味。前面我们仅仅是把重点放在了“猪肚”上,下面,我们专门研究一下新闻评论的开头和结尾。

(一)开头的要求

俗话说:万事开头难。写评论也是这样。新闻评论的开头紧承着标题。新闻评论的标题和新闻的标题不同,它所担负的首要任务不是传达信息,而是要吸引人们去阅读文章,那么,新闻评论的开头与新闻写作的开头是否一样呢?也不一样。新闻作品力求让人们尽早获得信息,所以,它的开头一般是将五个W尽数展现出来,主体部分只是对这五个W的附加信息进行细致说明,结尾更是像成语所说的"虎头蛇尾"。人们形象地称新闻的结构为"倒金字塔"式结构。但新闻评论的开头却既是标题的延伸,要努力吸引人们去阅读正文,同时也是议论文共有的提出问题阶段或者叫引论阶段。一方面,它要想办法吸引人们往下阅读,要设计一些诱引策略;另一方面,又不能因这些策略而影响问题提出的时机,因为这些策略是为提出问题服务的。如何使这两方面有机统一起来,在文章的开头炸响一个脆生生的爆竹,确实是件颇费踌躇的事情。不仅如此,新闻评论的开头还像一般文章的开头一样,决定着整篇文章的风格基调和展开方式。因而,能否开好头,在很大程度上决定着新闻评论的成功与否。

那么,新闻评论开头的原则是什么呢?人们几乎异口同声地回答是"开门见山"。对于一般议论文来说,这个要求意味着一开篇就要提出论点。但是,新闻评论毕竟不是一般的议论文,它处在诸多信息的夹缝中,若开头不精彩,就失去了被阅读的可能。程世寿先生对"开门见山"这一原则重新作了解释,认为它包括了"开门见理"和"开门见物"两种含义。这个看法是极为精辟的。事实上,许多时候,新闻评论的开头都是先概述事件,然后才提出问题的。

(二)几种常见的开头方式

1. 由新闻事实引出论题

新闻评论是对新闻事实的评论。新闻事实是新闻评论的对象。先叙述事件,新闻评论就有了靶子,有了立论的对象。由于新闻事实具有具体性、故事性,所以放在文章开头容易引发受众的阅听兴趣。新闻事实是与人们的切身利益相关的,是为人们所普遍关心的,是社会关注的焦点。拎出了新闻事实,人们就想要知道论者对这一事件是怎么看的,对事件发生的真正原因、事件的意义、事件对社会的影响以及事件可能的发展前景是怎样阐述的。人们生活在一个信息大爆炸的时代,每天面对着各种各样、无奇不有的新事件、新现象,它们也为人们提供了多种多样的选择机会,使人们应接不暇,无从深入细致地进行思考与分析,面对外面精彩的世界,人们常常感到无奈,在信息万花筒的旋转中感到晕眩,感到无所依傍,无从选择。正因为此,新闻评论就成为生活的谋士,就成为帮助、影响人们分析判断的最重要的工具之一。因此,以新闻事实开头去引出问题,就是一种很有吸引力的开头方式,它生动地引导人们从具象的具体走入抽象的具体,透过现象去看取生活的本质。大凡新闻本身故事性、趣味性较强者,都可采用这种开头方式。需要注意的是,为新闻配发的评论不宜采用这种开头方式,否则就显得啰嗦了。

2. 声东击西,由非新闻事实引出真正的话题

这种开头所叙述的事件并非论者真正要评论的事件,它只是一个由头,或是一个比喻、一种联想、一个参照物,言在此而意在彼,由这一事件引发论者对真正要评论的新闻事实的分析。例如《文汇报》的评论《可贵的传话人》。文章说,关于负荆请罪的故事,人们总爱从蔺相如的顾全大局和廉颇的勇于改错两个角度去做文章,"我倒觉得最令人钦佩的是那个名不见经传的传话人。试想,如果那'传话人'是个喜欢冷眼看热闹的家伙,他将蔺相如说的话私自咲之咽之,不向廉颇吐一个字,难道蔺相如能当面向廉颇那样表白吗?真要那样,只怕他泣血而言,口吐莲花,廉颇老儿非但不感动,还要反骂几句'虚伪',说不定一个巴掌掴过去打掉他两颗门牙;再或者,那传话人是个搬弄是非的家伙,他对蔺相如的那番'先国家之急而后私仇'的话缄口不提,而是把他的话改成'好汉不跟犬斗,看那个老不死的还能蹦跶多久','廉颇闻之'还能'肉袒负荆'登门谢罪乎?可见,将相和的美谈真应该归功于那位善意的、客观的、维护安定团结的传话人,是他,真正化干戈为玉帛,化冲天怒火为满心愧疚,化不共戴天为'刎颈之交'"。

如果论者仅仅是评论负荆请罪的故事,实在算不得新闻评论。事实上,论者是通过这个古代故事来感慨当今,真正的新闻事实在后面:

> 不久前曝光的某地一起采取不正当手段竞选乡长的事件中,一位曹姓副乡长为能当选,在花钱买选票之后仍不放心,又公然指使自己的亲信民政助理员在另两位竞选对手之间充当不光彩的传话人,挑拨两人之间的矛盾,激起鹬蚌之争,他自己则稳坐钓鱼船,坐收渔翁之利。

论者由负荆请罪故事中善意的传话人联想到新闻事实中那个歪传话、传歪话的民政助理员,指出:有必要管管那些肥而长的三寸不"良"之舌。如果说这则评论中古事今事说的都是传话人,那么,还有一些新闻评论的开头则类似于诗歌中的起兴一样。比如《从足球赛想到的》一文。评论先描述足球赛中运动员把球传来传去的高超技艺,然后笔锋一转,论起了领导机关办事时"踢皮球"的作风。真正的新闻事实是后者,但前者与后者之间并没有什么实质联系,仅仅是一种比喻，一种起兴。这类评论的题目往往是“由……想到的”“由……说开去”等。

以上两种开头都是“开门见事”，由实入虚，至于“理”，是出门之后才见到的。还有一些开头则是“开门见理”，出了门之后才见到了“事”。

3. 提出问题

这种开头是先提出问题，结论要待论证之后方知，可以说是“开门见题”。问题一提，人们的注意力便很容易被吸引。带着问题去看（听），受众的注意指向性就强，就容易随着论者去主动思考，在积极思考中获得最后的结论。

4. 直接说出结论

这种开头是把结论放在最前面，它立场坚定，旗帜鲜明，是典型的“开门见理”。这种开头实际上类似于问题式开头，不过这时问号打到了大众心里，公众会在心里问道：为什么他做出这样的判断呢？公众会有一种看看究竟的心理。如《告别谋人不谋事的陋习》一文就是“开门见理”地提出观点：“落后地区要告别落后，首先要从告别一种陋习做起，这陋习便是：谋人不谋事。”

新闻评论的开头千变万化，不拘一格，在具体创作过程中要创造性地设计新颖的开头。

赵树理的小说《登记》中有这样一段叙述：

> 有个农村叫张家庄。张家庄有个张木匠。张木匠有个好老婆，外号叫个“小飞蛾”。小飞蛾生了个女儿叫“艾艾”，算到一九五零年阴历正月十五元宵节，虚岁二十，周岁十九。庄上有个青年叫“小晚”，正和艾艾搞恋爱。故事就出在他们两个人身上。

前一句的结尾是后一句的开头，这种叙述方式读起来回环反复，朗朗上口，很受人欢迎。在修饰学上，这叫“顶真格”，俗称“连环锁”。徐志摩在他的著名诗歌《再别康桥》中也曾运用过这种修辞手法。在为通讯《满负荷精神》所写的评论《改革就得这样干》中，原《半月谈》杂志主编阂凡路就曾创造性地使用了这样的修辞手段来开头：

> 石家庄出了个张兴让，张兴让创造了“满负荷”，“满负荷”震动了企业界，岂止企业界！

作者先是用这种修辞手段使句子一波一波地缓缓向前推进，推到最后，一下子紧急刹车，用一句“岂止企业界！”突出了张兴让的做法在全国所造成的那种强烈的震动，干脆利落，极富于音乐的节奏感。

(三)结尾的要求

新闻评论的结尾是很重要的,不像新闻本身一样可以结个蛇尾。新闻评论的结尾要做到收束有力,言尽意长。结尾的大忌就是要么虎头蛇尾,草草收场,止于所不当止,让人得不到论者思辨的全貌,要么画蛇添足,意尽辞赘,刹不住车,文气全漏。当然,新闻评论毕竟不是做诗,该说明白、说清楚的,在结尾处必须说明白、说清楚,不能藏藏掩掩,吞吞吐吐,与公众做谜语游戏。总之,一个好的结尾应该让人们接触之后,久久难忘,有助于人们接受论者的观点并引发人们进一步深入思索与探究。

(四)几种常见的结尾方式

1. 概括总结式结尾

这种结尾常常用在一些相对来说论证比较复杂的评论中。由于线索较多,经纬交织,公众在阅(听)过主体部分之后,需要把思路再整理一下,以获得一个整体印象,否则容易陷在某些细节中拔不出来,记住几斑而不知全豹。像长篇评论《回答一个问题——翻两番为什么是能够实现的》,既有总论点,又有分论点,还有次分论点,论点之间既有纵向联系结构方式,又有横向联系结构方式,论证过程中又有例证、引证、数字论证等多种论证方法,全文显得恢宏而繁富。所以,论者最后做出概括总结:

我们分析了历史条件的不同,分析了在不同的历史条件下所采取的经济工作方法的质的不同,就可以看到十二大提出的翻两番,同1958年的"大跃进",同1978年的"新的跃进"等等是绝对不同的两回事。……毫无疑问,十二大提出的宏伟目标不是空想,但也不是轻易可以实现的。在实现的过程中,我们要像十二大所要求的那样,把我们的战略目标和战略部署向广大群众进行充分的宣传解释,使全国各族人民像十二大报告所说的那样,"更加清楚我们的光明前途,鼓起更大的干劲去迎接新的经济振兴时期的到来"。

广播评论是靠听觉接受的,人们来不及仔细思考和分析,也得不到书面评论中那些段落、层次的提示,所以,对全文的把握就相对困难一些。因此,许多广播评论都采用概括总结的结尾方式,如《自己树起的菩萨还是自己砸好》的结尾就再次总结强调说精神文明建设要循序渐进,不能搞突击,破除迷信,既要积极坚决又要注意政策,"当群众真正觉悟到自己是自然和社会的主人的时候,自己树起的菩萨就会自己砸掉了"。

2. 号召式结尾

在以正面宣传党和政府的理论政策,对未来的规划、当前的形势和任务等为内容的社论中,常常使用号召式结尾,鼓舞和激励人们团结一心,努力奋斗。比如《人民日报》2011 年 10 月 19 日的社论《迈向社会主义文化强国的伟大进军》的结尾:

没有文化的积极引领,没有人民精神世界的极大丰富,没有全民族精神力量的充分发挥,一个国家、一个民族不可能屹立于世界民族之林。让我们紧密团结在以胡锦涛同志为总书记的党中央周围,高举中国特色社会主义伟大旗帜,以邓小平理论和"三个代表"重要思想为指导,深入贯彻落实科学发展观,深化文化体制改革、加快文化发展,为推动社会主义文化大发展大繁荣、建设社会主义文化强国而奋斗。

这个结尾充满激情,使人精神为之振奋。

这种结尾一般要少用、慎用,只有在社论风格许可下,在整篇文章蓄势已久,感情真正进入高潮时才可用,否则会造成标语口号的堆积,造成空泛不实的喧嚣。20 世纪六七十年代的许多社论都这样结尾,狂热有余,真情不足,反倒给人以"千文一尾"之感。

3. 含蓄式结尾

这种结尾不像第二类结尾那样感情外露,而是含而不露,以冷静、轻松的语气结束全文。这种文章的结论,通过论证,已可使接受者顺理成章地自己得出了,论者只需略加提示即可,若再专门指出,反倒成了蛇足。比如毛泽东于 1949 年 8 月为新华社写的评论《别了,司徒雷登》的结尾:

司徒雷登走了,白皮书来了,很好,很好。这两件事都是值得庆祝的。

为什么这两件事值得庆祝?在正文中人们已可找到答案。这样写显示了中国人民的志气和觉悟。

以上举了三种常用的结尾方式,实际上,结尾有许多方式,要依文章内容而定。

旅美著名新闻评论家梁厚甫先生当年曾写过一篇《孤臣孽子之心》,评布热津斯基访华。当时中美即将建交,梁先生在评说完台湾当时的艰难处境后,用了八个字结尾:"东海扬波,惊涛拍岸!"对当时的形势作了生动而含蓄的概括。台湾岛正好处于东海海域,在失去美国这个靠山后,在大陆的凌厉攻势下,台湾怎能不感到处境的险恶?"东海扬波"指大陆的攻势,"惊涛拍岸"喻台湾的处境,最是形象不过。

写作贵在独创。有的评论正文已经把话说清,就没有必要专门再设计一个结尾;有的评论开头提出了问题,结尾就写出答案,首尾照应;有的评论是驳论,结尾就不能用号召式,相反,要用贬斥式。不同的评论有不同的结尾,要根据文章需要去创造。

第二节 新闻评论的语言

新闻评论的语言具有以下几方面的要求。

一、与新闻语言相比,新闻评论语言具有论理性、分析性

新闻评论的语言是论理性语言,而不是叙事性语言。它要在新闻事实中发现某些道理并加以阐释,找出事理逻辑,而不是叙述事件本身。当然,新闻评论中也有叙事成分,但叙事是为议论服务的。它要叙述、交代新闻事实,在述评类作品中甚至这种叙述所占的份额还很大,因为新闻事实是评论的对象。但新闻评论中的叙述与新闻作品中的叙述是不一样的。在新闻评论中,新闻事实的叙述不是目的,目的是引出问题、引出观点和论证观点。此时,叙述已经论理化了。

请看《人民日报》2015年4月8日第17版署名黄庆畅的评论《"怎么证明我妈是我妈!"》:

"该怎么证明我妈是我妈!"这是北京市民陈先生的一句感慨。听起来有些好笑,却是他的真实遭遇。

陈先生一家三口准备出境旅游,需要明确一位亲人为紧急联络人,于是他想到了自己的母亲。可问题来了,需要书面证明他和他母亲是母子关系。可陈先生在北京的户口簿,只显示自己和老婆孩子的信息,而父母在江西老家的户口簿,早就没有了陈先生的信息。在陈先生为此感到头大时,有人指了一条道:到父母户口所在地派出所可以开这个证明。先别说派出所能不能顺利开出这个证明,光想到为这个证明要跑上近千公里,陈先生就头疼恼火:"证明我妈是我妈,怎么就这么不容易?"而更令陈先生窝火的是,这一难题的解决,最终得益于向旅行社交了60元钱,就不需要再去证明他妈就是他妈了。

陈先生的遭遇,并非孤例,很多人在办事过程中遇到过类似令人啼笑皆非的

证明:要证明你爸是你爸,要证明你没犯过罪,要证明你没结过婚,要证明你没有要过孩子,要证明你没买过房……这样那样的证明,有的听起来莫名其妙,办起来更让人东奔西跑还摸不着头脑。

为什么需要这么多的证明?近日,本报在《关注改革“最后一公里”·聚焦社区治理》的报道中一针见血:证明过多过滥,除了审批事项太多外,还因为原本应由相关职能部门之间相互核实,但同级职能部门之间却互相推诿。说白了,就是要审批的事项很多,可谁也不愿担责。笔者办事就曾遇到过“部门A说需要部门B的证明,而部门B说没有部门A的证明我用什么来证明”,就像是你要给我蛋,才能孵出鸡,而我说你要给我鸡,才能生下蛋。这样的僵局,往往托人能打破。

然而当我们对一些证明感到不可理解,去问工作人员为什么要这个证明,得到的回答往往是“就是这么规定的”。诚然,必要的证明是应该的,但花点钱、找找人就行,或者在没有知情权的社区盖个章也行,这也从一个侧面说明,其实不少证明并非非要不可。因此,各级政府部门有必要结合简政放权的时代要求,与时俱进地对需要当事人提供的材料事项进行梳理,能免的就免、能简的就简,从源头上减少对证明的需求。

让数据多跑路,让百姓少跑腿,信息化为现代社会治理提供了这样的可能和便利。解决证明过多过滥问题,当务之急需要打破政府各职能部门之间的信息“壁垒”,通过一定的规则和权限设置,让公民基本情况实现共享。这样,老百姓就不会再为各种证明四处跑腿,更不会出现“需要证明我妈是我妈”的尴尬。

评论中陈述了相关的事实细节:陈先生为了出境旅游填自己母亲作为紧急联络人,为此引发的证明难题。由这一难题联想到了其他的那些证明,这似乎是一种新闻叙事,但是,陈先生的证明难题实际上意味着一种事件中的逻辑悖论,而对其他证明的联想,则是为了说明这不是一个偶然事件,它具有普遍性。确实,该事件爆出时,社会反响非常强烈,许多人都有过类似遭遇。

既然事件背后具有着普遍性,那么,就值得追问为什么。通过追问,作者把事件背后的逻辑悖论呈现了出来,说明问题在于,一是“要审批的事项很多,可谁也不愿担责”,二是许多证明“就是这么规定的”,其实没必要。那么,能有什么办法解决?作者提出自己的思路:通过让公民基本情况实现共享,让数据多跑路,让百姓少跑腿。

该文叙述事件细节很到位,否则不足以说明其逻辑悖论,而对于事件的分析,又多溶解在叙事过程中,包括询问工作人员为什么要这个证明,都带有叙事色彩,但不像有的所谓"用事实说话"那样,只见事实,不见说话,而是分析的浓度很高。

我们不妨把新闻评论中这种分析浓度很高的叙事称为"分析性叙事"。

有了"分析性叙事"这个概念,我们就能够理解新闻述评中那高份额的新闻事实的介入了。

新闻评论不仅仅将新闻事实加以"分析性叙述",而且还可能将某个故事、某个非新闻性事件作为例证加以叙述,此时也是一种"分析性叙述"。

既然新闻评论所使用的语言是论理性、分析性的语言,就要求这种语言要准确、鲜明。如果辞不达意,思想表达不清,产生歧义,使受众搞不清论者的观点是什么,评论就失败了,因为新闻评论是一种实用文体,是为明确的实用目的服务的。新闻评论的语言修辞主要是一种消极修辞方式,修辞的首要目的就是准确,在此基础上才可以进行积极修辞,追求生动。人们常说实用文体语言具备准确、鲜明、生动"三性",但这"三性"中最重要的是准确。

语言的准确,涉及字、词、句、段、篇各个部分。除了要求准确地展示思想、体现判断之外,也包括论证材料的核实考订。

新闻评论的语言还要求推理严密。有些新闻评论员问题认识得很清楚,就是不善于运用语言进行严密推理,使得表述上漏洞百出。所以,要多进行语言逻辑的训练,要学会按照语言的内在的思想含义来确定语言的排列顺序。

二、与一般议论文语言相比,新闻评论语言具有通俗性

前文曾经谈到,新闻评论具有大众性特点。它不是内参,不是专业性评论,它要面向大众说话。这就要求新闻评论的语言必须通俗化、大众化,以保证受众接受的广泛性。

语言通俗化,就要尽量避免使用专业性的术语,多使用那些公众都能理解的词汇。当然,这并不是说就得使用那些被使用了千百遍,已经脱离实际所指的那些空洞无物的空话、套话。诸如"让我们团结在……""我们深信……""把……进一步推向前进"之类的表达并不叫通俗化,恐怕在日常生活中没有什么人会整天把这样的话挂在嘴上。真正的通俗语言总是言之有物的,是与"准确"的要求不相矛盾的。评论所使用的语言要真正被大众所理解,不但不能使用空话、套话,相反,还必须创造性地使用语言,使语言能够与大众的现实生活紧相结合。因而,要善于从大众日常使用的活的语言中去提炼、选择和创造,这样的语言才是最通俗的、公众最容易理解的,同时也是最生动的。

在有些文章中,专业术语不可避免,必须要使用,否则就说不清问题,所以,专业术语也不是绝对不能用,而是要尽量少用。迫不得已使用了,要用通俗的语言解释清楚,使人免除阅读(倾听)理解的困难。至于明明有对等的通俗词语,却偏偏去创造一些生僻的词,哗众取宠,就更不应该了。

语言通俗化,还要善于用具体形象的语言去阐释精深的道理。在一般的议论文中,不乏通过概念自身的演绎进行纯抽象的思辨的作品。但是,在新闻评论中,纯抽象思辨往往给大众的理解造成很大麻烦,所以,许多评论都是借助了具象的东西去演绎抽象的东西,用分析性叙事的手段去讲道理、发议论,运用例证、喻证,甚至依靠形象思维的方法,将高深的道理解释清楚。比如新华社当年的一篇署名评论就用跳探戈舞形象地评说苏美关系,说苏美"还难以跳起探戈舞来,而且即使将来跳起来,也免不了总是要互相踩对方的脚"。梁厚甫先生当年在评卡特的对苏政策时讲得很形象:"卡特总统作强硬发言的时候,经常留下一条尾巴。这条尾巴是:认为美国不会放弃缓和。那等于,把蛇的性子撩动了,但又不肯重重打下去,毋乃多此一举。"这样,本来复杂难辨、微妙的国际关系解释清楚了,节省了许多文墨,还给受众留下了深刻印象。

当然,具象的东西毕竟是辅助性的,是达到本质的中介、工具,并不是任何道理都可以用具象的东西解释清楚的。抽象的道理根本上还要用事理的逻辑线索缝织。所以,对于那些不难懂的概念、术语,不复杂的逻辑推理过程,还是要保留的。

需要强调的是,通俗化指的是将精深的道理变得通俗的过程,它的前提是精深。如果缺乏富于创见的观点,讲了一堆大众都知道的道理,这不叫通俗化,只能说论者讲了一堆废话。契诃夫作品中曾塑造了一个人物,他逢人尽讲什么"冬天很冷,生了火炉也冷,夏天很热,不生火炉也热"的废话,这点道理谁不知道?所以,他的话谁也不爱听。评论是针对现实中切实存在的问题,针对人们的困惑而提出的充满真知灼见、富于启迪的论断。在论述的深刻性上,新闻评论与一般议论文的要求是一样的,不一样处是不能坐而论道,要具有强烈的针对性,要深入浅出。没有深入,无所谓浅出。台湾的王民先生在《社论写作十要》一文中说:"社论要写得深入浅出,化高深学理为简易常识,将复杂的问题简单化,将深奥的东西通俗化","一方面要写得使多数人都能看懂,另一方面,也要使学者专家能欣赏,了解作者并非一知半解,乃属确有真知实学"。社论要深入浅出,其他种类的新闻评论也要这样。

另外,要求新闻评论的语言要通俗化,但决不是说可以庸俗化。新闻评论,尤其是我国的新闻评论,是具有一定权威性的评论,评论是大众思想行为的导师,不能把大众的思想、语言不加选择地搬进评论中来,不能把生活中那些惯于传播闲话、喜欢评头品足、善于搬弄是非的"长舌妇""长舌汉"的语言当作新闻评论的通俗语言,群众中一些不合适的牢骚话也不能用于评论中(当然,作为一种新闻现象在评论中加以分析评判是可以的),至于那些脏话、市井俚语,更不能用于新闻评论。新闻评论要注意保持自己的思想导师的品格,语言要追求规范化。

当然,"思想导师"一词在这里也是需要做些解释的。我们说"思想导师",是说在思想境界上要比群众高一些,但是,新闻评论语言的语调却不能凌驾于群众之上。评论员不能高踞于群众之上,自以为是精神贵族,而是要尊重群众,相信群众的理解力、创造力。语言故作高深,艰涩难懂,本身就是对受众不尊重的反映。反过来说,以为受众什么也不懂,什么都要像对待小孩子那样解释又解释,也是不对的,它从另一个极端表现出对受众的不尊重,表现出评论者高人一等的心态。尊重群众,就要调整自己的心态,以平等的态度对待群众。表现在语言上,就是避免那种颐指气使的命令口吻,那种以上帝自居的权威口吻,而以一种平等交流的语气,一种商榷的、说理的口吻去讲,让无可辩驳的道理去建立评论的权威。通俗化就要通情达理,通过与公众的感情沟通进而实现理性沟通。双向交流是现代传播的显著特点,而双向交流的前提是交流双方的平等对话。强迫命令、颐指气使、视民众为阿斗,语言再浅显,也与通俗化无缘。

三、新闻评论的语言要富于文采

孔子说:"言之无文,行而不远。"新闻评论的语言,首先要做到准确,但仅仅做到准确还不够,还应该做到生动,做到文采斐然。作品富于文采,人们就爱听爱看,就容易实现评论的目的;作品富于文采,文章才会气脉贯通,让人读来回肠荡气。追求文采,与通俗化不但不矛盾,反而有助于通俗化,有助于大众的接受。试想,假如一篇新闻评论的语言生硬呆板,除了"因为""所以"就是"不但""而且",没有任何变化,对于接受者将是怎样一种难捱的惩罚?对于这样的文章,商恺老前辈曾摇头说:"看下去怎不叫人打瞌睡呢!"

新闻评论的语言要富于文采,就要在措辞造句上下苦功夫。

古人做文章很讲究炼字、炼句。诸如贾岛"推敲"的故事,"两句三年得,一吟双泪流""吟安一个字,捻断十经须""语不惊人死不休"等诗句,都成为文章学的美谈。一首诗若炼好某个字,整首诗可能就有了"诗眼";一篇文章若炼好了某个字,可能整篇文章就有了"文眼"。有些诗词、文章,某一句炼得好,后人把整首诗词、整篇文章忘掉了,但这一句却不断流传。

那么，字句炼到什么样子才是最美的呢？首先自然是达意，就是最恰当地体现作者思想，展示事理逻辑。不能达意，不能把事物的最微妙之处体现出来，其他一切都谈不上。

在达意的基础上，语言要有形式美感。语言由两个方面组成，即视觉可见的文字和听觉可闻的声音。对于文字来说，形式上有整齐美和参差美。整齐美指文字排列上的秩序与和谐，如运用对偶、对仗、排比、重叠、回环等修辞手法的句子就有一种整齐美。

不过，一篇文章如果通篇使用一种修辞手段，又可能因为不断地重复而使文气滞涩，所以，若能将各种修辞手段交错使用，骈散结合，长短相间，则更使文章姿态横生，富于变化，透出一种参差之美。

对于声音来说，还有一个音节与音韵的抑扬美问题。评论语言的抑扬之美，关键在于音节相同，平仄相间。

试以《中国青年报》2003 年 6 月 27 日陈鲁民的一篇《要现货，不要期货》为例：

几千年来，古今中外的爱情和婚姻，一直是围绕着浪漫主义和现实主义做文章。譬如，“你挑水来我灌园，夫妻恩爱苦也甜”，是浪漫主义；“嫁汉嫁汉，穿衣吃饭”，就是现实主义。倘以喜儿为例，嫁给穷光蛋大春就是浪漫主义；给大款黄世仁当二奶就是现实主义。那么，时下有女征婚，明确要求男方身价须过千万，这就是“超现实主义”。

前不久，一位女孩在母亲的陪同下前来征婚，她长得很漂亮，气质也不错，是著名高校经济学硕士。她母亲郑重提出：“千万元资产者，方可与我女儿见面。”女孩最终如愿以偿，征得深圳一位资产逾亿的金龟婿，不过对方年龄比她大 20 岁，其女儿已 17 岁（《武汉晚报》6 月 15 日）。

这位女研究生的婚姻观在知情人中引发热议。有人认为是“傍大款”，但也有很多支持者。她的一位校友就不胜羡慕且高度评价说：婚姻也要遵循市场规律，男人的资源是财富和地位，女人的资源是青春和美貌，我认为他们的结合是优质资源的合理配置。优质女性的要求是：我不想等，我要现货，不要期货。

好一个“要现货”！立马让众多自鸣得意的帅哥、英俊小伙身价贬值，因为你们再优秀，毕竟是“期货”，说得好听点是“前途无量”，说得保守点是“前途未卜”，将来是赚是赔，是成功还是失败，谁也说不准。也许你会成为比尔·盖茨、李嘉诚，或许你会是个要饭花子、街头流浪者，天知道！于是，在新潮姑娘们“要现货”的宣言面前，痴情小伙子们“我会让你幸福的”“我的未来不是梦”之类重如千钧的许愿承诺，顿时变得轻如鸿毛。“将来我一定会成功的”，我要“慢慢地和你一起变老”等玫瑰色的梦想，也变得苍白无力。因为人家要的是“现货”，别墅、轿车、巨款、不动产，一样也不能少。瓦西里同志的“面包会有的，牛奶也会有的”，见鬼去吧。

不要以为“要现货”只是那个深谙经济学投入产出理论的女研究生的独特见解，其实，与她志同道合者并不鲜见。今年年初，上海某亿万富翁，为了寻求“爱情”，不惜花费百万重金，在报上做广告征婚。为了爱情的纯洁，不仅要求对方“20～25岁，大专以上”，而且特别强调要“无性经历”，尽管他自己已经结过一次婚，还生了个儿子。但正因为是难得的“现货”，所以，“爱情”滚滚而来，仅两天工夫，就收到近300封电子邮件，从照片来看，应征姑娘个个都是花容月貌。毕竟，不少新潮姑娘早已“开窍”，坚信“干得好不如嫁得好”的道理，所以，该富翁优中选优，再结良缘，毫无问题，只要他别挑花了眼。不知哪个靓女能捞到这个“现货”。

我无意谴责那些立志“要现货”的“超现实主义”姑娘，毕竟这是她们的自由，也是一种“时髦”的婚姻模式，但我怀疑她们未必会获得真正的幸福。物质享受方面，穿金戴银，住别墅，开名车，自然都不成问题，这正是“现货”的长项；可情感方面呢，“金钱可以买来婚姻，买不来爱情”，这话我信。不要忘了，人毕竟是有感情的高级动物，正所谓“生命诚可贵，爱情价更高”，婚姻毕竟不等于商场购物，气宇轩昂地把“票子”往柜台上一甩：老板，我要现货！

文章先幽默地用三个主义来比喻不同的爱情和婚姻观，接下来引出新闻：千万元征婚。文中“男人的资源是财富和地位，女人的资源是青春和美貌”“说得好听点是‘前途无量’，说得保守点是‘前途未卜’”“住别墅，开名车”，对仗很工整，读来朗朗上口，很有音乐感。作者评价时，“变得轻如鸿毛”“变得苍白无力”等语句和用词又极富变化，大量的歌词的借用，加上电影名字、电影中的台词以及人们耳熟能详的诗句、谚语的套用，使文章读来既熟悉，又有一种意义变化之后的陌生之趣。最后，用“气宇轩昂”来形象化地形容那种往柜台上一甩，高喊“老板，我要现货”的样子，令人哑然失笑。

当然，文辞上的整齐美、参差美、抑扬美都是就文章的局部讲的，而且是一种高要求，一种努力方向。新闻评论毕竟不是骈文，评论创作的时效性也不容我们去慢慢斟酌。这种要求只能建立在评论员平时的文字修养训练基础之上。

新闻评论的语言要有文采，评论员还要有较丰厚的知识积累，有较强的联想能力，这样，在创作评论作品时，才能跳出就事论事的樊篱，思接千载，想越万里，把富于思想启迪和情感感染力的故事、格言、成语、诗词信手拈来,融入文中。文采是一个人才气的表现,而人的才气很大程度上是由丰厚的知识撑持着的。就拿梁厚甫先生来说,他的评论出神入化,生动活泼,这与他深厚的学养分不开。例如,他当年写苏联扩张主义的处境时说:“《左传》说:困兽犹斗,而况国乎?狗入穷巷会咬人的。今天的苏联,已到了非咬人不可之局面。”用《左传》中的一句话来形容苏联当时的处境,真是再恰当不过了。

当然,需要指出的是,这些知识要运用得当,运用不当则适得其反,在具体运用时应注意以下几方面:① 深奥难懂的文言文不宜直接引用,而要翻成通俗易懂的白话文,否则就有违新闻评论语言的通俗化要求。佶屈聱牙,味同嚼蜡,不但不能增添文采,反而更使文章变得干巴。② 不能引用太多。引用太多,就干扰了文章的脉络,割断了文章的文气,破坏了文章的流畅感。③ 术语要少用,要用得到位、易懂。④ 要吃透知识,准确使用,忌在文章中随便卖弄。上文就是因为大量运用的都是人们熟悉的句子,所以人们读起来感觉很流畅,夹杂一点经济学术语,也感觉不到滞涩,相反,将其他行当的用语借来说爱情,还生出一种幽默感。

讽刺、幽默用得好,可以大大增加新闻评论的文采。讽刺像一根针,尖锐有力,能使麻木的人们感觉到一丝痛楚;而幽默则是评论者智力优势的展现,是自信的表现,它给受众以力量和笑声,使受众与作者共同分享这份自信和优越。有了讽刺和幽默,文章就会变得活泼而有趣味。

此外,还可以用谐音等修辞手段来展现智慧。我们不妨来看看人民网2002年3月12日人民时评栏署名张偶良的一篇文章《“植树”切莫变“植数”》:

人勤春来早,又一个全民义务植树节到了。植树设为法定节日,是要求在这一天开展全民植树活动,广泛动员全社会参加林业建设,提醒国人,加快经济发展,莫忘生态平衡。

然而,在各级领导干部抓义务植树工作的同时,必须警惕“植数”。

何为“植数”?树苗栽下了,不去用心浇灌护理,促其成活长大,而只是点个“数”,凑个“绩”,就算完事;是其一。

随意玩弄数字游戏,明明没有植那么多,却非要把“泡”吹得老大,搞浮夸虚报,只见“数目增”,不见“树木长”;是其二。

不尊重客观规律,不注重因地制宜,明明有些树木不适宜在此地生长,却也非要种不可,结果只能是劳民伤财;是其三。

荒唐地将“绿化”变成“画绿”,为了糊弄、应付上级或传媒,对劈山建房造成的大面积裸露山体,只在低坡处栽了近百棵树,其余的却用油漆给“画”绿了;是其四。

更有甚者,无“种”生“有”,没“植”说“栽”;是其五。

如此等等,不一而足。

可见,在一些地方,就是有人违背连小学生都懂的常识,在义务植树活动中,热衷于搞形式主义,做表面文章,把植树造林当成捞取政治资本、谋求加官晋爵的良机,把植树变成了植“数”。

众所周知,生态环境的日益恶化是当今国人所面对的严峻问题。绿色是生命之源。植树造林,绿化环境,实际上是滋养我们的生命带,受益者是我们每一个人。

因此,生态工程丝毫马虎不得,糊弄不得。对于植树,不仅要在“植树节”,大张旗鼓地植;更要在平常日子,只要气候、环境等适宜,坚持不断地植。各级领导干部抓义务植树工作,不仅要亲自动手去种几棵树,起模范带头作用;更关键的是,要以对党和国家、对子孙后代切实负责的态度,把本地的植树绿化工作全盘地、长期地组织好和落实好,真正负起领导的责任来,绝对不能只去做做样子,让人“照几张”“摄几下”,露露面、走过场。

同时,笔者也建议,有必要尽早建立健全生态工程的审计制度和责任追究制度,严惩那些“植数造零”的领导干部。

行文至此,恭录郑州市市长陈义初日前严厉痛斥一些基层领导干部将植树变为“植数”的一段话:“如果把历年来各地上报的植树数字累加起来,恐怕全国都要成森林了,再想植树得到国外去了。”(详见2月26日《经济参考报》一版)此话真是一针见血,讥讽辛辣到位,理应值得人们好好深思!

这篇评论起因于《经济参考报》所报道的郑州市市长陈义初的一段话。这段话本身就非常辛辣有趣,既富于逻辑力量,又让人哑然失笑。评论列举了植树造林中所存在的形式主义和浮夸风的几种表现,一针见血地指出了其危害性,并提出了杜绝它的办法,简明扼要,却又深入透彻,很有条理。如果仅止于此,文章可能会让人读起来觉得干巴无趣,于是作者大量运用了谐音的修辞手段,形成语义的对比,使文章既表达准确简明,又讽刺深刻有力。首先,文章在题目上就将“植树”与“植数”谐音,一下子便引起了人们的注意。读者一看题目就知道作者要批判的是那些只管制造数字而不管实际结果的现象。文中如“绿化”与“画绿”、“无‘种’生‘有’”(谐成语“无中生有”)、“植树造‘零’”(谐“植树造林”)等,一字之差,文义全变,叫人不能不佩服作者的机智。

总之,新闻评论的语言既要具有逻辑力量,又要富于文采,这样才能行得远。

第七章

7

报纸新闻评论

内容提要:

1. 报纸新闻评论的特点及要求:适当展开论题,论证深刻;逻辑性、可读性。

2. 社论是代表编辑部发表的对于重大问题的权威而慎重的评论。对于党政机关传媒来说,社论同时代表同级党委发言。评论员文章的重要性仅次于社论,它与社论的不同主要在于其规格,其余则无大区别。评论员文章包括署名和不署名两类。此外,特约评论员文章和观察家评论等也包括在评论员文章中。

3. 社论写作注意事项:与新闻事件的相关性;以论证的权威而不是以媒体声音的权威来征服受众;把调子降下来;突出重点,而不是四平八稳;内容要充实。

4. 短评就是短小精悍的评论,它篇幅短小,内容单一,分析扼要,使用灵活。短评的特点:短、新、活。编者按语是一种依附于新闻报道或文稿的新闻评论,是传媒对报道所加的评介、批注、建议或说明,其作用是对报道进行提示、评论、阐述和补充。编者按语一般分为说明性按语和议论性按语。

5. 述评是新闻报道与新闻评论的结合体,是两者的重叠。述评的最大特点就是融新闻和评论于一体,夹叙夹议,边述边评。

6. 广义的时评就是新闻评论,即时事短评。狭义的时评指以公民的身份对新闻事件发表的个人意见。时评的特点:创作者的公民身份;意见的个人性和多样性;表达的直接性和理性;风格的多元化;文字的针对性和精短化。

7. 杂文是文艺性的政论文。杂文的特点:形象、生动、泼辣;论时事不留面子;形式上短小精悍,灵活多变。

第一节　报纸新闻评论的特点及要求

一、报纸的传播特点

(一) 报纸传播的优点

报纸是出现得比较早的大众传播媒体,它的传播依赖文字,通过邮递送达读者手中。报纸传播具有以下几方面的优点。

1. 反映面的广阔性和丰富性

报纸是运用文字作为表达工具进行传播的。文字作为记录语言的符号,既可以描述事物的形象,又可以展现那些不具形的抽象思想;既可以抒发情感,又可以诉诸理性。可以说,世间的任何事物都能用文字来表达。

2. 表达思想、展开论证的深刻性

文字作为记录语言的符号,除了可以介入整个世界,在人与世界之间构建起一个广阔的符号世界之外,还具有表达思想的深刻性。语言总是与概念相联系的,一个词就是一个概念。当我们说"桌子"一词时,似乎很形象,但它已概括了各种各样具体的桌子,是对具体的桌子的抽象,是一般。人们依靠词进行判断,依靠词的组合进行推理,进行思维。但是,口头语言具有易逝性,依靠口头语言,人们只能进行简单的推理,而有了文字之后,口头语言便可以被记录下来,永久保存,人们可以对语言字斟句酌,从而使表达更严密、更准确,可以细细地梳理作者的思想,使之更有条理、更系统、更完备。人的思维能到达的地方,文字都能把它表达出来,而经过了文字整理的思想,变得更加清晰而准确、逻辑而系统、深刻而有条理。

报刊拥有文字表达这种手段,就使它与广播、电视等大众传播媒介相比具有了鲜明的特点。广播不是用文字作为表达手段的,它不占有空间,只占有时间,而时间之流是永不停歇的,受众没有从容思考广播内容的思维空间,而报纸的内容却是在空间展开的,受众必须一行行从一个方向到另一个方向定向阅读。当眼睛拂过文字时,文字便进入受众头脑,转化为思想,文字与文字间的联系转化为思想与思想碰撞而产生的新思想。所以,阅读就是不断深入地探求思想、寻找意义的过程,就是读者视野与作品视野相融合,从而产生新视野的过程,就是读者不断选择、不断填空的过程。这个过程的深入性是广播所无法比拟的。电视也是处在时间之流中的传播媒介，电视对人们思想能力的掠夺更是被有些大众传播学者说得令人难以置信。客观地说，电视并没有人们说的那样耸人听闻，它一样在一定程度上影响着人们的思想，只是这种思想力量比之报纸要浅得多，因为它除发挥广播所有的口头语言的作用外，还多了一层图像语言。但是图像语言的出现，并没有使电视表达思想的深刻性加强，相反，由于图像倾向于作用于人的第一信号系统，反而使和语言现实直接相关的思想变得原地踏步甚至更肤浅了。

3. 可保存性和可选择性

报纸是信息被转化为文字，印刷在纸张上的一种传媒，所以，它具有可保存性。它所负载的信息不是一闪即过，而是可以仔仔细细地看，认认真真地揣摩的，有搞不懂的地方，还可以停下来琢磨，读到后面若产生了什么疑问，可翻到前面重读。只要读者愿意，想对信息研究多长时间都可以。因此，报纸所使用的语言尽可以书面化一点、句子长一点、修饰语多一点、理性色彩强一点、逻辑更严密一点。它不但不担心读者因为信息稍纵即逝而来不及弄懂文章意思，而且努力把句子写得严谨无误，绝少歧义，以随时准备经受读者的推敲。事实上，由于文字的使用避免了许多同音词相混淆，所以报纸上的文章与广播、电视相比，出现歧义的机会少得多。比如："8 个多月以来，有关部门先后 7 次在油田举办了一线大龄男青年和四郊五县女青年的联谊活动。400 多名一线男青年中，有 282 人和郊县女青年建立了恋爱关系。"这一段作为报纸上的稿件没有什么歧义，但若作为广播稿问题就来了。"线"和"县"是同音字，易引起歧义，"郊县"和"胶县"也易产生误会，因为山东有个县名字就叫"胶县"。

报纸上的信息不仅有可保存性，还有可选择性。一张报纸上有许多信息，读者可以选择自己喜欢的去看，即便同一条信息，也是哪一部分有用看哪一部分，无用的文字就可以跳过去。而广播和电视节目相比之下却不具有可选择性，因为它们是以时间序列编排的，你想得到第三条信息，必须先硬着头皮听(看)完第一、二条信息才行。报纸的选择性，对文章，尤其是对文章的题目提出了极高的要求。只有那些新鲜的、富含信息量的题目才能吸引读者的注意力，引起读者选择阅读的兴趣。当然，只有有价值、有内容的文章才能使读者耐心地看下去，若仅有个好标题，读者将文章读了几句，发觉上了当，仍会放弃这篇文章去另外选择的。

4. 公众解码的专注性

公众在阅读报纸时，是比较专注的，因为他必须先接触文字符码，然后再对文字进行解读,从而接受信息。在这个过程中,他的思维处于活跃状态,而不是被动接受,如果他漫不经心地阅报,他将什么也得不到。当然,阅报的环境也许是很嘈杂的,专门到图书馆阅览室读报的人毕竟是少数,多数人都是在火车上、地铁站,或在等车、候诊、饭后休息时看报,并不像看电视那样专门在一个地方坐下来看,但读者看报时的专注远胜于观众看电视时的状态,因为报纸的理性色彩更强,文字更深入事物的本质、人物的内心、世界的哲学层面,只有专注地阅读,才能深刻地理解其内容。公众阅读的专注性决定了一篇报刊文章一旦被读者所选择,读者将会认真地去阅读、去思考。

(二)报纸传播的弱点

1. 接受的间接性带来的生动形象性的不足

读者通过对文字解码而还原信息本身,就使原生态的现象的生动性和形象性信息大部分丢失,读者只能根据自己的经验去重新构筑现象真实的幻觉。所以,报纸媒体若与广播和电视相比,娱乐性要差得多。人们若为了解除疲劳,自然是接触广播和电视更合适。文字虽然可以表达世界上的任何事物,但它毕竟是抽象的符号化表达,与世界的原貌相比具有很大的距离。

2. 反馈比广播、电视要差

报纸的读者通过文字与作者进行交流,读者和作者既不谋面,也不谋声,缺少人际交流所具有的亲切感和接近感,读者若要求反馈,面对的是报社编辑部这样的机构而不是个人,而且只能事后用信件进行沟通,大众不可能都亲自跑到报社去座谈。广播则有播音员和主持人通过讲话与听众沟通,电视更是播音员和主持人既与观众谋面,又与观众谋声,且可在客厅中与观众进行面对面的亲切交谈。观(听)众若有疑惑、意见或建议,还可通过热线电话与主持人进行交流。可以说,广播和电视是带有人际交流色彩的大众传媒,它们能在听(观)众与主持人之间进行情感、态度、理智等各个层面的交流。

3. 对读者文化水平的依赖

报纸既然以文字为表达手段,发布信息,谈论思想,就对读者的文化水平提出了要求。

首先,接受者要识字。再重要的文章,面对不识字的接受者,将不起任何作用。现在,我国的老少边穷地区还存在文盲,这些文盲必须经过初级扫盲之后,才能变成报纸的接受者。而广播和电视却可以直达这些文盲,对受众识字水平的要求不高。

其次,接受者要接受过语文知识培训,具有一定的理解能力和逻辑思维能力。仅仅识字是不够的，因为从识字到用文字进行思想交流，这之间还有一定的距离。报纸比广播和电视所使用的语言要更书面化一些，逻辑更严密一些，思考更深入一些。大众对报纸文章的理解受其总体文化水平的制约，理解力因而各有不同，所以，实际接受的水平也就各有上下。在一些文化落后的地区，把童话和科幻作品当真实发生的事件去理解的还大有人在。所以，这里所说的对文化水平的依赖不仅指对识字水平的依赖，而是指对整体文化发展水平、对理解与接受能力的依赖。

4. 传送范围受交通条件限制

报纸的传送是依赖邮局邮递的。邮递就要受到交通条件的限制。若交通条件好，报纸可以迅速及时地送达读者手中，但若交通条件很差，报纸的时效性就无法实现了。有些乡镇收到报纸后一张张攒起来，一个月给各村送一次，报纸到达读者手中时已变成了活页月刊，许多重要的消息早就成了明日黄花。曾有一位地处偏远山区的人大代表说，他是首先从收音机中获得人大开会的消息的，半个月后才从报纸上证实了这一消息。这就使报纸的时效性大打折扣。

二、报纸新闻评论的特点及要求

（一）可以适当展开论题，深刻论证

报纸以文字为表达手段，这赋予了它独特的优势：表达思想的深刻性。这一点我们已经论及。新闻评论的特点正是思想性、论理性，在三大大众传媒中，可以说报纸是最符合这些特性要求的。很难想象我们连篇累牍地在广播、电视上进行抽象评论，会有听（观）众买账。广播、电视的大多数新闻评论类栏目中，真正上升到抽象的具体的论述片断非常短，中间还要不断地插入事例、图像，不断地介绍过程，即便主要以讲理为主的评论，讲理也要考虑人们的听觉接受能力，力求清楚明白，很难深入下去。而报纸新闻评论却可以在所占用的版面空间中铺展开来进行抽象的评论。人们没想明白，可以停下来思考一下，想清楚再继续看。

我们试以《学习时报》2006 年 9 月号的评论《民主是个好东西》为例：

民主是个好东西，不是对个别的人而言的，也不是对一些官员而言的；它是对整个国家和民族而言的，是对广大人民群众而言的。坦率地说，对于那些以自我利益为重的官员而言，民主不但不是一个好东西，还是一个麻烦东西，甚至是一个坏东西。试想，在民主政治条件下，官员要通过公民的选举产生，要得到多数人的拥护与支持；其权力要受到公民的制约，他不能为所欲为，还要与老百姓

平起平坐、讨价还价。单这两点,很多人就不会喜欢。因此,民主政治不会自发运转,它需要人民自己和代表人民利益的政府官员去推动和实践。

民主是个好东西,不是说民主什么都好。民主决不是十全十美的,它有许多内在的不足。民主确实会使公民走上街头,举行集会,从而可能引发政局的不稳定;民主使一些在非民主条件下很简单的事务变得相对复杂和烦琐,从而增大政治和行政的成本;民主往往需要反反复复的协商和讨论,常常会使一些本来应当及时做出的决定,变得悬而未决,从而降低行政效率;民主还会使一些夸夸其谈的政治骗子有可乘之机,成为其蒙蔽人民的工具;如此等等。但是,在人类迄今发明和推行的所有政治制度中,民主是弊端最少的一种。也就是说,相对而言,民主是人类迄今最好的政治制度。

民主是个好东西,不是说民主可以为所欲为,能解决一切问题。民主是一种保障主权在民的政治制度,它只是人类众多制度中的一种,主要规范人们的政治生活,而不能取代其他制度去规范人类的全部生活。民主有内在的局限性,不是万灵药,不可能解决人类的所有问题。但民主保证人们的基本人权,给人们提供平等的机会,它本身就是人类的基本价值。民主不仅是解决人们生计的手段,更是人类发展的目标;不仅是实现其他目标的工具,更契合人类自身固有的本性。即使有最好的衣食住行,如果没有民主的权利,人类的人格就是不完整的。

民主是个好东西,不是说民主就没有痛苦的代价。民主可能破坏法制,导致社会政治秩序的一时失控,在一定的时期内甚至会阻碍社会经济的增长;民主也可能破坏国家的和平,造成国内的政治分裂;民主的程序也可能把少数专制独裁者送上政治舞台。所有这些,都已经在人类的现实生活中出现过,并且还可能不断再现。因此,有时民主的代价太高,甚至难以承受。然而,从根本上说,这不是民主本身的过错,而是政治家或政客的过错。一些政治家不了解民主政治的客观规律,不顾社会历史条件,超越社会历史发展阶段,不切实际地推行民主,结果只会适得其反。一些政客则把民主当作其夺取权力的工具,以“民主”的名义,哗众取宠,欺骗人民。在他们那里,民主是名,独裁是实;民主是幌子,权力是实质。

民主是个好东西,不是说民主是无条件的。实现民主需要具备相应的经济、文化和政治条件,不顾条件而推行民主,会给国家和人民带来灾难性的结果。政治民主是历史潮流,不断走向民主是世界各国的必然趋势。但是,推行民主的时机和速度,选择民主的方式和制度,则是有条件的。一种理想的民主政治,不仅与社会的经济制度和经济发展水平、地缘政治、国际环境相关,而且与国家的政治文化传统、政治人物和国民的素质、公民的生活习惯等密切相关。如何以最小的政治和社会代价,取得最大的民主效益,需要政治家和民众的智慧。从这个意义上说，民主政治也是一种政治艺术。推进民主政治，需要精心的制度设计和高超的政治技巧。

民主是个好东西，不是说民主就可以强制人民做什么。民主最实质性的意义，就是人民的统治，人民的选择。尽管民主是个好东西，但任何人和任何政治组织，都无权以民主的化身自居，在民主的名义下去强迫人民做什么和不做什么。民主需要启蒙，需要法治，需要权威，也需要暴力来维护正常的秩序。但是，推行民主的基本手段不应当是国家的强制，而应当是人民的同意。民主既然是人民的统治，就应当尊重人民自己的自愿选择。从国内政治层面说，如果政府主要用强制手段，让人民接受不是他们自己选择的制度，那就是国内的政治专制，是国内的暴政；如果一个国家主要用强制的手段，让其他国家的人民也接受自己的所谓民主制度，那就是国际的政治专制，是国际的暴政。无论是国内专制还是国际专制，都与民主的本质背道而驰。

我们正在建设中国特色的社会主义现代化强国，对于我们来说，民主更是一个好东西，也更加必不可少。马克思主义经典作家说过，没有民主，就没有社会主义。最近胡锦涛主席又进而指出，没有民主，就没有现代化。当然，我们正在建设的，是具有中国特色的社会主义民主政治。一方面，我们要充分吸取人类政治文明的一切优秀成果，包括民主政治方面的优秀成果；但另一方面，我们不照搬国外的政治模式。我们的民主政治建设，也必须密切结合我国的历史文化传统和社会现实条件。只有这样，中国人民才能真正享受民主政治的甜蜜果实。

这篇评论写得很好，2007 年各大报纸都纷纷转载，并被评为 2007 年党报最有影响力的文章。它层层深入，分析得很透彻。作者发表此文时，正是社会上“民主”成为敏感词的时候，核心就是民主究竟好不好，应不应该走民主的道路。作者在标题中直接旗帜鲜明地提出自己的观点：民主是个好东西，而要论证民主是个好东西。首先，要说明民主对谁来说是好东西？是不是对任何人来说，民主都是好东西？作者从民族和国家的层次上来论证，说明对于那些以自我利益为重的官员而言它并不好。其次，你说民主是个好东西，一些人可以举出大量的例子来说明民主有害。作者不否认民主的缺陷，但又从世界各种政治制度的比较中说明，在人类迄今发明和推行的所有政治制度中，民主是弊端最少的一种；既然这样，我们当然应该推行民主。此时，民主究竟具有什么内涵的问题才能跟着提出。作者的回答是，民主不能理解为想干什么就干什么，民主也有其适用范围，但民主是人类的基本价值，不能仅从工具和手段上去理解；那么，推行民主会不会有代价？它可能有痛苦的代价，这是我们必须高度警惕的；是不是可以无条件地推行民主?不是的。推进民主政治,需要精心的制度设计和高超的政治技巧;我们不能搞强制民主,因为它与民主的理念背道而驰,政治选择只能来源于人民的同意。最后,作者落脚于最受争议之处:社会主义与民主是什么关系?如何推进社会主义民主?有了前文的铺垫,问题就迎刃而解:社会主义制度追求的就是人民主权,所以,两者不应矛盾。我们应该吸收世界各国民主进程中的经验和教训,结合本国实际来稳妥地推进民主,只有这样,中国人民才能真正享受民主政治的甜蜜果实。文章运用了纵式结构,开门见山,各部分之间紧密相连,层层推进。文章中肯地说明,对于我国的社会主义建设来说,民主是个好东西。这种深刻性是电视传媒难以企及的。

(二)可保存性、可选择性对新闻评论的逻辑性、可读性的更高要求

报纸具有可保存性和可选择性,使读者可以从容地阅读,慢慢地领会,保证新闻评论的内容可以尽量多、尽量准确地被读者理解。反过来,这也要求评论员在写作时要慎重地考虑,仔细地推敲,语言表述要尽可能准确而明晰,避免意义含混,尤其要避免将意思搞颠倒,从而对社会造成不利影响。

仅仅要求创作谨慎已经是对评论员的高要求了,因为一篇评论严谨与否不仅仅是个态度问题,还和评论员的素质修养有很大关联。如果一个评论员缺乏政治理论修养,没有相关的知识积累,写作水平不高,常常文不逮义,他是根本无法保证文章的严谨准确的。不过在创作谨慎的同时,还要求创作者才思敏捷,因为新闻评论具有时效性。俗话说“忙中难免出错”,而新闻评论工作者却必须能够做到忙而不乱、忙而不错,若是“两句三年得”,失去了时效性,就只好拿文章去感动自己了。要达到既快又准的要求,评论员就必须在工作中努力培养自己的素质和能力,增强发现问题的敏感性,增强政策观念,训练快速创作的本事。

如果说“快”与“准”是报纸新闻评论的一对矛盾,那么“准”与“活”则是另外一对矛盾。报纸新闻评论比较长于抽象而严密的论证,但这并不是说它就一定会显得刻板拘谨。“可选择性”要求作品必须对读者具有吸引力。新闻评论的吸引力,与新闻事实本身的价值大小直接相关,所以,首先要选准评论对象,选出那些真正有新闻价值的事件。但是,事件本身价值的大小只是一个前提,评论员还要眼光敏锐,善于从事件中发现问题。其次,独到的见解,也是吸引读者注意的一个方面,但许多评论往往缺少一种独到的见解,从新闻事实中翻出来的都是陈旧的思想见解,读者没有发现的喜悦,自然拒绝阅读。再者,有了独到的见解,如果不能做出深刻而有力的论证,不能自圆其说,得出令人信服的结论,那么,读者会认为作者是故弄玄虚,故作惊人之语。所以,论述的深刻本身就是一

种“活”，因为它能“激活”读者的思维，为读者展开一片新的世界。最后，文章在文字、结构上也要做到严而不死，活而不乱，使读者一接触语言就被吸引。

第二节　报纸新闻评论文体分类方法论

一、新闻评论文体分类思考

新闻评论文体的分类因原则、标准的不同而形态殊异。每一种分类方法都是对特定时空的新闻评论实践的概括和总结，也是从某个特定角度对新闻评论进行分析把握的结果，时空无法共有，人们把握世界的认识结构也各不相同，因而，对新闻评论文体的分类也就没有一条国际轨道可以遵循，只能相互产生一些影响。先说时空的阻隔造成的新闻评论实践的不同。就拿美国来说，1800 年的《奥罗拉报》已经有了新闻评论。但是，美国的传媒是在商业利润驱动下产生并发展的，所以其新闻评论的评论对象往往是猎奇性的东西，是“人咬狗”的东西。美国的传媒的重要特点之一，就是受“多数法则”的支配，“不管什么内容，只要能吸引最大量的顾客并赚取最多的广告收入，就是要提倡的内容。能够吸引大批顾客的内容将把不能吸引大量顾客的内容挤掉。艺术知识趣味不高的人远远多于趣味高雅的人，这并不是秘密”[1]。所以，新闻评论所面对的对象，在一个时期甚至几乎全是“黄色新闻”（指那些趣味低下、耸人听闻的东西，由于当年约瑟夫·普利策曾在这类新闻中插入一个光脑袋、没牙齿、咧嘴嘻笑、身穿一件像口袋一样的黄色外衣的小孩而得名）。有批评家甚至尖刻地说，色情和诽谤是哺育美国报刊的一对乳房。美国也不乏政治评论，但传媒的倾向性来自于以广告或其他形式给予经济资助的某个党派，所以，它往往缺乏原则，甚至于变成攻击和谩骂，当年的杰弗逊曾气愤地说：从来不看报纸的人比看报纸的人更了解情况，正如什么也不知道的人比满脑子谬误邪念的人更接近真理。因此，美国传媒早期的新闻评论总的来说声誉不高，尤其是其社论。相反，倒是一些专栏评论由于其作者的人格力量而较受人们信赖。这或许是美国新闻评论文体并不按权威程度划分的一个原因。由于新闻评论声誉不高，在 19 世纪通讯社出现后，传媒一直突出的是所谓的客观报道，一直到 20 世纪 60 年代末期才有所改观。与

〔1〕［美］梅尔文·L.德弗勒，E.丹尼斯，大众传播通论.北京：华夏出版社 1989：72.

之不同的是,我国在新中国成立以后的新闻评论实践中,追求的是社会效益第一的原则。尤其是在党的机关报和电台、电视台中,更是把社会效益放在最重要的地位。党报(台)社(台)论是最权威的声音,是风格最严肃的文体,统帅着其他各类新闻评论。至于美国传媒中所没有的"特约评论员文章"之类的评论,由于它是"中共高级领导的意见"而成为极为重要的一类文体(当然,这类文体出现频率也因时间的不同而或高或低)。可见,新闻评论实践不同,文体也各异。从新闻评论文体的演变中,我们可以发现一部新闻评论史乃至文化史。

新闻评论文体的分类既受评论实践的影响,也与研究者对于新闻评论的把握角度和方式有关,不然我们就无法解释为何对于同一种新闻评论实践,不同的人可以概括抽象出不同的文体种类。且不说世界其他民族的新闻评论研究,我国的新闻评论研究家就几乎每人有一套对新闻评论文体的规范。其实这并不奇怪。每个人因出身、教养、经历、天赋、地位的不同而形成了各自对于世界的独特感知角度和感知方式,这决定了人们在观察新闻评论现象时要受到已积淀在其头脑中的先在的心智结构的规范。

文体分类方式多样,无法定于一尊。各种分类方法都有其自己的原则和道理,一种分类就是对新闻评论的一种解释、一种思考。它们为我们提供了诸多把握新闻评论的便捷手段。

二、几种有代表性的新闻评论分类方法

(一)美国的一般分类法

美国人把新闻评论分为狭义和广义两种。狭义的新闻评论有三类:社论、专栏评论(包括社内个人署名评论和社外的辛迪加专栏)和读者来信。这种分类方法简单明了,易于掌握。社论谈论相对庄重的话题,代表编辑部发言,专栏评论则不代表编辑部,更个人化一些,而读者来信则向更广大的公众敞开。

广义的新闻评论则把政治漫画、调查性评论等都包括了进去。政治漫画是美国人的独创,它遵循了"多数原则",虽然曾被抨击说"象征着报纸蠢笨的智力水平",但还是作为新闻评论的一种被美国人接受。调查性评论则使用社会科学的工具,如民意测验、调查表和统计分析等来进行,使评论精密化、科学化。

有人说美国人狭义的分类太清晰,清晰得有点简单化,而广义的分类又太宽泛,宽泛得有点缺少限定。

（二）欧洲国家的一般分类法

欧洲人将新闻评论分为五类，即社论、专论、释论、短评、杂志评论。社论又包括统一社论、代论；专论包括来论、星期论文；释论包括大事分析、时事述评和评述。这种分法较细，但各文类间往往相互包含，有所交叉。

（三）我国的分类法

1. 台湾的分类法

台湾的林大椿在《新闻评论学》一书中以评论论述的内容为标准，将新闻评论划分为政治评论、军事评论、经济评论、文教评论等。它使受众在阅读（听、看）新闻评论时能够根据评论内容的提示做出选择。当然，这种分法又使新闻评论与各专业评论相混淆，反映了作者对新闻评论内涵的不同理解。

台湾《联合报》的王民在《新闻评论写作》一书中，以论述方式为标准，将新闻评论分为八种类型：解说型、辩论型、启发型、研判型、劝导型、褒贬型、纪念型、建议型。这样分类便于新闻评论的创作，论者可以根据所论内容确定该以什么方式展开论述，是一种操作性很强的分类方式。

2. 大陆的分类法

大陆的新闻实践单位多根据评论内容的重要性来分类，报纸划分得较细，有人分为编辑部文章、社论、本报评论员文章、本报特约评论员文章、短评、编者按、编后、观察家评论、个人署名评论、杂文等十类。

第三节　代表编辑部的评论

一、社论和评论员文章

（一）社论

1. 社论的定义

关于社论，我们可以找到许多解释，这些解释都从不同侧面对社论做出了说明：

英文韦氏大词典的解释是：“社论是一个报纸或杂志表明其总主笔或领导

人意见之文章。”

美国出版的《有效社论写作》一书,对社论的解释是:“社论是一个报纸或杂志对于某一问题所发表的意见……它是一种经过考虑的观点或政策的揭露。这种观点或政策,发自此一出版品言论方面的主持者。”

1955年版苏联大百科全书第32卷中的解释是:“社论是定期出版物(报纸、杂志)中的最重要的论文。社论是编辑部的论文,它反映编辑部对某个问题的观点。社论是指导性论文,它指出方向,表示报纸的方针。在党和苏维埃报刊的实践中,社论作为宣传共产党的政策、开展批评和自我批评、提高革命警惕性和动员群众主动创造精神的工具之一,具有重要的意义。”

此外,还有一些有关社论的言论,对于理解社论也有一定意义。美国的新闻学著作《奈门报告》中说:社论解释新闻,补充背景,预测未来,作道德判断。约斯特则在其《新闻学原理》一书中提出一个著名的比喻:新闻是报纸的身体,它表示出报纸的形状和形式,而社论版则是报纸的灵魂,要是没有了灵魂,身体就等于是一具失去活力的躯壳。英国原《曼彻斯特卫报》主编说,社论是表达报纸立场的基本手段,是报纸存在的基本理由。

从这些解释中,我们可以找出社论的几个特征:第一,社论所发表的意见是“经过考虑的”,极为慎重的。第二,社论的意见代表编辑部的立场和主张,是传媒的灵魂。第三,社论的评论对象是重大新闻。第四,对于党政机关传媒来说,社论又同时代表同级党委发言,具有权威性。

因此,我们可以这样给社论下定义:社论是代表编辑部发表的对于重大问题的权威而慎重的评论。对于党政机关传媒来说,社论同时代表同级党委发言。

2. 社论的几种变体

社论在其发展历史中,产生了一些变体,有的变体得以保存和发展,有的则消亡了。这些变体的发展变化过程本身就反映着社会历史的发展过程。下面我们对这些变体都作一简介。

(1) 专论。专论,顾名思义,就是专门性评论。它最早由《大公报》发端。当时,《大公报》辟出一个栏目叫《星期论文》。论文每星期日在报纸的社评栏刊布。撰文者多是对某一问题有专门研究的名家,所以很有权威性。后来,《解放日报》《新中华报》《新华日报》等都登过专论。新中国成立后,专论一度被挪到专版、专刊上发表,但80年代以后又开始复苏,其中最突出的是《经济日报》的“周末论文”。

专论的特点,一是文章较长,二是论述更深入、更专门化。

限于篇幅,我们列举一篇比较短的专论:

从源头上预防和治理腐败

过去，党风廉政建设中的有些问题之所以长期解决不好或解决不了，原因有许多。其中，重要的一点，是缺乏操作性强的制度。近几年来，我们坚持“削权养廉”的工作思路，针对群众反映强烈的问题，建立一项制度，解决一个问题，推进一方面工作，建立了一系列便利、易操作、约束力强的制度，并严格按制度办事，努力从根本上铲除滋生腐败的土壤和条件。

改革干部选拔任用制度，解决好选人用人问题。在搞好调查研究、广泛征求各方面意见的基础上，市委制定了《关于加强干部队伍建设的试行意见》，出台了民主评议、公开选拔、竞争上岗、任前公示、干部试用、干部交流、离职审计、政绩公开、监督管理等制度，严格了干部选拔任用的原则、条件和程序。

坚持和完善减轻农民负担的制度，切实防止农民负担反弹。市委明确规定：谁额外增加农民负担，就免去谁的领导职务。除规定农民负担一定三年不变外，实施了综合减负措施，坚持党政主要领导亲自抓、负总责，实行“一票否决制度”；坚持以村隔年计提农民负担，实行总量控制，定项限额，审批到村，抽查到户；坚持依法完善合同文本，确保72万户合同全部到户；坚持户交粮户结算，杜绝了搭车代扣和给农民打白条；坚持采取明察与暗访、普查与抽查相结合，加大监督检查的力度和密度；坚持农民负担来信来访接待查处和重大案件汇报制度。

为从根本上解决“三乱”问题，市委、市政府规定，对“三乱”单位收取的费用一律收归财政；由“三乱”单位出资3万~5万元奖励举报者，并对其主要责任人一律就地免职；发现一起，公开处理一处，曝光一起。同时，对涉及企业收费的各种文件、项目，进行全面清理，坚决取消了24项不合理收费项目，对13项超标准、超范围收费项目进行了纠正和规范，每年可为企业减轻负担7000多万元。建立健全住房制度，彻底解决领导干部多占住房问题。市委制定了《关于干部多占住房的处理办法》，全市共清理多占住房3219套，补交差价款2000多万元。大力推行会计委派制，消除财务运作过程中产生腐败的条件。在市、区两级成立了会计管理局，把机关、企事业单位原来的会计人员统一纳入会计局管理，经统一考试、培训，并取得上岗资格证后，由两级会计管理局统一重新派任，并实行两年轮换一次岗位。

全面推行政府采购制度，有效抑制公共采购中的腐败现象。市、区两级都成立了政府采购中心，建立健全了关于政府采购的一系列规章制度和实施细则。各级党政机关的办公用品，全部由政府采购中心通过公开招标，进行集中采购，有效避免了以往分散采购中的“暗箱”操作和“回扣”等不正之风。

这篇专论发表于《人民日报》2001年2月20日第六版,作者张传林是直接处于反腐败实践第一线的中共山东省枣庄市委书记。他论述了防止腐败发生的制度设计。一般的评论都是列举腐败现象的表现,指出反腐败的意义,呼吁社会关注,这篇评论则带有很强的实践性和可操作性,具体介绍了反腐败的思路以及在具体的实践中的做法,对各级政府的措施制定产生了良好的借鉴作用。

专论一般都由各个领域的理论和实践的专家所写,这就使其论述非常具体细致,它可能不如各个媒体的专门从事评论的人员的论述那样宏观而原则,但又比专业评论员的论述更加内行和深入。

(2) 代论。所谓代论,就是代替社论的意思。编辑部以某个权威人士的文章来代替社论发表,就叫代论。《新中华报》当年就曾登过毛泽东、周恩来、张闻天等人写的代论。周恩来的《悼张淮南先生》一文也曾被当作代论登在《新华日报》上。现在,代论已不见了。

(3) 来论。来论就是在社论位置上发表的读者写来的评论。上海《苏报》发表的著名评论《读革命军》,就是用"来论"的形式见报的,署名"爱读革命军者",编者注明:"书内词意,本馆不担其责"。其实,这是章士钊亲撰,只是为了"不担其责"而假托发表。结果,《苏报》吃了官司,被判"永远停刊",这就是中国报刊史上有名的"苏报案"。现在,来论也已不见。

(4) 编辑部文章。编辑部文章始于20世纪50年代《论无产阶级专政的历史经验》《再论无产阶级专政的历史经验》两文。文章注明:"经中央政治局讨论,由人民日报编辑部写成。"这个名字是用来突出权威性的。"文革"中,用这种形式搞过"革命大批判",标"两报一刊编辑部文章"(指《人民日报》《解放军报》《红旗》杂志)。"文革"结束后,编辑部文章也随之消失了。

3. 社论写作注意事项

第一,社论写作也要注意与新闻事件的相关性。有些社论离新闻事件太远,甚至从中根本看不到新闻事件,坐而论道,宏论滔滔,完全成了党和政府的公告牌,成了文件文体。现在有的媒体意识到了社论的这种毛病,减弱了论的成分,加强了评的成分,有的干脆废弃"社论"这一概念,而以"社评"名之。

第二,注意以论证的权威而不是以媒体声音的权威来征服受众。有的论者津津乐道于党报社论的权威性,但他们说的却是党报社论对党的政策解释的权威性,诸如外国政要专门研究我们的社论,从中揣测党的新举措等,其实那是不值得自豪的,因为那恰恰说明你的社论的权威性是一种外在的权威性。关键要让读者看过后认为你站得高、看得远、说得对,认为你的论证严密辩证,无可辩驳。

第三,把调子降下来。党报的社论往往爱以极高的调子来言说,高亢激越,似乎只有这样才有力量。把外在的力度内化,让真理以朴实的面目出现,才能更具有接近性,更入耳入心。以为是社论就得唱高调,是社论就得庄重严肃,不苟言笑,就得拿着端着,结果是社论谁写谁看,写谁谁看,没有了任何力量。

第四,突出重点,而不是四平八稳。党报社论代表着党的声音,中国共产党作为执政党,说话不可以不谨慎,要照顾到方方面面,但这不意味着社论就得平平稳稳。不同的历史时期有不同的工作重点,不同的环境下有不同的要强调的方面,追求一篇评论经得起任何时间的考验,也就意味着这篇评论放到任何时候都合适,而放到任何时候都合适,就意味着这篇评论没有任何针对性。所以,社论要重点突出,立足当下,兼顾全面。

第五,内容要充实。社论难免要时常面对一些节气、会议的召开、文件的出台等发言,这就使一些社论往往高屋建瓴有余,落到实处不足,空泛乏力,给人的感觉是应付差事。其实,即使节气歌也可以因为每年的形势和任务不同而唱出不同的内容。社论也应突出问题,点面结合,有事有理,让读者有所得。

(二)评论员文章

1. 评论员文章释义

社论虽然是传媒的政治面目和旗帜,但用得太多太滥,会使其权威性得不到保障,就像当年的张季鸾所说,上午还有人翻一下,下午就拿去包花生米了。有鉴于此,我国各大传媒的社论锐减,非特别重大的问题不请社论出场。《人民日报》平均每月不过六七篇,省报一个月只有两三篇,有时一月之中也不见一篇。相比之下,国外有些报纸社论的绝对量则要比我国多得多。美国《纽约时报》甚至专设社论版,平均每天发表四五篇社论,几乎等于我国某些报纸一个月的社论量。当然,我国的评论文体中,代表编辑部的文体不只是社论,而美国基本上只有社论才代表编辑部,如果把我们的所有代表编辑部的评论加起来,其数量与美国的社论还是不相上下的。

随着社论绝对量的减少,许多问题便成为评论员文章这种评论体裁的论述对象,评论员文章因而大大增多。

评论员文章属于一种中型评论,其重要性仅次于社论,它与社论的不同之处主要在于其规格,其余则无大区别。必要时,评论员文章可以升格为社论发表。当然,相对来说,评论员文章表明编辑部对新闻事实的重要性程度的看法,认为极为重大的新闻事实,便以社论的名目加以评说,认为不必用社论评说的新闻事实,就用评论员文章来评说。

2. 评论员文章分类

评论员文章包括署名评论员文章和不署名评论员文章两类。此外,特约评论员文章和观察家评论之类的评论也可以包括在评论员文章中。

(1) 不署名评论员文章。不署名评论员文章的特点是:既非个人署名的一般文章,又不代表整个编辑部;既有一定"官方色彩",又不完全代表"官方"。它具有较大的灵活性,选题角度可小些,单刀直入,集中笔力。

需要提及的是,有些署了名的评论员文章其实仍然属于不署名评论员文章。这些评论员文章是一个写作班子集体写作的,但它们共用一个笔名,这样做的好处有:一是让它有些个人色彩;二是通过这个笔名传达某种意思;三是减少个人的文责;四是大家都用一个笔名,可以在很短的时间内集中发表多篇重要的评论,从而迅速引发社会关注,而若是一个人,要写一篇重头文章花的时间会非常多,其名字不可能经常见报,难以引起人们注意。

这种写作班子共用笔名的做法在20世纪50年代已经时有出现,"文革"时进入高峰,成为舆论的引领者。比如"梁效"就是"文革"期间最响亮的名字,那时有"小报抄大报,大报抄梁效"之说。这一名字实际上谐音"两校",是北京大学、清华大学两所学校共同成立的大批判组的共名。其他还有上海市委写作组共用的"罗思鼎"(成立于学雷锋时,谐音"螺丝钉",意为像螺丝钉一样,党叫干啥就干啥)、文化部写作组共用的"初澜"(来源于李进的两个艺名"江青"和"蓝苹",有"青出于蓝"的意思)、中央党校写作组共用的"唐晓文"(谐音"党校文")等。1993年12月22日,人民日报在一版发表了4600字的长文《从十一届三中全会到十四届三中全会》,第一次以"任仲平"(谐音"人民日报重要评论")为共名,后来又有"仲祖文"(谐音"中组部文章")、郭继平(谐音"国际评论")等。中国共产党第十七届五中全会后,又出现"郑青原"(谐音"正本清源",表达澄清混乱认识的意思)这样的共名。这些评论与社论难分伯仲,大致的区别是,社论重在对重大事件表态,而共名式评论员文章则重在对重要的思想加以深入阐发,理论性极强。表现在字数上就是这类文章多为超长文章。限于篇幅,我们节选郑青原发表于2010年11月27日《人民日报》的一个系列评论的第三论来认识一下:

沿着正确政治方向积极稳妥推进政治体制改革

——三论牢牢抓住历史机遇、全面建设小康社会

一个国家实行什么样的政治制度、走什么样的政治发展道路,归根结蒂取决

于这个国家最广大人民的意志,取决于这个国家的具体国情和历史文化条件。

新中国成立60多年,我们对于走什么样的政治道路,早已有了明确的回答。这条道路,凝聚着几代人的艰辛探索,积累了近代中国百余年历史经验,顺应了时代的潮流和人民的愿望。

“坚持中国特色社会主义政治发展道路,坚持党的领导、人民当家作主、依法治国有机统一,积极稳妥推进政治体制改革,不断推进社会主义政治制度自我完善和发展。”在中国改革开放和社会主义现代化建设的关键时期,党的十七届五中全会再次强调这条政治道路的重大意义。这是从中国特色社会主义总体布局出发的重要战略部署,是我们牢牢抓住历史机遇、奋力推进改革开放和社会主义现代化事业的根本政治保证。

发展社会主义民主政治是我们党始终不渝的奋斗目标。早在1979年,我们党就明确提出要改革和完善社会主义政治制度,之后一直强调,我们实施的改革是全面改革,包括政治体制改革。30多年来,政治体制改革作为我国全面改革的重要组成部分,始终随着经济社会的发展不断深化,始终随着人民政治参与积极性的提高不断深化,始终随着时代不断变化的主题不断深化。政治体制改革不断推进,激发了全党全国各族人民的创造性、积极性和主动性,保持了党和国家活力,扩大了社会主义民主,健全了社会主义法制,促进了我国人权事业,有力地促进了经济、政治、文化、社会的全面协调发展,为社会主义现代化事业提供了制度支撑和法治保障。

回顾30多年的改革开放历程不难发现,在中国特色社会主义政治发展道路上,围绕社会主义民主与社会主义法治,我国政治体制改革的步伐从未停歇。我们顺应经济社会发展变化,适应人民政治参与积极性的不断提高,以保证人民当家作主为根本,以增强党和国家活力、调动人民积极性为目标,不断发展社会主义政治文明。我们依法实行民主选举、民主决策、民主管理、民主监督,保障人民的知情权、参与权、表达权、监督权,坚持科学执政、民主执政、依法执政,推进决策科学化、民主化,最广泛地动员和组织人民依法管理国家事务。我们坚持科学立法、民主立法,建立和完善中国特色社会主义法律体系,推进依法行政,深化司法体制改革,维护社会公平正义,维护社会主义法治的统一、尊严和权威。

从党的领导体制逐步规范化、制度化,到以党内民主带动人民民主的实践;从大刀阔斧地推进机构改革,到完善适应社会主义市场经济的行政管理体制;从废除领导干部职务终身制,到建立国家公务员制度;从实行基层群众自治,到逐步实行城乡按相同人口比例选举人大代表、扩大公民有序政治参与;从加强对权力运行的监督和制约,到建立和完善惩治和预防腐败体系……政治体制改革的不断推进,汇成建设中国特色社会主义的时代大潮,推动社会主义中国不断创造举世瞩目的发展成就。

邓小平同志明确指出,评价一个国家的政治体制、政治结构是否正确,关键看三条:第一看国家的政局是否稳定,第二看能否增进人民的团结、改善人民的生活,第三看生产力能否得到持续发展。这一重要论断深刻揭示了上层建筑与经济基础的辩证关系。新中国成立以来特别是改革开放30多年来,我们国家面貌发生的历史性变化充分证明,我们实行的政治制度符合我国国情,具有强大生命力。

不断深化的政治体制改革,赋予社会主义制度新的生机活力,进一步发挥了社会主义制度的政治优势——既能广泛发扬民主,又能实现高度集中;既能切实保障人民当家作主的权力,又能最大限度地集中社会资源、提高国家效率。九八抗洪,汶川地震,北京奥运会,上海世博会,应对国际金融危机冲击……在关键时刻、重大时节,正是社会主义制度政治优势,催生了全国各族人民团结一心众志成城的强大合力,使我们能够昂然战胜自然风险的挑战、经济危机的冲击、政治风波的考验,使我们能够圆满组织、成功举办各种重大国际活动,在中华大地创造奇迹。

对于这一点,即使是一些西方学者也不否认。可以说,中国特色社会主义政治的发展成果,为人类政治发展和政治文明提供了重要经验。那种认为改革开放30多年,经济发展取得举世瞩目的成就,政治体制改革严重滞后的看法既有悖于客观规律,也不符合客观事实。

这篇评论其实完全可以看作是一篇驳论文,它针对"改革开放30多年,经济发展取得举世瞩目的成就,政治体制改革严重滞后"的看法,表达了中共中央的意见,认为改革开放以来我国的政治体制改革从未停歇,而是沿着正确的政治方向不断推进,并取得了令人瞩目的成就。文章显示了不一般的政治意义,大有对外界、对人们关于政治体制改革的认识进行正本清源之势。

(2) 署名评论员文章。署名评论员文章是20世纪80年代中期才开始出现的。长期以来,传媒评论一直仅仅作为党的喉舌存在,人们只知道评论的题目、内容,却不知道是谁所作,风格缺乏个人特色,单一乏味。评论员一般都是各个媒体的精英分子,是媒体的头脑,但他们却长期以来一直默默无闻地奉献,没有得到社会承认的机会。这样既不利于极大地调动评论员的工作积极性,又使评论员缺少责任感,难以形成评论多种风格共存的良好局面。

20世纪80年代,思想空前解放,面对当时新闻评论存在的这种问题,人们认真进行了反思:"为什么中国没有李普曼?"一个重要原因就是中国没有署名评论。因此,由《中国青年报》开始,官方色彩更淡一些的署名评论逐渐增多并形成气候。在这之前,人们愿意做记者,却不愿做新闻评论员,这之后,直至90年代,新闻评论员的社会地位得到前所未有的肯定,到1995年"全国新闻百佳"评选中,评论员与记者、编辑三分天下,占了总名额的10%。署名评论极大地调动了评论员的创作积极性,增强了评论员的社会责任感,评论的风格也开始争奇斗妍。一大批专业评论员在这种新的挑战中崭露头角。在中央新闻单位,有《人民日报》的米博华、李德民,《经济日报》的冯并、张曙红,《光明日报》的王晨、李景瑞,《工人日报》的盛明富、石述思,《半月谈》的闵凡路、李峰、张正宪等。在外省,有《南方日报》的刘陶、吴彩章,《羊城晚报》的微音(许实),《河北日报》的储瑞耕,《长江日报》的陈修诚等。

综观《人民日报》的评论员文章,都非常注意掌握政策界线,行文非常谨慎,持论力求公允。这正好说明了署名评论员文章和专栏评论的区别。署名评论员文章的风格由这样三个方面构成:一是评论员所供职的媒体的风格。署名评论员文章并不因为署名了就可以脱离媒体的规定,因为事实上这些文章仍然代表着媒体的意愿,体现着媒体的姿态,接受者也把它们看作是某一媒体的声音。二是评论员的个人风格。不同的评论员的专业兴趣、行文风格各有不同。三是评论内容的制约。不同的内容在评论文章中呈现出不同的风格,有的沉郁顿挫,有的明朗畅达。

(3)特约评论员文章。如果说编辑部文章是"超重型社论",那么,特约评论员文章就是"超重型评论员文章"。它标明了文章作者身份的重要,给人一种"来头不小"的感觉,有些外国传媒干脆称之为"中共高级领导人的文章",其权威性、重要性和深刻性不言而喻。特约评论员文章的重要性甚至超过社论。

特约评论员文章始于十一届三中全会前后,是新旧交替、拨乱反正这个特定历史条件下的产物。在这之后,特约评论员文章的绝对数量锐减,大致和社论相当。正因为特约评论员文章绝对数量极少,它的权威性更强。

特约评论员文章的篇幅一般也很长,发表在《人民日报》2001年9月21日第二版上的《充分认识关闭整顿小煤矿的重要性》一文长达2478字,发表在同月10日第1版上的《坚决纠正报喜不报忧的不良风气》一文也达到2219字。

(4)观察家评论。观察家评论是评论员文章的另一种形式。它一般用于时事评论。评论发表时只用"观察家评论"的名称。这种评论的特点是:选题审慎,寓评论于观察之中,着重于分析。

二、短评和编者按语

我们把短评和编者按语放在一类中谈,因为它们有共同特点,即就某一则新闻发表简短的谈话,点到为止。下面分述之。

(一)短评

顾名思义,短评就是短小精悍的评论,它篇幅短小,内容单一,分析扼要,使用灵活。评论时一般不面面俱到,只抓住某一点,扼要地加以分析。

短评的特点可以概括为三个字,即短、新、活。它主要依托报道,一般不再使用更多的论据,也没有很强的理论性,往往是直截了当,开门见山,说完就算,所以它很短。它只抓最敏感、最能引起人的共鸣的那一点,以独到的眼光去分析,所以一般能创出新意。由于短、新,它可以不拘一格,无论是分析说理、体裁结构还是表述方式,都活泼多样,所以它活。

试举2006年4月7日的"新华时评"《喝糊涂酒,办糊涂事》为例:

领导干部喝酒本不是件光彩的事情,湖北省汉川市却将这个不光彩的事情制度化:以红头文件的形式,倡导公务接待使用本地产的"小糊涂仙"系列酒,层层分解任务,并设置奖惩措施。这种荣辱不分的举动糊涂透顶。

这样的红头文件实为"糊涂文件"。为企业创造良好的发展环境是政府职责,但不能偏颇地理解成为个别企业充当"开路先锋",而应是保障公平合理的市场竞争秩序。形象地说,政府是"裁判员",不是"运动员"。汉川的"糊涂"之处就在于没有准确定位政府角色。

事实上,在许多地方"喝地产酒"是一个不成文的规定,汉川市把这个不成文的规定搞成了红头文件。之所以如此,关键还在于利益驱动。汉川市的一些干部就说,地产酒给本地政府纳税多,我们理应支持。

支持企业发展无可厚非,但采取摊派产品的方式来支持,就是典型的地方保护主义。这么做,对其他纳税企业不公,对外地企业不公,违背了自由竞争的市场法则。如果每个地方都搞市场割据,我们怎能做到物畅其流?又何谈建立统一的市场体系?

"喝酒文件"助长吃喝风。公安部有"五条禁令",当地公安局却有2.5万元的喝酒任务;科技局只有8个人,却要喝1万元的酒;乡镇一般是2万到3万元任务,不得不往基层再次分解。干部成天要动完成"喝酒任务"的脑子,怎能安心替百姓办事?

“喝酒文件”会让一些“馋嘴干部”偷着乐，却免不了会让老百姓戳脊梁骨。喝酒就要喝这么多，整个招待接待费用不就成了“无底洞”，应该用于公益事业的财政资金不知要流失多少。更何况，吃喝风一起，党风政风焉能清明？

“小糊涂仙”酒是汉川市在全国叫得响的名酒，当时酒厂的广告是“喝糊涂酒，办明白事”。该文把那句广告词改了一下作为评论的标题，两相对照，这则标题非常醒目。评论抓住汉川市用红头文件倡导公务接待用“小糊涂仙”酒的事展开议论，说这样的举动糊涂透顶。然后，作者为自己的判断找到这样几条原因：一是它糊涂地把政府的裁判员角色置换成了运动员角色；二是这是糊涂的地方保护主义行为；三是它会助长吃喝风，败坏党风。评论就事论理，非常富有针对性。

（二）编者按语

编者按语是一种依附于新闻报道或文稿的新闻评论，是传媒对报道所加的评介、批注、建议或说明，其作用是对报道进行提示、评论、阐述和补充。编者按语一般分为两大类：

（1）说明性按语。说明性按语主要是说明有关情况，交代有关背景，介绍作者的身份等，以帮助读者更好地理解报道内容。

（2）议论性按语。议论性按语把稿件的中心思想提纲挈领地总结出来，以加深人们的理解；或者借题发挥，把原稿所包含的思想再提高一步，提出编者的看法；或者联系报道或文章，及时传达党的指示和领导意图，交代有关政策界限。

无论是议论性按语还是说明性按语，一般都有这样几个特点：首先是依附性。它不是独立地展开论证，而是依托报道和文章发言，所以，编者按一般不单独列标题。其次是无须论证。它可以直接对新闻做出判断，发表意见。再次是慎重性。凡加编者按的新闻或文章都表明编辑部对此的重视。最后是灵活性。按语可以加在文前（文前按语、题下按语、编前话），文中（文中按语），文后（编后、编后小议、编者附记、编辑后记、编余、新闻点睛、编后话），无论是新闻报道中的哪一部分，只要对它有看法、有感想，便可及时加以评点。在这三种形式中，第一种最重要，编排位置也最显著，常用楷体或比正文大一号的字体排出。文中按语则插入文中，加上括号，扼要地进行批注，增强报道的亲近感。编后接近于随感和短评，可以有单独的题目。

三、述评

述评是新闻报道与新闻评论的结合体，是两者的重叠。一般地说，新闻报道是告知事件,并不作分析评说,分析评说总是和新闻报道明显地区分开来的,即便像编者按那样依附于新闻的评论也是与新闻本身有明显区别的。最容易混淆的是文中按语,要用括号括起来,必要时字体也要发生变化。编辑主要是用版面语言来说话,当版面语言不足以表达编辑的意思时,就有了编者按。记者主要是让事实来说话,当记者在叙述新闻时觉得不站出来说话不足以显示新闻的意义和表达自己的意图时,就形成了述评。报道要求全面客观,但述评则在全面的基础上突出重点,并加以说明和评判,即既报道事实,又对新闻事实做出必要的分析和评价,有述有评,边述边评,评述结合。从篇幅上来看,述评往往是述多于评,但述的目的是为了评,重点在于评,述是为评服务的。述评同样属于新闻评论范畴。

述评的最大特点就是融新闻和评论于一体,夹叙夹议,边述边评。述评既要对新闻事实进行叙述交代,使接受者了解有关事件本身的信息,又要对所叙述的事件加以议论、分析,表明作者对新闻事实的看法。述评中对事实的叙述,有多种方式,有的是报道最新发生的事实,有的是对一段时间内的新闻事实的综述;有的事件写得具体,有的写得抽象概括。但不管事件如何叙述,述评属于评论范畴,不能像新闻作品叙事那样不动声色,不置可否,而要带有倾向性,表现出作者鲜明的态度。就是说,叙中要融入评的因素,叙与评不能完全分开,必须使两者有机结合,使人们在接受新闻事实的同时,也能理解和接受作者的观点。

述评虽然是夹叙夹议,叙议结合,但“叙”与“议”的地位却并不相同。在述评中,“叙”是为“议”服务的,“议”才是“叙”的目的。述评中“叙”的部分可能占了全文的绝大部分篇幅,但最重要的,却是“议”的部分。“议”才是述评的灵魂,失去了这个灵魂,述评就变成新闻了。

由于述评是即事明理,而不是抽象地、干巴巴地讲道理,新闻事实的内涵、意义或价值在作者对新闻事实的叙述过程中被揭示出来,所以,述评相对于别的新闻评论文体来说,显得更为生动具体,易于接受。例如,新华社杭州分社的一则述评《唱什么戏,搭什么台》:

近些年来,办节办会之风在各地愈演愈烈,一年下来,全国大大小小、各种名目的节会数以千计万计。这可忙坏了歌星、影星、笑星、主持人和导演们,因为几乎每一个节会都有一场开幕晚会。舞台已早早搭在那里,就等着这些星们上台来说上几句、唱上几段,以为节会增光添辉。

不论什么节什么会,主办者通常都会说这是“政府搭台,企业唱戏”,或叫“文化搭台,经济唱戏”。先搭台后唱戏,天经地义;可在不少地方,搭台主要不是为唱戏，而是为争一口人有我无的气。台搭好后，发几个通知开几次会，发动所属企业和单位该出钱的出钱，该出物的出物，再请几个高鼻子、黄头发的来走走台，一台热热闹闹的戏就算唱成了。

这样的经济戏，与其开幕晚会演出何其相似，除了赚来一时的吆喝和掌声，是很难给人留下什么的。1929 年，杭州曾举办过一届西湖博览会，规模和影响很大：在那个时代，与“巴黎博览会”“费城博览会”和“芝加哥博览会”并称四大博览会；在今天，则被称为开中国会展业之先河。

据了解，近 10 多年来，一直有人向杭州市政府建议恢复举办西湖博览会，但杭州市没有急着办，主要理由是时机不成熟——杭州经济社会发展现状和当代会展业的发展趋势还未形成契合点，也就是要唱的戏还没有成型。匆匆忙忙上阵，砸西湖博览会这块响当当牌子的事，不干；只赚掌声不留余音的戏，不唱。

杭州素有“天堂”美称，城市定位是国际风景旅游城市，拥有 17 个国家级风景旅游区、国家旅游度假区、国家自然保护区和国家森林公园。有了旅游这出戏，杭州市在几年前先搭了金秋旅游节这个台；台虽小，戏却唱得有声有色。这些年来，杭州经济持续快速发展，经济总量已连续多年在全国省会城市和副省级城市中排名前三甲；去年开始，杭州市基于经济社会发展现状和面向 21 世纪的发展要求，制定并实施了“住在杭州”“游在杭州”“学在杭州”和“创业在杭州”的发展战略，建设以“信息港”“医药港”为重点的“天堂硅谷”。经过多年的积累和谋划，面向新世纪、展示新蓝图新理念的一出大戏——新杭州已经初露风采。

大戏已就绪，大舞台也适时搭起来。去年，杭州市恢复举办了尘封 71 年的西湖博览会，23 个会展项目吸引了 30 多个国家和地区的 2500 多家企业前来参展，总成交额近 70 亿元，招商引资总投资 170 多亿元。今年的西湖博览会已经开幕，46 个会展项目正陆续开展；这个大舞台上，杭州经济社会发展的大戏一幕接一幕地拉开。

这则评论主要的篇幅都在介绍西博会的历史、前些年政府没有急着办的原因、政府为这次办会做了哪些铺垫、第一届展会的效果等，在介绍中，作者不断地展开议论，先议论说展会不能只图形式、走过场，然后过渡到杭州市过去不办就是因为不愿只赚吆喝。杭州曾开中国会展的先河，但必须在要唱的戏成型之后才能办，不能砸了老招牌。现在条件有了，上年也已经有了一次办会的经验，这个大舞台上经济社会发展的大戏将一幕幕地拉开。评论有叙有议，让读者知道了会展的历史、现状、成就，而作者的看法又在叙述中不断展开，并贯穿于全文，成为一条组织材料的主线。

叙议结合使述评更具有灵活性。其他报道形式要受到许多限制,但述评却时叙时议,纵联横切,旁征博引,自由挥洒,不拘一格。

第四节 不代表编辑部的评论

不代表编辑部的评论包括更符合议论文文体特征的那些狭义的时评和文艺性比较强的杂文这样两类。过去,不代表编辑部的评论在报纸上往往用专栏区隔开来,因此,这两类评论被称作专栏评论。随着社会生活的民主化和人们利益诉求的多元化,专栏已经很难容纳各种不同的意见,所以,1998 年以来,许多媒体都开出了专门的版面。人们把更趋近新闻文体的评论称为时评,以与杂文相分别。

一、时评

(一)时评的发展

广义的时评就是新闻评论,即时事短评。这一概念为 1904 年诞生的《时报》所创,当时主要是为了区别于那些不依新闻的坐而论道式评论。当前的时评则用于区别党报以宣传为主要功能的评论,强调评论者个人的意见表达。

1949 年以后,报纸成为党的喉舌,新闻评论因此也成为党用来宣传其主张、解释其政策和统一思想、指导各项工作的工具,即便是一些晚报,仍然有少数评论专栏,可以由作者表达自己的意见,这种意见也只有少数人能发表,且主要是用来配合党的工作的,是党报新闻评论权威体系中最弱的一种类型,其作者多是党的宣传干部或媒体的领导。时评的活跃,是在 20 世纪 70 年代末 80 年代初新闻改革的客观形势下,人们个性意识、民主意识觉醒的结果。1978 年 1 月《哈尔滨日报》创办的《大家谈》是较早出现的专栏之一,后来有 1978 年 7 月《解放日报》创办的《解放论坛》,1980 年 1 月《人民日报》创办的《今日谈》,专栏评论逐渐形成气候。《人民日报》还办有《每周论坛》《长话短说》《市场随笔》《快语》等多种内容的专栏评论。此外,《辽宁日报》有《每事议》《求是篇》,《北京日报》有《文明小议》,《四川日报》有《巴蜀小议》,《羊城晚报》有《街谈巷议》,《新民晚报》有《未晚谈》,《文汇报》有《虚实谈》《文汇论坛》等,几乎没有一家报纸不辟专栏。不过,在这些专栏上,人们的话语空间还比较狭小,有许多禁区不能触碰。

随着改革的深入,中国迈入市场化的快车道,社会民主化进程逐渐加快。市场化使每个人成为单独的利益主体,公民意识和权利意识觉醒,公众开始向媒体索要话语权。在利益分化的过程中,人们的利益诉求变得多元化了,因而,也要求进行利益表达。响应公民的要求,媒体的时评空间变得越来越大,于是,时评版面开始出现。无疑,现在的时评已经不单纯是对新闻进行评议,它实际上体现着公民表达权的张扬。不理解这一点,就无法弄清当前时评的实际含义。比如说,有人认为《南方都市报》的社论是一种时评化了的社论,这就把时评和社论混为一谈了。时评不是社论,它是一种公民话语权的体现。当然,社论也可以站在公民立场上表达,但那是一种代言体的表达,而公民话语权要求公民能直接站出来说话。

所以,狭义的时评可以这样概括:以公民的身份对新闻事件发表的个人意见。

(二)时评的特点

1. 创作者的公民身份

时评的创作者身份是一个国家的公民,他为国家纳了税,就有权利对国家的各项事务发表意见。如果把国家比喻为一个大公司,他就是公司的股东之一。股东有责任、有权利表达自己对公司发展的看法。当然,他只是股东之一,他的意见并没有强制力量,他只是一个意见的表达者、讨论的参与者。他不敢保证自己的意见绝对正确、合理,但他敢保证那些意见是他想说的意见。他可能是个公共知识分子,用自己的知识展开社会批判,就涉及公权的问题站在公正的立场上发言,呼唤社会的民主、法制、理性、平等,呼唤对人权的尊重,对公权的滥用提出批评,为社会的合理化贡献自己的力量;他也可能只是一个普通公民,对涉及自身利益的事情发表基于自身立场的言论,或对那些虽不涉及自身利益,但为自己所关心的事情表达看法。每一个表达者可能都难免因其立场而带来偏颇,但在意见交换的过程中,人们则可能产生相互的理解、谅解和合作,在部分意见上还可能达成一致。

比如,一段时间里,在服务民企、分流干部的名义下,一股由地方党委、政府以行政命令推动的公务员"民企挂职热"在全国各地兴起,被派到民企"挂职锻炼""提供服务"的干部职级不变,编制不变,待遇不变。某省人事厅厅长认为,目前机关、事业、企业等不同所有制形式之间的鸿沟还没有彻底消除,不能实现人才的自由流动,人才得不到更合理的配置,派公务员到民企挂职的做法,实现了人才队伍的贯通,这是一种新尝试。对此,国家应制定相关配套政策,明确这一做法的合法性。

看到这一报道后,梁发芾评论道:

这里,笔者要请教这位人事厅厅长三个问题。

第一个问题,作为《公务员法》的主要执行部门,这位厅长是否知道《公务员法》的相关规定?

今年1月1日起实行的我国《公务员法》五十三条明确规定:公务员不得"从事或者参与营利性活动,在企业或者其他营利性组织中兼任职务",违者要受到纪律处分;第一百零二条规定:"公务员辞去公职或者退休的,原系领导成员的公务员在离职三年内,其他公务员在离职两年内,不得到与原工作业务直接相关的企业或者其他营利性组织任职,不得从事与原工作业务直接相关的营利性活动。"这条规定表明,公务员即使辞职退职以后,在2~3年以内在与原工作业务直接相关的企业或者其他营利性组织任职,都是非法的。那么,带着干部职级、编制、待遇和权力去营利性组织中挂职,符合《公务员法》的规定吗?作为《公务员法》的执行部门,人事厅的厅长对此难道不懂?

第二个问题,这位厅长希望谁,来制定怎样的政策,使违法行为合法化?

《公务员法》是去年4月27日经第十届全国人民代表大会常务委员会第十五次会议通过,并于今年1月1日起实施的。要让公务员到企业挂职合法化,显然,唯一的途径,就是人大常委会启动修改《公务员法》的程序,修改这条规定。除此之外,其他任何组织都不能出台政策,让违法的行为合法化。在实行依法治国的国家,法律的权威是至高无上的,政府或政党为实现一定时期的路线和任务而制定的政策,只能服从法律的规定,不能突破法律的规定;只要法律没有修改,任何组织,都只有遵守法律的义务,而没有废除或修改的权力。

禁止公务员到营利性组织兼职挂职,这是任何一个实行公务员制度的国家的通行规定。因为公务员这个名称已经清楚地告诉人们:国家要在进行公共管理和公共服务的政府雇佣人员与进行私人管理和服务的人员之间,划出一道界限,设立一道鸿沟。公务员的职责,顾名思义,就是实行公共管理和服务的,他不能带着公共权力,去为个别企业实行私人化的服务。如果这样做,一方面会造成寻租腐败,损害政府公务人员的廉洁性,另一方面会破坏市场公平竞争的秩序,提高这些被特殊关照的企业的竞争力。因此,只要实行公务员制度,那么,禁止公务员到营利性组织兼职挂职就是一个不能触动的底线,通过修改法律而废除这条规定是根本不可能的。因此,人事厅厅长希望国家出台政策让这种做法合法化的想法,体现出的是对公务员制度的无知,是对法律权威的漠视。

让人感到奇怪的是,《公务员法》中这条禁止性规定,在各地都受到冷遇,其理由居然与这位人事厅厅长的说法惊人的一致。5月17日《中国青年报》报道,浙江省桐庐县广电局局长在企业兼职取酬受到处分后,县委常委会却以保留他公务员身份和享受副科级领导的待遇,继续留他在公司任职。桐庐县委常委、组织部部长张如勇说:"目前许多地方都是这样。很多重要的企业,还有电视台,非公务员去担任重要职务怎么行? 国家颁布了《公务员法》,确实明文规定公务员不能兼职取酬,但上面没有制定相应的措施,所以,我们只能等。"这说明,在《公务员法》生效实施后,一些地方对于这条规定进行了冷藏,都在等待着某一天上级一道红头文件,一个政策,废除法律的这条规定。这里暴露出的是在强大的行政权力面前,法律力量的弱小和权威的低微。

第三个问题,填平机关、事业、企业之间鸿沟的办法,莫非只剩让公务员去企业创业这一条路?

确实,目前在公务员与非公务员流动方面存在鸿沟,机关和事业、企业单位之间的人才流动并不通畅。但是,这里根本的原因,是公务员退出机制不健全,也由于机关、事业单位和企业在社会保障制度方面存在画地为牢的现象,互相不能贯通,给人才的自由流动带来障碍。人事部门应该努力研究对策,进行制度化建设,形成良性机制,保障人才的自由流动。但是,不管实行怎样的制度,都不能让公务员到私营企业中去挂职创业,造成新的官商不分,官商一体。这样做,是公务员制度建设的一大倒退。对于这个问题的严重性,作为管理全省公务员的最高长官,这位人事厅厅长可曾理解?[1]

过去,干部人事制度问题是"肉食者谋之",某种做法好与不好,该怎么做,是媒体评论员考虑的事情,或者说是媒体所属的上级组织、人事、宣传部门的事情,老百姓是不能议论的,但时评张扬的就是公民意识,就是公民参政议政的权利。一个公民可以向人事厅厅长叫板,只要他说得有道理,人们就认。

2. 意见的个人性和多样性

时评的创作者既不是媒体的代言人,也不是某个社会群体的代言人,他是一个个体,他只是表达自己对于公共事务的观点,是"我手写我心"。鄢烈山这样说:

我不比谁高尚,没有布道者的道德优越感,并不想居高临下地教诲任何人;

〔1〕 见梁发芾博客:http://liangff.blog.sohu.com/#entry.

也不比谁高明,既不想做“王者师”,也不想当启蒙塾师。我只是一个公民,是我所是,非我所非。

我不比谁卑贱,一不稀罕待诏金马门“代圣上立言”的恩宠,二不想要“文死谏”留名青史的虚荣,更不是出入廊庙供主子解闷的优伶或奉旨骂人的家奴阉宦。我只是一个现代社会的公民,思我所见,言我所想。

我不是当权派,也不是反对派,没有“彼可取而代之”的志趣,不愿跟着别人的指挥棒做“合唱”队员,也不想存心搅局与谁过不去。我只是一个公民,自认为依法享有个人权利的自由人,眼里容不得砂子,心里憋不住疑问……[1]

因为时评表达的是个人意见,而每个人的学养、环境、职业、阶层和利益都不同,所以其观点呈现出多元化景观。观点的多元化,带来的是社会互动的增强,因为观点不一致,才有了交流的欲望和交流的必要,而交流的结果是全民族思维理性的增强和对个人意见片面性的克服。

3. 表达的直接性和理性

这是相对于杂文而言的。时评的表达追求直来直去,不绕弯子,明确清晰。人们接触时评,主要是为了寻找作者的观点,如果不能在第一时间弄清你的观点是什么,人们就要舍你而去了。所以,时评在形式上并没有太多的花招,它的要素就是事件、问题、观点、原因,这几处让读者很快弄明白了就可以了。如果追求曲径通幽,就背离了时评的阅读要求。

文化大革命后,打开国门的中国人发现,经过几十年的折腾,我们与发达国家的距离越拉越大,大家意识到,发展就是硬道理,必须急起直追。但这并不意味着一切都要为速度和发展让路。然而,国民赶超的急迫心情,加上个别管理决策者唯政绩是瞻的做法,使生命似乎成为发展的必要代价。2010年11月15日,上海胶州路大火,近60人遇难。11月29日,人民日报《经济茶座》发表署名高云才的评论《人没了,发展还有什么意义》,既明确表示发展不能以生命的付出为代价,又对这一理念加以冷静的论证:

亲人或永远消逝,或还在医院里呻吟。无证电焊工违规施工,引发了上海胶州路728号不该发生的大火,让人扼腕不已。虽然目前全国安全生产形势稳定,但安全事故时有发生。就在10月份,河南省中平能化集团平禹煤电公司四矿12190采煤工作面发生特别重大煤与瓦斯突出事故,造成37名矿工遇难。贵州省安顺市普定县马场镇大坡煤矿发生透水事故,造成12人死亡……

---

[1] 鄢烈山.21世纪的新乐府——我的时评观.青年记者2004(9).

发生事故，对生产者而言，麻痹大意，侥幸心理，对安全生产的不重视，加上不熟悉专门技术工种对安全生产流程的要求，是原因。对生产组织者来说，安全生产管理不规范，安全生产规程不落实，安全生产设施跟不上，超能力生产，安全培训和教育组织不够，是原因。无论是对什么样的生产主体来说，发生事故，就是不能正确处理安全与生产的关系。

"看上去平平坦坦，蹲下去坑坑洼洼。"多年前，长期抓安全生产的一位老专家的话至今仍在耳边回响。比方，去检查我们的大楼安全设施，消防栓、消防通道，钉是钉，铆是铆，消防看似固若金汤。但一旦出事了，云梯不够，或是上不去，问题就出来了。甚至在某些旅游场所，远看一派风光，近处一细瞧，垃圾桶里飘着丝丝缕缕的香烟，也可能会酿成火灾；台阶凹凸不平，对老人来说很可能摔跤。

安全问题，归根结蒂是一个重视不重视的问题，是一个制度上有没有保障的问题，是一个科学认识安全与生产关系的问题，是一个要不要科学发展的问题。发展为了什么？是满足人民群众不断增长的物质文化需要。发生事故了，人没了，发展还有什么意义？

安全发展是可以做到的。现代安全生产理论认为，安全生产就是人和物在生产过程中处于安全状态。因此，本质的安全生产是绝对可以实现的。山西长治市在国家安全生产监督管理局指导下，正在推动建设本质安全型城市试点。这需要以人为本的科学态度，更需要理论和实践的勇气。对长治来说，这是巨大的挑战。因为，以煤炭工业为支柱的长治，其实就是这样一个坐在火药桶上的城市，但连续7年，长治所有煤矿未发生一起重大安全事故。

安全发展才是科学发展。我们欣喜地看到，1月至10月，全国事故起数和死亡人数同比分别下降5.18%和9.4%，多数地区安全生产状况比较稳定。这正是坚持以人为本、贯彻落实科学发展观的结果。

发展为了人，安全第一位。我们要安全发展，不要血淋淋的发展。胶州路728号大火再次警醒人们，要着力建设好安全生产长效机制，为和谐美好的民生祈福。

发展的目的是为了人，这个命题本来并不新鲜，但长期以来，人们却把目的和手段颠倒了，发展成了目的，人成了手段。该评论在标题中就直截了当、振聋发聩地指出了这一问题，引发巨大反响。遗憾的是，2011年的动车事故及其处理再次重蹈覆辙，此事故也进一步验证了该评论的价值。

时评可能饱含感情，但它不依赖感情，而是以讲清道理为目的，所以，理性色彩明显。正因为如此，它为社会的民主化和合理化贡献了无穷的智慧，培养了越来越多的公民,为政府提供了越来越多的改良议案。关于“娱乐场所营业时间”的讨论,迅速地引起了政府部门的回应和答疑,关于“新三座大山”(住房、医疗、教育)问题的建言为政府的有关政策的出台作了充分准备。

4. 风格的多元化

由于时评是个人化写作,观点多元化,也就相应地要求形式、风格要适合不同观点的表达,从而使评论冲破了格式化的框框,有的尖锐犀利,有的温柔敦厚,有的激昂慷慨,有的随意洒脱,有的长吁短叹,有的一丝不苟。学者写的评论更偏重理论色彩,记者写的评论更注重深入生活,作家写的评论更具有文采,官员写的评论更关心国情,白领写的评论更在意生活质量,蓝领写的评论更着意于底层的呼喊。不管你是什么职业,也不管你是什么背景,你都是公民中的一员,人与人的差异造就了公民表达的不同个性。

5. 文字的针对性和精短化

时评就事说理,集中于一点,不尚宏大叙事,力求小中见大,特殊中见普遍,具有很强的现实针对性,表现在语言组织上就是简明干脆,有一说一,行于所当行,止于所不可不止。这样,就避免了新闻评论中曾出现过的“长”“空”“呆”的毛病,呈现出精悍、朴实、轻灵、活泼的特点。

二、杂文

杂文是文艺性的政论文。在政论文体中,杂文是一种轻便灵活的文体。杂文有以下这样一些特点。

(一) 形象、生动、泼辣

杂文无论是批评还是表扬,都比普通的专栏评论要生动、泼辣。生动,是因为杂文采取的是形象化说理的手段,让读者在具体的形象、生动的故事中接受道理。杂文的语言往往幽默风趣,充满智慧,这也使它变得更加生动活泼。泼辣是因为它一针见血,捅到痛处、痒处,使人痛快淋漓。

试以鲁迅的杂文《拿来主义》为例:

中国一向是所谓“闭关主义”,自己不去,别人也不许来。自从给枪炮打破了大门之后,又碰了一串钉子,到现在,成了什么都是“送去主义”了。别的且不说罢,单是学艺上的东西,近来就先送一批古董到巴黎去展览,但终“不知后事如何”;还有几位“大师”们捧着几张古画和新画,在欧洲各国一路的挂过去,叫作“发扬国光”。听说不远还要送梅兰芳博士到苏联去,以催进“象征主义”,此后是顺便到欧洲传道。我在这里不想讨论梅博士演艺和象征主义的关系，总之，活人替代了古董，我敢说，也可以算得显出一点进步了。

但我们没有人根据了“礼尚往来”的仪节，说道：拿来！

当然，能够只是送出去，也不算坏事情，一者见得丰富，二者见得大度。尼采就自诩过他是太阳，光热无穷，只是给与，不想取得。然而尼采究竟不是太阳，他发了疯。中国也不是，虽然有人说，掘起地下的煤来，就足够全世界几百年之用，但是，几百年之后呢？几百年之后，我们当然是化为魂灵，或上天堂，或落了地狱，但我们的子孙是在的，所以还应该给他们留下一点礼品。要不然，则当佳节大典之际，他们拿不出东西来，只好磕头贺喜，讨一点残羹冷炙做奖赏。

这种奖赏，不要误解为“抛来”的东西，这是“抛给”的，说得冠冕些，可以称之为“送来”，我在这里不想举出实例。

我在这里也并不想对于“送去”再说什么，否则太不“摩登”了。我只想鼓吹我们再吝啬一点，“送去”之外，还得“拿来”，是为“拿来主义”。

但我们被“送来”的东西吓怕了。先有英国的鸦片，德国的废枪炮，后有法国的香粉，美国的电影，日本的印着“完全国货”的各种小东西。于是连清醒的青年们，也对于洋货发生了恐怖。其实，这正是因为那是“送来”的，而不是“拿来”的缘故。

所以我们要运用脑髓，放出眼光，自己来拿！

譬如罢，我们之中的一个穷青年，因为祖上的阴功（姑且让我这么说说罢），得了一所大宅子，且不问他是骗来的，抢来的，或合法继承的，或是做了女婿换来的。那么，怎么办呢？我想，首先是不管三七二十一，“拿来”！但是，如果反对这宅子的旧主人，怕给他的东西染污了，徘徊不敢走进门，是孱头；勃然大怒，放一把火烧光，算是保存自己的清白，则是昏蛋。不过因为原是羡慕这宅子的旧主人的，而这回接受一切，欣欣然的蹩进卧室，大吸剩下的鸦片，那当然更是废物。“拿来主义”者是全不这样的。

他占有，挑选。看见鱼翅，并不就抛在路上以显其“平民化”，只要有养料，也和朋友们像萝卜白菜一样的吃掉，只不用它来宴大宾；看见鸦片，也不当众摔在茅厕里，以见其彻底革命，只送到药房里去，以供治病之用，却不弄“出售存膏，售完即止”的玄虚。只有烟枪和烟灯，虽然形式和印度，波斯，阿剌伯的烟具都不同，确可以算是一种国粹，倘使背着周游世界，一定会有人看，但我想，除了送一点进博物馆之外，其余的是大可以毁掉的了。还有一群姨太太，也大以请她们各自走散为是，要不然，“拿来主义”怕未免有些危机。

总之，我们要拿来。我们要或使用，或存放，或毁灭。那么，主人是新主人，宅子也就会成为新宅子。然而首先要这人沉着,勇猛,有辨别,不自私。没有拿来的,人不能自成为新人,没有拿来的,文艺不能自成为新文艺。

鲁迅用大宅子做比喻,很形象地讲清了对待文化的态度。“反对这宅子的旧主人,怕给他的东西染污了,徘徊不敢走进门”,这是怯于借鉴,怕外国文化污染了中国文化的态度;“勃然大怒,放一把火烧光,算是保存自己的清白”,这是搞文化决裂,拒绝外国文化的态度;“接受一切,欣欣然的蹩进卧室,大吸剩下的鸦片”,这是顶礼膜拜,全盘接受的态度。鲁迅生动地为这几种错误态度归了类,然后,提出应该有的态度:拿来主义。拿来主义的关键词是“占有”和“挑选”。鲁迅又用了三个比喻来说明怎么挑选:鱼翅比喻文化中的精华部分,要吃掉;鸦片比喻文化中的糟粕与精华并存的部分,要善加利用;而烟枪、烟灯和姨太太,要拒绝,至多留点儿给博物馆,作为历史标本。文章设喻形象生动,讽刺泼辣犀利,说理明白晓畅,是杂文中的典范。

(二)论时事不留面子

杂文往往并不关心事件的发出人是具体的哪一个人,事件的产生地是具体的哪一个地方,它只针对事件本身,只寻求具有普遍意义的事件,评论时事不留面子。刘金在登载于《文汇报》1996年10月30日的《传记和谎言的瓜葛》一文中,谈到当时传记文学胡编滥造、不尊重史实的问题,就取了一个极为典型的例子:《船王卢作孚》。文中几次说到“《船王卢作孚》的作者”,但作者究竟是谁,记者不去管它,只把握住他把中国共产党的缔造者之一肖楚女烈士在作品中给变性为“新女性形象”这个严重违反常识的事件去批评。这样,杂文就既生动、泼辣,又撇开了那些枝节问题的纠缠和干扰,充分发挥了其“匕首”作用。

(三)形式短小精悍,灵活多变

杂文一般不展开得过长,而是抓住要害,一击致命。当然,即便是社论,也不可能面面俱到,总是要选准目标,抓住重点进行论述,但社论一般展开得较为充分,道理也尽量讲得透彻,它的重点也往往具有普遍的政治意义,而杂文则选取那些相对较为细小而具体的新闻事实,发表议论,表达意见,在要害之处重重一击,不进行长篇大论。

杂文在形式上也富于变化,新颖而活泼。

第八章

8

广播新闻评论

内容提要：

1. 广播评论的特点及要求：精练性；缘事而发；以小见大；口语化；声音传真。

2. 广播新闻评论的特殊形式：播稿式；说稿式；脱口式。

3. 说稿式评论有漫谈式、对话式和戏剧式三种形式。

4. 脱口式评论包括评论员（主持人）的口头评论、座谈式评论和连线式评论。

第一节　广播的传播特点

广播的传播特点源于两个因素:一是它的语言特点——有声语言,二是它的传播方式——电波传送。

一、广播传播的优点

(一)传播迅速

广播是依靠电波传送的,所以它较少受地理、交通条件限制,只要是电波能够波及的领域,那里的人们就可以收听到广播。不仅如此,电波传送的一个特点是波及之处与发射之处几乎没有时间差,所以,广播使消息的时效性概念发生了革命。如果说在报纸上发的消息要经过采访、写作、编辑、印刷、发行等许多道工序,才能最后到达读者手中,时态上是过去时,那么,广播则可以边采访、边播发、边议论,时态上是正在进行时。实况转播使消息处在时效性的极限上。从第二次世界大战开始时默罗从英国向美国发回实况新闻报道和评论的那一刻,实况转播就成为广播可以骄傲的长处了。

有声语言的使用也是使广播时效性空前加强的重要原因之一。使用有声语言,少了将有声语言加以记录整理和印刷发行的中间环节,人们只需说出,不必再写出,这使得广播的传播速度走到了其他媒体的最前列。

1981年3月30日美国总统里根遇刺的报道很能说明广播的这一优势。里根步出华盛顿布尔顿饭店的要人出口处时为下午2时25分,然后他向群众微笑、挥手致意,突然遭到枪击,估计此时为下午2时28分左右。为了最先报道这则重大消息,美国电台、电视台、报社记者展开了激烈的竞争。其中,电台广播最快,事件发生后仅2分钟,美国广播公司电台播出了驻白宫记者萨姆·唐纳森的首篇有关报道。事件发生后4分钟,哥伦比亚广播公司电台广播了现场记者莱姆·塔克的报道。美国广播公司的摄影记者汉克·布朗镇定地拍摄了里根遇刺的全过程,美国广播公司所属的电台值班人员来不及剪辑、音响合成与审片,马上播放实况录像,时间在2时34分,即事件发生后6分钟。至于美国报纸登载有关里根遇刺的消息，那是几小时以后的事情了。[1]可见，有声语言具有"先声夺人"的优势。

（二）收听方便灵活，可以忙中偷闲

收音机不像电视机那样体积大，它携带方便，收听时间灵活，可以忙中偷闲，散步时、等车时、出外旅行时，都可以听。紧张忙碌一天，在看完电视、告别喧嚣时，还可以闭上眼睛，静静地打开收音机，进行心灵的对话。广播收听的空间也比较自由，不像电视那样必须坐在客厅看，也不像报纸那样必须排除环境干扰才能看。广播几乎在任何空间都可收听，如果怕影响别人，可以戴上耳机。"随身听"，是它的特点。当然，这同时也意味着听众收听的随意性，可以认真听，也可稍带听，甚至许多时候，它成了听众排遣寂寞的最佳工具。当然，电视出现以后，广播的听众被大量分流，从而造成广播听众的减少，但许多时候人们是不便于看电视的，比如出租车司机，他们大部分时间都在车上，不可能一边开车一边看电视，一边开车一边读报纸，广播就成为其首选。那些上夜班的人也不可能看着电视工作，夜班又容易犯困，因而广播也是其主要选择。看电视要坐下来，而人们忙着干活时，需要到处走动，此时只能偷闲听广播。

（三）亲切感、接近感强

播音员（主持人）与听众处于一种类人际传播状态。收听广播的人一般来说是单独的个人，许多人集体聚集在一起收听广播的情形很少见，只在某些特殊情况下才会发生。就是说，播音员总是面对个人播音，因此，他不能用类似领导在大会上讲话的语调去讲话，而要建立一种个人间对话的特殊语调，一种亲切友好的交谈语调。生活中个人间往往有着辈分、级别、职位等差别，在交谈中就有了因之而出现的语调差别：或谆谆教诲，或严厉批评，或无情指责，或促膝相谈，或毕恭毕敬。但在广播中，除非角色确定（比如儿童类节目中的老师给孩子讲话），播音员一般面对的是各种各样的人，所以，语调只能是面对朋友时的语调。美国前总统罗斯福在第二次世界大战中，通过广播宣传其主张，其广播的总题目叫"炉边谈话"，而不是"总统指示"。即便是角色确定的播音，播音员的角色也始终是为听众服务的角色，而不是高踞于听众之上。当然，这并不是说播音员（主持人）只要态度亲切就行，他还必须是一个有知识、有学问、有修养，能够给予听众以启发和帮助的人，孔夫子说要"友多闻"，如果主持人不是个"多闻"的

[1] 施天权．广播电视概论．上海：复旦大学出版社，1987：46～47．

人,必然会失去听众。听众不愿自己宝贵的时间被无聊的闲扯所占有,他希望听广播后能有收获,能得到所需信息,受到心灵启迪。这样,对主持人的要求就是有学问但不故作高深,有知识但不卖弄智力的优越。广播可能因为没有图像而失去看电视所能得到的主持人的表情信息,但有声语言有其独具的魅力,它能通过语调、重音、音长、音强的变化有效地传达出主持人的情感、态度。这种富于情感色彩的语言独具亲切感和接近感,它所负载的信息会像小溪般潺潺流入听众心灵。试想,当一天的喧嚣渐渐远去,听众闭上眼睛,躺在床上静静地一个人收听广播时,或者说倾听心灵的回声时,那份亲切与感动还有哪一种媒体能够提供呢?电视的图像并不能更深地沉入心灵,因为心灵的眼睛往往是在观察外在世界的眼睛关闭上之后才打开的。

广播与听众不谋面,从生动性上来说,也许不如电视,但是,正如前面所讲的,广播的听众往往是独自在听,就是说广播带有一定的私人性质,这样,在大庭广众面前不敢听、不好意思听的内容就可以通过广播来听。广播主持人与听众不谋面,正好使听众的心理得以放松,免去面对一个人的眼睛时所有的那份惶恐。这种不谋面,还使主持人有了一种类似上帝的地位。听众接受从空中传来的声音,难免有类似于接受上帝的宣谕时的虔敬心态。因而,那些娓娓动听、亲切感人而又入情入理的评论,会令听众心悦诚服。

(四)较少受文化水平限制,听众广泛,群众性强

如果要阅读报纸,首先要求读者识字。但对广播来说,这个问题是不存在的。广播使用的是有声语言,只要人们懂得这种语言,就完全可以接受它所传播的信息。广播语言免去了将语言变成文字的过程,听众也不必将文字再转化为信息加以接受,接受过程更直接,信息流失和受干扰的程度也就更轻,听众可以较容易地接受信息。再者,报纸语言文字化了,更理性一些,便于表达较深的思想,探讨较大、较复杂的问题,但因之对读者的文化理解水平就提出了高要求;广播使用有声语言,更情感化一些,传达那些小中见大、入情入理的事情是其特长。这些都使广播更通俗化,更便于大众接受。还有就是广播语言是口语化的,这种语言浅显易懂,亲切自然,深受文化水平较低的听众喜爱。实际上,由于报纸的发行要受交通条件限制,那些交通不便的深山老区的居民普遍都是通过广播来接收信息的。所以,广播的听众最为广泛。

二、广播传播的弱点

（一）选择性差

广播具有直线性，按照时间序列编排节目，听众不具有选择的主动性，只能被动地听从主持人的安排。报纸虽然也有版面语言，编辑觉得哪些重要便将其排在第一版的醒目位置，觉得不重要便排列在最后一版的角落处，但读者可以先从末版看起，先从角落处看起，按自己的喜好随意选择。但广播的听众却只能从前往后听，按照主持人安排的节目顺序一个一个往下听，不爱听的也无法跳过去。

（二）没有可保存性

广播是一种一次过的传播方式，声音发出后马上消失，听众若没有听清楚，就只好割舍，想倒回去再听已经没了机会。所以，许多人在听了广播后，还要再看看报纸，把没有听清楚的看清楚，把不敢肯定的再证实一下。由于不具有可保存性，声音稍纵即逝，所以，广播只能简单地告知，很难展开深入细致的描述，人们从广播中只能得到一些概要性的、粗略的信息，要知详情，还得求助于报纸。再者，信息的稍纵即逝使听众没有停下来思考的间隙，只好紧张地跟着主持人的思想走，稍有不慎就会忽略了一些重要的、关键性的内容，还可能因不理解而放弃一些内容。

第二节　广播新闻评论的特点及要求

一、精练性

广播新闻评论受到节目时间的限定，无法具体展开进行详细、深入的剖析，往往只能点到为止，所以要重点突出，纲目清楚，忌讳繁复纷纭的线索。线索若过于复杂，听众往往听了后面忘了前面，忙着回味和梳理前面的内容，后面的内容又一不小心漏掉了。只有条理简明而清晰，听众才能把握住。例如获全国新闻评论一等奖的西藏人民广播电台的评论《是奖励和平，还是倡导动乱》，评论针对挪威诺贝尔委员会不顾包括西藏人民在内的中国人民的强烈反对，公然把

1989年诺贝尔和平奖授予长期从事破坏西藏和平与安宁的达赖喇嘛这一新闻事实,旗帜鲜明地提出了“是奖励和平,还是倡导动乱”的质问。此文条理非常清晰,先摆出诺贝尔和平奖颁奖宗旨:为“民族间的和睦亲善”“尽到最大努力和做出最大贡献”,然后历数达赖的所作所为,说明他是一个“在国外长期从事破坏中华民族团结、分裂祖国的政治流亡者,是西藏人民长期不得安宁的总根子”,然后再进一步追问:诺贝尔委员会为什么要这样颠倒黑白呢?答案是:想把西藏分裂出去!文章立论鲜明,条理清晰,让人一听就能迅速抓住文章的核心内容,体现了优秀广播新闻评论的特色。

当然,我们说广播新闻评论要精练,不是说别的媒体的新闻评论就可以冗长繁复。事实上,现在各类新闻评论都力求精短,几百字、一千字上下的评论已成为一种风尚。此处特别指出广播评论的精练性,是就广播与别的媒体特点相比较而言的,别的评论或许还能要求得宽一点,而广播新闻评论却必须严格要求。1991年的广播新闻评论评奖中,从质量上说,中央台的《海湾局势和战争预测》是很优秀的,对海湾战争做出了正确的分析和预测,但由于字数超长,违反了评奖规则,被降为二等奖。由此可见,广播新闻评论对精练这一要求的严格。

二、说理要缘事而发

广播新闻评论与报纸相比起来理论色彩要稍差一些,纯粹的抽象的论述会失掉广播的长处,使评论变得呆板而沉闷,也增加听众理解的困难,从而失去听众。人们常说报纸评论是“重量级”的,而广播评论则是“轻量级”的,报纸可以凭其逻辑力量将对事物的认识引向深入,但广播却必须做到就事说理、缘事而发,在具体形象的事件中插入议论,使听众能够即事明理,尽可能地缩短广播播音速度与听众接受理解速度之间的距离。

缘事而发的说理也是变广播信息传输的“过而不留”为“过而能留”的有效手段。按照心理学原理,在某一事物对人的大脑的刺激作用停止后,人们在一个很短的时间内仍能保持它的映像,用心理学的术语来说,这种现象叫瞬时记忆,也叫感觉记忆。在瞬时记忆中储存的信息要受到特别的注意,才能转入下一个记忆阶段——短时记忆,如果没有受到特别注意,就会很快消失。要使听众把听来的信息存贮下来,突破广播的限制,缘事而发是一个较为有效的办法。听众对于意义的把握是建立在事件进程或细节之上的,记住了事件的进程和细节,也就记住了附着其上的意义。

三、要善于以小见大

广播新闻评论还要善于从小处着手，以小见大，从小事情中提炼出深刻的思想和带有普遍性、规律性的道理。从前文对于广播特点的分析可以知道，广播是受众最多、范围最广泛的一类媒介，它直接深入每一个普通大众家里，作用于听众的心灵，具有很强的对现实人生的亲和性。大众对他们身边发生的那些事情往往习以为常，对许多普遍但似是而非的东西不够敏感。如果广播评论能够真正贴近大众，讲述一些老百姓自己的故事，从中发掘出问题或意义，就可以马上吸引大众的注意力。当然，广播评论绝不能对国内外重大新闻事实缄口，对重大事件"批评的缺席"是评论工作者的失职。广播评论最忌讳的就是唱节令歌或节日歌，每次如此，每年如此，多年以前的广播评论稿现时拿出来照样用。广播评论应该是生活化的，要善于借事实说话，从身边小事中按事理逻辑推导出深刻的结论，反对那些废话、空话、套话。在这方面，曾获全国优秀广播节目评奖一等奖的山西晋城台的《和农民朋友谈免费》是一个典范。我们不妨把这篇稿子抄录下来：

男：农民朋友，最近记者下乡采访，发现一些村办企业发展较快、集体积累较多的村子，争相对农民搞免费。像农业税呀、水费呀、电费呀，好些费用都由集体为村民代交，你搞"五免费"，他搞"七免费""十免费"，甚至一些领导还把这作为一种经验津津乐道地介绍推广。那么，这种做法到底应不应该呢？哎，抒夏你说呢？

女：嗯，我看这个问题不能一概而论。

男：我看咱们就利用这次的《说长道短》栏目，和大伙聊聊这个话题怎么样？

女：好啊。农民朋友，这几年，咱们郊区依靠党的政策，发挥本地资源优势和技术优势，村办企业确实有了很大发展，收入也大大增加了。可有些干部觉得集体赚了大把的票子，为村民代交农业税、水电费什么的，不正体现了社会主义的优越性吗？

男：其实呀，这样不分青红皂白地搞免费，未必就是社会主义的优越性，我看呀，这中间倒有些平均主义的色彩，甚至可以说是"大锅饭"在农村新形势下的一种反映。

女：对。就以农业税来说，它是国家对咱们从事农业生产、有经济收入的个人所征收的税种。种地纳粮，古来有之，它既是咱们向国家应尽的一份义务，也是一种责任。

男：是啊。如果由集体为村民交农业税，久而久之，人们的国家观念就会慢慢淡薄。所以，大伙仔细琢磨琢磨，当村里为个人代交农业税的同时，是不是也把咱们农民对国家应尽的义务给包办代替了呢？

女：从另一方面看，这种不问经营规模大小，不看各家收益多少，一律由集体代劳的做法，既不符合社会主义的分配原则，也不利于调动多数人的生产积极性。

男：再比如让农民免交水费、电费的事吧。各家用多用少统统由集体支付，这种做法在"一大二公"的年月已经做过试验，历史证明它是一种"大锅饭"。据我们最近的调查，凡是为群众代交水电费的村庄，"长明灯""长流水"的现象相当严重。

女：是呀。像周村镇苇町村、下村乡大南庄村、南村镇的孔匠等村子，对农民实行免交水电费后，水电费的支出就比过去增加了三至五倍。可见呀，让村民免交水电费，既增加了集体负担，又浪费了资源，还加剧了能源的紧张。

男：确实是这样。问题呢，还不仅如此，这里还有一个观念更新的问题。水和电既是一种生产生活资料，也是一种特殊的商品。商品就应该等价交换，集体有为村民投资建设供电供水设施的责任，而用户也应当有向国家交纳水电费的义务。买卖公平，天经地义。个人不掏钱，白用水和电，这算什么社会主义呢？

女：当然，我们不同意不分是非的盲目免费，但也绝不是说所有的免费都不应该，像幼儿入托、儿童上学，如果家庭经济紧张，倒是可以适当免费的；还有老人晚年生活有困难的，养老金由集体支付；无依无靠的孤寡残病人由集体来赡养，这都是合情合理的。

男：也许有的农民朋友会问：既然不应该盲目搞免费，那为啥好多村干部都争着搞呢？俗话说：树有根，水有源。我想呀，这是不是咱们对社会主义的认识还有点模糊不清？是不是对怎样正确处理国家、集体和个人三者之间的关系还考虑得不够全面？是不是在眼前利益和长远利益的结合上还有些不够恰当呢？我看哪，像盲目免费的事情之所以还有市场，也正说明农村确实还需要进行社会主义教育啊。

女：好了，农民朋友，有关免费的话题咱们今天就聊到这儿。在下星期二的《说长道短》栏目中，我们将给大伙谈谈"为什么学校不宜对中小学生搞罚款"这个话题，欢迎到时收听。再会。

男：再会。

这则评论很善于深入实际做调查研究，从生活实践中找选题，从"一些村办企业发展较快、集体积累较多的村子，争相对农民搞免费"这样一件发生在农民身边的事情谈起,从这件小事中,论者发现了一个重大的问题:“这样不分青红皂白地搞免费”,是“大锅饭”在农村新形势下的一种反映!作者不是将身边小事硬性拔高得出这一结论的,而是按照事理逻辑推导出来的。在推导过程中,作者谈得较为具体,将一项项免费逐个进行了分析:代交农业税后出现了什么样的情况,免交水电费后又出现了什么样的情况。用事实说话,即事明理,小中见大,让人容易接受,使农民悚然警醒,混乱的认识得到澄清。当时听了这篇评论的农村干部给电台去信说:“你们的评论澄清了我们过去的一些糊涂认识”,“说清了我们想说又说不清的道理”。

四、语言要口语化,通俗易懂

广播使用的是有声语言,它的传受手段是说与听,所以,广播新闻评论必须具有可说性,不能变成读报纸。朗读与讲述的效果大相径庭。朗读所面对的是书面语言,而书面语言一般句式比较长,修饰语比较多,词语选择相对比较严肃而拘谨,抽象性强,所以它不上口,不入耳,读起来有板有眼,拿腔拿调,且颇多歧义,再加上声音的易逝性,给读者和听者都带来很大的困难,传受信息的准确性大大降低。讲述则把书面语言转化成了口语,有些口才较好的主持人则省去了书面讲稿,面对刚刚发生的事件即时进行现场评说。口语句式相对要短得多,修饰语也少,听众容易理解,不必花时间去琢磨。操口语评论,主持人就没有了读破句之虞,语调、重音、色彩、风格都由主持人的思想、情感与内在气质生出,显得自然流畅,真切动人。所以,广播新闻评论播音员应该主持人化,即便不能做到这一点,也应该将记者(或编辑)所制作的评论的内容弄懂弄通,理解清楚,尽可能化作自己的语言来播出。还以前文所引《和农民朋友谈免费》一文为例。这篇广播稿的作者王海林在写稿时,首先考虑到广播评论要通过播音员进行口播的特点,分设了男女播音员,又虚拟了广播的对象:农民朋友。全文紧扣住一个“谈”字,站在听众朋友的角度和听众谈说。文中的句子、词语、结构组织都极符合口语的要求。最鲜明的特点是,此文的语助词特别多,诸如“呀”“呢”“哎”“嗯”,俯拾皆是,形成强烈的口语效果。那种商量的口吻,也是报纸语言难以表现的,诸如“那么,这种做法到底应不应该呢”“你说呢”“我看”“怎么样”“好啊”“是啊”“其实呀”,这些词语的选用,既充分口语化,又使听众感觉到传受双方地位的平等,从而创造了听众倾听的良好心理氛围。当听众敞开心灵去接受时,广播的效果就大大增强,而这一点是报纸新闻评论无法达到的。广播新闻评论虽然难以像报纸那样充分作用于受众的理智,但它用口语所进行的充满情感色彩的评论,那种平等地位上的沟通,却更能有效地召唤听众的参与,使传播的目的更有效地得到实现。报纸评论可能更深地影响人,但广播评论却能更强烈地打动人。如果说广播传受较少受到文化水平的制约,这使它的潜在受众大大增加,那么,通过心灵的沟通,其受众由潜在受众向实际受众转化的比率也更高。

虽然说王海林同志的广播稿是充分口语化的,充满亲近感的,但是,这篇稿子的内容若不转化为播音员的心声,其有效性便难免打上折扣。可贵的是,两位播音员同记者进行了很好的合作,对漫谈进行了成功的再创作。比如,“哎,抒夏你说呢?”就是将记者的话语转化为播音员话语的成功改造。两位播音员在原文的基础上,有效地发挥了有声语言所携带的朴实、亲切的情感效果,使人听着顺耳,听完称是。

我们这里所说的口语化是区别于日常口语的。日常口语往往啰嗦、重复、散漫,缺乏主题,但广播评论首要的要求是有明确的主题,充实的内容,它的口语化是对日常口语进行提升、纯化的结果,是结构明晰完整、层次条理清楚、精练有力的口语,否则,口语的亲切感、亲近感给评论带来的积极效果将被啰嗦、散乱给听众造成的疲惫感所抵消。广播口语应该是艺术化了的口语,它既质朴自然,又在韵律、节奏上刻意求工,做到声感优美而富于音乐性。

五、充分利用声音传真的优势,将新闻事实现场化

电台使用声音语言,声音语言具有传真性,能把现场的声音有层次地捕捉到,使听众产生真实的现场感,甚至还能达到“音外画”的效果,让人在脑海中再现出现场的图像。广播新闻评论要缘事而发,夹叙夹议,叙事部分可以做成现场录音,以增强真实效果,议论部分可以采集现场群众或有关机构人员大众评说的录音,由主持人将这些声音合成并加上自己的总结性评论,如果有可能,还可插入录音资料。这样,评论就更全面,更富于变化,更容易进入听众的记忆。

以上谈了广播新闻评论的五个特点。此外,由于广播新闻评论具有不可选择性,有些评论工作者认为不必像报纸新闻评论那样殚精竭虑地去创作,这是极端错误的。正因为广播有不可选择性,所以更要注意在评论中抓住听众的敏感点,否则易造成听众的疲倦,从而产生对所收听广播台的整体性不良印象。还有,由于广播评论往往不能像报纸评论那样精心写作修改,而不得不进行即兴评论,所以,它对评论者的才思敏捷度和口头表达能力的要求更高。评论者必须能够面对突然发生的新闻事实,迅速找到其中蕴含的意义或隐藏的问题,并对它进行有条理的口头评说。

第三节　广播新闻评论的特殊形式

广播新闻评论早期在报纸的影响下曾以报纸的文体方式来分类，如台论对应于社论、本台评论员文章对应于本报评论员文章等，现在，这些分类虽然仍有，但广播评论已经找到了自己的独特评论模式。

广播新闻评论按其表达方式可分为三类：播稿式评论（播音员评论）；说稿式评论；脱口式评论。

一、播稿式评论

播稿式评论（播音员评论）就是把写好的稿子加以播读。这是最为传统的一种广播新闻评论。广播新闻评论是从报纸新闻评论发展而来的。早期的广播没有自己的评论，只是把报纸上发表的评论加以播读，使之变成评论的有声版。不管怎么说，有声是广播的特点，所以这仍然可以视为广播新闻评论的一种模式。即使在今天，播稿式评论仍然在广播新闻评论中占有一席之地。一方面，听评论比读评论要轻松得多，所以，即使是报纸新闻评论，听众仍有让播音员读给自己听的要求。中央人民广播电台的老牌节目《新闻和报纸摘要》就时常将报纸评论加以播读。读报甚至成了许多电视台的栏目样式（当然，现在的读报不再像过去那样拿腔拿调地读了）。另一方面，一些涉及重大政治问题的新闻评论，内容上要追求表达的精确性，否则就容易带来理解的偏差，严重者会造成恶劣的政治影响，而口头表达难以保证措辞的准确与审慎，所以需要采取书面语表达方式，而书面语表达方式只能播读。这类评论风格上还要求严肃、庄重，在这方面，口语与书面语相比也要稍逊一筹，所以，即使是专为广播而写的新闻评论，涉及重大政治问题时也往往采取书面语风格。这种书面语风格的评论不上口，不适合以“说”的方式表达，只能采取读稿的方式。

在这里，我们要把书面表达、口头表达与书面语风格、口语风格两对概念区别开来。书面表达既有书面语风格的，也有口语风格的，如2004年9月21日的《人民日报》社论《加强党的执政能力建设的重要纲领》就具有强烈的书面语风格：

中国共产党第十六届中央委员会第四次全体会议，是在我国改革发展关键时期召开的一次极其重要的会议。会议圆满完成各项任务,是一次民主的会议、团结的会议、务实的会议。贯彻落实好这次全会精神,对于推进中国特色社会主义伟大事业和党的建设新的伟大工程,具有十分重大的意义。全会听取和讨论了胡锦涛同志受中央政治局委托作的工作报告。全会充分肯定党的十六届三中全会以来中央政治局的工作。一致认为,中央政治局团结带领全党全国各族人民,坚持以邓小平理论和"三个代表"重要思想为指导,全面贯彻党的十六大和十六届三中全会精神,认真落实以人为本、全面协调可持续的科学发展观,加强和改善国家对经济的宏观调控,继续推进各方面改革,着力解决经济运行中的突出矛盾和问题,保持了经济社会发展的良好势头,民主法制建设、精神文明建设和党的建设取得新进展,开创了改革开放和社会主义现代化建设的新局面……

而同样是书面形式的,中广论坛上的一则评论《杜丽,好样的!》,则单看题目就是口语化的。我们引录其中的一段:

看电视转播,真的是心都快要提到嗓子眼儿上了。决赛打10发子弹,如此紧张的赛场气氛,想要做到弹无虚发,的确不易。好个杜丽,虽然出师不利,第一枪只打了9.4环,但她镇定自若,一枪一枪地追,即使在俄罗斯选手连续打出2个10.8环的情况下,依旧不慌不忙。这真是你打你的,我打我的。最后一枪,杜丽与排在前面的俄罗斯选手加尔金娜只差0.4环,然而加尔金娜显然不堪重压,只打出了9.7环,而杜丽大有泰山崩于前色不变的气势,在巨大的压力下仍然打出了高水平,10.6环!杜丽反而以0.5环的优势战胜俄罗斯选手夺得冠军。

广播新闻评论虽然是用口头方式表达,但它也一样可以有书面语风格的表达和口语风格的表达两类。我们提倡用口语风格表达,以使广播新闻评论充分广播化,但不是说不能有书面语风格的广播评论。采取哪种风格,要视具体情况而定。一般来说,台论(即本台评论,相当于报纸的社论)的风格相对于广播谈话来说,要更具书面语风格。因为台论主要是针对一些重大的政治事件发表的电台、电视台集体的意见。台论通常由专门的评论员撰稿,在目前国内电台、电视台完全国有的情况下,台论实际上是代表本级(或上级)党和政府发表评论。例如中央人民广播电台《新闻与报纸摘要》节目2003年4月21日发表的一则"本台评论"《决战非典》:

非典型肺炎意外降临,举世震惊。中国身处前沿,其率先赴敌决战瘟神的大旗已经高高举起。全党动员,全国动员,亿万军民正挽手筑起中华民族新的长城,惊心动魄的斗争使人联想起烽烟弥漫的战争岁月。

由于事发突然且前无先例，遭遇战的难度显而易见。视人民健康生命为第一追求的党中央洞察幽微，处变不惊。形势判断准确深刻，决策指挥坚决果断，连日来作出的一系列部署精准到位。主要领导深入疫区和高风险岗位的医护人员面对面共商大计，更是透着举国上下同体连心的深情厚谊。

大敌当前，奋战在一线的白衣战士无愧于自己的光荣称号。冒着被感染的危险，她们与非典病人朝夕相伴，许多人食不甘味，夜不安寝，整旬整月不离病区。有的医护人员防护不慎被染上非典，立即就有人顶班上岗，前仆后继。在这里有职业理念的华彩，更有奉献精神的崇高。在人们的心目中，她们是当前形势下最可敬爱的人。

在举国迎敌的气氛中，各级党政领导深入一线，靠前指挥，各条战线迎难而上，同心协力，四面八方目标一致，步调一致，歼灭非典的斗争正在使全国人民进一步凝聚起来，振奋起来，迅速升温的激情中，我们又一次感受到中华民族愈挫愈奋，无坚不摧的力量。

国务院新闻办昨天召开新闻发布会显示，歼灭非典的斗争刚刚迈出第一步，由于多种难以控制的因素，非典扩散的危险依然存在，防治形势依然严峻，我们必须严阵以待，要按照沉着应对、措施果断、依靠科学、有效防治、加强合作、完善机制的总体要求，加强统一领导，层层建立责任制，把各项工作措施落到实处。

要进一步明确各级领导的责任，党政负责同志要亲自抓，负总责，确保工作力度压倒一切；要按属地管理原则建立防疫工作的统一领导机制，通过人、财、物的统一指挥调度，实现资源的高效利用；要千方百计尽快控制疫情的扩散和蔓延并严格执行疫情报告制度，将所有病源及其变化动态置于强有力的掌控之中。

应当看到，疑难病情的生灭走向有很大的不确定性。治理越早越好，治理力度越大越好，治理速度越快越好。否则，动作不力，错过时机，致使疫情越滚越大，不仅将付出加倍甚至多倍的治理成本，综合损失更是难以接受。从一定意义上说，轻敌等于助敌，懈怠等于放纵，从防治效果考虑，我们必须千方百计在从早、从快、从重上倾尽全力。

各位听众，正在肆虐的非典疫情是一场严重的突发性灾难，于民于国于我们自己都是重大威胁，灾难临头我们唯有奋勇向前，坐等和回避没有出路。回观历史，中华民族历来都是在艰难险阻中拼搏前行的，灾难踩在脚下，自己就提升一截。眼下我们有雄厚的人、财、物基础，有社会主义的政治优势，有党中央的正确领导，也积累了一定的防治经验，这都是歼灭非典的有利因素。借助多种资源优势，挽起手来奋起一搏，必能在大片乌云的背后夺回自己的蓝天。未来在你我手中，我们要立即行动起来。

需要强调的是,书面语风格的广播新闻评论也要注意根据广播表达和接受的特点去写,注意汉语同音词所带来的听觉歧义等问题。

从报纸新闻评论延续来的电台评论形式,如本台短评、编者按等,一般都采取播读方式进行传播。中国广播奖在分类中就直接把这类评论叫播音员评论。

二、说稿式评论

说稿式评论是一种"为说而写",说、听双方平等的谈话体评论。如果说播稿式评论有点像大会做报告,面对的是全体在场的人,那么说稿式评论则有点像与人交谈,谈话体是其母体,说、听双方平等交流或者说"类交流"是其灵魂与根本特点。广播与电视相比,电视的观众往往是坐在一起看,广播的听众则是单个人,说稿式评论会使每一个听众产生主持人和评论员是与他单独交谈或是他在旁边听取别人交谈的感觉,从而唤起听众的强烈参与感,促使听众进入主动收听、主动思考的状态。说稿式评论是目前较常用、发展最成熟的广播评论形式,许多电台的"广播杂谈""广播对话"等节目均属其范畴。

说稿式评论有漫谈式、对话式和戏剧式三种形式。

(一)漫谈式评论

漫谈式广播评论通常以一种拟态交流方式来营造互动的交流氛围。所谓拟态交流,又称类交流,指的是在不能与受众直接交流的情况下,假设自己正在和受众直接交谈,即假设一个交流对象,借交谈的口吻来表达的交流方式。既然如此,编辑在写作漫谈稿时头脑中就要始终有个交谈对象,就要设想实际交谈中人们会怎样表达,自己说过某句话后别人会怎样回应。因为写稿人和说稿人不是同一个人,前者是编辑,后者是主持人或评论员,编辑写作时就要考虑主持人的声口,既要充分口语化,又要符合那个主持人的个性。只有符合主持人的用语习惯和表达个性的稿子,才能保证主持人能把它自然、流畅地说出来。主持人在拿到稿子后,也要先试说一下,看有什么地方不符合自己的声口,根据自己的风格对之做出适当的改动。例如具有乡土化色彩的《致富路上说养猪》:

致富路上说养猪

(吉林梨树县广播站)

农民朋友!今年上半年,咱县生猪存栏数比头年下降不少。原因是一些农民觉得眼下来钱的道有的是,养猪是零钱凑整钱,没账算。说起来,这话也不是一点道理没有。大凡出手一头猪,总得个一年半载的工夫,少说也得用四五百斤苞米，确实是零钱凑整钱。可话又说回来，零钱也是不能小看的，零钱能堆金山。这个理儿过去咱都经着过，不少人不就是靠养猪的零钱凑成的整钱娶了媳妇，渡过难关了吗？今天，咱们走上了致富路，也有养猪的一份功劳。

要说养猪没账算，人家好多户还不同意呢！就说杏山乡养猪专业户刘惠民吧，他这两年就是靠养猪发的财。他有5头母猪，一年卖90来个猪(仔)，20多口肥猪，纯收入都在5000元以上。刘家馆乡勿兰村有个张仁，人家养猪很有道。他先办了个酒厂，用酒糟喂猪，成本就花不了俩钱。这两个例子说明：养猪要想有账算，一是得多养，反正一只羊也是赶，两只羊也是放；再就是得会养，想方设法降低本钱。

专业户养猪有利可图，一般户养猪有没有账算呢？有哇！现在各家各户都有承包地。俗话说："种地不攒粪，等于瞎糊混。"一头猪就是一个小型化肥厂，猪多肥多粮多嘛！一家养个三头五头猪，底肥的问题就解决了，地还会越种越肥。胜利乡差不多一人一猪，全乡每年少买化肥近千吨，省40000块钱。这还不说，谁家没点泔水，不养猪就得扔，多可惜呀！

在算养猪账的同时，咱还不能忘了国家。眼下养猪量下降，政府挺为难，大伙应当为国分忧，多养猪。再说大家的日子都过好了，谁家不想改善改善生活呢？没有猪肉，那日子能香吗？

这篇广播评论获得第三届全国优秀广播评论奖，获奖的原因是：事、情、理巧妙融合，用具体的事例和数字把道理讲得亲切、朴实，合情合理。

（二）对话式评论

对话式广播评论则将角色分为两个，变一人口播为两人(多为一男一女)对播，常以"你问我答""你唱我和"的方式形成交流。它不仅可以消除一人口播的单调感，活跃评论气氛，而且能调动听众思维，进行探讨、切磋，使听众置身于对话交锋中，随着层层剥笋般的谈话，自然而然地了解评论的主旨和意图。对话式广播谈话的写作除了漫谈式广播谈话要注意的方面外，还要注意以下几方面的问题：一是要尽可能地把两个角色的语言风格区别开来，使两个主持人在比较中显出各自的个性，这样就可以创造出较为真实的谈话氛围来，否则会给听众以主持人在分角色朗读的印象；二是注意使两个人的谈话真正具有对话色彩，话茬不断相接相继，而不是各说各的，不是两个人把一篇文章分工说；三是主持人在播出时还要注意，对话式广播谈话由于谈话内容是两个主持人事先就准备好、配合好的，可能会有较明显的表演痕迹，因而，要注意尽量去除表演痕迹，实现无表演的表演。

对于广播来说,实况录音可以实现"音外画"效果,增强真实感,因而,要弱化表演痕迹,不妨把现场切入。现今的对话式广播谈话逐渐形成了一种新形式,即对话形式的录音述评。

录音包括了现场声、谈话声和音乐等声音元素,它在对话式广播谈话中可以起到这样一些作用:一是放在开头,先由一段音响来引出话题;二是提供现场背景,让人如临其境;三是作为论据使用,起到铁证如山的效果;四是把其他场合的谈话切入进来,变二人对话为多种声音的交织。

对话形式的录音述评话语时间、空间充满变化,丰富多彩。这里,既有事先录制好的采访录音,又有演播室的对话,采访录音中又包括被采访者的话语和环境音响,再加上评论的每一段落间插入的音乐,使对话评论变得轻松活泼。它还能在一定程度上变拟态交流为真正的交流,充分发挥广播声音传真的优势。如曾获第二届中国新闻奖广播评论类一等奖的《补上市场意识这一课》:

补上市场意识这一课

戴锡新　门方玉

甲:这些天,我们一起在即将开业的沈阳商业城采访。沈阳商业城是沈阳市新建的一家大商场。光是营业面积就有6万多平方米,还有许多现代文化的服务设施,够得上全国一流。

乙:在这家还没有开业的商场,我们在几层楼走了一遍,一个奇怪的现象引起了我们的注意。那就是外地厂家的推销人员和产品特别多,而我们辽宁的厂家主动来推销产品的却少得可怜。

甲:商业城负责同志说,这几个月到这推销产品的外地厂家,哪天都不下两三百人,就连我国香港及意大利的一些大公司也都来联系业务。商业纺织商场关经理告诉我们(出录音)——

"每天接待顾客都不少,基本上都是外地的,送货比较早的还是上海,我们是今年五月份到这里来的,来了之后接待的第一批客户就是上海和山东的。烟台的丝绸印染厂过去与我们根本没有关系,我们到青岛开发区开会,厂长早上四点钟亲自到码头接我,我很感动。为什么厂长这么主动,主要是在当前这种竞争意识下所采取的手段。像我们沈阳市内,有的厂家可以,有的厂家就不行,得我们主动找他,往这跑的不算太多。"

乙:提到这个现象时,针织商场经理刘铁讲得更明确(出录音)——

"外地来找我的一天不下二三十家,而且往家里去。我现在不回家,就在商业城住，这些人挖门子盗洞子到你家去，你半夜十点回家，他半夜十点当、当敲门。”

甲：你看看人家劲头多足，下了多大功夫。我们常说，要有市场观念，沈阳商业城不就是最好的市场吗？人家老远的还要往里挤，我们近在咫尺却不往里进。

乙：再这样下去，不用说把辽宁的产品打出去，我看连家门口这块地盘都得叫人家占领了。

甲：在商业城的家电柜台前，我们转了一圈，看到彩电、冰箱都摆了几大排，细一瞧，咱们省内的产品就有两种，一个是“百花”电视，一个是“沈努西”冰箱。

乙：是啊，我们纳闷，咱们省有不少知名产品，像“金凤”电视、“菊花”电视，“辽河”电冰箱怎么都没有呢？

甲：我们请商业城家电商场业务经理赵立平谈了对这个问题的看法，他为了照顾老乡的面子，只谈了几句比较客气的话（出录音）——

“他们不来的原因，我考虑第一可能对商业城不太了解，第二可能不敢来竞争，比划、比划，就失去了机会。”

乙：我们辽宁是有名的工业大省，过去是有货不愁销，在家一步不动，就有人来求我们。

甲：可现在市场形势变了，我们省不少厂家产品严重积压，经济效益下滑，这时候还放不下架子，还不主动出击，抢占市场，还幻想着时来运转，或者等着政府来支持，等着商业部门来收购，等到最后，只能是自己走进“死胡同”。

乙：即使是畅销的产品，如果满足现状，看不到市场在瞬息万变，不再去扩大市场，畅销也可能会变成滞销。

甲：确实是这样。在商业城采访的时候，我们碰到了兰州第三毛纺厂的党委书记滕春发。兰州第三毛纺厂的产品在国内市场上一直是抢手货，可是他们一听说沈阳建起个商业城，马上就派人带着货赶来了。滕春发对我们说（录音）——

“我们想沈阳是个大城市，是个交通枢纽，商业城地势好，所以我们选中了这个地方，要把部优、省优、国优产品拿出来，要名牌的，现在已经上了柜台。”

乙：人家这种有远见的战略眼光，真是值得我们学习。有人说，我们辽宁人有金牌意识，有晋级意识，唯独缺少的就是市场意识。

甲：当然，夺金牌、努力争取企业晋级这都不错，但是晋级也好，金牌也好，最根本的目的，还是为了企业的效益。企业要效益，就要去找市场，没有市场产品卖不出去，哪来的效益。

乙：对这个问题，省长岳岐锋是这么分析的(出录音)——

“大中型企业缺少活力，一个致命的弱点是商品经济意识不强，市场观念淡薄，面对激烈的市场竞争或者感到茫然不知所措，无从下手，或者根本感觉不到市场在变化，需求在发展，仍然沉醉于几年前甚至十年前的全国‘第一’，行业‘之最’，对产品积压、亏损吃老本没有多大的紧迫感。”

甲：省长的话，击中了我们企业的要害，但愿我们的企业不要把市场观念、竞争意识停留在口头上，要在行动上下点真功夫。

乙：是应该这样。

在甲、乙两记者述评中穿插了商场经理、供货商及省长等五段谈话录音，与“对话”相得益彰，其典型的论据也为其深刻的论题作了缜密、详尽的诠释。

需要强调的是，录音述评的录音部分不仅包括人的话语，而且包括环境音响。有的电台编辑总是单纯要求录音要清晰，不能有环境噪声，这种认识是偏颇的。环境音响对于现场感的实现具有不可替代的作用。在保证说话声音清晰的前提下，应该把环境音响也保留下来，借环境音响真正把听众带到事件现场。

对话式广播评论虽然是事先写好稿子然后分角色对话，但角色仍然是主持人，只不过是由一个主持人说变成了两个主持人对话而已。

(三) 戏剧式评论

戏剧式广播评论是对话式广播谈话的发展，它把戏剧性元素整合进来，每个介入者都有了自己的另外一个社会角色，不同的角色依角色规定性来发言。一般来说，主持人展现的是自己的形象，而戏剧式广播谈话中的主持人则不再代表自己，而是扮演着其他社会角色。

以保定人民广播电台的《老保定一家》栏目为例。这个栏目设定了一个家庭情景，三个家庭成员分别是父亲、母亲和女儿。于是，广播评论变成了模拟家庭成员对新闻事件的议论。比如其中的一期节目《中小学生应当减负》。国家教育部发出为中小学生减负的紧急通知后，保定市随即召开会议，对这一工作进行了安排部署。为配合这项工作，向人民群众更好地阐释政策精神，解除他们思想上的顾虑和疑惑，《老保定一家》栏目制作了这期节目。

女儿：减负，就是减轻中小学生的课业负担。

老保定：丫头说得对，咱们国家教育部已经发出了紧急通知，市里也开了大会，要求教育减负，这是针对中小学生沉重的学业负担和精神负担提出来的。

节目在提出了“中小学生应该减负”的中心论点后，通过正、反两方面观点的冲突，完成了对中心论点的论证，一家人达成了一致的意见。接着，节目就如何解决问题即如何减负进行简要阐述：

妻子：（不明白地）那要是这么说，孩子们放了学那么多时间干什么呀？……

老保定：我看这事呀就得学校家长共同订计划、想措施，正确引导和教育孩子，发挥他们的特长，激发他们的开拓创新能力。

女儿：可以有计划地组织爱好电脑的学生学电脑，组织爱好英语的学生学英语，从他们的兴趣出发，但千万不要搞得学生们太紧张，否则就得不偿失了。[1]

戏剧式广播评论的好处是，它模拟特定生活情境下人们的议论，通过这种方式可以把不同角色立场的人们对某一事件所有的各种疑惑和意见和盘端出，然后加以释疑解惑，使问题的针对性加强，增强节目的生动性。但什么样的情境更有效，更便于表达，要认真设计。就这一个栏目及这期的内容来说，设定为一个三口之家的环境是很恰当的。一是家庭成员对社会上的各种事件的议论是我们每个人都经验过的；二是它包括了男性、女性、成人、儿童各种看问题的视角，引入了家庭外部、家庭内部各方面的信息，构思上与老舍的《茶馆》有异曲同工之妙。但是，既然分了不同的角色，就要根据角色的性格规定性来安排台词，否则这种设计就形同虚设，也让听众觉得生硬造作，产生因形式大于内容而带来的滑稽感。母亲不知道减负是什么意思，女儿说出来了，父亲老保定按照传统的惯例是比较喜欢关注社会事件的，因而加以补充，这都说得比较到位，但女儿最后说的那句话就太成人化了。再者，戏剧化的结果还要自然化，这里的对话搞得宣传味太浓了，整个一传声筒，容易让听众讨厌。

无论是漫谈式、对话式还是戏剧式，说稿式评论都仍然没有脱离事先准备好的文字稿，只不过与播稿式评论相比，语体风格口语化了。说稿式评论有这样一些优点：第一，由于它是事先准备好并形成文字的，所以，它可以保证评论逻辑清晰、思维有条理，使每篇评论都比较耐得住推敲；第二，它充分发挥了每一位编辑的认识水平和表达水平及主持人的语音优势，是一种分工合作的现代工业生产方式。它的不足是，由于一切都是事先准备好的，评论就变成了排练后的表演，离现场谈话的氛围较远，不够自然、真实。当代更值得关注与提倡的，是脱口式评论。

[1] 焦江方. 一种新的广播评论形式：戏剧化评论. 河北大学成人教育学院学报，2000(2).

三、脱口式评论

脱口式评论包括主持人(评论员)的口头评论、座谈式评论和连线式评论。

(一)口头评论

口头评论即主持人或评论员现场即席评论。在发表评论前,主持人先打好腹稿或自己写一个提纲,到时根据自己的思路直接进行评论。此时,记者、编辑们的任务不再是为主持人写稿,而变成了主持人的智囊团,帮助主持人确定选题、查找资料、整理思路。由于脱离了为主持人写稿的任务,编辑如果口头表达能力不存在障碍,往往就可以直接走上前台表达意见,所以,此时的主持人和编辑经常发生角色互渗的现象,他们都承担了评论员的任务,采、编、播走向一体化。

主持人的口头评论一般以第一人称形式出现,用"小我"的眼光和语气,现场说法,直抒胸臆。

口头评论还可细分为主持人在演播室的口头评论及记者在新闻现场的口头评论。演播室评论往往距新闻发生有一段时间,主持人可以认真思考,甚至写出评论提纲,在有了充分准备的情况下来说,记者在新闻现场的评论则少了这个时间差,必须面对事件即景评论,这对记者来说是一个考验。记者为此必须对事件的发生和发展过程尽可能进行一番到场前的准备。现在,还有记者现场传回新闻,主持人即时做出评论的形式,它把主持人也推向了真正的脱口评论境地。

试举南京经济台《新闻演义》栏目主持人沈雷的一段评论来看看广播口头评论的特点:

走出国门溜达遛达现如今都已经是一件再寻常不过的事了。不仅那官员、企业家、文人、学者有出访的机会,就连咱普通人家的子女出国留学也不是一件难事啊。这出国的人多了,也有利于扩大交流合作,接受新的事物,学习现代先进技术,增广见闻,开阔视野。但这人上一百,形形色色啊,也无端生出一些尴尬来。不是吗?这有的人到了国外是仍然改不了那什么乱吐痰、乱扔垃圾这样一些不守公共秩序的事,忽视个体形象等毛病,以至于在一些公共场合人家老外还专门用中文做一个文明秩序的提示呢!虽然谈不上有损国格吧,却也使得咱们华夏儿女汗颜啦!其实啊,咱的一些政府官员出国呢,也常常弄出一些尴尬来。咱们中国驻美国旧金山领事馆商务领事张海洋先生这一年呢得要接待一百多个代表团,带他们去那个惠普啊、英特尔啊等大公司。人家那代表团有时说呢,人家来的是省长、副省长,你们那公司得总裁、副总裁出来接待。得了,为了这一句话人家是在百忙之中出来了,只谈了那么几句,人家那代表团的成员呢还大都睡觉了。张先生说这可能是时差的问题,可也有不睡觉的啊!一是人家那私人企业的老板关系到人家自己的利益。二是那代表团的负责人,因为有那面子上的问题啊!看来这还不仅仅是一时差问题,还有责任心的问题、素质的问题哦。这儿联系到咱们国内的不少会议,台上是耳提面命,台下呢是鼾声大作!想必啊是把这一陋习带到人国外去了,何况啊,还有时差这块遮羞布呢。还有更逗的事呢,说某市的一副市长带着一代表团到纽约去招商引资,这个市的外事办呢给那领事馆发了一传真,在安排方面提出了许多要求啊,其中一条竟然是请安排少年儿童到机场迎接,并且安排女青年到机场献花。哎呦,这真是让人犯晕呐!你当自个是国家元首啊?那是不是还得检阅一下仪仗队呢?对此,人家那张先生也大惑不解了,说自己啊当时就当这些人没睡醒,这都什么时代了,这是什么状况啊?要说人家这张先生厚道啊,认为这是不懂这美国文化所导致的,其实啊,除了这文化差异还有那好摆谱的陋习。这过去的封建官吏出巡要洒水净街,鸣锣开道,百姓跪迎。就这种喜欢摆官谱、官威的恶习至今还没革除干净呢!不是都有那县委书记下乡调研还得要那警车开道的事吗?就从这上级莅临要到辖区边界迎送来看,这到人家外国让人家少年迎接,女青年献花也就不足为奇了。可是他们怎么就不知道呢,这身在异乡为异客,比不得在咱们国内。在一个官本位没有市场的国度里这种要求可就显得荒唐可笑、不合时宜了。有道是入乡先随俗,咱甭管是官还是民,出国之前呢先了解一下人家的风俗礼仪,否则这丢人现眼是小事,损了国家尊严可就是大事了。[1]

这段评论的意见很显然是主持人个人的意见。在说稿式评论中,主持人虽然也以个人的口吻出之,但听众总能感受到在其背后有一个集体,是那个集体通过他的口说出来的,具有较强的导向色彩,你可以把那个声音看作是电台的声音。而沈雷的评论虽然也要把握好方向,也要经台领导同意,但相对而言就要自由得多。过去,在报刊评论中,曾经有以评论内容的重要性进行形式分类的传统,社论和评论员文章被看作是具有最大权威性的评论,它代表着一个集体的声音,要把握好重大的政治方向,而专栏评论则可以就那些不会造成太大的政治影响的新闻和意见加以阐述;前者是有重大影响的意见,要极为慎重,后者则要求只要无害就行;前者是必须旗帜鲜明的,后者是可以讨论的或一个机构不便于表

〔1〕 这一段评论由曹艳记录整理,笔者采用时个别地方作了文字修正。见曹艳《〈新闻演义〉开辟广播评论新视角》,http://www.zijin.net/gb/content/2003-06/18/content_3526.htm.

态的,既然是可以讨论的,由个人发表意见就比较适当。无疑,口头评论类似于后者,它是个人的意见。由此也带来口头评论的第二个特点,就是强烈的个性。主持人在不闯出政治禁区的前提下,可以畅所欲言,因而完全可以用自己的话顺口说出,语流更加自然,表达方式更加自由,措辞更加亲切随意。自己发表自己的评论,利于文字表达和口头表达的协调一致,利于文字语言与有声语言的有机结合,促进对内涵表达的准确把握及演讲风格的多样化。第三,由主持人发表自己的观点,会使主持人的思路一以贯之,单纯、明确。第四,由于省却了先将评论成文,再经领导审批等诸多环节,相对而言,口头评论比口播评论更具时效性。最后,以口头方式表达,更具有类交流性,加强了听众与主持人之间的心理互动。总之,在口头评论中,主持人真正会说话了。

口头评论也难免其局限性:第一,一些重大的政治问题不适合以个人名义议论,因为传播媒介不是某一个人的意见工具;第二,能够真正脱口而说并说得好的评论员人才奇缺,有的人眼光犀利,思维严谨,但不善于口头表达,而擅长口头表达的又往往思维缺乏深度;第三,广播评论是一种常态的工作,而一个评论员不可能对任何事情都内行,对任何事情都能提出精辟见解,若由某一个主持人长期主持口头评论,就可能将他的才智榨干,使节目质量得不到保证;第四,一个人口头评论几句容易,要一个人口头评论一说一大篇就有一些困难,毕竟,"出口成章"的人历来都被认为是世间少有的奇才。

座谈式评论则与之形成了一种优势互补。

(二)座谈式评论

座谈式广播评论是由两个以上的人直接参与交流探讨,发表意见、做出分析、展开讨论或论辩的评论。它一般事先拟一个谈话的提纲,以确定话题、明确问题,然后由一个主持人(或记者)及多位嘉宾现场即席侃谈,主持人起主持、引导、暗示、补充等作用,参与者起分析、解释、议论、争鸣等作用。主持人口头评论是一个人在说,座谈式广播评论则是几个人在议。进行座谈式评论时,有这样几点需要注意:一是主持人要有统筹全局、把握时势的能力与升华概括的能力,把"众口难调"变为"众心所向";二是挑选的参与者要健谈但不滥谈,尽量是所谈话题的专家或内行,所数"家珍"具权威性。例如中央人民广播电台《新闻观潮》就是这样。试举2004年9月24日的节目为例。这期节目的话题是"传统节日离我们有多远?"节目请了两位专家到场,一位是北京师范大学文学院民俗学教授萧放,一位是中国社科院的李顿教授,这两位教授都是对节日文化有研究、有思考的人,同时,他们又比较健谈。两个人相互启发、相互争执、相互补充,将节目挖掘出了一定的深度。例如,李顿教授认为,过节放不放假倒在其次,关键是节日中所体现的亲情与友情。情人节不放假,但年轻人过得很开心。萧放教授马上补充说,物质短缺时代物质很重要,在今天物质发达了,主要应该追求精神。这时,李顿教授马上说,我不太同意你的意见,不是物质满足了才去追求精神,而是在物质短缺时人们很重视亲情、友情,现在物质丰富了,人们反而忘记了亲情和友情。这些交谈都是即时性的,没有事先准备好的稿子,交流色彩很浓,在这种交流中,各个交流者的个性也成为实现评论的有效传播的一个重要条件。萧放教授非常谦和,他总是在同意对方观点的基础上作补充,而李顿教授则更多一些辩才,这些个性色彩使听众感到非常亲切,仿佛正与他们坐在一起听他们聊一般。此时,主持人的问题也是随着谈话中内容和观点的变化不断地总结和发掘的,而不完全是事先拟好的问题,没了造作感。在这里,主持人成了交流的点火放炮者和承前启后者,他是总结前面的观点,引出后面的问题的穿针引线式人物。由于有专家参与交流,座谈就有信息、有深度,而由于有主持人穿针引线,座谈就避免了"跑题跑不停"的问题;由于有现场交流中的相互启发,每个人都可以有话说,就没有了主持人口头评论中哑场的担忧。

座谈式广播评论必须使几个座谈者同处一室,坐在一起交流意见,这就给操作带来了很大麻烦。现在人们的工作节奏很快,要让几个人在同一段时间都到演播室集合很不容易,它还限定这些人必须都生活在同一个地方,而且即便这样,人们还得把许多时间都耽误在路上。演播室环境还决定了每次座谈的人数不能太多。随着通讯技术的发展,连线式广播评论成为可能。此时,身在不同地方的人,只要身边有台电话,就可以连线到演播室进行交流,这就打破了空间界线,使同一时间身处不同地方的人们可以连线参与评论。

(三)连线式评论

连线式广播新闻评论有三类。一是由电台确定人选,就某一话题在全国甚至全世界范围内找到最合适的评论者来参与评论,从而使谈话变得更专业、更权威、信息量更大、意见更有深度。中央人民广播电台《今日论坛》栏目就大多采取这种方式。例如,2004 年 9 月 24 日的节目中,主持人就行政诉讼法的修改请了中国政法大学教授马怀德连线讨论。二是由电台公布参与热线,让听众打电话至演播室发表意见,参与讨论。这样做的好处是开辟了公众自我表达的空间,可以让公众就其所关心的话题充分发表意见,拥有平等的发言权。在一些通过记者采制的评论中,公众处于被动状态,有的公众可能并不想发表意见,却被记者抓住了,只好敷衍了事,有的公众可能还没想好,但由于必须当下表达,很难见出水平,有的公众有着强烈的表达欲望,却轮不到记者的采访;而热线参与的方式则使有话要说的人可以积极主动地说,没想好的人想好了再说,无话可说又想要了解别人的看法的人积极地听,使评论的说与听都更加有效,目标性更强。

但是,连线式广播新闻评论也有其不足。在座谈式新闻评论中,在座的各位可以话赶话,话递话,你一言,我一语,在话语的不断交替中实现真正的交流。但连线式新闻评论受现有设备条件的制约,同一时间只能由一个人说话,此人说完后若想再作补充、解释,在受到别人质疑时想要再辩护都比较困难,因为一根电话线不能总是被此人占着。所以,连线式新闻评论的交流性较差,很难形成辩论的热烈场面。获得发言权的人考虑到自己不把自己的意思赶快表达出来,下来就没有机会了,发言时总是一大篇,这样就不再是谈话,而类似于主持人的口头评论了。

第三类连线式广播新闻评论则结合了座谈式与连线式两者的长处,可以叫作座谈连线式评论。它在演播室请几个专家来讨论,或设一条专线使专家与主持人始终保持连线的方式,实现不同空间的座谈,讨论的过程中如听众有什么意见可以通过另一条电话线打进来,直接表明自己为什么不同意某专家的意见,自己的观点是什么,为什么。这样,就避免了连线者把自己的发言搞成大会发言。还有的则是让听众通过手机短信的方式连线,由主持人将其意见和问题加以转述,使专家的讨论更加有的放矢,满足听众的需求。中央人民广播电台《观点》栏目在2004年9月24日对风水文化的讨论就是先通过手机短信收集听众的意见,然后请专家来讨论,讨论过程中再不断收集短信,与专家对话。座谈连线式评论的长处:它既给了专家发言权,又照顾到所有关心某一话题的大众的意见;既有一定的评论深度,又有一定的评论广度;既有大众向专家提问,又有专家与大众互动;既容纳了多种不同的声音,又通过主持人的调节使各种声音始终围绕某一话题。

如今,广播新闻评论已经形成了丰富的表达形式,从报纸新闻评论形式中借鉴来的形式经过改造后,也充分广播化了。比如过去的点评和短评,现在基本上变为播音主持人的串联词直接融入新闻报道中而不显其形,或者加大分量扩展成为记者述评或其他形式的评论。又比如一些地方电台尝试的一种联播式新闻评论,将来可能会有较大的发展余地。联播式评论是指两个或两个以上的广播台同时就同一论题进行评论,观点的碰撞范围广、强度高,可以应用于重大的突发事件,也可以应用于同类事物在不同地域、不同时间的可比性反映等。

第九章

9

电视新闻评论

内容提要：

1. 电视新闻评论的特点：选题的接近性；论点的交流性与评论员的核心性；论据的形象性；论证的参与性。

2. 电视新闻评论的模式：《焦点访谈》模式；说新闻式；沙龙式；论辩式；家常式。

第一节 电视的特点及其对新闻评论的影响

电视在综合文字语言和有声语言的基础上,又增添了图像,是声、画、文相统一的一种媒体。电视通过电波传送,观众的接受环境一般是客厅,这些都给电视带来了鲜明的特点。

一、电视的优点及其对新闻评论的影响

(一)多信息整合,产生以图像为主的立体效果

电视是声、画、文相统一的媒体,它既传送声音信息,又传送运动着的图像信息,必要时还可配上字幕,传达文字信息。这三类信息分别作用于听众的视觉、听觉和思想,将形象的东西与抽象的东西融合起来,从而产生一种立体的接受效果。马歇尔·麦克卢汉在《传播工具新论》一书中深刻地说:"两种传播工具的会合或混合,便是一个信任及新经验的时刻,新的形式即在此一刻诞生。这两种传播工具会同时把我们投入该两种传播工具交界的地方,使我们从水仙少年式的昏醉中突然醒悟过来。传播工具会合的那一时刻是一个自由的时刻,从这一时刻开始,我们便可以从知觉麻木的情况重获自由。"[1]麦克卢汉是从接受者的感受出发讲的这段话,其实系统论原理早已讲清这个道理。按照系统论观点,一加一不是等于二,而是大于二,因为两者已不是简单相加,而是被纳入了系统中,纳入了新的有序组合中,产生了不同于每一个相加的个体的新的系统质。

电视传播中这三类信息的不同搭配,可以产生不相同的效果。

声与画之间起码有两种关系:声画合一与声画对位。例如,屏幕上有一个人在那里讲话,声音既可以是发自屏幕上人物之口,也可以是画外讲述,这种讲述可能与图像内容一致,也可能不一致,还可以是画内的现场解说,指导你观察现场。声画的不同搭配形成不同的系统质。在这里,声音与图像已经无法分离,电视中的讲述和电台的广播的不同之处在于它是为图像而配的音。电视中的图像也无法离开声音而完全独立地表意,因为它是附了声音的图像,这一点人们只

〔1〕 马歇尔·麦克卢汉.传播工具新论.台湾:巨源图书公司,1978:23.

需在看电视时关掉声音感受一下就会知道。同理，电视屏幕上的字幕与报纸上所用的文字也根本不同，它只在一些关键的地方出现，以帮助观众记忆重要的词句或分辨可能产生歧义的声音，听懂屏幕中人物过浓的方言等。电视媒体与报纸、广播等相比，似乎只是多了一个运动的图像，其实，它的声音已不同于广播，文字也不同于报纸，它是以图像为中心的多种信息的整合，这种整合后的信息作用于人的多种感觉器官，造成一种立体的接受效果。

电视新闻评论应该充分利用电视媒体的这一特点，根据表达的需要艺术地整合其多种信息。

1. 电视以图像为主，电视新闻评论就应该充分图像化

凡是能够通过图像来表达的部分，要尽可能地使用图像。电视屏幕的大小有限，以文字为主是不合适的。有些观众很难听清容易混淆或不易记忆的东西，比如同期声中的方言或外语、一些重要的数据等，此时可以少量地以文字或图表的形式在屏幕上加以展示。这样的东西偶尔夹在图像中间也不失为一种视听调节，大段大段的文字爬满屏幕则既使视觉上感觉呆板，又使观众读起来吃力。电视是在时间中流动的媒体，不像报纸那样是空间中展开的媒体，大段文字一屏放不下，就需要滚屏，而滚屏的时间很难掌握。每屏停留多长时间，权力控制在节目导播手里，不像电脑阅读那样，可以由读者自己掌握。电视观众没有滚屏自主权，而观众的阅读速度因人而异，有的观众阅读速度较快，有的观众则阅读得很慢。前者感到等得着急，后者则感到赶得难受。所以，在电视新闻评论中大量使用文字，是弃己所长，用己所短，连报纸传播所有的效果都达不到。有些电视新闻评论节目对这一点还没有充分注意，使电视新闻评论变成了报纸的电视版。

我们这里说“图像”而不说“画面”，是要突出电视图像作为电子讯号的运动特性。有些电视栏目曾尝试在缺乏图像资料的情况下用绘画来代替，但播出效果并不理想。绘画是静止形态的，它的生动性还不如评论员的口播效果。因为评论员口播起码还有真实的播出者的动感形象存在。评论者的表情、姿态、动作都作为身体语言参与了评论过程，并与观众形成了一种隔着屏幕的交流。当然，纯口播评论也没有把电视的特性真正体现出来。过去，许多人认为，电视新闻可以图像化，但电视新闻评论则只能口播，因为评论正如它的另一个称谓——“言论”所暗示的那样，是借助语言进行的论说，图像没有理性评说功能。确实，离开声音与文字，评论是无法进行的。没有了记者和主持人的评说，仅仅依靠图像展示，节目就不再是新闻评论，而变成了新闻特写或新闻纪录片。但是，这并不是说评论节目只能口播，事实上，图像的切入，对电视新闻评论效果的实现起着极其重要的作用。《焦点访谈》等节目的出现，突破了这种理论误区，使新闻评论也可以像新闻那样有口播与出图像两种手段。实践证明,把这两种手段结合起来,电视新闻评论的传播效果更理想。例如对"法轮功"的批判,中央电视台在新闻联播节目中口播了《人民日报》的系列社论,尽管播音员用了高昂的批判语调,也确实取得了一定的效果,但与《焦点访谈》的同主题节目相比,其影响就弱得多了。在《焦点访谈》中,制片人切入了大量"法轮功"害人的图像,观众看过以后,感到触目惊心。

当然,这并不是对口播评论的否定。采用口播评论,还是采用口播与图像切入相结合的评论,要依具体情况而定。在以下两种情况下,口播评论是必要的:一是没有适合的图像资料。此时,如果牵强附会地找寻一些不相干的图像或以绘画代替,反而会影响评论效果,严重者会导致观众对新闻事实的真实性的怀疑。二是为新闻配发的评论。此时,有关的图像在新闻报道时已经采用,作为编后话,虽然还可在口播的同时把有关的图像再放一遍,但图像中原有的同期声就需要压低或关闭,以突出评论者的口播语言。这种情况下,一般都是不再放图像,以纯口播的方式处理的。

2. 要讲究多信息的艺术整合

现在已经有许多人意识到了电视的多信息特性,但是,却对多信息的协同表意缺少关注。事实上,多信息符号可能是电视的优势,但用得不好,就会变成其劣势。如果图、声、文能够互相配合,可以使信息得到强化,但配合得不好,就会相互干扰,使有效信息被弱化甚至形成各种信息之间的冲突。

当图像能够看得很清楚时,评论员就没有必要喋喋不休地作介绍或者打上很长的字幕,那样只会干扰观众对图像的解读,也是对观众不尊重的表现。此时,评论员的介绍,要突出那些观众看不清或没有注意到的部分以及图像没有拍到的部分。新闻评论的图像大多是新闻图像,而新闻图像尤其是突发性新闻的图像,人们不可能从容地摄取,大多是"抓"和"抢"来的,这样,图像难免焦距不清,或是一些重要的细节可能恰恰不在图像的最显眼处,有些重要的镜头因为记者事发时不在场,只能在事后拍一下事发现场,此时,评论员的介绍和解说就很必要了。但图像表达清楚的东西,除非为了起到强调作用,评论员一般不必再讲。例如,落户苏州的欧尚超市带来了一种新的营销方式,即顾客可以先尝后买。但是,许多爱占小便宜的顾客进入超市以后专拣那些贵重的东西吃,在超市无奈挂上"谢绝品尝"的牌子后仍然吃个不停。苏州电视台做的一期节目专门就此加以评说。其中一个镜头是:一个小伙子在偷吃时被记者质询,他无理狡辩,振振有辞地说尝一尝没什么不对的,先尝后买,天经地义,尝不等于偷,不要侮辱他的人格。还有一个镜头是记者问到一个妇女时,她说不识字,不知道牌子上写的是什么。这些人的无赖品质观众通过图像一看即懂,所以,聪明的主持人就没有多做解释,而是把它上升到国人素质和苏州市民的形象意识上来加以评说。有的评论员在碰到这种情况时却不善于处理,不断地进行图像解说和激昂慷慨的批判,结果吃力不讨好,令观众生厌。

当图像中现场群众做出比较精辟的评说时,评论员没有必要再将它们不断复述,而应转向对群众评论的概括和总结,转向对群众没有意识到的问题的补充,转向对评说的评说。否则,没有新的信息产生,节目就会变得拖沓而累赘,评论员的智商也会受到观众的怀疑。

评论员的评论要依新闻事实而生发,不能与图像所有的含义相违背。图像中的事实规定了它的含义,如果事实的含义明确指向某一种结论,偏偏评论员却作了相反的解释,此时就会造成信息的冲突,使观众对评论员产生不信任感。比如,某电视台在评说人们读书兴趣的增长时,画面上是冷冷清清的几个人在书摊前浏览,解释却是"书摊前人头攒动、热闹非凡",让观众大跌眼镜。

图像的选择也要依评论员的观点和目的而定。以图像为中心,并不意味着图像越多越好,而是意味着图像越能说明观点越好。要以观点为轴选择典型而生动的图像,选择能够说明问题的图像。图像安排上存在的问题主要有两个方面:一是图像太杂,大量不相干或不典型的图像充斥其间,以致把主要图像的意蕴冲淡了;二是图像太乱,剪辑安排不当,破坏了评论所要求的思维的逻辑性。

仅仅做到多信息的协同还不够,还要讲究艺术性,使评论尽量变得简明而富于张力。

图像上,要根据表意的要求和现实的可能性,在画面构图、景别使用和镜头运动以及蒙太奇组接上加以适当处理。处理的原则,一是加强真实感,二是增强视觉形式美。正如在文字表达中只有最具表现力的词才是合适的词、美的词一样,在图像表达中最能精妙地传达评论者的意图的图像才是最美的图像。新闻评论的图像应该增强而不是破坏人们对事件真实性的感知。抢来的新闻图像在构图上不可能非常讲究,如果我们刻意讲究了构图,反而会给人以不真实感。所以,加强真实感是新闻评论图像处理的第一原则,在这一原则基础上,才谈得上强调视觉的形式美。但是,这不是说视觉形式美无关宏旨。事实上,视觉形式美的用武之地很大。那些抢来的图像有一定的长度,当其长度足够使用时,就可在后期编辑中将那些构图很差而又对信息的传达影响不大的部分剪切掉,从而增强视觉形式美。大量的新闻事实都是可预知的,此时拍摄者就有一定的时间来作准备,从而使图像本身的表意更明确,使图像在视觉上更舒服。比如,要强调某个方面,就可以用特写镜头来加以突出,或在非特写镜头中让那个方面处于图像的视觉中心,在编辑时把要强调的部分用对比蒙太奇等手段来表现。

声音上,要注意每一种声音元素的表现力的挖掘以及各种声音元素的分配。先说每一种声音元素的表现力的挖掘。声音本身既可以是写实的,也可以是象征的,在写实的基础上凸显其象征性,就可以使声音的意义大大扩展。例如,《焦点访谈》1996年6月1日的节目《为了孩子》,主题是反对战争,呼唤和平。其中一个镜头是以色列一群因战争而残疾的孩子们在踢足球。踢球的声音被制片放大而带上了象征意义,一声声重重地踢在观众的心上。再说各种声音元素的搭配。新闻评论的声音元素有:主持人的口播语言、记者的现场采访语言和画外解说语言、被采访者的语言等有声语言元素,现场的自然音响元素,后期配上的音乐等。把这些声音元素巧妙地搭配在一起,可以使评论更具说服力;搭配得不好,就会吃力不讨好。比如,能用被采访者的话来表达的观点,就可以省却主持人的口播。主持人这时宜把重心放在对被采访者们的评论的串联、评论和提升上。毕竟,被采访者往往站在某个局部来谈论事件,站在某一个群体的立场上来发表看法,因而那些看法不免带有片面性和情绪性,主持人则可以通过对那些评论的总结、提升、阐发和评论,使事件获得一种宏观观照,从而保证主持人评论的权威性和对舆论的引导作用。单纯依靠被采访者的评论,那不是新闻评论,而是对别人做评论这个事件加以报导,在文体上变成了新闻文体,而单纯靠主持人的口播评论,则使评论没有了参照,变成了"一言堂"。再比如记者的现场评论和主持人的演播室评论,虽然记者和主持人分担了评论员的角色,但他们评论的层次是不同的。记者的现场评论往往是就事论事,而主持人的评论则是超离现实的时空,在一个更为宏大的视角下,更加深思熟虑的评论,他应该站得更高,谈得更深。新闻评论的主持不应像司仪型主持那样仅起一种串联作用,还要有一种整体的穿透作用。至于现场音响与其他声音的搭配,一是"如闻其声",创造一种现场感,二是运用音响的象征化,扩展音响的表意作用。在这样的基础上,评论员就可以面对"实事"进行"求是"。后期音乐的编入,则使评论在"以理服人"的同时,还实现了"以情感人",既直达人的头脑,又直达人的心灵,从而实现对观众的全方位征服。有的人反对在新闻评论中加入音乐,认为它会降低图像的客观性,其实这是不必要的担忧。只要观众明白这不是同期音乐声,而是后期声,观众自能分清哪些是客观的方面,哪些是主观的方面。再者,新闻评论本身就是对意见的公开表露,用音乐辅助表达没什么不可以。不同的声音元素的艺术搭配,除了有利于观点的表达外,还使评论变得更加生动和富于变化,从而改变评论给人的死板单调的印象。

文字上,虽然我们反对在电视评论中进行大段的文字表达,但文字用得好,仍可以使节目生辉。除了在屏幕下方打上的有声语言的字幕外,电视屏幕的大小,使它适宜于这样几种文字:一是标题。标题的字数比较少,以较大字号展现在屏幕上,观众读起来不吃力。标题还起到划分段落的作用,使节目内容条理分明。二是重要的语句。某句话比较重要,需要提请观众注意,可以用较大字号展现在屏幕上。标题和重要语句可以借用报纸编辑的方式,通过字体、字号、色彩、句子排列的方式等多种手段来引起注意,可以像 PowerPoint 软件那样,用飞入、驶入、空投、激光、翻转等手段来创造动画效果。当然,在特殊情况下,也可以反其道而行之,用较小的字号展现在屏幕上,以增强观众的专注性。由于电视节目具有易得性、易懂性,观众一般在观赏时注意力不太集中,那些不太容易看清、不太容易理解的文字反而可能调动起观众的参与性。但这只能偶尔为之,适可而止,否则观众就不买账了。

还要注意声画文关系的处理。现在的评论一般都满足于声画合一,现场图像中某人张嘴在讲话,我们听到的就是他讲话的声音,人们进入了某种环境,听到的就是这种环境中所有的声音。其实,完全可以让声画分立,某人的话仍然在说着,但镜头中却是与他所讲的话相关的事情,这样就可以节省时间,在单位时间内传播更为密集的信息。当然,前提是不能让不同的信息相互干扰,否则就适得其反了。例如,《焦点访谈》的一期节目《盗版书何以进校园》中,当记者问及校领导学生为什么使用了盗版书时,领导说,学生上课在假期,那时教材还没到位。接下来是记者在新华书店采访,书店经理说他们都是绝对保证供书的。这里其实可以让记者与校长的谈话声继续,图像则提前进入新华书店,把校长的讲话和相反的事实两个方面同时播放,既节省时间,又产生强烈的批判效果。在图和文的关系上,既可把图作为文的背景,突出文字,也可把图作为主体,把文字放到屏幕的某一条边上(一般是放在底边上),不过,此时要对字体的大小作适当处理,太大,喧宾夺主,使图像不完整,太小,阅读起来很费力,观众看了文字误了图像,看了图像又顾不上文字,结果什么也看不好。

(二)极强的现场感

在三大大众传播媒介中,电视的现场感最强,传播最直接,它能够原原本本、一模一样地将事实的形态、情景、气氛、声音等如实地传播给受众。而报纸和广播都相对要逊色得多。报纸的信息从信源到信宿距离漫长,它的编码过程要由传者——记者、编辑将他们耳闻目睹的新闻事实和作者的评价制成文字符号,再编排在报纸这种信息载体上广为传播,而读者阅读时,还要将文字符号在头脑中还原成声画并茂的信息本身。广播信息靠声音传播,一般也要经过一个制成文字再转化为播音员的声音然后通过电波传播出去的过程,而听众收听时,又要把声音所负载的信息内容进行解译。电视信息,尤其是现场直播的信息,则把现场的声音、图像直接传给观众,减少了许多"编码"与"译码"的程序。根据传播学原理,对新闻事实的转述层次越少,噪音(非有用信息)越少,有效信息量就越大,可信度越高;反之,则信息量小,可信度低。由此看来,电视是传播最直接、现场感最强的一种媒介,它的有效信息量最大,可信度最高,信息在传播过程中流失或增值的可能性最小。

广播通过现场采录声音,也具有现场效果,但由于它的现场是只能听不能看的,要利用人的感觉器官间的相通性把声音在头脑中转化为图像,因此,广播的现场效果依赖于人的想象。由于各人的生活经验不同,所以,想象的图景就人人不同。电视屏幕却像一扇面向世界打开的窗户,人们透过这扇窗户,可以游遍天涯海角,即使是地球另一端的事件,在这一端也能同步观看到。所以,人们说,电视的出现,使世界变得越来越小,地球变成了一个村落。

电视媒体的这一特点对新闻评论的影响,主要表现为两个方面:一是眼见为实,强调事实展现;二是时态的当下化。

首先,眼见为实,观众能亲眼看到事件过程,不由他不相信。电视评论与报纸评论的明显不同就是,电视评论被切分为两块,即口播和出图像。当然,这里的概念使用得并不精确,口播的时候就没有图像吗?我们分明看到了"主持人在播讲"这样的图像。显然,这里的图像指的是在事发现场采制的图像。既然电视图像传播的有效信息量最大,可信度最高,就要充分利用这一优势,在评论中尽量多地切入图像,用观众亲眼看到的铁的事实作为评论的有力证据。论证过程也要尽量避开纯抽象思辨,主要靠事件之间的组接来完成。在电视新闻评论中,口播的功能主要有三:一是问题的提出;二是影像的串联、介绍;三是观点的总结。在这里,主持人的口播话语若被单独拿出来,将零零碎碎,很难成文,只有结合到影像节目中才有意义。换句话说,去掉影像,也就没有了电视化的新闻评论本身。

其次,时态的当下化。如果说报纸新闻评论是别人把他在新闻现场得到的信息跑来告知你,然后做出评论,评论时已经离开事发时空,那么,电视新闻评论则是记者把你带到事发现场,让你亲自看一看发生了什么,听一听现场目击者的议论,然后考虑一下评论员的意见。也许没有看到现场时,你还很难接受评论员的观点,但亲临现场后,你不得不心悦诚服地接受。事实上,电视新闻评论播发时,事件已经发生过了,但电视图像则让事件在屏幕上重新发生了一遍,把你从你所待的时空拉到事发当时的时空中。你眼睁睁地看着事件发生的具体过程,你的感受是：事件正在发生。这种当下性感受会使事件对你的情感冲击力大大提升。

时态的当下化，反过来也对电视新闻评论的时效性提出了进一步的要求。一是它要求新闻事实的发生时间与评论的播发时间之间的跨度要尽量缩小；二是它要求评论者由事件引出的问题和得出的结论具有当下性，即问题是在当下社会具有一定普遍性的问题，结论是针对着人们对这一问题的迷茫和歧见而做出的令人信服的结论。

（三）家庭观赏的亲切感与类人际传播效果

电视机不像收音机那样轻便灵活，可以随身携带，一般只能置放于客厅之中，所以，人们常常说电视文化是一种“客厅文化”。电视机放置的特殊环境造就了特殊的收看效果。

第一个方面，看电视不像听收音机那样可随意选择时空，它必须在人们工作之余，回到家中面对电视机坐下才能收看，这使电视接受相对于广播要少受一些外界环境的干扰。

第二个方面，看电视的环境又不像剧场、报告厅那样严肃，而是一个充满家庭氛围的场合。家庭意味着轻松、和谐与温馨。再严肃的东西在这样的环境中都不免发生某些变异。有位诗人曾经在诗中说过，“挑战者”号航天飞机的失事也变成了人们餐桌上的佐料。在家庭环境中，观看难免带有随意性、消遣性。

第三个方面，电视是一种选择性较强的媒体，遥控板掌握在观众手里，任何试图强制观众接受的信息，观众都会毫不客气地跳过去。

更为重要的是，观众与电视机屏幕间距离很近，基本上相当于现实中人与人交谈时的一般距离，这样，电视节目的播音员或主持人就变成了这个家庭中的一个成员，与其他成员一起进行交谈，从而把客厅变成了沙龙。播音员（主持人）若板着面孔训导别人就将被这个沙龙的成员们驱逐，故此他必须融入这个家庭中，融入亲切而温馨的氛围中，以平等交谈的姿态去争取观众的接受。

当然，电视中的主持人与观众之间的交流毕竟是隔着一层屏幕的交流，主持人可以和观众以商量的口吻讲话，但两者之间却不能真实地进行交流。观众如果对主持人的观点不能苟同，也只能在事后打电话或写信表达，不可能当下进行反馈。所以，它只是类似于人际交流状态，我们把它称为“类人际交流”。在这种状态下，观众是通过视角的同化来达到交流目的的。当主持人（记者）采访时，观众将自己投射于主持人（记者）身上，由主持人（记者）代替自己来提问。当主持人出现于讨论场合时，观众则将自己投射于现场观众身上，由现场观众代替屏幕前的观众发言。

"客厅文化"对电视新闻评论造成很大的影响。报纸上动辄数千言的重头社论,那些说教气息较浓的评论,在电视上几乎没有市场。长篇大论的东西,破坏了类人际交流氛围,把交谈变成了演说或报告,说教气息较浓的评论则把客厅这样的生活环境变成了会场。如果说在党报评论中,评论员往往是站在同级党委立场上发表言论的,那么,在电视新闻评论中,评论员必须站在民间立场上来阐发新闻事实的意义。当然,电视台也肩负着宣传党的路线、方针和政策的重任,但其宣传意图的实现,是通过贴近平民视角获得的。如果离开了平民视角,评论员就无法使观众实现视角的投射,与评论员产生观点上的认同。《焦点访谈》节目在全国迅速打响,源于它对社会监督功能的强化。通过它,人们看到了社会腐败现象的严重性,见识了那些贪官污吏的丑恶嘴脸,因而当那些堕落分子受到惩处时,人们感到无比解气。腐败现象本来就是平民普遍关注的话题,通过对这样的话题的介入,作为中央大台的节目,《焦点访谈》实际上是在传递着党中央的声音,表明党对惩处腐败的决心,也唤起了百姓对党的信心。

这里需要强调的是,平民视角意味着从平民的角度来看问题,而不是说在思想认识上等同于平民。人们之所以要看电视评论,就是要听一听评论员对事件的看法,看看评论员有什么高见。如果没有什么认识深度,没有信息量,评论就是在耽误观众的时间。从媒体角度来说,把自己对事件的看法混同于社会上的一般看法,也就等于放弃了评论的舆论导向作用。

除了在选题上电视评论更关注"下面的呼声"外,在论证上,电视评论也忌讳讲大道理,而讲究以百姓能够接受的方式展开,深入浅出,切合实际。

主持人的出现使电视新闻评论与其他媒体评论有了很大差别。对于报纸新闻评论,我们所接触的都是一行行的文字,文字背后的人成了隐身人,神秘而伟大,权威性不容置疑。报纸突破了纯人际交流的时空局限性,使交流更加深思熟虑,富于思想性,使大众传播成为可能,但与此同时,也失去了人际交流的人情味,变成一种去人情媒体,因而报纸新闻评论让人敬而远之。电视则使人重新出现在传播中,在实现传播的大众性的同时,回归了人际交流的人情性。如何把思想性与人情性相结合,是电视新闻评论电视化中的一个重要课题。

不管是主持人还是现场记者,由于评论员是作为真实的人出镜的,观众就要求评论员具有个性,而不能仅仅作为媒体的代表出现。正如前文中所讲,评论员具有双重主体性,在电视媒体中,评论员更要做到将群体的精神意志人格化,以一个有血有肉有情感的个人的身份去与屏幕前的观众交流,而不是仅仅作为一个传声筒,阻断观众与你的交流感。白岩松们之所以很有观众缘,一个重要的原因就是他们是一群有个性的评论员。我们现在对评论员作为代表的一面强调得太多,而对评论员作为人的一面则重视不够。广东发大水时,某广东籍著名节目主持人正好做一期相关评论,他本可面对家乡的灾难把个人的情感表露出来,但他的喉舌意识太强,总是强烈压抑着自己的情感,这就弱化了他的亲和力。其实此时的他感情更外露一些,不但不会损害中央电视台的形象,反而会使节目更富于感染力。

二、电视的弱点及其对新闻评论的影响

电视媒介也有以下几方面的弱点。

(一) 浅表性

电视的主要特征是图像,但图像仅仅是事物的外在形象,它或许可以对形象背后的东西构成某种象征,但这种象征过于模糊与不确定,要观众在揣摩之后做出自己的解释。问题是,电视的图像在时间中流动,不是固定不变的,观众根本无暇去思考,他只能跟着图像的变幻迅速转移注意力。流动的图像虽可以刺激人的注意力去不断发现,增强人的形象记忆,却也夺去了人思考的机会。电视的语言也存在于时间之维上,它一样否定了观众的深入思考,文字则仅起一种补充作用,不可能布满屏幕让人慢慢读。所以,在事物的本质、人的内心、抽象哲理等方面,电视是很难像报纸那样揭示得比较深刻的。

另外,图像只能展现那些有形的东西,许多无形的材料是难以用图像表达的,这时,电视图像编辑只好让屏幕图像在作者想要表达的思想附近游荡,声音则由辅助角色转化为主要角色,成为电视表达的差强人意的主帅。甚至当屏幕图像根本无法接近意义时,只好舍去事件图像,变成类广播节目——播音员(主持人)形象占据图像,他的表情变化和姿势转换构成对声音语言的必要补充。不过,即便有了这些补充,也只是使广播语言的情感色彩加强,并不能改变语言的浅表性,不能使它的思想深度和逻辑深度有所增加。

电视节目的口头表达也是造成其浅表性的一个因素。报纸使用的是文字,而文字是最便于组织概念的。自从有了文字,人类的逻辑思维水平就产生了一个重大飞跃。人们可以利用文字进行专业化的概念术语的创造,使表达上升到抽象而严密的层次。没有专业术语的创造,表达的严密性就无法保证。但是,电视中的有声语言却必须做到浅显易懂,通俗明白。那些概念术语既会影响口头表达,使之书面化,不流畅、不亲切,又会影响观众的听觉接受,使人们听不懂、把

握不住,还可能因词语的同音异义现象而造成观众理解上的困难。

电视的浅表性对评论构成了极大的制约,有些学者也正是因此认为电视化的评论不可能。为克服这一缺点,评论者一是要善于在关键时刻点破图像的意义,使图像的意义相对确定,以引导人们对图像的理解;二是要尽量使用浅显易懂、绝少歧义又表达准确的语言来表述,使观众能够一听就懂,免得因思考某句话的意义而耽误对图像的读取。既要少用专业术语,又要表达准确,这对评论者来说,确实是一大考验。此外,它也要求摄像能够熟练地运用图像进行表达。

(二)可选择性差,保存性差

电视信息的接受和广播一样,都是在时间中进行的,观众除了老实听从编辑的安排外,别无选择。当然,未来这种状况可能会改变,电脑多媒体已经为我们带来了希望之光。不过,改变之后的电视已经不是我们现今概念中的电视,而变成了另一种传媒。当然,我们说电视可选择性差,正如说收音机可选择性差一样,是就同一个台而言的。实际上,收音机、电视机现在都有许多台可以选择。电视的不可选择性与不可保存性相伴而生,都是源于信息在时间上的运动。时间无法提前,也无法倒流,图像、声音在观众面前一闪而过,不可能凝固在那里。观众有什么信息没有看清、听清,也就只能由它随风而去了。当然,我们可以把信息进行数字化处理,使它永久存留,随心所欲地操纵时间,但这是录像机的特点而不是电视本身的特点了。由此可见,可选择性和保存性差,是电视的弱点所在。

这一弱点要求新闻评论:一要条理清晰,使观众对评论的线索了然于心;二要突出重点,以引起观众的高度注意;三进行适度强调和重复,以便于观众记忆;四要最后作简要总结,让观众获得一个总体印象。

第二节 电视新闻评论的特点及要求

电视的特点决定了电视新闻评论有如下几个特点。

一、选题的接近性

如前所述,观众收看电视节目,是在一种轻松、自由的家庭氛围中进行的,因此，电视新闻评论要把宣传党的政策与反映群众呼声有机地结合起来。电视新闻评论应更多地选观众所关心、所感兴趣的事，选那些发生在他们身边、与他们息息相关的问题，选那些让他们感到有话要说、要倾诉的问题，这样才能吸引观众坐下来，收看此台的评论，否则，观众就会换台或关机，使电视台发出的信息根本到达不了潜在的接受者那里。

选题忌空、大、泛，而要能做到小中见大、就实论虚，使大众有体验、有感触，或者用中央电视台《焦点访谈》栏目的一句口号说，叫“大众话题评说”，这是较符合电视新闻评论的本质特点的。

例如《吉烟现象》(《焦点访谈》节目，获第十届中国新闻奖一等奖)。这个节目所涉及的正是群众想要倾诉的与他们的利益关系密切的问题。节目的线索来自《焦点访谈》的热线寻呼(下面的呼声)。1999 年 11 月间，四平市委、市政府向各单位下达销烟任务，强迫本地职工群众买本地产的吉牌香烟，并公然提出“爱四平，抽吉烟”的说法。记者文雁得到此线索后意识到，这种靠摊派来促进企业发展的做法严重违背市场经济规律，与当时刚刚召开的十五届四中全会精神(上面的精神)不符。于是，记者迅速对四平吉烟事件展开了调查。从镜头上看，调查主要在两类群众中进行，一是挣工资的人，一是不挣工资的人。

对挣工资的人，烟钱从工资里扣，不买不行。

解说：不买就扣工资，这样的推销可不一般，吃财政饭的人也只能勉为其难了。不过，也有例外。梨树县的孟家岭镇中心校就不扣工资，我们到学校采访时才发现，原来这里的教师工资只发到今年 7 月份，没法扣工资。尽管如此烟可是不能不买，这不，校长从镇里刚把分配给学校的烟领回来。

(画面提示：采访四平市梨树县孟家岭镇中心校校长赵贵才)

记者：那你们不去领可以吗?

赵贵才：不去领啊，反正现在开会的时候，要求在 11 月 5 日之前，把第一批的三分之一的烟都得领回来，开会就这么要求的。

记者：那你现在的工资发不下，那怎么办呢?

赵贵才：就像我刚才说的呗，教师福利拿出一部分。

记者：教师什么福利? 连工资都没有。

赵贵才：学校给老师搞的福利，就是不发奖金，发点烟。

(画面提示：学生上课)

解说：8 月份的工资到现在还没有领到，盼了一年的福利跟奖金又变成了香烟，但也没办法，因为这可关系到爱不爱四平的问题。

(画面提示:采访四平县梨树县孟家岭镇中心校教师)

教师1:要爱四平就得抽四平烟,不抽那能叫爱四平吗?

记者:谁说爱四平就得抽?

教师1:这都是上面市里领导在某个场合讲话时讲的。

三个月的工资没有领到,教师们的生活保障都成了问题,政府却拿吉烟抵了教师们的福利,还把抽烟与“爱四平”硬扯到一起,他们怎么能不埋怨?

那么不挣工资的人呢?

解说:吃财政饭的钱从工资里直接扣,没有工资的农民就得让他们掏钱来买烟了,这可不是件容易的事。所以宣传工作十分重要,为了让农民能够接受上面推销吉烟的做法,村干部们将这样一些标语郑重地贴在了最醒目的地方,像抓基本国策计划生育那样,把吉烟的销售当作头等大事来抓,可谓用心良苦。

……

记者:你们都知道吗,要买烟的事?

群众:有知道的,有不知道的。

记者:那你觉得30块钱对你们来说负担重不重?

村民1:有点压力。

村民2:我们现在没有钱,实在没招儿,就得等卖苞米的时候再买,现在没有钱。

记者:老百姓没钱,现在收不上来这个钱怎么办?

白国君:大量宣传,哪家来个亲戚还不得招待招待,尽量让社员能买就买呗,要不咋整呀。上级布置给我们的任务,我们就完成呗。

30元的烟钱得要等到卖苞米的时候才有,可见那里农民的生活境况!强行让处在最低生活保障线下的人们买烟,这是多么荒唐的举措!难怪老百姓气愤地让记者“好好照照,好好照照”。

销售香烟本来是一种市场行为,但四平市领导的观念却没有随着社会的市场转型而转型,仍然违背市场规律搞行政干预。事实上,四平的做法在全国具有某种普遍性,通过这期节目,《焦点访谈》实际上是在全国进行了一场十五届四中全会精神的宣传教育活动。这种小中见大,以具体问题为纽带将下面的呼声与上面的精神统一起来的做法,有效地避免了评论选题“空、大、泛”的毛病,值得评论工作者借鉴。

二、论点的交流性与评论员的核心性

与接近性相应，电视新闻评论的论点应具有交流性。报纸新闻评论往往是新闻记者将新闻发回来，然后由编辑从中挑选一些值得评议的新闻，发表他自己的同时也代表编辑部的意见，所以，报纸新闻评论是一种“一言堂”的评论。广播新闻评论则已经出现了多种声音，但是，它毕竟由主持人主评，有关单位或个人的声音只能少量介入。在广播新闻评论中，现场主要是新闻事实，评论主要靠编辑在对新闻事实的选择与组合中后期加入。电视新闻评论则现场性更强，它是在现场新闻报道中，对目击者或有关人员进行即时性采访，让他们谈看法、谈体会、谈认识。主持人往往在请他们作评价的过程中适当加以引导，避免被采访者扯得离了题，并在对群众的各种观点的组织过程中不时发表一些观点，与群众进行交流，使群众与群众、群众与记者（主持人）之间形成多向交流的局面。最后，主持人在与群众交流看法的基础上，进行总结性发言。“众声喧哗”中突出主持人的声音是电视新闻评论的特点。通过下面两个例子可以较清楚地分辨出广播新闻评论和电视新闻评论的这一不同。这两个例子报道的是同一件新闻事实，即高森祥等六名严重经济犯罪分子因贪污受贿被依法处决这一消息。广播新闻评论题目是“肃贪警世录”，电视新闻评论的题目则是“刑场上枪声留下的警示”。这两则评论分获全国优秀广播节目评奖评论类一等奖和全国电视新闻评奖评论类一等奖。限于篇幅，此处各节选一部分。

先看广播评论：

我们的古人说“物必先腐而后虫生”。高森祥、叶树章、汤伯亨、张文列等人的堕落和毁灭，反映了改革开放时期腐蚀与反腐蚀斗争的尖锐性和复杂性，也再一次表明，思想上的蜕变是堕落毁灭的根源。

高森祥出生于梅县一个贫苦农民的家庭，自幼家境贫寒，是党和人民供给他上了大学，当上了干部。1988 年底，当他被推上中信实业银行深圳分行行长的位置之后，在一年多的时间里，就利用批准贷款的职务之便，先后 60 多次索贿受贿，累计达港币 1689000 元，人民币 662000 元，美金 5000 元，达到国内现阶段受贿案例中登峰造极的地步。生活上，他花天酒地，骄奢淫逸，在深圳先后豢养了三个情妇，其中仅赔偿一个情妇的“青春损失费”一次就花掉了 21 万元人民币。他还几乎每星期都去香港，玩女人，甚至还荒唐地加入了连香港人都侧目的“无上装协会”，去品味那些不穿上衣的酒吧女郎。一个在别人眼中很有才气、很有前途的副厅级干部，为什么会堕落成为特大的经济罪犯呢？现任中信银行深圳分行机关党委副书记钟观发,曾经与高森祥共事并抵制过高森祥的一些不法行为,他在分析高森祥的思想演变时深有感触地说:(出录音)

"高森祥从一名副厅级行长迅速地变成特大的受贿犯,根本原因是高的世界观没有改造好,丢掉了全心全意为人民服务的宗旨,他在当上中信银行深圳分行行长以后,私欲、贪欲恶性膨胀,在金钱、女色的诱惑下,为了追求物质与美色,挖空了心思,搞权钱交易,以贷受贿,追求个人享乐。从生活腐化开始,直到头脑发昏,忘记党纪国法,所以迅速走向犯罪的深渊。"

高森祥在接受审讯时也痛哭流涕地给人们留下了一段足以警世的忏悔:(出录音)

"我后悔极了。一想到此,我心如刀割,我悔恨。对不起生我养我逝去的父母。(哭声)我希望,人们把我作为一面镜子,引以为戒,时时警惕资产阶级的铜臭对我们的侵蚀。"

尽管高森祥痛哭流涕,但法律是无情的,罪大恶极的高森祥如今已得到了应有的惩罚,他的忏悔已是太晚了!

政治上的堕落是以思想演变为先导的,高森祥是这样,叶树章、汤伯亨、张文列的演变也是这样。叶树章、汤伯亨曾经为人民做过有益的工作,一度是"报上有名、电台有声、屏幕有影"的先进人物。但是,在他们取得成绩,得到荣誉,掌握了一定权力以后,隐藏在他们灵魂深处的封建意识和个人主义、享乐主义就迅速膨胀起来了,以致到了不可救药的地步。

……

高森祥等人从共产党员、国家干部堕落为严重经济罪犯,受到党和国家的严厉制裁,是罪有应得。他们的蜕变再次说明,在新的历史时期,在改革开放和发展商品经济的环境中,每一个共产党员和国家工作人员都面临着一个严峻的考验,只有不断地学习和自觉改造世界观,时时警惕资产阶级思想的侵蚀,才能在任何条件下不迷失方向,永远保持共产党员的本色。

警惕啊!思想上的蜕变是腐化堕落的根源。

再看电视新闻评论是怎样做的:

……

乙:大家现在看到的是原来的全国优秀经营管理者、全国五一劳动奖章获得者、省特等劳动模范汤伯亨,这样一个有一二十种荣誉称号的人,却是由赌场走上刑场的。

(死刑犯汤伯亨:)

"我当时没有想到,对赌博不赌博我没有这个水平去分析。"

主持人:作为一个企业的负责人,连赌博是犯罪这起码的道理都不知道,这是骗人的。以他平时的荣誉和权力,可以欺骗一些群众,但欺骗不了法官。

(贺宁记者现场:)

"对这些人,如果我们对他们失去了监察,失去了对他们权力运用的监督以及奖金流向的控制的话,那么今天杀了一个汤伯亨,今后也难保不会再出现第二个、第三个汤伯亨。"

(三瓦总支书记关锦全:)

"我认为一是要加强党和行政的监督机制,二是要加强自我约束,自觉接受群众的监督。"

乙:如果说汤伯亨仅仅因为到澳门用公款赌输了120多万港元而送命的话,那么,在这次处决的罪犯中,职务最高的高森祥,可谓吃喝嫖赌五毒俱全了。

在高森祥身上,人们可以找出许多致使他堕落的原因,但是最重要的,是他放松了世界观改造。

(中信深圳行员工:)

"他从一个那么苦的孩子走到这一步,完全是他自己不注重思想改造,堕落成一个人民的罪犯。"

甲:历史往往出现惊人的相似。和高森祥一样,叶树章也是出生在一个贫穷山村贫苦农民家庭。但是,也是由于对自己的世界观缺乏改造,最后使理性在疯狂追求金钱的欲望中埋没了。

(廉江县委书记郑流:)

"他经不起改革开放的考验,经不起我党执政的考验。"

(长青水果场场长李增新:)

"要正确对待荣誉,正确对待权力。"

(死刑犯叶树章:)

"我犯罪是由于学习不够,特别学习马列、毛泽东思想不够,对自己世界观改造不够好,私欲比较突出。"

乙:在电视摄像面前的叶树章是不陌生的,从过去的县委常委到现在的死囚,他给人们留下太多的教训了。

(李楚玲:)

"叶树章之所以从一个改革成功者沦为今天的经济罪犯,其主要原因就是,取得成绩之后放松了对自己的思想改造和要求,片面追求金钱和享受,在金钱的泥潭里越陷越深,最终导致自己的毁灭。我们希望这个前车之鉴能够警醒千千万万后来人。”

……

乙:观众朋友,在结束今天这个论题之前,让我们重温一下毛主席在党的七届二中全会上的一段话,我看是有益的:

“因为胜利,党的骄傲情绪、以功臣自居的情绪、停顿起来不求进步的情绪、贪图享乐不愿再过艰苦生活的情绪可能生长,这一点,现在就必须向党内讲明白,务必使同志们继续保持谦虚、谨慎、不骄、不躁的作风,务必使同志们继续保持艰苦奋斗的作风。”

观众朋友,今天我们以这六名罪犯作为例子,向观众们作了一些剖析。他们的蜕变再次说明,在新的历史时期,在改革开放、发展商品经济的环境中,共产党员和国家公职人员确实面临着执政的考验,面临着改革开放和发展商品经济,反对“和平演变”的严峻考验。

我们省作为改革开放综合试验区,地处对外开放前沿,党员干部和职工面临的“三个考验”尤为严峻。

刑场的枪声响过了。

但是防止和平演变的警钟长鸣。

比较这两则评论,不难看出来,在广播评论中,评论员的声音是居于绝对优势地位的,我们只在关于高森祥的思想演变的评论中听到中信银行深圳分行机关党委副书记钟观发的声音,剩下的就是罪犯自己对他们犯罪原因的认识的一两句简短录音,其余全都是评论者一人的声音。这样做,评论者可以有较充裕的时间写稿子,斟酌、修改稿子,可以使自己的思路不被一些意想不到的节外之枝所搅乱,因而这则广播评论比电视评论显得更有条理,表述更准确、深刻。别的声音在此被评论者纳入自己的论述线索中去,成了和评论者自己的思想相融合的声音,或者说实际上变成了评论者自己声音的一部分。

电视新闻评论虽然也带有较强的事后编辑整理的痕迹,但评论者似乎更谦恭一些,能够由别人说的话,评论者都由别人说了,评论者本身也化成了具体的几种声音。在这里,发出声音的群众有:三瓦总支书记关锦全、中信深圳行员工、廉江县委书记郑流、长青水果场场长李增新等。死刑犯追悔、茫然的声音也在评论中构成一个方面。发出声音的评论者有:甲、乙、贺宁记者、主持人。显然,这是一个众人的大合唱或者在某种意义上说是“众声喧哗”。在这种喧哗中,屏幕上的人物不断地变换,信息交流的速度也相应地加快。

当然,这里有必要强调的是,评论员在电视新闻评论中仍处于核心地位,没有评论员的串联，喧哗的众声将杂乱无章；没有评论员的引导，众声不知会将主题转移到哪里去；没有评论员那相对权威的声音的统御，众声也将各执一词，找不到融为有序的大合唱的路径。

需要提及的是，有些话题讨论类节目在评论的结论上呈开放态势。比如《实话实说》节目，崔永元多次强调，他不想对问题做出一个权威性的唯一的结论，而是让人们把各自的态度和理由摆出来，把最终结论留给观众去做。事实上，这类节目中的主持人并不是唯一的评论员，有时他甚至根本不是评论员，而是几个评论员（嘉宾或占主导地位的现场观众）观点交锋的组织者。有意思的是，崔永元往往在节目结束时，让每一位嘉宾用一句话把自己的观点加以概括。它表明，各位嘉宾对同一事件或问题发表着不同的评论，而《实话实说》现场是这几种评相交锋的空间。

三、论据的形象性

电视的最大优势就是形象的直观性。在电视新闻评论中，论者的观点及论证的逻辑过程是无法直观的，能够发挥电视优势的就只有论据。电视新闻评论的论据可以容留形象直观的东西。

报纸、广播的评论由于是通过语言或文字进行的，所以，论据一般为抽象的东西，诸如统计数字（报纸评论常用），经典或权威的引语，已被证明的科学原理、定律，以及为人们公认的格言、谚语等，即便那些较为具象的东西，如具有典型性的人和事、历史上的故事、典故等也是借了文字这一概念性工具去表述的，评论者讲得再生动、再具体也还是一堆文字符号，受众只有经过想象、联想等手段对这些文字符号进行破译，才能“重现”形象——严格说来不能算重现，因为这一形象只是受众头脑中创造的形象——而且事实上，新闻评论不是文学创作，没有必要刻意地去追求形象化，甚至不能追求形象化，因为形象本身具有模糊性、非确指性，形象背后的实质性东西究竟是什么，受众莫衷一是。评论者往往是将那些具象的东西进行概括性的描述，从中提取出作为论据所需要的那些方面——抽象出论据的功能性方面来。

电视则不同。电视新闻评论所用的论据若是抽象性的，在屏幕上很难表达，只能让给声音去讲述或让字幕去展示，但人们对于电视的主要观赏期待却是图像，否则就不说“看”电视，而要说“听”电视了。所以，电视评论论据要充分形象化，调动图像的一切表意可能性。当然，用图像去表达观点、论证观点有很大的困难。图像语言更擅长的是纪实，它在推理、归纳、判断方面天生较弱，如果没有主持人的讲解,图像几乎不能说明任何问题。但是,声音语言的地位只能是辅助性的,否则电视就变成广播了。语言对图像所起的作用是在关键的地方点破图像的意义,在图像与图像的衔接处进行沟通、串联,用抽象的线索把图像连接成一个整体、一个论证系统。若反客为主,声音语言占了先,太实、太满,充斥于观众耳鼓,会影响观众对图像的解读,反过来又影响观众听的效果,因为观众既忙于听,又忙于看,应接不暇,两头顾不过来。理想的效果应是让图像与语言相互支撑,相得益彰。

形象性论据除了使电视表达比报纸和广播更生动之外,还有一大长处是它本身具有不可置疑的实证性。报纸和广播所使用的论据,人们还要警惕它们是否是伪证,但电视图像作论据,人们则会确信不疑。当然,随着电脑图像技术合成水平的提高,图像也可以无中生有了,这使观众"眼见为实"的观念有所动摇,但相对来说图像还是具有较强的权威性的。1993年度中国电视新闻评奖中获评论一等奖的上海电视台摄制的《愿圣火长燃不灭——东亚运留给我们的思考》就是用形象的论据来说明问题的。在讲到市民在东亚运中所暴露出来的那些不良习惯时,屏幕上出现了把脚搁在椅子上、斜躺在座椅上、乱哄哄地提前离场的观众;在讲到形式主义风气抬头时,图像上,朝马路一边的墙面是刚粉刷过的,背后却仍旧脏乱不堪,两者对比,不由人不信。若没有这些形象的论据,观众对节目制作者的观点的认同感就要大打折扣了。

四、论证的参与性

与电视新闻评论论点的交流性相应,评论的论证过程也是在群众的广泛参与下进行的。群众的广泛参与,既满足了人们民主议政、参政的要求,又可从根本上改变电视评论本来就存在的图像有效信息量不大、无效信息或增值信息失控的状况,改变只由播音员或出镜记者"一言堂"评论产生的单调、苍白感。当今,传播的双向交流已成为评论实现最佳功效的必不可少的方式,电视比之于报纸和广播,在这方面具有得天独厚的优势。

电视新闻评论论证的参与性,包括两个方面:一是评论员对群众的意见进行广泛采访,然后进行分析,并加以编辑,使之转化为证明评论员观点的有力论据,以此来参与论证过程。二是评论员较少先入之见,他不是在自己对事件已经有了定评之后,再根据自己的观点与逻辑去收集群众所能给予的证据,而是带有大家谈色彩,让群众各抒己见,评论员的声音也只是作为其中的一种声音,参与"众声喧哗"。当然,评论员不但要入乎其内,还要出乎其外,因为他毕竟是辩论的主持者。他要随时对话题进行引导与修正，避免谈论离开所设计的话题太远。最后，他还要做出总结性发言，阐明自己对评论中所产生的几种看法的意见以及自己对新闻事实本身的看法。在这种方式中，群众评说的一些富于真知灼见的论证将对主持人的思想产生启迪作用，反过来，也有一些似是而非的观点需要主持人有冷静而机敏的头脑，有理论和政策修养，善于加以辨别并进行富于理论色彩、具有逻辑力量的驳论论证，以便澄清思想，从而保证新闻评论舆论导向的正确性。

论证的参与者可以分为主持人一方与群众一方。主持人一方，可以是主持人个人同时作为记者、评论员，也可以是将这几个角色分开，记者进行现场报道并现场做出评论，评论员由编辑策划人员来担任，主持人在播出时进行串联，不过，这样一来，主持人就不再是完整意义上的主持人了。考虑到电视节目制作的集体参与性，最好是有一个总主持，再设计几个分主持，集体进行采、编、评、播，在保证集体意志顺利实现的前提下，让他们充分发挥自己的特长，表现各自的个性，从各个侧面去观照事件，从而使评论更全面、更有深度。

群众一方，实际上包括这样两类人：一类是专家，他们对某一问题有专门的深入研究，其看法往往具有权威性，论证也显得深思熟虑、深入细致；另一类人是普通群众，他们置身于问题之中，对问题有着切身感受，他们的观点可能比较偏执，论证缺乏理论性，但是，他们观点的偏执源于其切身感受，其论证过程是建立在自己亲身体验、亲眼目睹或亲耳听闻的第一手论据材料上的，真实、形象、生动、感人，充满情绪色彩是其特色。这样的论证最容易在观众头脑中形成诸多兴奋点，吸引观众的注意力，并唤起观众的切身体验、情绪记忆。相比之下，专家的评说则深度有余，生动不足，有时甚至艰涩难懂。新闻评论的主持人若能发挥这两类群众各自的长处，避免其短处，使评论既冷静理智、持论趋向公允，又能打动观众，论证既具有理论性、逻辑性，又充满可以支撑这些理论与逻辑的生动的经验性论据，这样，新闻评论的效果就会大大加强。获1990年度全国电视新闻一等奖的评论性报道《评评假冒伪劣问题》（陕西电视台）在这方面就做得较好。当时陕西质量检测局举办了一个帮助群众识别假冒伪劣商品的巡回展览，深受群众欢迎。记者在拍摄新闻时，看到参观者络绎不绝，边参观边发感慨，现场气氛非常热烈，就让他们在展览会现场一起参与电视评论性报道，一起评点这一事件。他们还约请了几位对经济问题有研究的同志，请他们到现场。现场两台摄像机，一台抓拍现场气氛，一台拍摄记者采访和群众评说。那些深受假冒伪劣商品之害的观众，情绪性语言形象生动，事先约请的观众和现场采访即兴发言的观众交织在一起，使这篇报道既生动自然又有一定深度。记者现场评说有层次地围绕一个个中心问题,从假冒伪劣商品的危害、出现的原因,到如何制止,深入浅出地进行分析。评论有实例,有分析,感染力强,播出后在社会上引起强烈反响。

第三节　电视新闻评论的模式

电视除了有类似于报纸模式的本台评论、短评、编后外,还发展起了一系列适应电视媒体特点的新的新闻评论模式。比较典型的有以下五种。

一、《焦点访谈》模式

(一)《焦点访谈》概述

20世纪80年代,中央电视台创办了第一个新闻评论型栏目《观察与思考》,1988年,更名为《观察思考》。从1993年到1996年,短短3年时间,中央电视台又在此基础上创办了《焦点时刻》《焦点访谈》和《新闻调查》三档栏目,引起社会的广泛关注。原中央电视台台长杨伟光称这是"加强新闻评论的三大步"[1]。其中,《焦点访谈》是最为典型的电视新闻评论节目,影响所及,许多地方电视台都纷纷克隆出诸如"纵横""观察""思考""热点""透视""关注"等类似栏目,从而形成一种新闻评论模式。

(二)《焦点访谈》模式的特点

1. 话题定位是严肃的政治、经济或法律问题

正如《焦点访谈》片头所讲,它是"时事追踪报道,新闻背景分析,社会热点透视,大众话题评说"。《焦点访谈》脱胎于《观察思考》,作为中央大台的栏目,它把重大的政治问题作为自己的评说对象,或解释中央政策,或褒扬先进事迹,或揭露社会丑恶,或评说国际风云。人们往往拿白岩松开玩笑,说看见他就以为发生什么大事了,看见崔永元就知道又没事了。白岩松的表情太严肃,这固然与白岩松的主持个性有关,但主持人的风格是个人作风和栏目要求的统一,从某种意义上说,这正是《焦点访谈》的定位所致。其实这档节目的其他主持人出镜时

[1] 杨伟光.新闻背后的新闻·序.北京:中央编译出版社,1998:1.

也都是一脸严肃。正因为如此，方宏进客串《实话实说》时，观众就觉得很难接受——他的表情太严肃了。试想，面对那些关系到国家和人民的重大利益的事件，他们怎么可能脸上堆满笑意？面对大事，从大处评说，发挥评论对社会的宏观管理功能，这正是其话题定位所在。正因为如此，它所播出的评论具有类似中央领导指示的权威性，往往评论甫发，各级行政机关或公安部门就行动了起来。1997年11月25日的节目《罚要依法》批评了309国道交警野蛮执法和乱收费的行为，当时的山西省委书记胡富国连夜责成省交警部门迅速调查取证，最后从局长到市长18人受到严肃处理。同年10月13日《焦点访谈》对郑州市公安分局政委张金柱肇事事件加以披露，河南省委、省公安厅立即下令"严肃处理，绝不姑息"，最后，张金柱被判处死刑。当然，由《焦点访谈》发挥行政管理功能，说明我们的政治管理体制还不完善，但正因为如此，《焦点访谈》恰好形成一种补偿机制。

2. 评论主要依托于专门的深度电视采访报道

《焦点访谈》不像本台评论员评论那样，依托的是新闻报道节目中的消息，它有专门的一个班子深入社会，进行深度采访。评论主要是基于这种采访，并渗透在采访中，从而形成一种电视新闻述评方式。

例如我们前文提到的《盗版书何以进校园》：

（演播室）方宏进：各位观众，大家好！欢迎收看今天的《焦点访谈》节目。我们这次去湖北省广水市采访的记者给我们带回了一大堆从当地一个中学拿回来的教学课本。这些书的印刷质量非常糟糕。他拿出这样一本生物学课本让我看看里面一些彩图到底是些什么东西。我看了看，彩图的画面部分印得全是一塌糊涂，实在看不出是什么。学生又怎么用这样的书来学知识呢？我们不禁要问，这样的图书是怎么走进学校大门的？

（外景）记者介绍：广水市是个县级市，位于湖北省山区。广水二中在广水的普通中学中小有名气，去年高考中，广水二中上线202人，顿时增加了广水二中在广水人心中的分量。学生向记者反映，他们所使用的课本中有相当一部分是盗版教材。为此，记者赶赴广水二中进行调查。二中设有高一、高二、高三三个年级，在学生课桌上很容易就找到了一些与众不同的课本。

……

记者：你们能不能把你们的书拿出来给我们看看？这是语文书吧？

学生：我们上了三年，很多都是盗版的，只有几本是正版的。

记者：盗版书的质量实在不敢恭维。请看，这是正版书上的彩图（出示正版书),在盗版书中却成了模糊难辨的一团(出示盗版书)。学生物的学生大概很难搞明白细胞到底是怎样分裂的。这还可以猜,可有时候猜也没法猜。这本语文书上就出现了一页空白。(出示书上的空白页,上面是学生抄上去的字句)手写体代替了印刷体。

学生:这一页印掉了,发下来就是白的。

记者:书的纸张和质量也不堪一击。学生都粘透明胶精心保护,依然避免不了它被肢解的命运。

……

记者:出版部门的专家在接到记者的通报后,对这些学生的用书现场做了鉴定。

专家:这本《思维创新研究》,出版者带书号全部都是瞎编的,典型的非法出版物。

记者:那这个呢,牛皮纸的这种?

专家:牛皮纸的这种《教学与测试》,也是擅自印制的,没有出版者,也没有书号。还有这个英语,这个《新编高中总复习》,印制质量和装订质量都很差,也有盗版嫌疑。

记者:学生书桌上所堆的这一堆堆的书都是学校发给他们的……我们不禁要问:这样的书又是怎样流入校园,又是怎样摆到学生的书桌上的呢?

……

按照那位老师的指点,记者找到了位于广水市开发区的顺发印刷厂。其经营执照上的印刷范围是社会杂件,也就是说他根本没有印刷书刊的资格。记者表示要印课本,老板看了看,把样书交给记者,带记者去车间。临出门前还补充交代记者,把要胶印的书藏好。

咦,这不是修理摩托车的地方吗?别着急,原来楼下有机关。下了楼后,两台胶印机出现在记者眼前。

……

记者:印200本可以吗?

厂长:200本可以印,越少越不印。最低(每本)就是五块,就给你少五毛钱。

记者:厂长夫人和记者攀谈起来,表示印数多还可以便宜……那么,学校印刷按什么价钱收学生的书费呢?

(教务办公室)记者:你收他的书本费是按正版的收呢,还是按胶印的收呢?

教务处主任:胶印的书本的价钱跟新华书店的价钱大抵差不多。

记者：你的费用也是一样的？

教务处主任：哎，价钱差不多。

……

记者介绍：学费在开学时就交到了学校，因而发多少资料当然是学校说了算。这些资料给学生带来了额外的学习负担。它们低劣的质量也给学生带来了沉重的精神压力。

学生：有很多地方不清楚，有很多错误。

……

记者：广水二中收了学生700块钱的费用，学生大部分来自农村，家庭是怎样凑齐这些学费的呢？

学生一：粮食不值钱的时候，几乎就是半年的收入了。

学生二：那没办法，家里节省一点，再借点什么的。

学生三：我的学费是我姐姐打工寄回来的。

记者：不容易吧？这可能是家里比较大的一笔负担。

学生：应该是吧。全家都指望着我读书呢。

记者：学生好不容易凑齐的学费换来了一大堆盗版书。学校的说法是，因为要提前上课，新华书店不能提前到书，所以不得已为之。但记者在广水市新华书店调查时却发现，事实并非如此。

熊惠玲（广水市新华书店业务副科长）：要求课前到书，那是宗旨，一直都是这样要求做的，并且都做到了。有时它要提前上课，比方暑假，它要加快进度吧，我们都能保证供应。

记者：其实学生拿不到正版书的真正原因就藏在广水二中给新华书店的征订单中。

梅思德（广水市新华书店业务科长）：它这个订数不正常。怎么说呢？因为其他的教材都是500多本，但是，这个化学只订了10本。

……

梅思德：二年级的语文它也是（应该订）700多本，现在只有10本。三年级的也应该订700多本，但实际上订数只有5本。

记者：广水二中的学生几年以来用的都是盗版书，但广水二中的领导居然声称毫不知情。现在学生仍然用这些盗版课本上课，这不能不使我们为他们的学习和成长担心。

（演播室）方宏进：学生对这样的盗版书苦不堪言，家长们面对这样的盗版书敢怒不敢言。这个学校的领导和老师看自己的学生用这样的盗版书上课，心里到底是什么样的滋味？这样的所作所为影响的不仅仅是学生的学习成绩，不仅仅是家长对学校的信心，更关键的还有孩子那颗正在成长的心。好，感谢收看《焦点访谈》，下次节目再会。

（根据中央电视台节目录像整理）

这一期节目正好体现了《焦点访谈》的特点，即它用事实说话，对事件进行认真调查，深入追踪，把新闻资源用得很足。记者得到新闻线索之后，不是急于下结论，而是进行了广泛而深入的调查，调查的过程就成为节目评论的展开过程。首先是在教室中实地调查，获得大量盗版书证据，继而通过出版部门的专家对这些证据加以核实。评论并没有在这里结束，而是在肯定学生使用盗版书为事实的前提下，进一步追问："这样的书又是怎样流入校园，又是怎样摆到学生的书桌上的呢？"经过这样的追问和进一步深入的调查，经过几笔经济账的核算，记者发现了学校与开发区印刷厂的老板合伙搜刮学生钱财的事实。然后，记者又站到广大学生及其家长的位置上来思考这样的行为对学生的伤害，用学生的回答说明他们的学费都是怎样凑齐的，从而不仅在理上让人们看到盗版书对学生学习的危害，而且在情上说明学校这样做的不道德，于情于理都让学校的行为成为批判的靶子。当校方领导以学校提前开课，新华书店不能及时供应做搪塞时，记者又跑到当地新华书店去调查，说明不是新华书店不能及时供书，而是学校想用盗版书从中渔利。就这样，这次调查做得严丝合缝，不给当事者任何可以逃脱的借口，观众也在记者的这种深入调查中彻底明白了事件的来龙去脉和内在原因。

如果仅止于此，它是一则典型的深度报道。而事实上，记者又同时担负了评论者的职责，在报道的过程中，不断地对事件加以评述。最后，主持人方宏进又对事件进行了专门的评论。

3．充分调动电视画面的表现力

电视新闻评论与报纸新闻评论有很大的不同。报纸新闻评论虽然也要依托事实，但事实与评论往往是泾渭分明的，评论主要是用概念进行判断、推理，从而表明态度，做出结论。电视新闻评论则要充分发挥电视镜头的现场感，把人们带入真实情境中与记者一起来思考。观众所看到的事实画面就是最有力的论据，对事实的深入调查研究的过程就是寓抽象于形象，融逻辑于现象的推理过程。这样，许多话可以不说，观众自会去想。如《盗版书何以进校园》中，盗版书的彩图模糊到什么程度，观众从画面上可以直观地看到，不必多说，在新华书店查到二中 700 人只订了 5 本书，这意味着什么，观众自可从前面印刷厂胶印课本的事实中推导出结论，记者也就到此为止。依托画面，记者对细部加以申说，主持人则进行简明的总体点评，一针见血，发人深思。

1998 年 10 月 7 日，国务院总理朱镕基专程视察了《焦点访谈》编辑部，并郑重赠言："舆论监督，群众喉舌，政府镜鉴，改革尖兵。"《焦点访谈》节目敢于揭露生活中的各种不正常现象，敢于替百姓说话，又坚持用事实说话，坚持评论的深入浅出，赢得了观众的广泛赞誉。

二、说新闻式评论

说新闻据说始于鲁豫在凤凰卫视的新闻报道。凤凰卫视人手较少，主持人大多一身多任，往往来不及把得来的消息稿在播前加以熟悉，所以，当时鲁豫只好记住要点，然后在播出时化成自己的话来说出。但在说的过程中，主持人就难免一边说一边带上评论，真正成了用事实说话。内地的主持人更据此发展出了用说话的方式来进行的新闻评论。

首先，与《焦点访谈》模式不同，说新闻式评论主要面对的是社会性新闻。

说新闻式评论脱离开了经过斟酌而写成的新闻稿，表达的严密性必然受到影响，而那些重大的政治性新闻往往是非常敏感的，表述上稍有不慎，就会造成受众理解上的巨大偏差，从而造成不可预知的恶劣影响。再则，对这类新闻以说的方式播出，还会给人造成不严肃感。所以，内地一般对这类新闻都用读屏的方式播出。而对那些社会性新闻，表述不太严密也不要紧，用日常口语说出来还容易产生亲和力，所以，说新闻式评论的主要评说对象就成了社会性新闻。

其次，边放边说边议，用日常口语创造类交流氛围。

说新闻式评论一边放着新闻录像，一边告知观众事件经过，一边还在对事件做着评论，告知事件的过程与评论的过程紧密融合在一起，使观众不但了解了事件进程，而且知晓了评论者的态度和意见。

说新闻式评论，重点在"说"，所以，主持人不是面对读稿屏，而是面对着想象中的观众，与观众展开隔着屏幕的交流。事实上，电视媒介的特性决定了主持人与观众的即时互动是不可能的，所以，主持人与观众的交流是一种拟态交流。在这里，主持人实际上仍然在唱独角戏。

应该说，几乎所有的电视节目都追求这种交流感，都追求口语化的表达方式，但是，追求的程度是不同的。"访谈"式主持的口语是政治化了的口语，而说新闻式评论的口语则更日常化一些。因而，两者所造成的效果也是不同的。后者比前者少了几分严肃性，但多了几分亲切感；后者虽没有很强的权威性，却不乏一种亲和力。说新闻的题材甚至是百姓身边最为琐碎的方面,但它的力量来自于主持人的以小见大、见微知著的深入分析。

三、沙龙式新闻评论

沙龙式新闻评论是指一群对某个新闻事实或现实问题感兴趣的人聚集在一起展开讨论的评论方式。它的设计类似于哈贝马斯所讲的"公共空间"。沙龙式新闻评论有以下特点:

首先,评论场地座谈化。

沙龙式新闻评论安排了专门的座谈场地,人们专为讨论某个新闻事实而去,因而每个人都是有备而来,有话要说。比如央视四套的《今日关注》、央视二套的《对话》等都是这样。它们有的是数人谈式,有的还有现场观众参与,在一个较为正式的场合,就一个共同关注的事件进行讨论、分析。

其次,评论方式群言化。

在沙龙式评论中,主持人既具有话题引导功能,又在评论中不唱主角,而是居于主持人概念的最基本意义,即HOST(招待宾客的主人)的位置上,成为沙龙的组织者。真正的主角是请来的那些"宾客"。为使他们都能畅所欲言,"主人"在其中穿针引线。在这样的场合,人们敞开自己,进行充分的表达,在观点的讨论中获得一种交流的愉悦。

最后,评论态度商讨化。

沙龙式评论的嘉宾彼此观点尽管有差异,但这种差异并没有大到对立的地步,相反,更多的时候,彼此的观点形成一种互补关系,在主持人的引导下,各人共同努力,使思想表达更全面,讨论的主题更深入。

这种模式的好处是对真诚自然的倾诉与沟通的包容,使讨论者彼此心平气和,易于接受对方的观点。缺陷是讨论者为了照顾彼此的面子,即使自己有相反的观点,也不大好意思提,从而使不同的意见难以真正摆上桌面。

四、论辩式新闻评论

论辩式评论即一群对某个新闻事实或现实问题感兴趣的人聚集在一起展开辩论。论辩式新闻评论有以下特点:

首先,评论场地分群化。

虽然论辩式新闻评论也是集中于专门的评论场地,但一般的演播室设置不是大家座谈,而是不同观点的人群分列两端,进行面对面交锋。为突出交锋的氛围，节目中往往也不设座位，让嘉宾站着辩论。

《实话实说》栏目当初就设计为论辩式栏目。它最初的栏目宗旨就是“每周一个话题，每题一个热点，每点一次舌战，每战一道火花”。后来考虑到对真诚自然的倾诉与沟通的包容，宗旨变为“让你知道别人想什么和怎么想的”。典型的论辩式新闻评论是凤凰卫视的《一虎一席谈》、上海电视台的《大声说》等。它们的场地设置类似于辩论赛，双方各出几个辩手，现场观众则为各方摇旗呐喊。有的栏目还把现场观众也分为两拨，支持哪一方就坐到哪一边，如果中途改变主意了，可以再换到另一边。

其次，评论方式辩论化。

这种模式中，主持人一般不介入双方的观点，就像辩论赛中的主持人一样。而面对同样的事件或问题，论辩双方立场截然对立，各自陈述并卫护自己的主张，批驳对方的主张。许多辩论节目并没有一个终极的裁判，也不求人们在节目中达成一种共识，只是让各方都有表达的机会，正如《一虎一席谈》的栏目口号那样：“这里不是一言堂，所有的意见都倍受尊重。”“真理是由争论确立的”[1]，通过争论，各方的观点及支撑观点的理由都陈述了出来，使观众不被某一种片面的观点误导。而争论所造成的“头脑风暴”又使观众不得不思考，从而培养起自己的独立判断能力。

最后，评论态度对立化。

因为双方的观点截然对立，所以，辩手之间没有了沙龙式评论中的相互敬重，而是互相不客气地批评对方。《一虎一席谈》的“范美忠不顾学生逃跑是不是失职?”那一期，辩手之一郭松民甚至因为观点不和一气之下拂袖而去，周孝正也是在主持人的“我怀念您的微笑”的提示下才转怒为笑。

论辩式新闻评论在争论双方的唇枪舌剑下，展现出每种观点所依据的理由，让人们可以较清楚地认识到不同观点的价值，从而避免了偏执，增进了理解。但是，有下列问题需要注意：一是人都是好面子的，如果太不顾及对方面子，会伤及论辩双方的感情；二是辩论所形成的对立也容易使人固执己见，甚至从以寻求真理为目的变成以战胜对方为目的，从而把理性的辩论变成对口才的炫耀；三是“收视率逻辑”下的人为论辩又会使论辩失去真诚性，变成一种戏剧表演。

五、家常式新闻评论

我们都有这种体验：正在吃或吃过晚饭后，一家人坐在电视机前观看《新闻

〔1〕 马克思.马克思恩格斯通信集(1)，北京：三联书店，1958:567.

联播》节目时,我们会一边看一边议论。新闻成了我们茶余饭后的谈资,或者成了下饭的佐料。此时我们对新闻的议论,若搬上荧屏,就成了家常式新闻评论。当然,电视节目中的家常式新闻评论只是对家庭中的新闻评论的模拟,毕竟它不是在家庭中开展,参加评论的人也不是一家人,而是主持人及其请来的嘉宾。这种新闻评论有这样一些特点:

首先,评论场地家庭化。

家常式新闻评论模拟的是人们在家中看电视时发议论的场景。与沙龙式新闻评论那种正规的场景不同,家庭环境是轻松随意的私密空间。在这样的环境中,人们卸下了工作时或在某个公共空间时的社会角色面具,更多地敞开了自我。家人之间需要交流,而交流需要话题,电视新闻恰好为人们提供了一个共同的话题。但是,在这样的场合谈论新闻,难免使评论的严肃性大打折扣。即使像当年美国挑战者号航天飞机失事的报道,在一个第三代诗人的笔下,它也只不过是使饭桌上变得热闹了一点而已。当然,家常式新闻评论不会把现场布置成一个客厅,不会让嘉宾们边吃饭边议论,它模拟的是人们此时的评论方式。比如凤凰卫视的《锵锵三人行》就是这样,它有一个主持人,两个嘉宾,放上一段新闻,然后他们就由这段新闻展开评论。评论完一则新闻,再放一则,然后再接着评论,如此循环往复,直到结束。

其次,视角平民化。

正因为家常式新闻评论是家庭式的评论,所以,它模拟的是老百姓看取新闻的视角,而不是大众媒体上一般评论所持的那种宏大视角,也不是专家们对新闻的透视。每个家庭成员都不是以专家的身份在一本正经地评论新闻,而是把新闻与自己身边的琐事联系在一起,以联想的方式进行感想式评论。家常式新闻评论追求的不是深度,而是愉悦,是借新闻进行的一种放松休息活动。这种平民视角的评论正好适应了看电视的观众们所处的环境和所具有的心境,使电视屏幕中的每个新闻评论者变成了家庭中参与评论的所有成员中的一个,融入了家庭评论中。

第十章

10

网络及其他媒体新闻评论

内容提要：

1. 网络的传播特点：多媒体化；信息的超载化与搜索的科学化；不受时空限制；超文本链接；传播主体的多元化；互动与共享；匿名化与网名化。

2. 我国的网络新闻评论渐渐显现出功能分别的三大块：政府媒介评论、商业媒介评论和网络论坛跟帖评论。

3. 政府网站原创性评论与传统媒体相比的特点：时效性最强；字数长短不限；篇目多少自由。

4. 商业网站新闻评论的特点：不代表媒体观点；意见的自由度大；多使用网名发帖。

5. 网络跟帖评论并非只评不论，而是一种集体创作过程，是变评论为评谈，化独白为交流。

6. 各种评论的互补：成文评论可以设置回馈链接，使之变成一种 BBS 中的评论对象或主帖；各网站还可以就某个话题邀请嘉宾与网民展开对话，使电视节目中的大众媒介嘉宾访谈变成网民与嘉宾的直接对话；论坛跟帖评论反过来又常常为大众媒介评论设置议题。

第一节 网络的传播特点

江泽民在2001年召开的全国宣传部长会议上的讲话中,对互联网的作用予以高度重视。他指出:"要高度重视互联网的舆论宣传,积极发展,充分运用,加强管理,趋利避害,不断增强网上宣传的影响力和战斗力,使之成为思想政治工作的新阵地,对外宣传的新渠道。"[1] 要加强网上舆论的影响力,充分发挥新闻评论的舆论引导作用,就需认真研究网络传播的特点。

一、多媒体化

多媒体化可以从两个方面来理解:一是多种传播符号共同作用,实现了各种传播形式的兼容并包;二是各种传播媒介被一网打尽,形成与现实空间相应的虚拟空间。

(一)传播符号的多样性

网络囊括了现实空间中的各种传播符号。这里既有诉诸视觉的符号如文字、图表、图片、图像,又有诉诸听觉的符号如有声语言、音乐、音响;既有静态的符号,又有动态的符号如动画、视频;既有黑白符号,又有彩色符号……传播符号的多样性,为人们的表达与交流提供了无限的可能。

(二)传播媒介的共存性

1998年5月,联合国大会将网络正式称为"第四媒体"。网络作为一个信息平台,正以其强大的传播力量日益受到人们关注。

将网络称为"第四媒体"并不足以标示网络传播的重要性。事实上,网络不是与报纸、广播和电视相抗衡的第四媒体,它是与我们的整个现实传播空间相对应的另一个空间——虚拟空间。现实空间中所有的各种传播形态,在网上都有其相对应的方面。首先,目前,许多报纸、广播和电视都已上网,现实空间中有报纸,虚拟空间中就有报纸网络版,现实空间中有广播,虚拟空间中就有网上广播,

〔1〕 江泽民.论三个代表.北京:中央文献出版社,2001:128.

现实空间中有电视，虚拟空间中又有了网上电视，它们构成了网上的大众传播；其次，网络还形成了许多基于共同的兴趣与需求而建立的社区，加之各个不同的社会组织和团体的网上空间，形成了社区化的群体传播和组织传播；最后，个人主页和电子邮件、OICQ 等网上交流方式还导致了人际传播的网络化，使人际传播在网上形成了一种多人互动的格局。这样的传播格局使民间那些隐而不彰的声音得以放大，显示了虚拟空间自由与开放的特质。

二、信息的超载化与搜索的科学化

网络的出现，迅速改变了以往信息不足的状态。过去，由于种种条件的限制，人们所能接触到的信息非常有限，这就造成了封闭与愚昧。由于人们只能根据有限的信息做出判断，以确定自己的行为方向，所以，占有信息越多，就越有利于减少行为的盲目性和不确定性。正因为此，信息理论的创始人克劳德·香农在《通讯的数学理论》中给信息下的定义是："信息是在一种情况下能减少不确定性的任何事物。"但是，互联网的出现，使我们迅速跨入信息社会，信息已经多到了成为一种负担，使我们要做出一个决定变得困难重重。打开互联网，你不知道有多少信息，这些信息还非常杂乱，林林总总，要确认哪些信息是真的，哪些信息是假的，哪些信息是有用的，哪些信息是无用的，哪些信息是重要的，哪些信息是不重要的，殊为不易。换句话说，信息已经多到了更加无法减少不确定性的地步。因而，我们说，互联网把人们带入了一个信息过剩的时代。

如果将互联网仅仅看作一个杂乱无序的大仓库，它的功能就非常有限。但是，这个巨大的信息库是以科学的搜索来整合的，就像我们进了图书馆，图书馆越大我们越难查找信息，于是，有了分类编目。搜索引擎及各网站自己的信息排序为我们提供了强大的搜索功能，这些搜索还因为不同关键词的键入而不断地生成新的分类，使人们尽可能迅速地在互联网上查到自己所需的信息。

三、不受时空限制

网络传播不受时间限制。网络是一个数据库，任何时代的信息都可储存于其上，既有时效性不强的信息，又有时效性非常强的信息。往远说，多年以前的信息我们都可以在网上查到，往近说，刚刚发生的事已出现在网上。报纸要一张一张地按出版时间来出，广播和电视都要在规定的节目时间播出，但网络新闻却可以一天 24 小时进行滚动发表。

在接受方面，从网上获取信息非常自由，什么时候想上网浏览都可以，还可以点播声频和视频信息。

网络传播还不受空间限制,这主要体现在两个方面:一是世界上任何一个角落所登载的信息都可以在其他地方看到;二是网络空间本身趋于无穷大,再多的信息都能容纳。

四、超文本链接

传统的信息接触方式是分割开来的,我们看了某一篇文章,想要获得与这篇文章的某一部分内容相关的更多的信息,就要到图书馆进行大量的信息检索,结果还只能找到极少的材料,而在网络中,文章中的那些关键词被作者设为超文本链接,我们可以点击那些链接进行更深入的了解。链接进来的文章又有许多设为超文本链接的地方,供我们再链接。除此之外,许多网站还在一篇文章下面再列出相关的文章,供我们点击,点击进入的文章中又有更多的相关文章列在下面,使我们对某一信息的了解不断扩大和加深。不管是文内链接还是文下链接,它们都使一篇文章的独立自主性不复存在,每一篇文章都成为相关文章所构成的整体中的一个部分,而相关文章之间又只是具有一种相关性,而没有结构的严密性,即文章与文章之间构成一种相关内容的集合,而不是一种自足的严密体系。储存于互联网上的古今中外的信息借助超文本链接形成一种动态组合。

五、"众声喧哗":传播主体的多元化

在传统媒体中,传者与受者界线分明。大众传播使传播者专业化,专门从事信息的收集整理和传播工作,接受者则成为信息的纯消费者,被动地接受经过传者"把关"的信息。网络传播的自由度大大加强,任何个人、组织,只要他(们)有表达的欲望,都可以在网上发出自己的声音。大众传播原有的"守门人"功能,在网上被极大地弱化(注意:是弱化了而不是消失了),因而,网络成为"观点的公开市场",成为各个利益集团、各种思想观念公开叫卖的地方。

例如中国红客现象。在以美国为首的北约悍然袭击中国驻南斯拉夫大使馆后,中国的一些网络专家自发地组成了"中国红客联盟",对美国的诸多网站发动攻击,造成许多网站瘫痪。对这一事件,人们纷纷在网上发表观点加以评说,有的人认为这是一次正义行动,它向世界表明了中华民族不畏强暴的鲜明态度,他们进而提出要抵制美国商品,还有的人甚至发出大家共同捐款制造中国航母的倡议;有的人认为这样做只能制造网上的混乱,导致美国方面的网上反击,使我们国家的网站也变得瘫痪,从而影响正常的生活,而对这一事件的政治解决于

事无补；有的人认为这样做只能制造民族仇恨，因为美国的许多网站与美国政府的行为并没有关系，要把美国政府和美国人民分开来对待；有的人认为这是一场义和团运动，是一种愚蠢行为；还有的人则显得更为理性，比如一篇《“黑客”怎么就变“红”了》的评论，文章站在人类文明进步的角度来评判这场网上战争，认为“黑客”就是“黑客”，不因为你以正义的名义发动网上攻击就成了“红客”。

网络虽然是观点的公开市场，但在多元化的传播主体中，大众传播仍然占据着权威的位置。大众传播毕竟是组织化了的、专门性的、连续性的传播，它以其雄厚的人力、物力、财力，为人们提供着经过有效整理的、比较有价值的信息，左右着人们对信息的主要消费，因而也成为网上的舆论中心，引导着网上舆论的主要方向。组织传播和群体传播虽也起着重要的作用，群体传播还成为大众传播与人际传播的中介，对大众传播效果的实现至关重要，但其传播范围已大大缩小，趣味也变得专门化了。网上人际传播比起网下的人际传播来，其时空确实成百上千倍地扩大，但在信息的海洋中，个人信息很难被发现，所以，个人信息的传播效果仍然不会很理想。事实上，个人信息还很难区分真假，其价值也值得怀疑，所以，传播主体的多元化，并不意味着大众传播的权威性的消亡，在超载的信息空间中，它的权威性甚至可能还会加强。

六、及时互动，信息共享

在传统的大众传播中，信息的反馈一直不理想，报纸的信息反馈靠的是读者来信，广播的信息反馈不过靠了即时打进的电话，而电视节目的信息反馈则是来信加上电话。然而，及时反馈却成了网络传播的显著特点。在这里，不仅存在一般的接受性反馈，而且受者同时还变成了传者，即反馈往往成为对信息的传播。授受双方不断转换角色，在交流中实现信息的共享。换句话说，反馈变成了互动。首先，诸多网站都设有专门的发表意见的空间，接受者不仅表达自己对于所接触的信息的态度，还向传播者传播着新的信息。其次，在 BBS 和网上交流区，交流双方还进行着即时性的对话。在这里，只有在具体的信息传播过程中才能对传者与受者加以区分。

七、匿名化与网名化

网络传播大都是一种匿名化传播。匿名使一个人在网络上的角色与现实中分割开来。我们在网上所能看到、识别的，是一个人的网名——网上 ID。网上 ID 具有不确定性，一个人可能同时拥有几个网名，也可能不断地变换网名，一个网名就是一种社会角色。这种情况下,传播者既拥有了在网上发言的巨大自由,可以把在网下不敢讲的话讲出来,可以换一种角色来看待现实,又可以不用为自己的言论负责,说错了也没关系,撒谎了也不怕追惩。这里既有思想的自由碰撞,又有虚假有害信息的污染。当一个人的某个ID形象被网民所认可时,他可能会更多地以这种身份在网上出现,从而形成他的可识别性较强的网上形象并树立起自己的权威。

在匿名化的空间中,在网下可以找到对象的实名也就更容易获得网民的依赖,因为实名使信息传达者必须为自己的言论负责,必须树立自己的良好形象。正因为如此,那些网络化的传统媒体最容易建立自身在网上的权威。那些网上ID形象被认可的人也趋向于将自己的真名公之于众。

第二节 网络新闻评论

我国的网络新闻评论渐渐显现出功能不同的三大块,分别是政府媒介评论、商业媒介评论和网络论坛跟帖评论。在传统媒体时代,媒介中的声音主要是党和政府的声音,虽然我们也提媒介是人民的喉舌,但人民的声音在媒介上非常微弱,格局很不合理。网络时代,各种声音正在从统一的声音中分化出来,逐渐形成以“主流媒介”为主所传递的党和政府的声音、以商业媒介为主所传递的“公共知识分子”的声音和以网络论坛跟帖为主所传递的社会各阶层的声音(强调“为主”是因为这三方面的声音并非绝然出现在某一类媒介中)三者共存的更加合理的媒介新格局。

一、党和政府的媒介评论

(一)政府媒介存在的理由

中国作为发展中国家,“发展是硬道理”,大众传播也被作为促进国家发展的一种手段。发展传播学认为,媒介必须把国家的发展目标(经济的、社会的、文化的和政治的)放在最重要的位置上,必须追求国家文化和和信息的自主。但是,发达国家与发展中国家在信息传播中的地位的不平等,导致发达国家在传播中的主导性与发展中国家的依附性。发达国家对发展中国家的报道极少,且多为负面信息。这些没有正面信息加以平衡的负面信息造成了发展中国家在世界上形象的被贬损。这些信息被返销到发展中国家后,又可能影响国民对国家的认同感,导致内乱和破坏国家的发展进程。为此,许多发展中国家过去实行的是御敌于国门之外的办法。但是,这种办法的弊端也是显而易见的:它在御敌的同时也把正常的国际信息交流破坏了,形成一种文化上的闭关锁国。现在,这种局面已经大为改观,但无疑仍处于“观念转轨”过程中。

为集中国家财力在世界上发出自己的声音,为唤醒国民的国家意识、促进国家的整合,创造有利于国家发展的气候,需要一个强大的政府媒介系统作为一支国家队发挥作用,从而改变国际传播的旧有格局,建立“国际传播和信息新秩序”。

但是,国家发展的方向是实现国家的现代化,走向民主。媒介参与国家发展,主要是塑造国民的“现代性人格”。如果国家的声音一家独大,其他声音全部被过滤,意见的自由市场被破坏,又会走向反面。因此,在建立“国际传播和信息新秩序”的同时,也要改革国内传播旧格局,建立“国内传播和信息新秩序”。网络传播在这一过程中起着至关重要的作用。

(二)政府媒介发展的新机遇

作为发展中国家,党和政府的声音在维护国家的政治独立和文化经济的发展中起着重要的作用。一方面,网络传播的无国界化使信息封锁困难重重,使发展中国家旧有的对付世界传播不平衡格局的手段不灵了,民族政治和文化的自主发展受到巨大威胁;另一方面,危机既是危险,又是机遇,互联网的传播成本总的来说比传统媒体的传播成本要小得多,发展中国家通过加强互联网上的宣传,可以更加有效地在世界上发出自己的声音。

从国内来说,网络的众声喧哗使过去许多被掩盖起来的矛盾表面化,使各种意见都公开化了。一方面,网络使过去只有一种声音的宣教化做法失灵,使“主流媒介”的声音效果大大减弱;另一方面,“主流媒介”通过网络又获得扩展其声音的传播面和加强其声音的影响力的效果。

目前,中国的网络主流媒介大都有了外语版,这样就可以把中国的声音传递给非中文国家,使网络真正成为对外宣传的新渠道。曾有人似是而非地说,现在互联网上的英语内容占95%,要加强汉语内容的百分比,这样才能改变世界传播不平衡的势头,有效地抵抗文化帝国主义的侵略。其实这是一句昏话。对于不懂外语的中国人来说,外语所承载的信息根本无法影响我国国民,它是一道天然的抵抗屏障。真正令人担心的倒是国外以中文出现的有关我国的过多的负面信息。反过来,要让世界真正了解中国,就必须以英语等世界性语言来传达信息。

此外,互联网是一种多媒体平台,要充分运用那些不同语言的人们都能明白的符号,实现更好的传播。

(三) 让传统传媒新闻评论插上网络的翅膀

传统新闻媒体的新闻评论通过上网传播,可以突破媒介的地域限制,让全世界的网民都能调阅或收听收看。1996 年到 1998 年,中国的新闻媒体出现上网热,很快,这些媒体因其专业化、时效强和内容的丰富性、可信性而迅速成为网站主流。1997 年 1 月 1 日,《人民日报》网站正式开通,到 2000 年,政府所办新闻媒体已经全部上网,报纸、广播、电视都有自己的网站,而且在当年 1 月 15 日的中国优秀网站评选中大都名列前茅。

传统新闻媒介的新闻评论在网上呈现为两种状态。

第一种状态是保留原媒体特点。报纸是将原版样扫描上网,供人调阅。例如,《人民日报》《文汇报》等在网上都可读到原版样,这样读者可以看到评论是发在报纸的第几期第几版,了解到它的版位,看到它的标题字体和字号,也可以欣赏到它的版面设计样式。报纸内容的重要性程度往往体现在它的版面编辑上,从中我们可以知道哪篇评论被认为是重要评论。电台则是把网络当成了一个收音机,你可以实时在网上听广播,了解到某则评论是被安排在什么时间播出的,被排在某一个栏目的第几条播出,从而判断在那一时间播出的用意。电视台也把网络当成一台电视机,供人们实时看电视。各种传统媒体原有的特点在这种传播状态下都基本保留了。比如,收听广播的一次过性质,在这种状态下就没有改变,但是,人们使用起来却因为网络的属性而有所不同。比如报纸阅读,在传统的纸介质状态下,人们必须手拿着读,也无法改变原报纸的字号,小一点的文字看起来非常吃力,但在网上阅读时,报纸是自然抻平的,字号是可以放大缩小的,你可以先缩小来看版面状态,从中挑选自己感兴趣的内容,再把相关内容放大来读。普通收音机在收听广播时难免有杂音,网上收听则非常清楚。

第二种状态是将传统媒体内容网络化。《人民日报》的内容就既有原版式的,也有把每篇评论抽出整合到网站的"观点"频道中的。如果人们只想阅读评论,就直接进入"观点"频道好了。此时,每一篇评论都成了全部超文本中的一个,一面链接着有关的新闻,一面链接着其他评论。评论被分层化,你进入"观点"频道后,先看到的是一条条评论的标题,选中某个标题,然后通过链接进入有关的内容。哪条评论放在前面,哪条评论标题的字体字号与色彩要作特别的编辑，由网站编辑来安排。显然，网络化后，评论目录区有了自己的版面语言。电台则将每一个栏目的内容单独抽出，供人们随时收听。比如中国广播网上就把中央人民广播电台的节目一期期列出，你可以随时点击收听，反复收听，这就改变了广播“一次过”的性质，使收音机变成了放音机。电视节目也是这样。

传统媒体内容上网，使网络的数据库功能得到有效利用。

（四）构筑网络主流媒体

仅仅将传统媒体新闻评论上网，还只是把网络作为传播传统媒体内容的工具。网络的时空无限性给更多内容的传播提供了空间，传统媒体内容也不能充分发挥网络的优势。因此，许多由传统新闻媒体延伸的网站都逐渐适应网络的特点，发展了网络原创性内容。这些内容现在已经远远大于传统媒体所提供的内容。网络原创性评论有以下一些特点。

1. 时效性最强

报纸新闻评论先要读到新闻，而读到新闻的时间一般是在新闻发生后的第二天，读过后评论又要经过写作、投稿、编排、印刷、递送等诸多环节，所以，以前的新闻评论文章大多都要经过一周以上才能发表出来。网络新闻评论则贵在神速。新闻随时发生，随时就会上网发布，人们随时就能读到，然后随时可以写作，写好后一点击，一封电子邮件就发到了编辑那里。编辑一审阅，通过了，随时可以发上网去。这迫使报纸编辑也不敢怠惰，使现在的报纸新闻评论也跟着提速。

2. 字数不限

报纸评论受版面制约，太长放不下，太短则会留出空间，所以，它对字数的限制非常死，有时评论者觉得说完了，但字数不够，只好再挤一点，有时则有许多话要说，却不能尽兴，难以说透。但网上评论长点短点都没关系，只要有新的见解并能自圆其说就行。

3. 篇目多少自由

报纸评论栏目的空间是固定的，不管有没有好稿子，总得把版面撑满，所以，有时没有好稿子，就差一点的上，有时好稿子太多，又只好忍痛割爱。网络的空间则非常自由，有多少好稿子，都可以登出来。反过来，人们有了发表的空间，写稿子的积极性也提高了。写的人多了，好稿子就更多了，由此形成了一种良性循环。过去，人们以权威程度把报纸评论分为社论、评论员文章、专栏评论等，如今，网络新闻媒体的原创性评论已经成为这个权威序列中的一类了。过去因为党报要考虑评论的社会影响，所以有些尖锐一点的评论在发表时都踌躇再三，现在则可以把这些评论发到网上。

二、商业网站的新闻评论频道

(一)新闻评论频道对于商业网站的意义

新闻内容是人们非常关注的内容,它可以为商业网站带来巨大的点击量,从而创造巨大的财富,为此,许多商业网站,尤其是一些比较著名的商业网站,都把新闻作为其重要的板块。但是,商业网站缺乏专业的新闻人才,也缺少专门的新闻采集渠道,所登载的新闻在真实性、准确性和合法性上都难以保证,造成大量假新闻的出现。2000 年 11 月,国务院新闻办公室与信息产业部联合颁布《互联网站从事登载新闻业务管理的暂行规定》,认定非新闻单位网站中,只有综合网站才可以经批准登载新闻,并且只能登载与之签过协议的境内新闻单位的新闻,不能自行采写新闻。这就意味着商业网站中只有综合网站才能转载新闻,而且要向提供新闻的新闻单位支付一笔不菲的费用。2005 年 9 月 25 日,国务院新闻办公室与信息产业部又联合发布《互联网新闻信息管理规定》,进一步重申了原来的规定,并加上了不得歪曲原新闻信息内容的规范。转载新闻不过是将新闻单位及其网站所发布的信息进行了二次传播而已。二次传播意味着那些新闻的新闻价值已经弱化了,而且各个网站纷纷转载的结果是每个网站所能获得的眼球指数迅速下降。可见,登载新闻已经不是商业网站的长处,它所能带来的利益也极其有限了。

商业网站不能自行采写新闻,难以形成独家优势,但它却可以登载原创性新闻评论。也就是说,如果商业网站还想在新闻这块领地淘金,加强新闻评论板块无疑是最佳选择。

(二)商业网站新闻评论的核心竞争力

新闻网站担负的是主流意识形态的再生产任务,目的是要加强政府在互联网上的声音,主动出击,使互联网成为思想政治工作的新阵地,对外宣传的新渠道。因而,新闻网站的评论以配合政府在一个时期内的宣传任务为写稿和选稿的基本标准。它也有大量的网友评论和跟帖,但这种网友评论和跟帖是被纳入宣传工作的传播和反馈的整个环节中的,与宣传者的关系是党和政府与其群众的关系。

商业网站新闻评论应该如何定位呢?新浪网总编辑陈彤在第四届中国网络媒体论坛上的讲话说得很好:“网络媒体应该担负起‘发民声,达民情’责任。网络媒体要让普通人的声音能够被社会听到并得到关注，要秉承公正性、合理性、建设性的原则，推动社会主义民主和经济建设的进程。”〔1〕

《网易》“易言堂”版主石敢当阐述其宗旨说：

“易言堂”，“一言堂”是也，在这里，各位朋友可以在我国宪法确认的“言论自由”的保障下尽情发表阁下的独到见解，畅论你的一家之言。

纵观人类几千年的文明史，尤其是近几百年的社会发展史，人类摆脱野蛮走向文明的过程靠的是无数个具有独立思想的智慧者的思想交流和观点碰撞所产生的推动力，一些被当时社会视为异端的见解最终被社会发展的进程证明为真理。

求实务实，是民族和国家崛起的根本。在此敬请各位朋友本着为民族兴旺、为国家富强、为世界各族人民的和平和繁荣的这个不可推卸的责任，说出你的真知灼见来。

来到论坛的都是成熟的人，能够为自己的言行负责的人，什么该做什么不该做想来不用我多说了吧，希望来到这里的朋友都乐意把这里当作自己的另一个家。〔2〕

从理论上说，网站可以让每个人都发出自己的声音，但是，作为成篇的评论，它要求作者有独到的见解，有较强的逻辑水平和文字功底，一般民众理论、知识和文字表达能力有限，很难胜任。所以，实际上，这个任务主要由一些知识分子来完成。他们就社会公共事件和问题，运用自己的知识进行分析，做出有一定理论见地的判断，从而使这些理论和知识为公众所认识、理解和掌握。他们的文章成为网络论坛中的主帖。如“网易部落”的“公民生活”栏的说明文字就是“公民，自表达始。表达，然后公民”，它要“致力于尽可能地为公民意识的培养、自由与宽容精神的树立、讨论理性与交往理性的养成等做出自己的贡献”。这些评论一方面说给政府听，为政府的改革和国家的发展献计献策，另一方面又说给大众听，向大众传达自己的新认识、新见解。

（三）商业网站对新闻评论的集纳

商业网站可以通过原创性的“发民声，达民情”的评论来显示自身的核心竞

〔1〕 陈彤. 在主流意识形态主导下完成网络媒体“发民声、达民情”责任. 中国互联网新闻中心，http://www.investchina.com.cn/market/mtlt/410395.htm.

〔2〕 石敢当. 欢迎您来到“易言堂”. http://bbs.talk.163.com/talkease/1197,0,50,0,40,114.html?userid=.

争力,但这不意味着它只能有这类评论。网络的数据库功能一样可以为商业网站所拥有。商业网站大多采取“拿来主义”的态度,把所有媒体的优秀评论加以集纳,以丰富自己的内容,提升自己的层次,方便读者在它所构筑的网络新闻评论超市中挑选自己满意的产品。

(四)商业网站评论的特点

1. 不代表媒体观点

商业网站只是为各种观点的表达提供了一个平台,而不是网站自己直接表达,所以,网站中的所有观点只是作者自己的观点。这一点与新闻网站是不同的。新闻网站的评论既有代表网站立场和观点的评论,也有不代表其立场和观点的评论,两者被严格区分。这样做,一方面可以避免受众把网友的观点误读为媒体自身的观点,从而造成人们认识的混乱,另一方面还可以在国际国内的一些争端中表明民间的认识。商业网站则表明自己仅仅是一个观点销售商,而不是观点制造商。

2. 意见的自由度大

在新闻网站的论坛中,编辑审稿虽然比传统媒体要宽松,但仍然以媒体的宣传要求为基准。例如人民网的要求如下:

在注册笔名和发表文章之前,请您仔细阅读本管理条例:

一、遵守中华人民共和国有关法律、法规,承担一切因您的行为而直接或间接引起的法律责任。

二、上贴请注意以下几条规定,若有违反,本坛有权删除。

1. 不得上贴违反中华人民共和国宪法和法律、违反改革开放和四项基本原则的言论;

2. 不得上贴造谣、诽谤他人、煽动颠覆国家政权的言论;

3. 不得上贴暴力、色情、迷信的言论;

4. 不得泄露国家秘密;

5. 请勿张贴未经公开报道、未经证实的消息,亲身经历请注明;

6. 请勿张贴宣扬种族歧视、破坏民族团结的言论和消息;

7. 请注意使用文明用语,请勿张贴对任何人进行人身攻击、谩骂、诋毁的言论;

8. 请勿张贴与所在论坛主题(强国、读书、健康、体育等等)无关的消息和言论;

9. 未经本坛同意,请勿张贴任何形式的广告;

10. 本坛不支持用零字节帖子作主帖;

11. 请勿在帖子中(标题和内容)加入各种奇形怪状的符号;

12. 在中文论坛讨论请使用中文,在其他语言论坛讨论请使用相应的语言。

三、笔名注册注意事项:

1. 请勿以党和国家领导人或其他名人的真实姓名、字号、艺名、笔名注册;

2. 请勿以国家机构或其他机构的名称注册;

3. 请勿注册和其他网友之名相近、相仿的名字;

4. 请勿注册不文明、不健康之笔名;

5. 请勿注册易产生歧义、引起他人误解之笔名;

6. 请勿注册图形符号笔名。

四、签名档填写注意事项:

1. 签名档内容规定与上贴规定一致,要积极健康;

2. 签名档中不能超链接其他网站、文章和音乐;

3. 签名档中链接图片不超过1张;

4. 网友申请修改签名档时,需将内容用相应语言写好,直接发到论坛信箱(qglt@ peopledaily. com. cn),版主会尽快修改。

五、请注意版权问题:

1. 凡转贴文章,应注明原始出处和时间,否则本坛有权删除;

2. 转贴文章时请注意原发表单位的版权声明,并负担由此可能产生的版权责任。

六、本论坛拥有管理页面和笔名的一切权力。请网友服从版主管理,如对管理有意见请用 e-mail 向论坛或《人民日报》网络中心反映。[1]

商业网站新闻评论上帖时要求却非常简单,“易言堂”只是要求“在我国宪法确认的‘言论自由’的保障下尽情发表”。

对发来的帖子,现在大多由网管和版主先加以审核,没有重要的问题再上网。对于那些滥用自由,在网上骂人、搞破坏,情节严重的,删除其 ID。

3. 多使用网名发帖

人们往往说网络传播是一种匿名传播,其实这是不对的。匿名是不署名,比如匿名信,就是未署名的信。匿名信不要求答复,你想答复也无从答复,但网络

〔1〕 见 http://bbs. people. com. cn/bbs/guest.

传播是互动的,你要与别人互动,就不能没有称呼。但人们在网上发言时一般不愿意使用真名,所以就为自己起个网名。网名类似于人们在传统媒介上发表文章时使用的笔名,所不同者,使用笔名的人一般并不忌讳别人知道自己的真名,但使用网名时,一般人不愿意别人知道自己是谁。我们在网上所能看到、识别的,是一个人的网名——网上ID。现在,有些网站为提醒发言者为自己的言论负责,往往把发言者的IP也公布出来。

使用网名是为了在发言时保护自己。网名俗称马甲,从这个名字就可以知道,它具有防身作用。既是马甲,就可以随时更换,因而网上ID具有不确定性,一个人可能同时拥有几个网名,也可能不断地变换网名,一个网名就是一种社会角色。人们在网上发言,是为了能够自由表达,马甲的使用可以使人们少一些顾忌。凯迪网络社区论坛的口号是:以自己的马甲为荣,那是独立自由状态下的如意选择。当然,马甲也使一些人放松了对自己的道德约束,借此散布谣言或辱骂、诽谤他人。

在网名化的空间中,在网下可以找到对象的实名也就更容易获得网民的信赖,因为实名使信息传达者必须为自己的言论负责,必须树立自己的良好形象。正因此,那些网络化的传统媒体最容易建立自身在网上的权威。那些网上ID形象被网民认可的人也趋向于将自己的真名公之于众。

我国现在实行网络实名制,但实名制实际上指的是实名登记制,而不是实名发言制,因而,它并未改变网络交流网名化的格局。在网名交流中,如果某人违反了网络法律规范,犯了罪,即使在非实名登记的条件下,有关执法机构仍然可以进行IP追踪,实名登记制只是使这种追惩的成本在一定程度上减少了。所以,只要你不违犯基本的网络规则,你的言论仍然可以使用马甲来表达。

过去个人网页很普遍,但后来大多数网站都不再免费提供个人网页空间,所以,现在个人网页已经很少,取而代之的是商业网站为网民提供了博客空间,如网易的论坛中,有一部分就是博客方式。一方面,博客方式为个人提供了集中发言的阵地;另一方面,每个博客的负责人类似于一个论坛栏目的版主,要自己为自己的言论及别人的跟帖负责。

三、论坛跟帖评论

(一)如何认识跟帖评论

跟帖评论是评谈式评论。过去,人们认为新闻评论既要评,又要论,但互联网上,人们往往只是评点一句半句,就某个网民个人来说,他只评不论,于是,有人认为这打破了评论既要评又要论的格局,说明新闻评论可以只评不论,其实这是把两种评论形态弄混了。一种评论形态是像传统报纸上的评论那样,以成文的方式写出来的,这种评论是一种独白的方式。独白使作者有时间慢慢地去考虑,以严密的逻辑把自己的思路完整准确地表达出来,别人虽然也可以与他商榷,但商榷总是以非实时的方式展开的,即作者写作时,没有人与他讨论,讨论只在文章写成发表后进行。但广播电视评论已经引入了评谈的方式,大家面对一个话题在一起讨论,讨论中你一言我一语,每个人的话都比较简短,但这些讨论作为一个整体,却又是有着思路的流动和变换的。这种方式不像独白式那样逻辑严密,在进行过程中充满着质疑与辩论,众声喧哗。不过,广播电视中有一个强有力的主持人在掌控着讨论的过程,使这一过程始终围绕着既定的路线或主持人所引导的方向前行。但在网络跟帖评论中,发表主帖者只是提供了一个讨论的话题。主帖类似于传统的评论,但又比传统的评论要自由一些。主帖在一定程度上框范着讨论的方向,但又为讨论提供了多条路径,使讨论不再是一种线性的方式,而是一种像地图那样的向诸多方向展开的过程。版主也不具有广播电视主持人的特点,他只是一个讨论的监控者,只要人们相对理性地发表意见,他就尽可能不使用其权力。每一个跟帖者的发言似乎很零碎,似乎是只评不论,但它正如网络的超文本概念一样,每一条发言都是超文本中的一个锚点,链接向其他文本,与其他发言者的话缠绕在一起。后来者要介入讨论,往往会先把前面的讨论一一点击阅读,然后加入进来。由独白到对谈,以独白引出对谈和多人交流,把人们的讨论连接起来,形成一个整体,类似于接龙小说整个接起来才是一篇完整的小说。这是网络跟帖评论的一大特点。它说明,网络跟帖评论并非只评不论,而是一种集体创作过程,是变评论为评谈了。

独白有独白的优势,多人交流有多人交流的好处。俗话说,“一人说话全有理,两人说话见高低”“谷多出好米,人多出正理”“鼓不敲不响,理不辩不明”,真理是在辩论中显现自身的。

(二) 跟帖评论与“发民声”

人们总爱说网络降低了门槛,给了广大网民以发表言论的自由。但是,有了这种自由是一回事,能否写出文章来是另一回事。大多数网民的理论水平、认识水平和文字表达水平都是有限的,如果要网民必须以成文的方式表达自己的思想,那无异于堵住了他们的口。每个人都可以就某一个事件发表几句议论,在生活中我们就常见到人们在一起议论某件事,跟帖方式就是这种议论的网络化,所以,论坛跟帖和聊天室聊天使广大网民真正拥有了发言的可能,是网民参与社会生活的极为重要的手段。通过跟帖以及在跟帖中的辩论,网民得以提升自己对社会的认识,提升自己作为一个公民的水准。有的人因为网络跟帖理性水平差,就大加指责,这是没有必要的。我们不可能去指导每个跟帖者如何创作评论,如何提升评论的理论水平。毕竟,那是网民自己教育自己的一个空间,你从中吸收合理成分就行了。如果你不喜欢,可以不介入,如果你有责任心,也可以介入加以引导,但你不能以一个专业的评论者的要求去衡量他们。事实上,网民在讨论中也不时会有精辟的思想火花出现。

(三)如何认识"板砖"与"灌水"

网民的文化水平和修养水平参差不齐,因而他们表达意见的方式也就各有不同。有的人会比较文雅,有的人则比较情绪化。一些网民上网发言不仅仅是表达意见,还有发泄的动机;有的因为不善于讲道理,在辩不过别人时,就会蛮不讲理地骂起来,这与网下的争论情形是类似的。因为"网上没人知道你是一条狗",许多本来在网下彬彬有礼的人,一上网便失去了自我约束,把在现实中的压抑在网上尽情释放。还有一种情况,就是原来在网下碍于面子,或因惧怕受到报复,对于不正常现象不敢发表批评的,在网上则可以大胆地说出来。这些原因导致发帖中"板砖"现象,不同意某人的观点,就在网上虚拟化地把他痛殴一顿。

对于最后一种情况,我们当然要鼓励,对于前面几种情况要区别对待:第一,要学会容忍,不能要求每个人都是谦谦君子。第二,要创造一种良好的理智商讨的氛围,使人们进入这种环境后能够对自己的举止有所顾忌。第三,对那些发言不礼貌者用可以接受的方式提出善意的批评,使他们意识到自己的问题。第四,在要事先审核的论坛中,版主可以对不雅的表达做点修改,或不予发表,以提请发帖者注意;对事后审核的论坛,版主可以提出批评,严重的给以封ID等惩罚。一旦形成了一种良好的理性讨论的风尚,就可以做到自由但不出格,随心所欲不逾矩。

至于"灌水"问题,大可不必指责。每个人水平不同,有的人发表的意见很深刻,有的人提不出深入的见解来,或者提出可笑的见解来,但是,张嘴参与了就是值得鼓励的。人民网划分出"深水区"和"浅水区"的做法也是值得借鉴的。西祠胡同等则在事后将已发表的帖子进行挑选,将有一定水平的帖子放到精华区供读者浏览,也不失为一种好方法。它既保证了每个发言者的权利,也保证了读帖者能在有限的时间内读到质量较高的帖子,这样论坛的人气就有了保障。将论坛栏目细分,使不同兴趣、不同知识水准的人各取所需,也是一种好办法。

兴趣相同者在一起的共同话语很多，讨论也会更专业。

四、各种评论的互补

网上的各种评论并非相互隔绝的，而是呈现为一种互渗与融通的格局。

首先，成文评论可以设置回馈链接，使之变成一种 BBS 中的评论对象或主帖。

传统的报纸也设有读者来信栏，但读者来信多是反映问题的，其功能类似于政府部门的信访办，即便有一些读者来信是对某则评论的回应，但由于版面限制和媒体导向的制约，能够登在报纸上的很少，形不成一种广泛的回应。网上的成文评论则可以即时得到广泛回应，并且回应信息之间也可能形成良好的互动，使人们相互学习和启发，达成对某一社会现象的共识，提升对某一社会现象的认识。

比如人民网 2006 年 1 月 25 日转贴《人民日报》的一则评论《最大的需要是听真话》：

一位区委书记上任，相关人员为他安排好了一切，但仍不放心地问："您还需要我们做什么？"书记回答："最大的需要是听真话。"

真话，即符合实际之话，实事求是之话，也就是有什么说什么、是什么讲什么，一是一，二是二，丁是丁，卯是卯，客观反映情况。听真话，对于领导干部来讲，是了解情况、科学决策的重要途径、方法和基础。

在现实中，有些领导干部很难听到真话。究其原因，根子在自己身上。能听真话，才有人向你讲真话；喜欢听奉承话，就有人净向你说好话。向真话摇头等于向假话招手，这样的人只能在混沌中行走。

裴矩在隋朝做官时，以溜须拍马著称。隋炀帝在位时，他想方设法满足隋炀帝的要求，极尽阿谀逢迎之能事。可到了唐朝，他却一反常态，经常对朝政发表不同意见，甚至敢于当面跟唐太宗争论，成了忠直敢谏的诤臣。司马光就此感慨道："君明臣直，裴矩佞于隋而诤于唐，非其性之有变也。君恶闻其过，则诤化为佞；君乐闻其过，则佞化为诤……"裴矩的从政轨迹说明：上有所好，下必甚焉。领导干部只想听"顺耳"话，压根就听不进"逆耳"的话，有谁还敢向你讲真话呢？

其实，领导干部要听到真话也不难。

一是要乐于听。英国大哲学家培根说：一个人从另一个人的诤言中，所得来的光明比从他自己的理解力、判断力中得出的光明更干净、纯粹。乐于听真话是一种导向，一种责任，一种优秀品质。领导干部乐于听真话，善于接受批评，不仅会增强自己的领导能力,提高自己的领导威信,还会使直言之士多起来,使那些察言观色之人、溜须拍马之话失去市场。

二是要善于听。真话,未必能轻易听到,因为有时说真话担风险,有的人不愿说或者不敢说。这就要求领导干部更多地走到群众中,真正贴近群众,用诚心去打动他们,使其解除顾虑,增强信任感,达成共识,求得共鸣;用耐心开导他们,为他们打开言路,从而知无不言,言无不尽;用真心去辨别他们,对讲出来的话去粗取精,去伪存真,这样就能真真切切听到逆耳忠言、有益谏言,使那些藏在心里、卡在喉头、憋在嘴边的肺腑之言倾情而出,一吐为快。

三是要敢于听。听真话也是需要勇气的。真言可贵,未必悦耳,甚至会使人脸红心慌,如芒刺背,这就需要有足够的勇气去面对。领导有勇气听真话,下级才有勇气讲真话,而不会说瞎话。

对下级来说,区委书记是上级,需要听真话;而相对于市委书记,区委书记又是下级,需要讲真话。要想听到更多真话,就要带头讲真话。一级一级带下去,讲真话自会蔚然成风。

总之,害怕真话是怯懦,掩饰真话是虚伪;而尊重真话,是一种胸怀,一种智慧,一种美德,可以帮助我们清醒头脑,提升境界,增长才能,不断进步。

这则评论获得了非常多的回应。回应中发牢骚的有,如:

"真话"年年谈,假话时时听!

医保失败,卫生部知错不改,人民说了真话又怎样?

把失业称为下岗,把失败称为不成功。谁在说假话?

说真话上级不满意,说假话群众不满意,如果想当老好人,就说点笑话,如果想升官,只好……

若要听真话就要鼓励人讲真话,鼓励人讲真话就应不要听假话,但假话会让你听了感到极舒服,真话使你觉得刺耳而不让上网……这也许就是一些人的政治。

但也不乏一些真知灼见。如:

为什么老百姓不愿讲真话?请当官者三思。

向领导讲真话,就要准备为你的真话付出代价。因为你的荣辱升迁要靠领导一句话,沉默是正直的人的唯一选择。

腐败分子也在喊反腐败,满嘴假话的人也在讲要听真话。其实一切的关键在于如何限制一把手的绝对权力,使人讲真话不再需要勇气,不再付出代价。现在的问题是用人没有切实可行的制度,干部任用条例并没有科学的操作性,还是一把手决定一切。

关键问题是要用法律保护好说真话的人!假如说真话的人都遭到杀头,那这个国家就完了,这个国家的人就都是骗子!!!

最重要的是有保证说真话、听真话的机制或环境,让你不得不说真话和听真话,因为说了或听了假话会被戳穿,会付出代价。

讲真话的人讨人嫌,说你是吃不着葡萄就说葡萄酸!所以大家心里想的一个样,嘴上说的又一个样。

说真话之前,先把真实情况了解清楚,然后选择一个最好的解决方案!只是敢说真话是不够的,还要有壮士断腕的勇气!

要想得到真实的情况,就要进行实地的微服私访,像现在要到什么地方视察,事先告诉或打招呼,去了只能看到虚假的(可以说是绝大部分),是了解不到真实的情况的,为什么康熙能做到的,而现在就做不到呢?

把上列跟帖连起来,我们不难看到网民的才智。有人先提出问题:老百姓为什么不愿讲真话?有人回答:讲真话要付出代价。那么怎么办?要使讲真话不再付出代价。于是,有人出招:限制一把手的权力,建立切实可行的用人制度;有人出招:用法律保护说真话的人;还有的人把听真话也纳入考虑范围,建议创造保证说真话和听真话的机制和环境。上面这些评议还是把矛头对准别人,后面的评论则提醒人们,每个人都要从自己解剖起。要说真话,首先要了解真实情况,否则你说的只是自己的心里话,但不一定是符合真实情况的话,所以,又有人说,要先把真实情况了解清楚,而要了解清楚,官员就不能先打招呼再视察。

人民网论坛更强调发言者的责任,所以,它要公布每个发言者的 IP 地址,再加上编辑对内容有较为严格的控制,应该说它的自由度相比于其他一些网站来说要小一些,人们发言的顾忌还是会有,但这种大众媒体评论与网民跟帖的链接还是生成了一些重要的建设性意见。这些意见对于改善干群关系、增强党与群众的互动、使政府行为更加廉洁和高效还是起到了相当大的作用。

其次,各网站还可以就某个话题邀请嘉宾与网民展开对话,使电视节目中的大众媒介嘉宾访谈变成网民与嘉宾的直接对话。

电视节目中的嘉宾访谈是以主持人为主导的访谈,主持人代表媒体和公众向嘉宾提出问题,与嘉宾一起讨论问题,观众只能作为一个旁观者或类似于偷听者的角色。此时,主持人所提出和讨论的问题的代表性究竟有多大就成了问题。

事实上,即便主持人足够优秀,能够提出大家普遍关心的问题,能够把问题讨论到让公众比较满意的深度,他的提问仍然是挂一漏万的,公众只能在众多主持人中选择那些相对而言比较能代表自己的主持人来旁观。嘉宾访谈中的现场观众是有限的,这些现场观众的发言机会更是有限的,在电视演播厅这种环境场中,他们的发言还有多种顾虑,即便是像崔永元那样鼓励人们实话实说,人们还是会下意识地把一些实话按下不表。因而,那些有幸出现在现场的观众也难以代表广大观众的意见。事实上,在访谈交流开始前,嘉宾与观众就可能已经被告知哪些话不能说,即便说了也会在播出时被掐掉。再退一步说,即便节目是现场直播,嘉宾与现场观众也受言论场和各种顾虑的影响而使实话难以实说。电视嘉宾访谈节目有时也会设置热线电话、短信、BBS 信息等,将受众的声音接入现场,但将哪些声音接入,是受到导播和主持人控制的,接入量也极少。

但在网上对话中,情形多少有所改观。一是网民可以不必再由主持人和现场观众为自己"代议",直接表达自己的意见。二是背景、修养、视角、知识面和利益各不相同的网民在提问和交流中可以形成一种头脑风暴,相互启发、相互激荡,使问题讨论的广度和深度大大增强。三是言论场的改变使人们得以畅所欲言,无所顾忌。视频中的人物是主持人和嘉宾,发言的网民可以不出视频,这是第一层防护;用网名发言,真名隐藏起来,一切社会身份都被隐于"无知之幕"后,这是第二层防护。中国有句名言叫真人不露相,露相不真人,我们可以把它的意思改造一下,理解为说真话的人不露面,露了面就不容易说真话,网民因为不露相,所以可以知无不言,言无不尽。四是嘉宾是有身份的人,他在明处,而网民在暗处,嘉宾根本不知道与他对话的网民是谁,他无异于冲入了无物之阵,因而,他虽然有各种社会身份所形成的光环,但他的权威性少了一些外在的支撑,更多只能靠其胆与识来维持。如果嘉宾尽说一些"场面上"的话,就有可能被网民群起而攻之或被网民抛弃,所以,如果说在电视访谈的时候,嘉宾可以戴着面具说话,那么在网上对话中,他必须摘下面具,他可以坚持自己的主张,但不能用一些无关痛痒的言论搪塞网民。

网上嘉宾访谈具有信息的不对等性。作为嘉宾的专家大致有这样一些来源:一是部门领导,他们熟悉党和政府的方针政策,有较高的政治觉悟;二是专业研究人士,如某个专业研究领域的专家、学者、教授,他们长期研究某个领域的问题,对问题的看法往往具有独到的见解,有权威性、理论性;三是职业资深人士,如体育报道记者、经济报道记者等;四是实践活动的亲历者、重要经验的创造者。[1]作为信息拥有者的少数嘉宾与作为信息匮乏者的多数网民，两者之间必然形成一种权威与非权威的关系，但这不意味着信息的流动只是一个方向的流动，事实上，嘉宾在对话和交流的过程中也可以知道人们更关心的问题是什么，可以知道人们都有什么不同的看法，许多问题对于专家来说都有很大的启发意义。还有一些信息是网民掌握而嘉宾不知道的。毕竟，每个人都有自己独特的生活和工作环境，嘉宾的经验必然受他所生活的环境的制约，在与网民的交流中，他可以极大地扩展其经验范围；嘉宾还受他的立场、教养、职业、地位等的限制，形成一些观察和理解社会的盲点，在与网民的交流中，他可以极大地开阔其思路。交流的实现依赖于信息掌握的不对称，以及在这种不对称中交流双方都有从对方获得信息的需求。孔子说，"友直，友谅，友多闻"。如果大家所掌握的信息完全一样，就没有了彼此交换信息的冲动；如果掌握了信息的人不肯与别人分享这些信息，也难以实现交流；交流中若不能彼此尊重和谅解，交流也会受阻。所以，直、谅和多闻三者缺一不可。因而，网上嘉宾访谈中，双方都是平等的信息交换者，交换的结果是"双赢"。

需要指出的是，有些传媒把关人意识到网络把关与引导的困难，把网上嘉宾访谈当作重新夺回把关人位置的手段，这是传统媒体思维惯性的表现。

我们前面已经讲到，网络媒体与传统媒体相比，一大特点是它的互动性和平等性。传统媒体时代，媒体是个意见的专卖店，它把某一种声音在媒体上无限放大，压抑其他声音的表达，借沉默的螺旋效应来制造社会舆论。那时的新闻评论霸气十足，无可置疑，人们有什么不同意见，很难在媒体上回应，即便有一些回应，也是在主要意见一致的前提下的枝节性回应，意见一旦出现原则性分歧，媒体根本不予发表。电视节目中的嘉宾访谈虽然已经有了互动的成分，但这种互动是提前有所选择的互动。互动的话题由主持人掌控，对话题的讨论由媒体所选出来的嘉宾掌控，嘉宾必须按照媒体的意图去说话，与主持人共同完成一个预设的讨论。如果嘉宾的某些意见越出媒体的意图，就会被媒体在播出前掐掉。因而，电视嘉宾访谈的互动往往是一种伪互动，一种做秀，是主持人与嘉宾共同演出的一场双簧戏。所以，电视节目嘉宾访谈要实现媒体的把关和引导作用也是极为容易的事情。

但是，网络时代打破了这种格局，意见专卖店被喧嚣的意见自由市场所包围。在网上，人们接触到的意见品种不再只有一种了。对多种意见的接触，使民智越来越发达，不管你是什么人，不管你有什么背景，你说话必须"给个理由

[1] 金梦玉.网络新闻实务.北京：北京广播学院出版社，2001:273.

先”,必须以平等的态度与网民交流,必须能够有效地回应网民的质疑。单向灌输式传播变成了多向交流式互动。英文 communication 译为汉语,本来就有“传播”与“互动”两个意思,传统媒体时代只有传播,没有互动,而网络时代,清晰区分的“传播者”与“接受者”身份逐渐让位于“传播者”与“接受者”共存于同一交流过程,共存于每个交流者身上的格局。

在这种格局中,传媒思维也应该由传统媒体时代的把关与引导思维向网络时代的交流与互动思维进化。

但是,在传统媒介思维模式框范下,一些传播者仍想借助嘉宾的明星和意见领袖效应夺回传播霸权。在这种思维格局下,网民的意见都是错误的,起码是有问题的,只有传播者掌握着真理。过分的自信使传播者站在高台上,把网民当作台下的观众,像一个牧师一样向他们布道。在这种不平等的心态下,交流是不可能实现的。网络嘉宾访谈中的嘉宾固然是媒介遴选的,但这些嘉宾能否成为意见领袖,关键看他实际掌握真理的程度。如果他不掌握真理,他可能就面临着无人喝彩甚至被喝倒彩的尴尬。所以,嘉宾访谈要树立的是平等交流的心态,是在交流中让真理引导人们,而不是让某一种意见去统率人们。

不仅仅是网络嘉宾访谈,在网络时代,报纸、电视也要以新的互动思维来指导意见发布,在论辩中显现真理,而不能由传媒做裁判来认定真理。那些失去阅听者的媒体已经为我们提供了足够多的教训。传媒市场就是这样,越是想控制人们的头脑,就越是无人喝彩,因而控制力越差,越被边缘化。

再次,论坛跟帖评论的评论对象、问题选择有相当一部分都来自大众媒介。

新闻涉及事实真相的追寻,是专业性程度要求非常高的一种工作。事实信息的传播,涉及事实本身的裸露程度、信息的接触与感受、信息的观察者的观察角度、观察介入程度、立场和感受盲点的干扰程度、理解程度以及传达水平等诸多限制,需要一个专业性的组织来操作。普通个体只有在事件发生现场时才能陈述自己的所见所闻,这一所见所闻还受到自身观察点和立场等限制,往往陈述时失真,造成以讹传讹。普通个体的传播力也是有限的,很难迅速大面积传播。

所以,除少数突发的舆情事件,绝大多数时候,人们获取到的信息,都是来自专业的大众传媒。人们一般是把自己在大众传媒上看到的信息转到论坛中,发表自己的意见,然后听取别人的意见。

一些非大众传媒的信息,转到论坛中,往往传播者本身就有可能是为了求证,即便一些人信谣传谣,也有可能在论坛中被他人怀疑,然后到大众传媒上查找相关信息进行求证。如果有相关的准确信息被发现,则转到论坛中辟谣。辟谣事件可能又会成为人们热议的事件。在这个过程中,一部分谣言是可能被纠正的。

最后,论坛跟帖评论反过来又常常为大众媒介评论设置议题。

现在,各种媒介之间的议题互设已经形成了这样一种规律:首先,BBS 中有网民提供某一新闻线索或提出某种怀疑,然后由大众媒介派记者去展开调查,调查结果公布后在网上的 BBS 引起热烈讨论,然后网上 BBS 的讨论又迅速蔓延到大众媒介,从而在议题互设中形成强大的社会舆论。这样的规律是有其道理的。网民没有专门的新闻素养,也没有采集信息的各种手段,因而只能根据自己亲历或听说的信息来提供线索,而这一线索究竟可信度有多高,其他网民很难判定,这就需要专业的新闻机构去调查采访。对于专业的新闻机构来说,在空前强大的媒体竞争中,它们迫切需要有价值的新闻线索,网络中的议论正好成为他们的有效资源。专业新闻机构经过一定的程序、使用一定的手段采集来的信息总是有较高的可信度的,提供值得信赖的信息正是专业新闻机构的本职。然而,在网民没有对那一则新闻形成议题前,专业新闻机构的评论受关注程度是有限的,而当网民已经对此形成议题后,专业新闻机构及时介入就可以获得较高的关注度。两者互相取长补短,形成最佳的搭配。

第三节 其他传媒新闻评论

报纸、广播、电视是现代三大大众传播媒体。与报纸相近的媒体——书籍、杂志也属于大众传媒,而且,在诸种大众传媒中,书籍、杂志的历史更悠久一些。

一、书籍

书籍是适合详细而深入地阐述某个主题的唯一传播形式。它不像报纸那样容量有限,而是可以将问题具体展开来,深入、细致地进行剖析,广泛联系历史的发展和当前的形势,把问题尽量地讲深讲透,雄辩地揭示出问题的实质和意义。所以,书籍新闻评论是更富理性而深思熟虑的评论。当然,书籍的出版需要较长的周期,它的时效性在诸多大众传媒中是最差的。正因如此,书籍无法跻身于三大传媒之中,不过,随着电脑排版的普遍推行,书籍的出版速度已经比过去快了许多倍,使它能够较好地胜任对那些时效性相对较弱的新闻事实的阐述。如《中国热点问题》《中国可以说不》《中国的泡沫经济》《妖魔化与媒体轰炸》等,都迅速追赶着热点,以至这些书自身也因此而变成了热点书籍。

书籍虽然时效性较差,但其保存性却很强,上千年前的书籍可以保存至今。那些有敏锐而深刻思想性的书籍新闻评论往往不会因为新闻事实本身的时过境迁而被人遗忘、冷落,那深刻的理性思辨、惊人的逻辑力量仍可使人手不释卷。

二、杂志

杂志是介乎书籍和报纸之间的一种传播媒介。它比书籍发行速度要快,每隔一定时期,就要出版一期(不定期杂志较少,作为一种特例此处略去)。当然,它比报纸的发行速度又要慢得多,但比报纸的容量要大。介乎书籍和报纸之间的位置,使杂志既适当保证了新闻评论的时效性要求,又能对所评事件加以展开,作更深入细微的分析研究。而且,杂志的保存性也较强。它有保护性的封面,而且装帧印刷精美,便于收藏,版面大小与读者的视力范围和注意范围相近,便于读者阅览。报纸却版面过大,读者要一部分一部分地扫描,影响阅读过程和效果。

与电视相比,杂志的板块特色更明显。电视节目的板块化思想正来源于杂志栏目,有的人干脆称电视板块节目为电视杂志。不过,电视板块所给定的时间非常有限,所以许多问题都只能抓住核心,简明扼要地加以阐释,要谈细谈深则困难重重。"杂志却具有相当深厚的解释功能","杂志一直把兴趣主要放在我们称为'因果关系'上——解释社会及其各部分,预测发展趋势,并把零碎的事实联系起来,阐明新闻的意义,换言之,杂志是伟大的注释家"。[1]新华社的几种新闻评论刊物如《半月谈》《瞭望》《记者观察》等,都在社会上产生了巨大影响,成为人们分析国内外形势、了解社会、理解身边发生事件的重要参考读物。现在许多周刊类新闻杂志包括专门的评论杂志正越来越多地冒出来,如《新民周刊》《新周刊》《南风窗》《中国新闻周刊》《瞭望东方周刊》等,其中的评论一方面具有较强的分析功能,另一方面又有较强的时效性。

〔1〕[美]梅尔文·L.德弗勒,E.丹尼斯.大众传播通论.北京:华夏出版社,1989:150.

第十一章 接受及策划论

11

内容提要：

1. 大众的主体性：接受的选择性；直接通过评说来表示自己对媒体的意见；大众的主体意识已开始觉醒。

2. 传播环境对于传播效果具有极大的影响。新闻评论要想取得较好的接受效果，就必须适应环境，尽量减弱环境对评论接受的负效应，增强其正效应。评论不仅要择时而发，而且要做到有评择发，发挥新闻评论正确的导向作用。

3. 新闻评论策划的重要性：新闻评论策划是媒体竞争的需要；新闻评论策划是凸显媒体灵魂的需要；新闻评论策划是有效影响舆论的需要；新闻评论策划是媒体版面语言与评论直接发言有效结合的需要；新闻评论策划是创造公民言论广场，形成观点的沟通和交锋的需要。

4. 新闻评论的媒体策划：进行一系列的媒体定位并据此做出规划，包括篇幅或时段定位、内容定位、受众定位、文体定位、风格定位、媒体形态定位。

5. 新闻评论稿件配置的基本手段：同对象集中；同选题集中；相关或相对的观点集中。

第一节 接受主体

一、接受主体的大众性

现代大众传媒的接受主体与人际传播、组织传播的接受主体有很大的不同。人际传播的接受者同时是信息的发出者,传播与接受是一种即时的双向互动交流过程,因而严格地说,人际传播没有单纯的接受者,信息沟通的双方都是平等的主体;人际传播只有双方具有共同语言或互补性需求时,传播过程才得以进行,否则,传播活动立即中断;人际传播除语言信息之外,还有体态表情信息,信息交流的双方因情感态度的不同而达成不同的沟通效果;人际传播可随时得到接受信息的反馈,从而即时地对传播的内容、方式、方法进行修正,所以,人际传播的传播效果较为理想。然而,它的传播范围却受到极大的限制。它以一传十、十传百的方法逐渐传播开来,且多是由亲戚、朋友、同事等关系作依托传播,很难深入到陌生人中间。再则,由于传播的信道不断发生变化,信息在每个人那里都将被进行再加工,然后向外发出,难以保证信息传播的精确度。传播过程中,有的信息遗失了,有的信息被挤压变形了,有的信息则增值了,以讹传讹,传播的距离越远、时间越长,失真度就越大。

组织传播则使人际传播组织化了。在高度组织化的每个群体中,人与人之间分出了层次和等级,接受者处于特定的组织网络中,成为其中的一个网结,因此,他就失去了单纯人际传播中的自由。来自上级的信息带有很强的权威性与强制性,他必须无条件接受;而来自下级的信息,他则可以接受,也可以不接受,这就造成了上情下达易,下情上达难的局面;来自同级的信息,则既可能因双方的互补性需求而实现交流,也可能因缺少这种需求而阻断交流,在任务、权限不清的情况下,同级往往出现相互踢皮球的现象。

在一些规模较大、人际传播难以完成信息传递的组织中,传播则借助于大众媒介。此时,组织传播的感情因素便进一步减弱。

现代大众传媒的接受主体是大众。大众是一个社会中无数个体的非组织化集合。一方面,大众不是生活中的某一个有血有肉的、具体的、具有鲜明的个性特征的人,而是芸芸众生,是千千万万个人的总称。大众传播媒介不是为其中的某一个人服务的,它不以某一个人的兴趣、爱好为转移,而是为全体公民提供信息和服务。另一方面,大众是非组织化的集合,就是说大众并不是被组织起来的,有共同目标、共同追求的群体,而是不具有组织约束力的人群。在这些人群中,每个人的性格、爱好、追求和需要各不相同,也无法强求相同。

现代意义上的大众是城市工业文明发展的结果。社会的发展,使以血缘宗族关系为基础所建立的自给自足的自然经济逐渐解体,人与人之间的交往变得越来越频繁,在生产力水平获得空前发展的同时,每个人也变得越来越自由,越来越依赖于社会的交换。尤其是大工业发展起来后,非亲非故的人们纷纷涌向城市。人口的流动与重组,打破了自然经济条件下人们所熟悉的有限的一切,代之以不确定的、瞬息万变的世界,人们失去了稳定感、安全感和归宿感。那么,从变化快的世界中寻找不变的东西,寻找其背后相对恒定的意义,就成了大众重获安全感的必然追求。在寻求恒定的意义的焦虑中,大众传媒的新闻评论就为人们提供了一种参考答案。大众传播媒介之所以具有设置议程和舆论引导的功能,正是大众的这些特点所致。大众社会的特有现象是时尚和恐慌,其实,这两者是相联系的。大众中的个体看到别人都在遵从某种时尚时,自己也不由自主地加以追随,表现出从众性,因为不从众就会觉得不安全、不踏实;而别人风传某些可怕事件时,自己总担心这种事件将降临到自己头上,因而产生恐慌。这些特点正是传媒"魔弹论"产生的根据。传媒一旦把哪一则新发生的、与公众有关的事件作为新闻加以评论,便很容易在公众中形成议论的热点,造成轰动效应。这种现象,有的理论家形容为"皮下注射",就是说接受者接受宣传就像被注射针剂一样,完全处于被动状态。因此,媒介作为舆论工具被掌权者看得十分重要。资本主义世界的大众媒介发展到垄断阶段以后,"魔弹论"又获得了强有力的事实支持:少数几个报业巨头把持了传媒,传媒成为他们推行话语霸权的工具,从中只能听到他们的声音,大众的声音根本听不到。情况或许还要糟糕,因为从大众传播的历史来看,真正掌握话语霸权的,始终是少数文化精英,大众根本没有发言的机会和渠道。那么,大众还是主体吗?

二、大众的主体性

大众具有主体性。

大众的主体性,首先表现为接受的选择性。传媒只有发布了大众真正需求的信息,说出了大众想说的话,或讲出了大众能够接受的道理,大众才愿意接受。大众媒介作为企业,只有它生产的产品在市场上得到交换,它才能维持正常的生产,否则,就将无以为继。西欧传媒发展的历史说明了这一道理。在传媒的自然发展期,凡是哪一家媒体得罪了大众,没有按照大众的意志去经营,它最后必然落得个惨败的结局。早期的党派报纸之所以让位于商业化报纸,不是因为它不想存在,而是因为没完没了的党派谩骂令公众非常厌恶。那些煽情的"黄色新闻"之所以逐渐退位,代之以负责任的新闻,也是因为公众逐渐变得成熟,不甘于再为"黄色新闻"所戏弄。大众的无组织性,使他们购买与不购买、阅读与不阅读,听凭自己的意志,没有人能够强迫他去接受他不愿接受的东西。只有充分尊重接受者的主体性,大众媒体才能求得生存和发展。

其次,大众不但通过选择,且直接通过评说来表示自己对媒体的意见。当然,这些意见由于缺乏有效的传播通道而无法完全到达传播者那里,但并不意味着接受者没有反应,完全受传播者的操纵。一些有头脑的传播者便通过多种渠道努力反馈来自受众的信息,以此来作为媒体策划的依据。

最后,大众作为接受者,随着时间的推演,主体意识已开始觉醒。他们不仅在选择,因为选择毕竟还是一种较为消极的行为,现在,他们还提出要求,呼吁媒体按照他们的意愿进行改革;他们不仅通过评说来表示自己对媒体的意见,而且公然要求"接近权";他们不再被动地接受信息,而是要求"获知权",以避免被媒体片面地诱导;他们不仅把媒体对新闻的分析当作把握现实的参考,而且已经开始在媒体上发表他们的新闻评论。"参与意识"的增强,使"接受"与"主体"这两个多少有些矛盾的概念被奇妙地置放到了一起。

第二节 传播环境

一、传播环境与传播

传播环境对于传播效果具有极大的影响。现代传播学认为,传播是个双向沟通的过程,而这种双向沟通是在一定的环境中进行的,其流程图为:

环境

噪音

↓

信息Ⅰ→传者→信号Ⅰ→信道→信号Ⅱ→受者→信息Ⅱ→接受

↓

接受←信息Ⅱ←(受者)←信号Ⅱ←信道←信号Ⅰ←(传者)

环境

从图中可以看出,整个传播过程都受到传播环境的制约。在一定的传播环境中生成的信息,是经过了此环境中的传播者的选择、整理,从而把它变为信号传播出去的。信号又是在一定的传播环境中行走,因而受到环境中的各种噪音的干扰,从而产生某些改变,或增值,或遗失,或结构重组,总之,信息Ⅱ≠信息Ⅰ。受者在接到信号后,又要因其所处环境给予他的特殊影响(包括他的成长环境与他接受信息时的即时环境的双重影响)而决定他能否破译信号,他将破译哪些信号,在破译的过程中,他将加入哪些主观因素,进而生成他最后接受的信息。表中下面一行是信息的反馈流程图,其各个环节受环境影响的过程与正向过程是一样的。

实际上,传播过程与环境之间的关系是相互影响的关系,不仅传播环境对传播过程的各个环节发生着作用,而且传播活动本身也在不断地改变着环境。

我们试举一个例子来加以说明。1988年,经济过热等原因,导致通货膨胀,我国出现了一阵抢购风。抢购导致商品库存的短缺,商品库存的短缺反过来使人们顾虑因生活必需品的不足给家庭生活造成困难,从而更加剧了抢购风。比如抢购食盐。人们不分白天黑夜,排了长队去买盐,晚上就睡在商店门口。商店的领导赶忙写了一个安民告示,告示上讲:“请市民们不要惊慌,食盐供应不会短缺。”但是,商店自身仓库容量有限,不可能储备过多的食盐,而购盐的人们却是一麻袋一麻袋地购买,这样,供应不上几个人,食盐就会售光,而从盐业公司运盐的速度是根本赶不上这样的售盐速度的,所以,告示上又加了一条:“每人限购两斤盐。”但是,在抢购的环境中,人们破译商店发出的信息时,却发生了误读:既然食盐供应不会短缺,为什么每个人只准购买两斤?既然限量供应,说明食盐发生了短缺,商店是为了安抚人心而欺骗我们。经过这样的误读,抢购不但没有被制止,反而愈演愈烈,买盐的队伍越排越长。

这个例子说明,环境影响着传播的效果,在抢购的特殊环境中,信息便被误读了。反过来,这个例子也说明传播对环境的作用。试想,如果安民告示中不加限购的条款,环境可能会朝有利的一方面发展,加了限购条款后,环境反而进一步恶化。我们且不管它是改善了还是恶化了,因为无论改善还是恶化都是影响,只不过一个是正面影响,一个是负面影响而已。

二、新闻评论对舆论环境的适应

既然传播环境影响着接受,新闻评论要想取得较好的接受效果,就必须适应环境,尽量减弱环境对评论接受的负效应,增强其正效应。

首先,评论者在对评论信息进行选择时,要考虑哪些新闻事实是接受者最关注的或对接受者影响最大的。评论不是讲课或做报告,不能强迫人们接受,它不具有类似报告厅那样的接受环境,所以,它更要求抓住人们普遍关心的那些热点新闻去展开评论,从而吸引人们自觉自愿地去"阅读"。只有这样,一则评论才能由一堆死的符号变为活生生的思想,起到对受众的认识、态度产生影响的作用,否则,新闻评论就会被接受者抛弃。当然,要找到公众全都感兴趣的话题是比较困难的,接受者往往形成了许多群落,对此,新闻评论可选择的办法有两种:一种是面对大多数人共同感兴趣的话题,寻找话题需求的最大公约数;一种是专业化的评论,面对某一个接受群落的共同需求。比如《人民日报》的评论就属于前一类,它面向整个社会,寻找的是社会大众的时尚舆论;而《工人日报》《农民日报》或《健康报》《电子报》等报纸的新闻评论就多属于后一类。不管是哪一类,只要抓住了社会舆论的兴奋点,评论在传播过程中所能保真的信息就会大大增多,不仅如此,这些信息在信道中还可能被进一步强化,这类例子俯拾皆是。比如日本首相再次参拜靖国神社,这样的事件是整个东亚国家人民都特别关注的,及时发表评论,访问者就会很多。相反,那些没有抓住兴奋点的评论则不可能在信道中得到强化。

其次,新闻评论的时机选择要恰当。评论的时机选择很重要,它带有极强的时效性。我们在谈到新闻评论的特点时曾说到这一点,不过我们主要是强调新闻事实与新闻评论之间的间隔,即两者的时距要尽量短一些。这里我们要强调的是另一方面,即适时推出评论,以适应环境的要求。比方说维护消费者权益问题,这个问题是日常性的,要常抓不懈,对那些侵害消费者权益的事件要依法惩治,但没有必要对每一件都加个评论,只能选取某些重大的时机进行。比如关于商品房欺诈的评论,由于正好出现在3·15消费者权益日,而这时购房热潮正炽,所以人们特别关注。如果能够适时推出评论,就会借助有利的环境形势,极大地减少环境中的干扰性因素,并使评论所发出的信息在有利的环境中被大大强化;反之,环境利用不当,评论推出的时机不对,就会使评论受注意的程度大打折扣,评论的效果可想而知。比方说,在国际消费者权益日,传媒却发表了一篇倡扬女性自立自强精神的评论,有谁会去注意它呢?可见,时机不对,接受就不能有效地发生。

此外,新闻评论的立论要新颖而稳妥,论证过程要逻辑严密、结合事例、深入浅出,语言要浅显而生动,这样才能适应舆论环境,取得更好的接受效果。这些方面前面章节已展开讨论,不再赘述。

三、新闻评论对舆论环境的影响

新闻评论适应环境的目的是为了改造环境。新闻评论在一定的舆论环境中发生,最终又要对舆论产生作用,引导舆论的发展方向,因此,评论不仅要择时而发,而且要做到有评择发,发挥新闻评论正确的导向作用。例如1989年春夏之交所出现的那场风波。邓小平说,由于有了国际上社会主义事业出现暂时性挫折,东欧发生剧变,一些资本主义国家加紧进行颠覆性宣传这样的大环境,国内资产阶级自由化思潮也形成了小气候,所以,这场风波必然要出现。我国当时出现的官倒、腐败等现象也使这场风波更趋扩大。这时,对官倒、腐败等问题,群众也发出怨言。但是,新闻评论若把话题主要放在反官倒问题上,就只能为风波的扩展火上浇油,不利于社会的稳定,所以,这方面的评论就要暂时搁下。从社会的大局出发,从当时的主要矛盾出发,新闻评论旗帜鲜明地表示:反对资产阶级自由化。如果评论集中宣传这样的观点,风波将很快被平息。事实上,自从1989年5月16日《人民日报》社论《旗帜鲜明地反对资产阶级自由化》发表后,事态已开始出现好转。但是,由于当时中央内部对这场风波认识不一致,新闻评论又发出了不利于安定团结的声音,致使一部分人在思想上出现了严重的混乱,使舆论环境进一步恶化。这样的教训是极为深刻的。我们在前面的章节中曾提到的有关上访问题的评论也产生了这样的后果。当时正值国庆30周年前夕,但大批上访人员云集北京,给工作的正常开展带来很大麻烦,评论应当努力讲清道理,劝说上访人员回去,由当地部门去解决他们的问题,但《切实解决上访问题》一文的作者却大批地方各级领导的官僚主义作风,使群众觉得这是暗示他们若回去问题就无法解决,结果,不但没有将上访人员劝返,反而有更多的上访者涌来。无数类似的事例都说明,要有效地影响环境,使大众的接受朝着有利于社会稳定和进步的方向进行,新闻评论必须做到有评择发。

有评择发是评论工作者社会责任感的体现，它强调的是评论者要以负责任的态度去评说新闻事实，不能只图表达的痛快，随便乱讲话，至于为求轰动效应、出风头而故作惊人之语，为商业利益驱动而编造耸人听闻、蛊惑人心的评论，就更是不应该。美国独立以后，在党派谩骂的声浪中，新闻评论的社会责任感丧失殆尽，评论者的社会形象一落千丈，大众拒绝阅读其评论，把它们看作是一堆垃圾。“黄色新闻”时期，评论更是耸人听闻，随意炮制一些社会黑幕，愚弄读者。但随着受众接受水平的提高和主体意识的觉醒，这些愚弄读者的评论都渐渐失去了市场。如今的美国传媒，有哪家若不努力塑造自己公正、负责的社会形象，就将面临破产的威胁。所以，以一种对社会负责的精神去创作，积极干预社会舆论的发展，为社会的文明与进步而评论，是获得受众认可的必要条件。

我们说有评择发，并不是说要评论者通过对新闻事实和观点的选择，人为地造成一种对世界的歪曲，不是隐瞒矛盾，粉饰太平，而是恰恰相反，我们要求评论努力挖掘出生活的本质，帮助受众正确地认识和评价新闻事实。传媒是一个社会的监控器，从对社会负责的立场出发，传媒不仅不应当粉饰太平，反而应当及时发现生活中存在的问题，揭出病苦，以引起疗救的注意，保证社会机体健康运作。那些不顾事实，对群众关心的事件视而不见，对生活中的好人好事大加渲染，却对重大弊害缄口不言的评论，大众是极为反感的，因为它低估了受众的观察与思考能力，是对受众的不尊重。这样的评论，是无法树立起正义的形象来的。

新闻评论对环境的影响还有另一个含意，即要求新闻评论不能够跟着舆论走，新闻评论工作者心要热，脑要冷，要站到更高的制高点上，冷静、理性地对舆论进行观察，搞清楚某种舆论的本质是什么，它是怎样产生的，它有多少合理的成分，它将有哪些可能的走向。搞清楚了这些问题，新闻评论者才能在评论中抓住要害，发前人所未发，从而使自己的评论发人深省，甚至惊世骇俗，对受众产生有效的指导作用。受众处在繁茂芜杂的信息之林中，在茫然四顾、把握不定之时，会非常欢迎那些富于启发意义的评论的。

新闻评论工作者若头脑不冷静，跟着风瞎跑，不但不会对受众产生有效的指导作用，反而会误导受众，使受众陷于“传播陷阱”之中。1992年春天，全国一百多家新闻单位发表了多渠道筹集资金的消息和评论，提倡靠自筹资金解决公司、企业资金不足的问题，认为这是金融改革的大动作。在新闻评论的误导下，群众纷纷把自己的血汗钱拿出来，希冀出现奇迹，结果，各地涌现出像长城机电公司等非法集资的怪胎。几年下来，绝大部分带有诈骗行为的企业被一一曝光，携巨款潜逃的总经理、董事长们不知下落，被骗群众叫苦不迭。这个例子充分说明，新闻评论者一定要加强社会责任感，要冷静、理智而审慎，对评论给舆论环境造成的可能影响做出充分估计。

第三节　新闻评论策划

一、新闻评论策划的重要性

（一）新闻评论策划是媒体竞争的需要

媒体要在市场竞争中占据主动位置，就不能少了新闻评论。没有新闻评论的媒体是“哑巴媒体”，而有了新闻评论，在评论的立场、态度、风格上缺乏个性的媒体，也难以在媒体竞争中显示出其独特的价值。就不同介质的媒体来说，电视媒体曾一度照搬报纸媒体的新闻评论，把电视新闻评论变成了报纸的有声版，后来虽然有了自己撰写的评论，却没有充分发挥电视媒体的特质，以致使人一度认为电视是肤浅的媒体，不适合做新闻评论，只是一种“低能儿的娱乐”工具。以《观察与思考》为开端的电视新闻评论改革，扭转了人们的这种看法。后来出现的《焦点访谈》努力发挥电视在评论新闻时的长处，抓住社会热点现象引导人们深入分析，使之一度成了所有电视节目中收视率最高的节目。广播媒体也在竞争中找回自己“先声夺人”的特长，以家常化的社会新闻评论显示出自己的个性。就相同介质的媒体来说，过去许多报纸都以转载《人民日报》社论为主，根本无法与《人民日报》进行竞争，后来，各报纸逐渐从《人民日报》的阴影中走出，根据自身的特点写出有分量的新闻评论，从而拥有了自己的一片天地。《工人日报》的评论主要面对那些与工人相关的新闻事实，以维护工人的利益为其基本立场，稳稳地拥有了工人读者；《中国青年报》则以尖锐而活泼的评论风格成为青年的舆论中心。《焦点访谈》出现后，许多电视台争相克隆，但这种克隆不仅不能增加自己的受众，反而等于给中央电视台做了广告，使《焦点访谈》进一步升温。后来，各电视台也逐渐闯出了自己的路子，办出了自己的模式。比如凤凰卫视的《锵锵三人行》模式就根据自身的商业电视台定位，把对新闻的评说变成了百姓在电视机前的漫议。新闻评论个性的显露，使媒体在竞争中占据了有利地形。

(二)新闻评论策划是凸显媒体灵魂的需要

媒体言论总是社会上某一个利益群体利益的体现。一个媒体在社会上持什么立场,是通过它长期而持久的言论立场体现出来的。《南方周末》就通过它一贯的评论作风体现出了“彰显爱心,维护正义,坚守良知”的评论立场。《南方都市报》则定位于“政治民主化,经济自由化,文化多元化”这个大主题,集中发表与此相关的评论。媒体要根据自己的宗旨,对其言论进行审慎设计,将自身立场与态度彰显出来。如果不经过认真策划,面对那些重大新闻,媒体没有发言,而对不太重要、价值不大的新闻却展开了评论,或对重大新闻的评论以短评的形式出之,对非重大新闻的评论却以社论的形式出之,甚或面对同样的新闻事实,缺乏审慎的讨论研究,时而表示赞同,时而表示反对,就会造成媒体面目不清、立场不稳,导致社会价值认同的混乱。

(三)新闻评论策划是有效影响舆论的需要

新闻评论不仅体现着媒体的态度,而且直接介入舆论、创造舆论、影响舆论。美国政治学家科恩曾说,报纸或许不能直接告诉读者怎样去想,却可以告诉读者想些什么。但是,新闻评论却既能告诉读者想些什么,还告诉读者怎样去想。要想使自己的意见被人们广泛注意、自觉接触、产生认同并进而影响人们的行动,就得对新闻评论加以细心策划。比如,当人们的注意点不在某一个评论者欲图选择的题目上时,如何顺应人们的注意点,并善加引导,实现从引发注意到引起接触欲望的转换;如何针对不同的受众采取不同的讲道理方式,实现受众的认同,以达到有效影响舆论的目的……要解决这些问题,不经过认真策划是不行的。

(四)新闻评论策划是媒体版面语言与评论直接发言有效结合的需要

从媒体编辑角度说,编辑的意见,对于一般的新闻报道,主要是靠版面语言来体现,对于新闻评论,则既通过版面语言也通过直接表达的意见来体现。新闻评论的选题侧重点是什么,为哪些新闻配发,是否设置新闻评论专栏,设置在什么版面什么版位,评论有哪些阶段性变化,采取什么风格,诸如此类的问题,都需要根据媒体的宗旨、对象、市场范围、环境变化等进行认真“谋划”。

(五)新闻评论策划是公民形成观点的沟通和交锋的需要

新闻评论是公民表达意见并与他人沟通的一种方式,媒体担负着为人们的意见表达和沟通交流创造有效环境的任务。如何通过策划使社会的公共空间进一步扩大,使人们的意见交流更容易、更自由、更有质量,是媒体需要不断考虑的问题。

二、新闻评论的媒体策划

媒体策划主要是进行一系列的媒体定位,并据此做出规划。

(一) 篇幅或时段定位

新闻评论在媒体中所占的位置各不相同。

1. 专事或主要登载(播出)新闻评论的媒体

这种媒体往往名字中有"评论"二字,如《远东经济评论》(2004 年停刊)、《商业评论周刊》《燕园评论》《中国评论》等。还有一些媒体虽然不带"评论"二字,但仍主要是发表新闻评论,如《杂文报》《半月谈》和许多周刊类媒体。现在,印刷媒体和电视媒体中,这类媒体比较少。如今,公民的民主意识越来越强,处在社会急剧变化之中的大众,既想要了解别人对新闻的看法,又有着强烈的参与意识,如果媒体从业人员能够精心策划一些主要登载新闻评论的媒体,将既满足受众的阅读(观赏)需求,又为人们发表看法提供一块宝贵的阵地,前景非常看好。《杂文报》的订数相当高,香港创办的《中国评论》则读者遍及整个华人世界,甚至其他民族的订数也相当多。这些充分说明,专门的新闻评论媒体有着广阔的市场可以开拓。

这种媒体在策划时要注意,既要广开言路,使人们有个自由讨论的空间,又要确立媒体的宗旨,创出自身的特色,体现出自身的评论立场。

2. 在媒体上专门辟出专栏或开出版面用来发表新闻评论

现在几乎所有的报社和电视台都有新闻评论专栏,有些媒体还有了专版。

新闻评论专栏的设置,要考虑它与媒体的宗旨及整体风格的协调统一,与同一媒体中其他内容的关系,同时还要有每一个专栏自身的特色,使这个专栏既能从诸多专栏及内容中跳出,又不会与其他专栏及内容撞车。比如《焦点访谈》,作为中央电视台第一套节目中的一个栏目,它与所有的整点新闻一道,展现出了这套节目关注重大时政内容的特色。同时,它又与其他栏目有着很大的不同。它接在《新闻联播》栏目之后,前者重新闻报道,它则重分析评论;前者报道的是面上的事件,它则在深入报道某一事件的基础上展开严肃的评论。在它的后面,是比较受人欢迎的栏目——电视剧栏目。它严肃,电视剧轻松;它评论事实,电视剧展示虚构的艺术。这样的安排,就使中央电视台的节目整体上显得一张一弛,波澜起伏。在《焦点访谈》和电视剧所造就的黄金收视时间带中,加插上短短10分钟的《科技博览》,又把科技这个重要但不大引人关注的领域带动了起来。应该说,《焦点访谈》栏目在中央台一套的整个节目安排中是煞费苦心、令人称道的。

专栏或专版的设置,有时是为了集中某一种舆论,但更多的时候是为了让不同的意见相互参照、相互平衡,让受众通过对比自己做出判断。

3. 不定时的新闻评论

这类新闻评论往往在重大事件发生后机动安排。这类评论需要随事态发展临时加以策划。不过,它也需要有相对的规律性,为新闻配发的评论应该紧随新闻之后,不是为新闻配发的评论也要根据其重要程度安排在相对固定的一些位置上,这样才便于受众寻找。

(二)内容定位

在传媒高度发达的今天,大多数媒体都有自己的侧重点,媒体新闻评论的内容也要据此进行定位。

1. 根据媒体或媒体专栏的专业领域定位

有的媒体侧重时政新闻,如《人民日报》;有的侧重财政经济报道,如《21世纪经济报道》《经济观察报》等;有的侧重于社会治安,如《人民公安报》《检察日报》;有的侧重于交通,如《中国交通报》《中国公路报》;有的侧重于体育,如《中国体育报》等。这类媒体的新闻评论都把媒体侧重的相应方面作为自己的评论对象。同一媒体在大的专业领域下,还会有更细的专业划分,因而还要进行不同专业评论的专栏(或频道)定位。例如,中央电视台就设了十多个频道,每个频道的专业领域都有所区别,因而其新闻评论也集中于那些专业性新闻。同一频道中,又有更细的专业划分,如军事专栏、体育专栏等,这些专栏中的新闻评论当然要与专栏中的新闻相适应。

2. 根据媒体覆盖的地域范围定位

《人民日报》有主要面向国内的,也有海外版,还有地方版如华东版,不同的地域定位,就有不同的新闻评论内容。中央电视台作为中国第一电视台,其评论既把视角向内,评论带有全国性的新闻事实,又把视角向外,评论影响到世界进程的国际新闻。而地方性报社和电视台则把重点放在本地新闻的评论上。值得一提的是,现今许多地方媒体在走向全国,它们在把地方性信息带给全国的同时,也把视线投向全国,从而在我国现行新闻体制下实现了有效的异地监督功能。比如《南方周末》就是这样。它的评论内容就既有地方性新闻,也有全国性新闻，以全国的发展观照地方，又以得开放风气之先的广州人的现代观念来评价全国性新闻事实，因而观点新颖，思路开阔，一纸风行，独步报林。许多地方性电视台也走向全国，不过遗憾的是，这些电视台没有进行很好的策划，只是把原有的节目搬上了卫星。这样的节目，原来的受众定位是本地受众，所以，上了卫星以后其他地方的受众不买账；它的内容定位是本地新闻及评论，外地受众想要了解的地方特色性信息缺如，很难受到人们的关注。

（三）受众定位

媒体都要进行受众定位，以确定自己的基本受众对象，新闻评论也相应地应该有自己的受众定位。

受众因为年龄、性别、职业、受教育程度等差异，会对新闻评论有所选择。媒体策划要充分考虑到受众的接受特点，从而确定自己的特殊受众对象。《中国青年报》的受众是青年一代，其新闻评论就主要针对他们感兴趣的新闻、他们对于世界的认识发表意见，使评论生动、新颖而泼辣。《中国老年报》面向老年受众发行，其新闻评论就要以与老年人相关的新闻为对象，评论以深刻而中肯见长。《中国妇女报》的新闻评论主要关乎妇女权益，《光明日报》的新闻评论则以知识分子为基本读者。

此外，新闻评论还要进行文体定位、风格定位和媒体形态定位。文体定位问题在上一章中已涉及，风格定位是其他方面定位后所形成的总体效果，媒体形态定位已辟专门的章节论述过，不再赘述。新闻评论还有一个需要重点策划的方面是选题，有关的内容也在第四章中作了阐述，在此也略去不谈。

三、新闻评论的稿件配置

一般情况下，新闻评论往往是散兵游勇，人们往往只注意评论与新闻之间的搭配，而不注意评论与评论之间的搭配，使新闻评论没有能够充分发挥出它的作用。其实，评论与评论之间的搭配，对于有效突出某一个议题，最大限度地发挥评论的舆论导向作用，吸引人们民主参与、平等讨论，有着非常重要的意义。

除新闻评论与新闻之间的配置外，新闻评论的稿件配置有这样几种基本手段：一是同对象集中；二是同选题集中；三是相关或相对的观点集中。

（一）同对象集中

一个人们普遍关心的新闻事实发生后，媒体编辑部会收到许多人对此事件发表的评论,如果把这些评论适当归类,集中发表出来,就会一下子引起受众的注意。有时媒体也主动出击,专门组织一些评论家对某一事件做出评论,这样也可以起到引起受众重视的作用。因为评论家所作的评论更加能够高屋建瓴地展开透彻的分析,所以受众非常喜欢。在报纸上,可以是集中发表在某一期的某一版面上;也可以一段时间内,每一期都登出一篇或数篇评论,使人们对那一事件的关注度进一步升温、讨论进一步深入。比如金庸和王朔之争,就曾经引起了人们的热烈讨论,令许多本来没兴趣参加讨论的人后来都不由自主地介入了。对于中美撞机事件,也有许多义愤填膺的中国人纷纷发表意见,表明态度。对于广播电视媒体来说,可以是在某一个专栏中集中讨论某一事件,比如《实话实说》中的某些讨论(《实话实说》中的有些讨论可以看作新闻评论,有些讨论则不是新闻评论),也可以连续数期集中对某一新闻事实发表评论,比如对李登辉的台独行径,中央电视台在《新闻联播》节目中3天连续发表了3篇评论,集中火力展开批驳,让人们看透了他的险恶用心。对于网络媒体来说,同对象集中是最为适合的。网络本身的超链接性,网络的数据库本质,使得每一个令人关注的新闻事实都可以集中大量的评论。你点击一则新闻标题,立即进入那则新闻的内容,而内容下面,又有许多评论的标题等你点击。有的网站还专门把有关某个新闻事实的评论集中放在一起,使人们得以看到关于那个新闻事实的各种各样的意见。

(二)同选题集中

有些新闻评论面对的事件不同,选题却相同,这些评论也可以放在一起,以引起人们对某一个问题的关注。比如,中央电视台《焦点访谈》节目就曾在2002年4月18、20、21日连续发表有关传销问题的三则评论(19日的节目因故停播):《教材里的秘密——看透传销》《亲历噩梦——看透传销》《铲除经济毒瘤——看透传销》,让观众切实看透了传销的本质。关于官员腐败问题、商品房诈骗问题、消费者权益问题、环保问题等诸多问题,《焦点访谈》都采取集中评论选题的办法,就一桩桩事件连续展开评论,把问题一步步谈深谈透。

(三)相关或相对的观点集中

无论是面对相同的事件还是面对相同的选题,不同的人都会有不同的观点。有些观点是相近的、相关的或相互补充的,有些观点是截然对立的。把不同的观点放在一起,就会形成一个小型的意见公开市场,使受众在对这些意见的比较中得出自己的判断,使真理在不同意见的辩论中显示力量。比如对韩寒现象,许多媒体就曾集中进行过热烈的讨论,讨论中,人们就韩寒现象引发或暴露出的一系列问题展开了深入而持久的争辩，形成了诸多不同的观点。对评论的创作者们来说，他们的意见有了一个集中发表的阵地；对评论的受众来说，通过对这些观点的浏览，他们的思路极大地开阔了，对话欲望被强烈地激发了，许多单纯的受众也纷纷介入评论，不断地进行受众与作者角色的互换，在观点的互动中把问题不断引向深入。

四、《南方都市报》评论策划个案分析

2002 年 3 月 4 日，《南方都市报》在国内都市报中较先设置每日社论和来论对页的版面格局。2004 年 3 月，时评版在两年摸索的基础上进行改版，逐渐形成现在的面貌。

《南方都市报》原来只是一份量报，供人们茶余饭后消遣，发行范围局限于广州等地。后来，该报意识到，没有理念、没有精神内核的报纸是没有前途的，而中国正处于从前现代走向现代的历史大转型的最关键时刻，这是报纸发展的一个难得的历史性机遇。所以，《南方都市报》后来确定，要以现代性理念作为自己的追求目标，即倡扬政治的民主化、经济的自由化和文化的多元化，把报纸办成一份立足于地方的现代大报，介入主流，以显示自己的力量。时评版正是在这样的理念之下设置的。该报认为，日常的新闻报道虽然也可以融入这种理念，但体现立场与观念的时评更可以有效地为社会的大转型提供精神方向。

体现媒体立场的版面要贯穿报纸所遵循的现代理念，树立媒体的旗帜，而现代理念中的平衡观念又要求媒体广纳社会上的各种独立声音。为此，该报的新闻评论模仿《纽约时报》，在国内最先设立评论版面，并强调多元声音的展现。西方大报现在一般是将社论版与其他声音对版设置，以避免一种声音的独断。该报也这样做了。报纸坚持每天刊发社论，使媒体面对社会的发展始终不出现声音的缺席。后来，该报意识到，前期的社论模仿《中国青年报》的评论栏目，专业色彩太强，学术体与解释体文章太多，不符合媒体的大众化要求，也与新闻评论的时效性有距离；中国的社会环境及人们的公民素质使得与社论版对立的给公民写作留下的版面很难保证质量，因为公民的知识素养相对而言比较差，写作水平也参差不齐；有些来论虽然出自当代的一些专门的时评写手，但那些评论又往往与全国其他媒体的评论没有区别——因为没有《南方都市报》的大理念的统辖。所以，在第二次改版时，该报作了较大调整：把原来的来论版压缩为“来信/来论”栏目，与社论放到一起，做成社论版，与社论版相对的则为“个论版”。

在社论版中，社论为体现报社立场，主要由报社内部的评论员来执笔，突出

社论文体的庄重性,不用杂文体和解释体,不署名。为此,报社专门成立了新闻评论部,并成立了包括评论部成员与大部分编务领导在内的评论委员会。这样,就形成了一个专门的新闻评论策划机构,用来讨论每日及每个时期的评论选题、角度、尺度,确定写作班子。评论部人员每日在浏览当天重大新闻之后,提出自己的选题,然后在评论报题会上提交给评论委员会讨论,大家集思广益,认真研究,最后敲定选题,再返回评论部落实。执笔人员在准确把握报社立场和意见后,再大量征求有关的专家学者和其他相关人员的知识和意见,动笔成文。为把征求专家学者和其他相关人员的意见制度化,该报提出了评论记者的概念,即像记者那样去向专家学者采集信息,然后再执笔写评论。这样,就保证了评论的权威性、评论内容的丰富性和针对性及相对于其他媒体的意见的独创性。必要时,该报将选题交由擅长评论写作的专家学者亲自执笔——前提是那些专家学者认同报社的理念,表达的是报社的立场和意见。

考虑到《南方都市报》的地方媒体特点,在正规严肃的社论之外,报社还开辟了关注当地新闻的小社论,起名叫“街谈”。“街谈”主要针对当地读者。在定位上,它更强调关注,不强求观点与方案。与大社论相比,小社论活泼、精简,别具风格。

不管是大社论还是小社论,报社都强调基于其基本理念,强调大处着眼,坚持把本地新闻置于全国乃至全球视野下进行考察,比如“广州城市经营与新移民之困”等话题就是这样。

说到视野的宏大,该报还注意到了一些重大事件可能有的辽阔景深,这些景深是一般紧跟新闻的短、平、快的评论难以说清的。为此,该报增设了不定期的“宏论版”,公示如下:

本报“宏论版”将不定期邀请国内外知名专家学者与公共知识分子撰文,针对时事新闻背后的纵深与时局,放言畅谈当下中国的大转型、大趋势与大命题,以昔日《大公报》设立《星期论文》栏目关怀国事天下事之心为仰,议题不设先见以问解时代风向,观点不求党同而见精深。

既是强调大视野,报社就不能对其他媒体的意见置若罔闻,所以,该报除不定期转载中央媒体社论之外,还专门辟出一个“推荐”栏目,将其他媒体的一些重要评论加以精选转载。

至于个论版,则是为体制之外的言论提供的空间。除了评论部讨论的某些选题不适合以社论形式出之的,会与时评专栏作者商量,由他们来立论行文之外,绝大多数评论都是专栏作者自主选题和写作,以体现作者的独特认知。不过，这样的版面也不是一个意见的堆放处，也需要认真策划。它也是在报社的大理念之下来选稿，也需要分成一些选题范围来编辑。它既设有栏目专栏，也设有个人专栏。栏目专栏有《中国观察》《经济人》《媒体思想》《法的精神》《虚拟@现实》《美国来信》等，使评论文章被按类型归类，便于读者根据自己的兴趣挑选阅读，也显得丰富而有序。“如《中国观察》专栏的定位，是要专注于中国重大政治、社会新闻的讨论评说，旨在提供对于中国政局与社会现象的关怀与洞见，强调视角的全局观；又如《法的精神》栏目，是要关注中国的司法进步与法治进程，同时也对时事给予法律层面的剖析，重点在于使法的观念深入民心，并持续普及解说法的基本精神与原理；而《虚拟@现实》栏目，着重于发掘网络写手，展现那些虚拟身份者对国内外大事的关心与智慧以及他们的网络语言特点。”〔1〕

报社也对来稿的要求作了三点规范，并把它设置为评论版面电子信箱的自动回复。这三点规范是：“一，紧跟新闻的评论，尤其是能够折射出社会转型变动脉络与得失的时事时局评论；二，能够表达独特认知价值的新闻评论，因此我们在取舍间要淘汰的，是那种就时事由头讲众人皆知的逻辑与观点的文章，这些文章，在我们评论部中被形容为‘正确的废话’，不能挤占非常宝贵的评论空间；三，在特别强调独特认知价值的同时，我们还期待文本价值，也就是那些精心布局、费心行文的漂亮文章。”〔2〕

《南方都市报》的理想作者是那些具有系统的知识背景的研究人员与知识分子和经验丰富的媒体人。这与该报的理念是一致的。该报需要的不是一知半解，而是对社会发展和变化有总体认识的人，这样的人，才能做到在大视野下把握新闻个案，发出独特而有价值的声音。

〔1〕 李文凯.南方都市报时评的理念及操作.http://gdcc.blogchina.com/5306509.html.
〔2〕 李文凯.南方都市报时评的理念及操作.http://gdcc.blogchina.com/5306509.html.

主要参考书目

1. 范荣康.新闻评论学.北京：人民日报出版社,1988

2. 秦珪,胡文龙.新闻评论学.北京：中国人民大学出版社,1987

3. 丁法章.新闻评论学.上海：复旦大学出版社,2001

4. 邵华泽.新闻评论写作漫谈.北京：长城出版社,1986

5. 程世寿.新闻评论写作教程.武汉：华中工学院出版社,1987

6. 曾建雄.中国新闻评论发展史.桂林：广西师范大学出版社,1996

7. 胡文龙.中国新闻评论发展研究.北京：中国人民大学出版社,2002

8. 赵振宇.现代新闻评论.武汉：武汉大学出版社,2005

9. 吴庚振.新闻评论学通论.保定：河北大学出版社,2001

10. 涂光晋.广播电视评论学.北京：新华出版社,1998

11. 仲富兰.广播评论——功能、选题与语言艺术.上海：复旦大学出版社,1997

12. [美]康拉德·芬克著,柳珊,顾振凯,郝瑞译.冲击力:新闻评论写作教程.北京：新华出版社,2002

13. [美]威尔伯·施拉姆等.报刊的四种理论.北京：新华出版社,1980

14. 孙旭培.当代中国新闻改革.北京：人民出版社,2004

15. 李良荣等.当代西方新闻媒体.上海：复旦大学出版社,2003

16. 李良荣.新闻学概论.上海：复旦大学出版社,2001

17. [日]稻叶三千男,新井直之主编,张国良等译.日本的报业理论与实践.北京：新华出版社,1985

18. 中国社科院新闻研究所.七国新闻传播事业.重庆：重庆出版社,1988

19. [美]梅尔文·L.德弗勒,E.丹尼斯著,颜建军等译.大众传播通论.北京：华夏出版社,1989

20. 贡吉玖.电视新闻创优方法辨析.北京：中国广播电视出版社,1996

21. 中国广播电视学会. 优秀广播新闻·社教节目稿选与评析. 北京：中国广播电视出版社,1992

22. [美] 埃德温·埃默里,迈克尔·埃默里. 美国新闻史. 北京：新华出版社,1982

23. 缪雨. 新闻学通论. 北京：新华出版社,1987

24. [日] 竹内郁郎编,张国良译. 大众传播社会学. 上海：复旦大学出版社,1989

25. [加] 麦克卢汉. 传播工具新论. 台北：巨流图书出版公司,1978

26. 金梦玉. 网络新闻实务. 北京：北京广播学院出版社,2001

27. 梁启超. 梁启超文选. 北京：中国广播电视出版社,1992

28. 方汉奇. 中国新闻传播史. 北京：中国人民大学出版社,2002

29. 孙中山. 孙中山选集. 北京：人民出版社,1956

30. 中国社科院新闻研究所. 中国共产党新闻工作文件汇编. 北京：新华出版社,1980

31. [美] 赫伯特·阿特休尔. 权力的媒介. 北京：华夏出版社,1989

32. [美] 李普曼. 舆论学. 北京：华夏出版社,1989

33. [美] W. 富赖特等. 帝国的代价. 南京：译林出版社,1991

34. [德] 哈贝马斯. 公共领域的结构转型. 上海：学林出版社,1999

35. 郑超然,程曼丽等. 外国新闻传播史. 北京：中国人民大学出版社,2000

36. 张咏华. 中外网络新闻业比较. 北京：清华大学出版社,2004

37. 陈作平. 新闻报道新思想——新闻报道认识论原理及运用. 北京：中国广播电视大学出版社,2000

38. 叶春华,连金乐. 新闻采写编评. 上海：复旦大学出版社,1996

39. 李茂政. 当代新闻学. 台北：正中书局,1987

40. 列宁. 列宁全集(第28卷). 北京：人民出版社,1990